KNAUR

Im Knaur Taschenbuch Verlag sind bereits folgende Bücher des Autors erschienen:
Das RAF-Phantom (mit W. Landgraeber und E. Sieker)
Verschlußsache Terror
Drahtzieher der Macht
Operation 9/11
Das *Titanic*-Attentat
ungeklärt – unheimlich – unfassbar
verheimlicht – vertuscht – vergessen 2007 bis 2013

Über den Autor:
Gerhard Wisnewski, geboren 1959, beschäftigt sich mit den verschwiegenen Seiten der Wirklichkeit. Seit 1986 ist der studierte Politikwissenschaftler als freier Autor, Schriftsteller und Dokumentarfilmer tätig. Viele seiner Bücher wurden Bestseller, unter anderem *Operation 9/11, Das RAF-Phantom* und v. a. auch die Vorgänger dieses anderen Jahrbuchs.
www.wisnewski.de

Gerhard Wisnewski

2014

Das andere Jahrbuch

verheimlicht vertuscht vergessen

Was 2013 nicht in der Zeitung stand

KNAUR

Besuchen Sie uns im Internet:
www.knaur.de

Originalausgabe Januar 2014
Knaur Taschenbuch

Ein Unternehmen der Droemerschen Verlagsanstalt
Th. Knaur Nachf. GmbH & Co. KG, München.

Redaktion: Thomas Bertram
Umschlaggestaltung: ZERO Werbeagentur, München
Satz: Daniela Schulz, Puchheim
Druck und Bindung: CPI books GmbH, Leck
ISBN 978-3-426-78468-6

5 4 3 2 1

Erst wenn die Kriegspropaganda der Sieger Eingang in die Geschichtsbücher und Lehrpläne gefunden hat und von den nachfolgenden Generationen geglaubt wird, kann die Umerziehung als gelungen angesehen werden.

WALTER LIPPMANN, SCHRIFTSTELLER

Inhalt

Vorwort

Was steckt eigentlich hinter dem Untergang der FDP? Warum explodierte in Texas eine Düngemittelfabrik? Werden Verletzte jetzt schon am Unfallort für hirntot erklärt? Warum kann man die GEZ-Gebühr zurückverlangen? Wer steckt wirklich hinter den Femen-Nackedeis? Wurde bei der Bundestagswahl manipuliert und betrogen? Auch 2013 gab es wieder jede Menge unbeantwortete Fragen, versteckte Hintergründe und verschleierte Zusammenhänge. Denn in wichtigen Dingen wird einem von den Medien die Wahrheit so gut wie nie erzählt, zumindest nicht die ganze. Immer wieder fehlen entscheidende Stückchen, durch die man das große Ganze erst begreifen kann. Und manche Themen fehlen überhaupt oder sind längst vergessen. Denn mit der Wahrheit ist das so eine Sache. Dass sie jeder hören will, ist keineswegs ausgemacht. Die Menschen, und insbesondere die Herrschenden, haben ein ambivalentes Verhältnis zu ihr. Aber auch der »kleine Mann« auf der Straße will sie nicht unbedingt wissen. Es gibt da ein paar kluge Dichter und Denker, die einige Faustregeln über die Wahrheit aufgestellt haben. Zum Beispiel:

- »Die meisten Menschen haben vor einer Wahrheit mehr Angst als vor einer Lüge«, erkannte der Schriftsteller Ernst Ferstl.
- Oder: »Die Menschen glauben viel leichter eine Lüge, die sie hundertmal gehört haben, als eine Wahrheit, die ihnen neu ist.« (Alfred Polgar)
- Oder: »Eine Lüge ist bereits dreimal um die Erde gelaufen, bevor sich die Wahrheit die Schuhe anzieht.« (Mark Twain)

Und ehrlich gesagt: Der letzte Satz ist für unser vorliegendes Buch besonders wichtig. Nichts könnte diese Buchreihe besser charakterisieren als dieser Spruch von Mark Twain. Denn das ist genau das, was hier versucht wird. Während riesige Sendeanstalten die Menschheit im wahrsten Sinne des Wortes dauernd mit ihren Lügen bestrahlen, ist das »andere Jahrbuch« der Versuch, wenigstens noch in die Strümpfe zu kommen, bevor sich sämtliche Lügen über angebliche Chemiewaffenangriffe, hirntote Menschen, plötzliche »Unfälle«, neue Krankheiten und anderes mehr in unseren Köpfen verfestigt haben. Mehr, als der Wahrheit in einigen Punkten auf die Spur zu kommen, kann man hier nicht leisten. Aber auf der anderen Seite ist das ja auch nicht wenig. Wenn es gelingt, haben wir alle einen Gewinn davon.

In diesem Sinne grüßt Sie herzlich

Ihr
Gerhard Wisnewski
München, im November 2013

Einführung: Bei mir kommt die Realität aus dem Fernseher …

Der Zuschauer oder Medienkonsument stellt sich das so vor: Irgendwo auf der Welt passiert etwas, und die Medien erzählen ihm, wie es sich abgespielt hat. Das ist sozusagen die »Muggel-Perspektive« (siehe Jahrbuch 2013), der unmündigste Umgang mit Medien, den man sich überhaupt vorstellen kann. Der Medienkonsument ist hier nicht etwa herrschendes Subjekt, sondern lediglich konsumierendes Objekt der Berichterstattung. Ja, es ist eigentlich überhaupt kein »Umgang«, sondern eine Eins-zu-eins-Übernahme von Medieninhalten.
In Wirklichkeit besteht zwischen einem Ereignis und dem daraus entstehenden Medienereignis jedoch ein mehr oder weniger großer Unterschied oder, besser gesagt, eine mehr oder weniger lose Beziehung. Im Bereich der Politik und Propaganda kann diese Beziehung sogar sehr lose werden – so lose, dass sich die Verhältnisse auf den Kopf stellen. Das Medienereignis wird dann zur Hauptsache; ob und wie das reale Ereignis ablief, spielt nur noch eine geringe bis gar keine Rolle. Insbesondere die Propaganda zeichnet sich durch eine völlige Loslösung von realen Ereignissen aus, wobei die wahren Verhältnisse häufig genau auf den Kopf gestellt werden. In einem Krieg beispielsweise werden auf diese Weise aus Tätern Opfer und aus Opfern Täter.
Darüber hinaus gibt es Medienereignisse, die reine Inszenierung sind und überhaupt kein reales Ereignis zur Grundlage haben.

Die Verarbeitung der Wirklichkeit

Von solchen Ereignissen wird in diesem Buch unter anderem wieder die Rede sein. Wobei die Aufgabe dieser Buchreihe auch darin besteht, Medienereignisse auf ihren realen Kern zurückzuführen. Die medialen Begebenheiten werden dabei nach Hinweisen

auf das reale Geschehen untersucht. Denn während man ein Medienereignis nur in seltenen Fällen als gegeben hinnehmen kann, muss man als gegeben hinnehmen, dass es sich in Wirklichkeit um ein mehr oder weniger ausgeprägtes Zerrbild der Realität handelt. Das kann schon deswegen nicht anders sein, weil die Realität, bevor sie »aus unserem Fernseher kommt«, ja verarbeitet wurde: von mehr oder weniger guten Journalisten, Kameramännern, Kommentatoren usw. Wobei die Frage lautet: Haben diese »Verarbeiter« sich ein zutreffendes Bild von der Realität gemacht? Und werden sie dieses Bild auch transportieren können und dürfen? Richtig schlimm wird es, wenn in diesem Verarbeitungsprozess regelrechte Lügner und Propagandisten tätig werden, was leider sehr häufig der Fall ist. Schließlich ist der Großteil unserer Medienberichterstattung interessengeleitet.
Dies ist die Situation, mit der dieses Buch und seine Leser Jahr für Jahr aufs Neue konfrontiert werden. Und auch im aktuellen Jahrbuch tauchen wir wieder ein in die Medienereignisse und begeben uns auf Spurensuche.
Entscheidend für die Aufnahme eines Ereignisses in dieses Buch ist der Anfangsverdacht. Dabei sind mehrere Fragen von Bedeutung: Wie plausibel erscheint die Berichterstattung über ein Ereignis? Gibt es schon auf den ersten Blick Widersprüche und Ungereimtheiten? Befindet sich ein Ereignis im Spannungsfeld mächtiger Interessen? Und: Gibt es mächtige Nutznießer?

Das gestörte Bewusstsein der Menschheit

Lautet die Antwort auf diese Fragen ja, ist das jeweilige Thema ein Gegenstand für dieses Buch. Aber man sollte sich durch diese Auswahl auch nicht täuschen lassen. Aufgrund der begrenzten Mittel eines einzelnen Autors enthält sie zwangsläufig einen subjektiven Aspekt. Was heißt, dass alles andere weder wahr noch ebenfalls falsch sein muss. Tatsächlich gibt es auch sehr viel wahre Berichterstattung, meist über banale und funktionale Aspekte des gesellschaftlichen Lebens, wie etwa neue Gesetze. Es ist wie beim menschlichen Gehirn, das auf den unteren Ebenen, die zum Beispiel für Atmung und Herzschlag zuständig sind, gut funktioniert, aber auf den höheren Ebenen immer schlechter. Sprich: Die höheren intellektuellen Funktionen sind gestört. Am Ende steht man vor einem Menschen, der zwar sprechen, gehen und atmen kann, aber dennoch wahnsinnig ist. Tatsächlich sind unsere Nachrichten nichts weiter als eine geschickte Mischung aus Realität und Fiktion, die bewirkt, dass man beides kaum noch auseinanderhalten kann.

Des Weiteren verschafft die wahrheitsgemäße Berichterstattung der fiktiven Berichterstattung (z. B. Kriegshetze) die erforderliche Glaubwürdigkeit. Wenn also eine Zeitung immer wieder nachweislich die Wahrheit geschrieben hat, ist sie so mit Glaubwürdigkeit »aufgeladen«, dass man ihr die nächsten Lügen unbesehen glaubt. Sobald es außerdem um übergeordnete politische Themen und Ziele geht, kommen häufig mächtige Interessen ins Spiel, die für eine zutreffende Berichterstattung nur noch wenig Spielraum lassen. In diesen Fällen wird die Realität zu wichtig, um sie der Wahrheit zu überlassen. Das trifft zum Beispiel häufig auf globale Ereignisse und Themen zu, wie Kriege, Klimawandel, »Emanzipation« und »Gleichberechtigung«, Migration usw.

Je globaler, desto verlogener

Überhaupt lässt sich sehr leicht ein »Wahrheitsgefälle« zwischen der globalen und der lokalen Ebene feststellen. Je globaler ein Ereignis, desto mehr wird gelogen. Ganz einfach deshalb, weil die Verbreitung eines Ereignisses im umgekehrten Verhältnis zur Zahl der Menschen steht, die es überprüfen können. Während zum Beispiel lokale Berichte für viele Zeitungsleser und TV-Zuschauer sehr leicht überprüfbar sind, gilt dies für globale Berichte nicht. Wer kann schon beurteilen, wie es nach einem Erdbeben in China oder Japan wirklich aussieht? Wer war dabei, als die Bomben-Attentäter von Boston ihre Sprengsätze legten? Die Zahl der Menschen, die »dabei« oder wenigstens in der Nähe waren, ist im Vergleich zu den Milliarden, die nur das Medienereignis mitbekommen, verschwindend gering und deshalb zu vernachlässigen. Je größer dieses Missverhältnis ist, desto leichter wird es zu lügen, bis es am Ende gar keine Rolle mehr spielt, ob einige Menschen ein Ereignis vielleicht vollkommen anders erlebt haben, als es in den globalen Medien dargestellt wird. Diesen wenigen hört ohnehin keiner zu.

Auf globaler Ebene fällt das Lügen auch wegen der hohen Sprachbarrieren leichter. Während dies auf lokaler Ebene schwierig ist, weil die an einem Ereignis beteiligten Personen ebenso wie Journalisten und Medienkonsumenten nicht nur einen Raum, sondern auch eine Sprache teilen, ist nichts einfacher, als einem Chinesen oder einem Araber in einem TV-Beitrag die falschen (deutschen) Worte in den Mund zu legen. Und weil exakt diese beiden Sprachräume auch noch im Zentrum mächtiger Interessen stehen, kann man sich vorstellen, wie in unseren Medien darüber berichtet wird. Wer kann schon beurteilen, ob die deutsche Übersetzung in einem TV-Beitrag überhaupt zum arabischen oder chinesischen O-Ton passt? Auch in Bezug auf Russland sind wir unseren Medien ausgeliefert, denn wer kann schon in einer russischen Zeitung nachlesen, wie es »wirklich« war? Oder wenigstens, wie es von der anderen Seite gesehen wird? Schockierende Beispiele in der Vergangenheit haben gezeigt, dass Gesprächspartnern teilweise völlig andere Inhalte untergeschoben und so Menschen für fremde Zwecke instrumentalisiert werden. Das ist auch deshalb so einfach, weil die Sprachbarriere natürlich auch in der anderen Richtung wirkt. Denn diese Menschen werden den betreffenden (deutschen) Fernsehbeitrag nie sehen, und wenn doch, dann werden sie ihn nicht verstehen. Wenn also Fernsehreporter arme Menschen in Syrien zeigen oder Chinesen, die auf ihre Regierung schimpfen, ist größte Vorsicht geboten. Vielleicht tun sie das wirklich – vielleicht aber auch nicht. Mit anderen Worten, wir brauchen eine viel größere Distanz und ein viel größeres Misstrauen gegenüber unseren Medien. Dann werden wir der Wahrheit vielleicht selbst viel öfter auf die Spur kommen …

Januar 2013

Thema des Monats *1.1.:*
Rundfunkgebühren: Wie ARD und ZDF rechtswidrig die Bürger schröpfen (und wie man sein Geld zurückverlangen kann)

1.1. Neue Rundfunkabgabe ist rechtswidrig **7.1.** In seiner Neujahrsansprache vor Journalisten warnt der scheidende Euro-Gruppen-Chef Juncker vor Krieg / Lionel Messi wird zum Weltfußballer des Jahres gewählt ***14.1. Studie enthüllt: Frauen sind nicht unterbezahlt 20.1. FDP feiert vorübergehend Wahlerfolge*** **23.1.** Der britische Premier David Cameron stellt für 2017 Volksabstimmung über Verbleib in der EU in Aussicht **28.1.** Königin Beatrix der Niederlande kündigt ihre Abdankung an **30.1.** Deutschland gibt Widerstand gegen Milliarden-Hilfspaket für Zypern auf

1. Januar
GEZ-Gebühr und neue Rundfunkabgabe: Wie man sich dagegen wehren und eine Menge Geld zurückverlangen kann

Frage an Radio Eriwan: Kann man tatsächlich riesenhafte Fernsehanstalten auf Dauer gegen den Markt am Leben erhalten? Antwort: Ja, aber nur in einer Diktatur – als Staatsfernsehen. Haha – ein schlechter Witz. Das heißt: Eigentlich ist es gar kein Witz, sondern beschreibt genau das, was Anfang 2013 in der Bundesrepublik versucht wurde. Während sich die öffentlich-rechtlichen Sender wie ARD und ZDF auf dem absteigenden Ast befinden, haben sie sich noch schnell den Zugang zu den Fleischtöpfen gesichert und sich (über die Ministerpräsidenten der Länder) ab 1. Januar 2013 ein fürstliches Altersgeld genehmigt. Und zwar durch die Umwandlung der (GEZ-)Gebühr in eine Zwangsabgabe pro Wohnung und Unternehmen. Was dabei verschwiegen wurde: In Wirklichkeit ging es um die Abwehrschlacht eines untergehenden Systems. Und nicht nur das: Dieses System hatte auch bisher schon jahrzehntelang unrechtmäßig Milliardenbeträge von den Bürgern kassiert.

Gefahr auf dem Medienmarkt

Doch der Reihe nach. Der sich verändernde Medienmarkt fordert schließlich seine Opfer: Ob *Frankfurter Rundschau, Financial Times Deutschland* oder die Nachrichtenagentur dapd – immer mehr etablierte Medien geraten in Schwierigkeiten. Vor allem Privatsender und das Internet ziehen Publikum und Werbekunden ab. Nur die größten TV-Konzerne der Republik pfeifen auf den Markt. Die öffentlich-rechtlichen Rundfunkanstalten bedienen sich aus einer Zwangsabgabe und leben wie die Made im Speck. Das ist ungefähr so, als hätte die Drogeriekette Schlecker kurz vor ihrer Insolvenz 2012 noch eine Schlecker-Steuer eingeführt. Mit

Demokratie und Markt hat das rein gar nichts zu tun, dafür sehr viel mit einem Feudalsystem.
Die Rundfunkabgabe, die eigentlich das bequeme Überleben der öffentlich-rechtlichen Sender auf dem sich wandelnden Medienmarkt sichern sollte, dürfte sich jedoch als Rohrkrepierer erweisen, wurde doch erst dadurch der Finger in die Wunde gelegt. Erst jetzt wurde man so richtig auf die Frage aufmerksam: Was soll eigentlich Zwangsfernsehen in einer Demokratie? Was sollen zwangsweise finanzierte Staatssender in einem sich öffnenden und immer vielfältiger werdenden Medienmarkt? Woher nehmen die staatlichen TV-Konzerne die Berechtigung, angesichts ihrer schwindenden Bedeutung nun auch noch eine regelrechte Propaganda-Steuer zu erheben? Denn genau darum geht es ja: um die bizarre Idee, für ein Produkt, das man auch woanders bekommen kann, eine Steuer zu kassieren. Erstens widerspricht das jedem marktwirtschaftlichen und freiheitlichen Denken. Und zweitens werden damit finanzielle Ressourcen gebunden, die mancher vielleicht lieber für andere Medien verwenden würde. Wodurch in jedem Fall die Informationsfreiheit eingeschränkt wird. Und dabei soll hier nicht einmal die Abschaffung der öffentlich-rechtlichen Sender gefordert werden. Nein, sie sollen sich nur endlich »anständig« finanzieren wie jeder andere auf dem Medienmarkt auch, indem sie mit ihren Produkten um das Geld des Publikums konkurrieren.

Bildungsauftrag = Propagandaauftrag

Von der ursprünglichen Idee des öffentlich-rechtlichen Rundfunks haben sich diese Sender inzwischen zu weit entfernt und sie immer wieder verraten. Ursprünglich sollte der öffentlich-rechtliche Rundfunk einmal »frei zugängliche Informationen für alle« garantieren, seine Programme »Raum für verschiedene Ansichten, Werte und Lebenseinstellungen« bieten »und damit die Grundlage für Meinungsvielfalt und Demokratie« schaffen. »Eine

Einflussnahme des Staates wie zu Zeiten der Nationalsozialisten oder wie heute noch in Diktaturen weltweit« sollte »ausgeschlossen« sein (siehe: ardzdf.de: »Gute Gründe für den öffentlich-rechtlichen Rundfunk«).

Von diesem schönen Bild ist indessen nicht viel übrig geblieben. Statt das gesamte Meinungsspektrum abzudecken und »verschiedenen Ansichten, Werten und Lebenseinstellungen« Platz einzuräumen, ist heute vor allem die herrschende politische Meinung und Ideologie gefragt, egal ob es dabei um EU-Propaganda, die jeweils angestrebten Kriege der USA, um Klima- oder Gender-Ideologie geht. Von den herrschenden politischen Meinungen abweichende Ansichten werden dagegen regelmäßig ausgegrenzt und niedergemacht. Schon längst nähern sich die öffentlich-rechtlichen Sender jenem Ideologiefunk an, den sie angeblich einmal verhindern sollten.

Auch der Bildungsauftrag der öffentlich-rechtlichen Sender hat sich in einen Propagandaauftrag verwandelt. Denn natürlich ist die angebliche »Staatsferne« ebenfalls reines Wunschdenken. Gesteuert werden die Sender (über die Rundfunkräte) schließlich von denselben Parteien und Organisationen, die sich auch den Staat zur Beute gemacht haben. Meinungen außerhalb dieses Parteienkonsenses bekommen so kaum eine Chance. Die ständige Propaganda gegen sogenannte Verschwörungstheorien ist da wohl das beste Beispiel: Jede Meinung und jede Recherche, die dem System nicht in den Kram passen, werden einfach zur »Verschwörungstheorie« erklärt, obwohl sich gar kein struktureller Unterschied zwischen Verschwörungstheorien und anderen Recherchen definieren lässt. Außer, dass Verschwörungstheorien nicht erwünscht sind, gibt es kein tragfähiges Unterscheidungsmerkmal zwischen ihnen und anderen Inhalten.

Ja, die erwünschten »Verschwörungstheorien« sind dagegen qualitativ häufig viel schlechter und dümmer als die unerwünschten. Man nehme nur die »Brutkastenlüge«, mit der die Welt 1990 in einen ersten Krieg gegen den Irak geführt wurde, oder die Lüge von den »Massenvernichtungswaffen« im Irak, mit deren Hilfe 2003 der zweite Irakkrieg angezettelt wurde, und natürlich die Verschwörungstheorie vom Angriff Osama bin Ladens auf die USA im September 2001.

Dass es sich bei Letzterer um eine lupenreine Verschwörungstheorie handelt, ergibt sich daraus, dass es erstens um eine Verschwörung ging (nämlich Osama bin Ladens gegen die USA) und zweitens um eine Theorie dieser Verschwörung, nämlich wie Bin Laden es eingefädelt haben soll, die USA anzugreifen. Obwohl es nicht den geringsten Beweis für diesen Angriff gab, wurde diese Verschwörungstheorie von den öffentlich-rechtlichen Medien »gehypt«, während die plausiblere »Verschwörungstheorie« diffamiert und ausgegrenzt wurde – nämlich die Vorstellung, dass die Vereinigten Staaten die Attentate vom 11. September 2001 selbst inszenierten, um ihre geostrategischen Ziele zu verfolgen. Im Gegensatz zur offiziellen Verschwörungstheorie gab es dafür jede Menge Beweise.

Und damit sind wir auch schon bei dem schwersten Vergehen der öffentlich-rechtlichen Anstalten gegen ihr Publikum – nämlich dem dauernden und fortgesetzten Friedensverrat, mit dem die Bevölkerung gegen fremde Länder aufgehetzt und in den Krieg geführt wird. Von den zahlreichen anderen massiven Verstößen gegen die Interessen der Zuhörer und Zuschauer einmal abgesehen (z. B. Euro-Propaganda).

Mit Hilfe des Hörfunks und Fernsehens wurden Kriege und Umstürze inszeniert gegen (zufällige Reihenfolge):

- Osama bin Laden / Afghanistan
- Eduard Schewardnadse / Georgien

- Wiktor Janukowytsch / Ukraine
- Omar Karami / Libanon
- Saddam Hussein / Irak (2 Mal)
- Zine el-Abidine Ben Ali / Tunesien
- Muammar al-Gaddafi / Libyen
- Slobodan Miloševič / Jugoslawien
- Mohammed Mursi / Ägypten
- Than Shwe / Myanmar (Burma)
- Baschar al-Assad / Syrien

Eine beeindruckende Liste. Weitere Kriegs- und Propagandaziele sind Russland, China und Iran. Viele der bisherigen Kriege und Umstürze haben neben Hunderttausenden von Toten und Verletzten auch ein absolutes Chaos und einen »failed state«, einen »gescheiterten Staat«, hinterlassen.

Steuer für die Info-Autobahn

Doch zurück zum eigentlichen Thema: So unbedeutend der am 1. Januar 2013 vollzogene Schritt von der Gebühr zur »Abgabe« erscheint, so groß ist er in Wirklichkeit. Wurde die GEZ-»Gebühr« bisher nur fällig, wenn nachweislich Empfangsgeräte vorhanden waren, wird die Rundfunkabgabe nun plötzlich pauschal für jede Wohnung und jedes Unternehmen erhoben – völlig unabhängig davon, ob und welche Empfangsgeräte vorhanden sind und natürlich in welchem Umfang die Angebote im Einzelfall überhaupt genutzt werden. Demnach ist sie also eine Steuer.
Nach Meinung vieler Experten haben jedoch weder die Länder (die den Rundfunkstaatsvertrag zur Finanzierung der öffentlichrechtlichen Medien abgeschlossen haben) noch die Rundfunkanstalten das Recht, eine solche Steuer zu erheben und einzutreiben. Auch nach Ansicht der früher beim NDR beschäftigten Medienwissenschaftlerin Dr. Anna Terschüren ist der neue Rundfunkbeitrag »eine kompetenzwidrig zustande gekommene Zwecksteuer«

(Anna Terschüren: *Die Reform der Rundfunkfinanzierung in Deutschland*, Ilmenau 2013). Nicht zufällig wurde die neue Zwangsabgabe sogar von einem ausgewiesenen Steuerfachmann entworfen, nämlich von Paul Kirchhof, Direktor des Instituts für Finanz- und Steuerrecht an der Universität Heidelberg. 2005 sollte Kirchhof gar Finanzminister werden, also oberster Steuereintreiber der Republik.

Rückzugsgefecht eines sterbenden Systems

Während früher die Wahrscheinlichkeit hoch war, dass TV- oder Radiobesitzer auch wirklich die Programme der öffentlich-rechtlichen Anstalten einschalteten, ist das heute immer weniger der Fall. Denn inzwischen gibt es ein derart dichtes Netz von »medialen Privatstraßen«, dass die Bedeutung des öffentlich-rechtlichen Rundfunks abgenommen hat und weiter rapide abnehmen wird. Genau deshalb ist die neue Rundfunkabgabe als Rückzugsgefecht eines sterbenden Systems zu sehen: Insbesondere das Durchschnittsalter der ARD- und ZDF-Zuschauer steigt seit Jahren dramatisch an – was nichts anderes bedeutet, als dass deren Publikum über kurz oder lang aussterben wird. »Sorge macht insbesondere, mit welchem Tempo das Durchschnittsalter bei den Öffentlich-Rechtlichen ansteigt«, schrieb der Fernsehfunktionär Volker Giersch sogar schon im ARD-Jahrbuch 2008:

> »In den vergangenen 15 Jahren nahm es bei der ARD um elf Jahre, beim ZDF um acht Jahre zu. Das ARD- und ZDF-Fernsehpublikum altert damit mehr als dreimal so stark wie das Fernsehpublikum insgesamt. Wenn dieser Trend weiter Bestand hat, werden die Zuschauer der Öffentlich-Rechtlichen in zehn Jahren im Durchschnitt gut 66 Jahre alt sein.«

Weitere zehn oder zwanzig Jahre später werden sie tot sein.
Groß und mächtig erscheinen ARD und ZDF nämlich nur, wenn

man das Gesamtpublikum (Fernsehzuschauer ab drei Jahren) betrachtet. Aus demographischen Gründen dürfte es mit dieser Größe jedoch bald vorbei sein. Schlüsselt man die Marktanteile nach Altersgruppen auf, wird klar, vor welchem existenziellen Problem die großen öffentlich-rechtlichen Sender in Wirklichkeit stehen. Besonders ausgeprägt sei der »Akzeptanz-Schwund« bei den unter Dreißigjährigen, so Giersch: »Das Erste erreicht in dieser Altersgruppe (14 bis 29 Jahre) nur noch einen Marktanteil von fünf Prozent (2007). Das ZDF liegt mit 4,1 Prozent noch darunter. Denselben Wert erzielen die Dritten zusammen. Zum Vergleich: Marktführer ProSieben kam auf 17,4 Prozent, RTL auf 16,8 Prozent.« Inzwischen sind diese Marktanteile noch weiter geschrumpft. 2011 kam Das Erste bei den 14- bis 29-Jährigen nur noch auf 4,3 Prozent, das ZDF auf 3,5 Prozent (ard.de/intern: »Sehdauer und Marktanteile einzelner Programme in der Bundesrepublik 2011 bei den Zuschauern ab 3 Jahren insgesamt und in einzelnen Altersgruppen«).

Bezahlsystem in Luft aufgelöst

Das bisherige »Abrechnungssystem« über die sogenannte GEZ-Gebühr und neuerdings über die Rundfunkabgabe hat vor allem geschichtliche Gründe, die aber längst obsolet sind. Denn so wie man viele Steuern nicht einfach in Gebühren verwandeln und Leistungen des Staates einzeln abrechnen kann, war es bis vor einigen Jahren nicht möglich, Fernsehkonsum individuell über Abonnements oder nach Nutzung abzurechnen. Weil die Programme nur analog und unverschlüsselt ausgestrahlt werden konnten, konnte sie auch jeder empfangen, der ein Fernsehgerät besaß. Also musste man zu einem pauschalen Finanzierungs- oder Bezahlmodell greifen. Diese Bedingungen sind, wie jeder weiß, längst entfallen. Heute besteht kein vernünftiger Grund mehr, Fernsehen nicht digital und verschlüsselt auszustrahlen und wie jede andere Dienstleistung oder Ware auch nach Nutzung oder per Abo abzurechnen. Bezahlsender wie Sky machen es vor. Mit anderen Worten, die Legitimationsgrundlage für das bisherige Pauschalsystem hat sich durch die technische Entwicklung der Abrechnungssysteme in Luft aufgelöst.

Feudalsystem der Fernsehfürsten

Während ihre Zuschauerbasis schwindet, begründen die Fernsehfürsten aber lieber (im umgangssprachlichen Sinne) ein neues Feudalsystem und betrachten den Medien- und Fernsehmarkt als riesigen Selbstbedienungsladen. Wie aber soll man den Jüngeren oder Jugendlichen, die sich eher bei Privatsendern oder im Internet umsehen, die Zwangsabgabe erklären? Wobei auch die jugendliche Vorliebe für Privatsender kein dauerhaftes Votum sein dürfte. Denn es sieht so aus, als würde das Publikum nach Art einer La-Ola-Welle nur über die Privatsender an das Internet abfließen. Nachdem sich die ARD- und ZDF-Zuschauer quasi »hingesetzt« haben, stehen in dieser fiktiven La-Ola-Welle jetzt zwar die Zuschauer der Privatsender auf. Doch alsbald dürften auch sie sich hinsetzen, und stehen würde dann nur noch die YouTube-und On-demand-Generation, die »Fernsehen« bzw. Videos nach Art eines Buches oder Musikstückes genießt – nämlich inhaltlich und zeitlich individuell.
Wenn man Jugendliche beobachtet, kann man tatsächlich feststellen, dass das Fernsehen nach einem Kontakt zum Beispiel mit YouTube für sie rapide an Faszination verliert. Viel lieber sitzen sie vor Internetvideos und/oder produzieren diese sogar selbst. Die Eigenproduktion und der Austausch mit Abonnenten und Kommentatoren üben eine wesentlich größere Anziehungskraft aus, als es das Fernsehen je könnte. Das gesamte Mediensystem befindet sich daher in einem derartig dynamischen Umbruch, dass über kurz oder lang kein Stein mehr auf dem anderen bleiben wird. Nachdem sie fast alle ihrer ursprünglichen Aufträge verraten haben, braucht die aufgeblähten Apparate der öffentlich-rechtlichen Sender ja auch kein Mensch mehr. Bereits jetzt kann

man Internetvideos bequem und groß auf dem Fernseher anschauen, etwa mit Apple TV oder einem Android-Stick, den man wie einen USB-Stick in den HDMI-Anschluss des TV-Geräts stecken kann, und schon verwandelt sich der Fernseher in einen Android-Computer, mit dem man alles machen kann, was man mit einem Smartphone oder Tablet auch tun kann – unter anderem Videos gucken und im Internet surfen.

Der Rubikon zum Staatsfernsehen

Will man die neue Steuer und das alte Rundfunksystem vor diesem Hintergrund trotzdem verordnen? In diesem Fall leben wir in einem anderen Staat. Denn mit der neuen Rundfunkabgabe (oder dem »Solidarbeitrag«, wie der Intendant des NDR die Abgabe beschönigend nannte) wurde gewissermaßen der Rubikon überschritten – zwischen einem öffentlich-rechtlichen Rundfunk und einem Staatsfernsehen à la DDR: »Das Verfahren kennt man aus der DDR, die ›Solidarbeiträge‹ zu erheben pflegte, wie es ihr passte«, meint etwa die frühere DDR-Bürgerrechtlerin Vera Lengsfeld (*Handelsblatt*, 14.1.2013). »Damals wie heute hatte man keine Möglichkeit, auf die Verwendung des ›Solidarbeitrags‹ Einfluss zu nehmen. In einer Diktatur ist das evident, in einer Demokratie sollte das anders sein.«
Interessant in diesem Zusammenhang ist die dubiose Rolle des Bundesverfassungsgerichts. Das höchste Gericht segnete schon das damalige Finanzierungsmodell der Öffentlich-Rechtlichen (»GEZ-Gebühr«) im letzten Jahrhundert mehrfach ab. Zwar dürften diese Urteile inzwischen von der technischen Entwicklung überholt sein, aber erstaunlicherweise kämpft das Bundesverfassungsgericht auch für die neue Rundfunkabgabe. Dabei fällt es nicht einmal unbedingt ein Urteil, sondern schmettert die Klagen schon im Vorfeld ab. Grund dafür könnten ganz erstaunliche Interessenkonflikte sein, die zeigen, dass das Bundesverfassungsgericht in dieser Frage befangen ist (dazu später mehr).

Auf der anderen Seite braucht kein Mensch ein Bundesverfassungsgericht, um zu erkennen, dass ein »Zwangsfernsehen« in einer Demokratie nichts zu suchen hat. Niemand kann von einem Staat gezwungen werden, sich auf eine bestimmte Weise zu informieren und Geld dafür zu bezahlen. Da sich dies unmittelbar aus den Menschenrechten ergibt, entfaltet es dieselbe Wirkkraft wie unmittelbar geltendes Recht. Nachdem die technischen Rahmenbedingungen für diese Bezahlmodelle längst entfallen sind und sich der öffentlich-rechtliche immer weniger vom privaten Rundfunk unterscheidet, gibt es keinen Grund mehr, warum ARD, ZDF & Co. sich nicht, wie jeder andere auch, am Markt um Zuschauer und Kunden bewerben sollten. Alles andere steht in fundamentalem Widerspruch zur Verfassung und zu den Menschenrechten.

»Rechtswidrig«: GEZ-Gebühr zurückverlangen!

Und das ist noch lange nicht alles. Zwar haben viele Medien über den Steuercharakter der neuen Rundfunkabgabe berichtet, doch über die alte GEZ-Gebühr redete niemand mehr. Dabei könnte sich das lohnen. Denn in Wirklichkeit war bereits die alte GEZ-Gebühr eine Steuer, zu deren Erhebung Länder und Rundfunkanstalten gar kein Recht hatten! Nehmen wir zum Beispiel die Kfz-Steuer. Genau wie einst die GEZ-»Gebühr« wird ja auch sie aufgrund der Anmeldung eines »Geräts« (Auto) erhoben, ohne dass eine konkrete Gegenleistung in Anspruch genommen werden muss (z. B. Fahren auf der Autobahn). Das ist eben das Wesen einer Steuer. Wäre die Kfz-Steuer eine Gebühr, dann würde sie nur bei der Nutzung einer bestimmten Straße anfallen (Maut). Und wäre die GEZ-»Gebühr« wirklich eine Gebühr gewesen, wäre sie nur für die konkrete Nutzung der öffentlich-rechtlichen Programme angefallen. Da aber auch sie nach Anmeldung eines Gerätes pauschal erhoben wurde, war bereits diese »Gebühr« in Wirklichkeit eine Steuer. Nach der erwähnten Doktorarbeit der damaligen NDR-Mitarbeiterin Anna Terschüren wurde deshalb auch diese »Gebühr« bereits rechtswidrig erhoben. »Nie zuvor hatte ein Insider des öffentlich-rechtlichen Komplexes, ein Buchhalter aus der Finanzverwaltung zumal, den eigenen Betrieb so scharf kritisiert«, schrieb die *Junge Freiheit* (25.6.2013) über Terschürens Dissertation *Die Reform der Rundfunkfinanzierung in Deutschland* (Ilmenau 2013). Folge: Seit Juni 2013 arbeitete Terschüren nicht mehr beim NDR: »Zwar sei sie aus freien Stücken gegangen, jedoch habe die Veröffentlichung ihrer Doktorarbeit eine Rolle gespielt. ›Wenn man so ein System kritisiert und verändern will, dann ist das immer sehr schwer, das von innen heraus zu machen‹, sagte Terschüren in der Internet-TV-Sendung fernsehkritik.tv« (laut *Junge Freiheit*, a. a. O.).

GEZ-Gebühr = Steuer

»Für die Einordnung der [alten] Rundfunkgebühr als Zwecksteuer« spricht laut Terschüren unter anderem

- der festgelegte Finanzierungszweck »ohne individuell zurechenbare Gegenleistungspflicht des Staates«,
- »die fast vollumfängliche Abgabepflicht der Bevölkerung – unabhängig vom tatsächlichen individuellen Nutzungsverhalten« sowie
- »die Verwendung der Mittel« (…) auch für »andere staatliche Aufgaben wie die Aufsicht der Landesmedienanstalten über den Privatrundfunk oder die Förderung offener Kanäle« (S. 58).

Dabei stehe die Tatsache, dass diese Steuer nicht an den Staat floss, dem Steuercharakter nicht entgegen, denn schließlich gelte das ja auch für andere Steuern, wie etwa die Kirchensteuer.

»Keine Kompetenzgrundlage«

Für die Einrichtung einer solchen Rundfunksteuer gab es »keine Kompetenzgrundlage der Länder« (S. 61). Bereits die Rundfunkgebühr war also »finanzverfassungsrechtlich unzulässig«, so Terschüren, »da es sich bei ihrer Rechtsnatur um eine (versteckte) Zwecksteuer handelte, zu deren Einrichtung bzw. Erhebung jedoch weder die Landesgesetzgeber noch die Rundfunkanstalten die erforderlichen Kompetenzen besaßen« (S. 287). »Die ehemalige Rundfunkgebühr« sei »eine kompetenzwidrig zustande gekommene Zwecksteuer« gewesen (S. 290).

Das heißt im Klartext, dass die Gebührenzahler jahrzehntelang über den Tisch gezogen wurden. Unter Vortäuschung falscher Tatsachen und vor allem unter massiver Kompetenzanmaßung wurden sie zur Zahlung einer rechts- und verfassungswidrigen Steuer genötigt. Ja, die demnach illegalen Steuereintreiber rückten der Bevölkerung regelrecht »auf die Bude«, um sie zu beschnüffeln und nach Radio- und TV-Geräten zu fahnden. Und wovon bisher noch nirgends die Rede war: Zu viel oder auf rechtswidriger Grundlage erhobene Steuern kann man nun mal zurückfordern. Ein erster Schritt bestünde deshalb darin, sich die bisher gezahlten Beiträge auflisten zu lassen und sie sodann zurückzuverlangen. Dabei können leicht Tausende von Euro zusammenkommen, die man einst in gutem Glauben an die Rechtmäßigkeit der Forderungen gezahlt hat.

Aber wie soll man das anstellen? Nach entsprechenden Artikeln von mir im Internet erreichten mich zahlreiche Nachrichten aus dem GEZ-Sumpf – geschrieben von Lesern, denen die Rundfunkabzocke zum Halse heraushängt. »Anlässlich des obengenannten Berichtes sehe ich mich veranlasst, Ihnen eine Mail bezüglich meiner Erfahrungen zukommen zu lassen«, schrieb zum Beispiel eine Leserin zu einem meiner Berichte über die rechtswidrige GEZ-Gebühr:

»Dieser Artikel ist sehr interessant. (…) Wir sind sehr verärgert über die Machenschaften dieser ›Geldeintreiber‹, zumal die Programme manchmal absoluter ›Mist‹ sind und wir dafür auch noch bezahlen müssen. Weiterhin ist nicht einzusehen, dass wir ›kleinen Leute‹ die Schlösser, Villen u. a. einiger Weniger finanzieren müssen. (…) Meine Frage ist, an wen wende ich mich, damit ich eine gerichtliche Forderung stellen kann? Gibt es schon Anwälte, die mit dieser Problematik zu tun hatten, oder ist jeder Anwalt in der Lage, Klage zu erheben?«

»… habe mit großem Interesse diesen Beitrag gelesen«, schrieb ein anderer Leser, der wissen wollte, »wie man vorgehen muss, damit der unwahrscheinliche Fall eintritt, dass man seine Gebühren (Steuer) wieder zurückbekommt? Ich wäre gespannt auf Ihre Infos.«

Post vom Wahrheitsministerium

Manche Leser haben auch gleich den ARD/ZDF-Beitragsservice (also die frühere GEZ) angeschrieben – was man übrigens nur tun sollte, wenn man ohnehin schon Forderungen von diesem »Wahrheitsministerium« bekommen hat und es einen nicht aus seinen Klauen entlässt (Anschrift: ARD ZDF Deutschlandradio, Beitragsservice, 50656 Köln). Dabei haben die Bürger, wie von mir vorgeschlagen, zunächst einmal eine Auflistung aller bisher gezahlten Beiträge gefordert – und auch bekommen. Bei einer Leserin waren das seit dem Jahr 2008 über 1100 Euro; bei anderen können die Beträge, die sich die Rundfunkanstalten rechtswidrig unter den Nagel gerissen haben, noch sehr viel höher sein. »Gibt es ein vorgefertigtes Schreiben, um die GEZ-Gebühr zurückverlangen zu können, und ein Schreiben, wie man die gezahlten Beiträge auflisten kann?«, wollte ein weiterer Leser wissen.
Nun – ein solches Schreiben wäre natürlich eine gute Idee: Vielleicht findet sich ein Rechtsanwalt, der sich der Sache annimmt?

Einstweilen gibt es aber genügend Hinweise für eine Argumentation, wie man die GEZ-Gebühr zurückverlangen kann. Dabei muss man zwei Dinge auseinanderhalten:

1. das, was der Beitragsservice haben will (die neue Rundfunkabgabe/Zwangsabgabe),
2. das, was Sie zurückhaben wollen (die alte GEZ Gebühr).

Dazu kann man nur so viel sagen: Jeder, der etwas haben will, muss zunächst seine Forderung beziffern und sie (mit Frist) auch stellen. Um die Forderung zu beziffern, holt man am besten einen »Kontoauszug« vom Beitragsservice ein. Wird der anschließenden Zahlungsaufforderung nicht nachgekommen, muss man weitere Schritte einleiten beziehungsweise klagen. Das gilt in diesem Fall also sowohl für den Beitragszahler (der die GEZ-Gebühr zurückhaben möchte) als auch für den Beitragsservice (der die neue Zwangsabgabe erheben will).

1. Es gibt zum Beispiel Menschen, die die neue Zwangsabgabe nicht zahlen wollen und sich »tot stellen«, einfach nicht reagieren, auf Zwangsmaßnahmen des Beitragsservice warten und erst dann gegebenenfalls dagegen vorgehen.
2. Wer die GEZ-Gebühr zurückhaben möchte, muss selbst aktiv werden und zunächst einmal die Forderung beziffern, dann stellen und schließlich durchsetzen.

Schlagende Argumente

Für diese weiteren Schritte beauftragt man am besten einen guten (und vor allem motivierten) Rechtsanwalt. Die Argumentation hat die ehemalige NDR-Mitarbeiterin Terschüren ja in ihrer Dissertation geliefert (siehe oben).
Der Vollständigkeit halber muss angemerkt werden, dass sich Terschürens Kritik nicht gegen »Rundfunksteuern« generell rich-

tet, sondern nur gegen die vergangenen und gegenwärtigen Finanzierungssysteme. Allerdings ist sie der Meinung, dass für eine legale »Rundfunksteuer« die Verfassung geändert werden müsste. Dem muss man jedoch entgegenhalten, dass ein steuerfinanzierter Staatsrundfunk in einer freiheitlichen Gesellschaft grundsätzlich nichts zu suchen hat. Vielmehr sollten sich die öffentlich-rechtlichen Medien, wie alle anderen Medienanbieter auch, am Markt um Abonnenten oder zahlende Nutzer zu bewerben.

14. Januar
Neue Studie: Frauen sind nicht unterbezahlt

Frauen sind wirklich arm dran: Ob auf Chefposten, in Aufsichtsräten oder Vorständen – überall, wo es wirklich etwas zu vermasseln gibt, sind sie unterrepräsentiert. Dabei würden sie so gern auch mal einen Flughafen in den märkischen Sand setzen. Und vermutlich wären sie auch dabei noch erfolgreicher als Männer. Denn schließlich können Frauen alles besser – sogar scheitern.

Aber unglücklicherweise wird das schwache Geschlecht in der Männergesellschaft nicht nur von Spitzenpositionen ferngehalten, in denen es sich endlich einmal selbst verwirklichen könnte, sondern auch notorisch ausgebeutet und unterbezahlt – oder etwa nicht? Und ob. Die Geschichte von den ewig unterbezahlten und ausgebeuteten Frauen zählt seit vielen Jahren zu den liebsten Kindern unserer Qualitätsmedien. Und dieses Kind wird denn auch genauso gehätschelt wie all die anderen politisch korrekten Mythen, mit deren Hilfe die Gesellschaft gesteuert werden soll, wie zum Beispiel die Klimakatastrophe oder die Energiewende. Obwohl sie »besser ausgebildet« seien als Männer und »häufiger einen Universitätsabschluss« hätten, würden sie von den tumben Kerlen unterdrückt und gnadenlos ausgenutzt, unterstellte beispielsweise die *Süddeutsche Zeitung* in ihrer Online-Ausgabe vom 17. Mai 2010 unter der Überschrift »Weiblich, Abitur, unterbezahlt«.

Eine Studie wird ausgeblendet

Wie so oft ist eine der Quellen dieses Mythos die EU-Kommission. Laut EU-Kommissar Vladimir Spidla verdienen Frauen in Deutschland im Schnitt ein Viertel weniger als Männer. Das Statistische Bundesamt blies in dasselbe Horn. Demnach »verdienen Frauen im Bundesdurchschnitt immer noch 22 Prozent weniger als Männer«, zitierte Radio Bremen die Behörde (online, 21.3.2013). Wenn das nicht an Sklavenhaltung grenzt! Eigentlich nicht. Denn bekanntlich sollte man nur den Statistiken glauben, die man selbst gefälscht bzw. »interpretiert« hat. Oder man sollte wenigstens mal eine Statistik heranziehen, die von anderen Interessen gesteuert ist. Denn genau das wird einer Untersuchung vorgeworfen, die am 14. Januar 2013 vorgestellt und von unseren Qualitätsmedien praktisch ausgeblendet wurde. Denn schließlich passt das Ganze überhaupt nicht in das offiziell gezeichnete Bild von der armen und ausgebeuteten Frau. An jenem Tag nämlich präsentierte das Institut der Deutschen Wirtschaft (IW) seine neue Studie über »Beschäftigungsperspektiven von Frauen«.

Wenn Äpfel mit Birnen verglichen werden

Demnach beträgt der Gehaltsunterschied zwischen Männern und Frauen nicht 25, 23 oder 22, sondern weniger als zwei Prozent. In Ziffern: 2. Wie das? Liegt es etwa daran, dass die wackeren Forscher die Zahlen tatsächlich so lange frisiert haben, bis sie der deutschen Wirtschaft passen? Mit Sicherheit. Denn schließlich, so betont die Qualitätspresse unermüdlich, gilt das Institut der Deutschen Wirtschaft als »arbeitgebernah«.
In Wirklichkeit jedoch haben die Wissenschaftler nur aufgehört, Äpfel mit Birnen zu vergleichen und die Karrieren von Frauen

und Männern überhaupt erst einmal vergleichbar gemacht. Beispielsweise kann man eine Frau mit großen Lücken im Berufsleben schlecht mit einem Mann vergleichen, der seit 30 Jahren ununterbrochen arbeitet und regelmäßig eine Gehaltserhöhung bekommt. Zunächst haben die IW-Wissenschaftler also »Faktoren wie Teilzeitbeschäftigung, Bildungsstand und Dauer der Betriebszugehörigkeit berücksichtigt«, so die IW-Pressemitteilung. Teilzeitarbeit ist schließlich ebenso hinderlich für Karriere und Bezahlung wie eine kurze Firmenzugehörigkeit. Dadurch habe sich der Lohnabstand bereits »von 25 auf 11 Prozent« reduziert, so die Forscher. »Zweitens haben sie den Umfang familienbedingter Auszeiten – etwa zur Kindererziehung – in die Berechnungen einbezogen.« Ergebnis: Wenn die Frauen nur kurze Zeit zu Hause bleiben, schrumpft die Lohnlücke immer weiter. »Dauerte die Job-Pause maximal 18 Monate, reduzierte sich der Gehaltsunterschied zu den Männern von 11 auf weniger als 2 Prozent.« Was bedeutet, dass der berühmte kleine Unterschied bei der Bezahlung in Wirklichkeit kaum eine Rolle spielt. Männer werden nur auf den ersten Blick viel besser bezahlt. Aber nicht, weil die böse Wirtschaft Frauen als Menschen zweiter Klasse betrachtet, sondern weil Frauen eben andere Karriereverläufe haben als Männer. Das liegt zwar auch daran, dass sie Frauen sind – weil sie die Kinder zur Welt bringen und hauptsächlich betreuen, verlieren sie natürlich auch Zeit für ihre Karriere –, aber im Gegensatz zur Behauptung der politisch korrekten Propaganda werden Frauen nicht einfach aufgrund ihres Frauseins benachteiligt. Vielmehr zählt Deutschland sogar »zu jenen Ländern, in denen es gerade keinen Hinweis auf eine ungerechtfertigte Ungleichbehandlung von Frauen in Lohnfragen gibt«, betonte IW-Professor Michael Hüther anlässlich der Vorstellung der Studie. Wer hätte das gedacht?

20. Januar
Brüderle und Schwesterwelle: Das Imperium schlägt zurück

Kurz vor dem Tod soll es ja bekanntlich noch einmal eine Hochphase geben, bei der der Todgeweihte plötzlich lustig durchs Zimmer springt. So erging es auch der FDP. Bevor ihr bei der Bundestagswahl am 22. September das Totenglöcklein geläutet wurde, erlebte sie noch einmal eine kurze Hochphase. Nach der beispiellosen Talfahrt der letzten Jahre erzielte sie bei den Landtagswahlen in Niedersachsen am 20. Januar 2013 9,9 Prozent gegenüber 8,2 Prozent 2008. Kurze Zeit schien es, als seien die Liberalen wieder im Kommen. Wobei sich die Frage stellt, warum sie eigentlich im Gehen begriffen waren. Beziehungsweise was alle eigentlich seit einiger Zeit gegen diese Partei hatten. Von den Medien verdammt, von Kabarettisten veräppelt und von selbsternannten Sittenwächtern an den Pranger gestellt – womit hatte sich die Systempartei FDP die Ehre der Feindschaft des Systems überhaupt verdient? Noch vor zwei Jahren war die FDP schließlich Everybody's Darling, dann erst fiel sie plötzlich von heute auf morgen in Ungnade. Seitdem wurde an den Liberalen kein gutes Haar mehr gelassen. Was hatte die FDP nur angestellt? Es lohnt sich, einmal zurückzublicken.

Noch 2009 befand sich die FDP auf dem Gipfel des Erfolgs: Seit Januar 2008 hatte die Partei bei Landtagswahlen nur abgeräumt und ausnahmslos Gewinne eingefahren, und zwar bis zu 8,3 Prozentpunkte (bei der Landtagswahl in Schleswig-Holstein 2009). Kein Zweifel: Die FDP war auf dem Weg, eine echte Volkspartei zu werden. Zu verdanken hatte sie das wohl zu einem Gutteil ihrer Steuersenkungskampagne, mit der sie bei den Bürgern zunächst gut ankam. 2009 erzielte sie mit 14,6 Prozent ihr bestes Bundestagswahlergebnis aller Zeiten. Auch bei der ersten Landtagswahl 2011 (am 20. Februar) räumte sie noch ab und zog dank

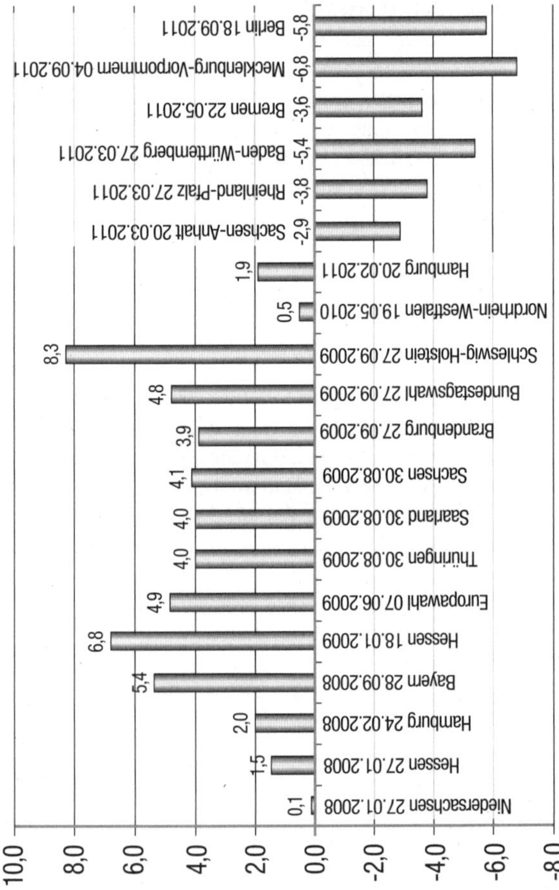

Geheimnisvolle Trendumkehr bei der FDP
Quelle: Libri Logicorum

eines Zuwachses von 1,9 Prozentpunkten erstmals seit 2001 wieder in die Hamburger Bürgerschaft ein. Das Wahlergebnis von 6,7 Prozent war das beste seit 1974.
Doch wie von Geisterhand wendete sich kurz darauf das Blatt. Binnen vier Wochen, von einer Landtagswahl zur anderen, begann der Kahlschlag und fuhr die Partei nur noch massive Verluste ein. Schon am 20. März 2011 scheiterte die Erfolgspartei in Sachsen-Anhalt plötzlich an der Fünf-Prozent-Hürde. Am 27. März mussten auch in Rheinland-Pfalz die FDP-Abgeordneten ihre Landtagsbüros räumen. Am selben Tag stürzte die Partei auch in Baden-Württemberg von satten 10,7 auf 5,3 Prozent ab und hielt sich nur mit knapper Not im Landtag. Am 22. Mai 2011 flog die FDP in Bremen raus und am 4. September in Mecklenburg-Vorpommern – nachdem ihre Stimmenanteile auf ein Drittel geschrumpft waren. Am 18. September 2011 verlor die FDP bei der Wahl zum Abgeordnetenhaus in Berlin schließlich fast 6 Prozentpunkte und mutierte mit 1,8 Prozent zur Splitterpartei. Auch 2012 ging es so weiter. Am 6. Mai purzelte die FDP bei der Landtagswahl in Schleswig-Holstein von 14,9 auf schlappe 8,2 Prozent. Erst bei den nächsten Wahlen am 13. Mai 2012 in Nordrhein-Westfalen gelang den Liberalen wieder ein bescheidenes Plus von 1,9 Prozentpunkten (auf 8,6 %).

Die Wege von »Genosse Trend«

Nun waren die Wege von »Genosse Trend« ja schon immer mehr oder weniger unergründlich. Mal schwebt eine Partei auf der Woge der Wählergunst von Erfolg zu Erfolg, mal kriegt sie kein Bein auf die Erde bzw. keinen Hintern auf einen Abgeordnetensitz. Aber dass »Genosse Trend« innerhalb von vier Wochen praktisch auf dem Absatz kehrtmacht, um für lange Zeit eine ganz andere Richtung einzuschlagen, ist ein ziemlich einmaliges Phänomen in der bundesrepublikanischen Wahlgeschichte. Was war nur passiert? Die Antwort auf diese Frage muss in den geheimnisvollen vier Wochen liegen, die zwischen den Landtagswahlen in Hamburg am 20. Februar 2011 (plus 1,9 Prozentpunkte) und jenen am 20. März 2011 in Sachsen-Anhalt (minus 2,9 Prozentpunkte, Auszug aus dem Landtag) lagen.

Und wer suchet, der findet. Und zwar den 17. März 2011. An diesem Datum, drei Tage vor den Landtagswahlen in Sachsen-Anhalt, enthielt sich Deutschland im UN-Sicherheitsrat bei der Abstimmung über einen Militäreinsatz in Libyen der Stimme –

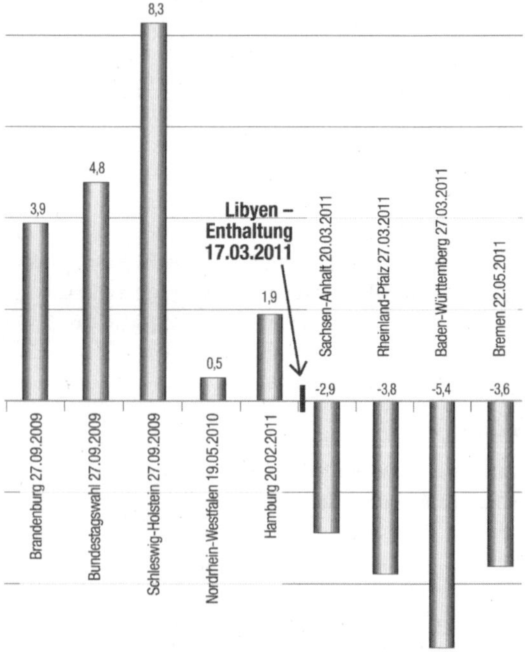

Knick in der Erfolgsgeschichte der FDP:
die Libyen-Enthaltung vom 17. März 2011

zusammen mit Indien, Brasilien, Russland und China. Und fand sich damit plötzlich im Lager der schärfsten globalen Widersacher der USA wieder, auch bekannt als die sogenannten BRIC-Staaten! Deutschland hatte sich also glatt im Block geirrt! Der damalige Bundesaußenminister Westerwelle (FDP) brachte dafür allerdings einleuchtende Gründe vor. Man unterstütze die Resolution gegen Libyen zwar dort, wo es um Sanktionen gehe, im Hinblick auf einen Militäreinsatz sei man jedoch zu einem anderen Ergebnis gekommen: »Es gibt keinen sogenannten chirurgischen Eingriff. Jeder Militäreinsatz wird auch zivile Opfer fordern. Das wissen wir aus leidvoller Erfahrung. Wenn wir abwägen, wie wir uns international verhalten und ob wir uns und wo wir uns beteiligen, dann muss in diese humanitäre Abwägung immer auch mit einbezogen werden, dass es Opfer gibt, auch zivile Opfer gibt«, begründete Westerwelle die Enthaltung in einer Regierungserklärung vom 18. März 2011.

Medien mit Schaum vor dem Mund

Damit hatte es sich Westerwelle mit den entscheidenden globalen Eliten verscherzt. Schon am nächsten Tag bliesen die Medien zum Halali auf die FDP und ihren Vorsitzenden. »Deutschlands feige Außenpolitik«, titelte tags darauf die *Zeit* (online, 18.3.2011). Das Leib- und Magenblatt der Bilderberger, auf deren Konferenzen die Zeitung seit Jahrzehnten in zentraler Position vertreten ist, führte die Front der Westerwelle- und FDP-Hasser künftig an: »Feige« und »verantwortungslos« sei Westerwelles Haltung, schäumte die Wochenzeitung: Habe sich Westerwelle zuvor noch auf die Seite der libyschen »Freiheitsbewegung« gestellt, stehe Deutschland nun »an der Seite von Russland und China, Brasilien und Indien«, schimpfte die *Zeit*. »Wo sind die Deutschen?«, tobte auch die *Welt*, das intellektuelle Zentralorgan des Springer-Konzerns, ebenfalls ein Dauergast auf den Bilderberger-Konferenzen (online, 18.3.2011), um sogleich selbst zu antworten:

»Im Abseits. Warum haben sie sich bei der Abstimmung im UN-Sicherheitsrat enthalten? Wie kann es Guido Westerwelle verantworten, dass Deutschland nicht für die Flugverbotszone über Libyen gestimmt hat? (…) Unverantwortlich, diese Enthaltung. Aus Angst vor Bodenkrieg, deutet der Außenminister an. Stattdessen solle sich jedes Land selber helfen, und Deutschland wolle verstärkt mit wirtschaftlichen Sanktionen Druck auf den libyschen Diktator ausüben. Wenn du halb tot bist, hilf dir bitte selbst?«

Noch nie habe »Deutschland sich gegen alle seine wichtigen westlichen Partner gestellt«, wütete das Sprachrohr ebendieser »Partner«, die *Zeit* (a.a.O.). Und: »Diese verantwortungslose Haltung wird Folgen haben, nicht nur beim Ansehen Deutschlands bei den Demonstranten der Freiheitsbewegungen.« War das bereits eine Drohung an die Adresse der Freien Demokraten?

Das Imperium schlägt zurück

Wie man an der Haltung dieser Blätter erkennt, war der Vorgang ein Schock für Deutschlands sogenannte Verbündete. Denn die sahen plötzlich die Anti-Gaddafi-Front bröckeln und die westlichen Staatenbündnisse von NATO bis EU in der Krise. »Die Nato, die sich lange Jahre als Siegerin des Kalten Krieges feierte, wirkt wie ein gefesselter Riese … eingeschnürt von den nationalen Egoismen der einzelnen Mitglieder«, jammerte die *Zeit*. Selbst die Arabische Liga, die zunächst für eine Flugverbotszone war, verurteile »nun die Bombardierungen und die Raketenangriffe« (online, 22.3.2011). (Der traurige Witz an der »Flugverbotszone« war, dass ab deren Einrichtung zwar keine libyschen, dafür aber britische, französische und amerikanische Flugzeuge fliegen durften. Und die machten Libyen in großen Teilen dem Erdboden gleich.)
»Gaddafis Truppen haben freie Bahn«, hetzte auch die *Welt:*

»Westerwelles Enthaltung ist hasenfüßige Realpolitik.« Dem Blatt zufolge verhagelte der FDP-Außenminister dem Westen »eine Manifestation der Einigkeit« und »eine Machtdemonstration gegenüber einem hemmungslosen Gewaltherrscher wie Gaddafi«. »Die deutsche Enthaltung im UN-Sicherheitsrat wurde von den Kommentatoren einhellig verdammt«, schrieb auch der *Stern* in seiner Online-Ausgabe vom 19. März 2011.

Gegen Westerwelle und Gaddafi

Kurz: Aus Sicht dieser Blätter stürzten Westerwelle und die FDP den Westen in eine Krise. Und dabei ging es ja nicht nur um Gaddafi, sondern auch um weitere Militäreinsätze in der Zukunft. Westerwelle und die FDP hatten nicht nur das gesamte westliche Bündnis, sondern auch dessen journalistisches Fußvolk gegen sich aufgebracht. Doch das Imperium schlug zurück. Und seitdem führte das Bündnis gleich zwei Kriege: einen gegen Gaddafi und einen gegen Westerwelle und die FDP. Schon wenige Tage nach Beginn der konzertierten Medienkampagne bekam die FDP mit dem Rauswurf aus dem Landtag von Sachsen-Anhalt eine erste Quittung. Da die Medienhetze erst angelaufen war, verstärkte sich ihre Wirkung noch und geriet die Partei immer tiefer in die roten Zahlen – mit Verlusten bis zu 6,8 Prozentpunkte (Mecklenburg-Vorpommern, 4.9.11).

Natürlich musste auch Westerwelle selbst weg. Nach der massiven Hetzjagd und den Verlusten bei drei Landtagswahlen verzichtete er auf dem FDP-Parteitag vom 13. Mai 2011 auf eine erneute Kandidatur als Parteivorsitzender – nur zwei Monate nach seinem Libyen-Votum. Noch am 15. Mai 2009 war er mit 95,8 Prozent der Stimmen als Parteivorsitzender bestätigt worden. Aber nun wurde er auch als Außenminister kaltgestellt und tauchte seitdem kaum noch als außenpolitische Größe auf. Und wenn doch, dann vor allem mit Ergebenheitsadressen an die westlichen »Verbündeten«.

Der jüngste Wahlerfolg der FDP in Niedersachsen am 20. Januar 2013 mit fast 10 Prozent der Stimmen war da wohl eine böse Überraschung für die FDP-Hasser. Plötzlich drohte die FDP erneut in der Wählergunst zu steigen. Noch am Abend des Wahlerfolges am 20. Januar folgte gleich der nächste Schritt: Parteichef Philipp Rösler bot Rainer Brüderle, dem »heimlichen, starken Mann« der Partei (*Spiegel Online*, 28.1.2013), die Spitzenkandidatur für die Bundestagswahl 2013 an.
Etwa acht Monate vor den Wahlen in Bayern, Hessen und im Bund schien die FDP damit erneut Asphalt unter die Räder zu bekommen. Ein gutes Timing, denn diese Zeit sollte eigentlich reichen, um die FDP wieder fester in der Wählergunst zu verankern. Und der populäre und leutselige Brüderle sollte dafür eigentlich genau der richtige Mann sein. Immer wieder hatte er sich in den vergangenen Jahren vor einem großen Publikum humorvoll den Frotzel-Attacken der populären ZDF-Sendung *heute-show* gestellt. Brüderle punktete durch Langmut und humorvolle Nehmerqualitäten. Einmal schwärmte er nach einem Auftritt in der Sendung, jetzt würden ihn sogar die Teenager erkennen (*Stern* 5/2013).

Eine Unterhaltung an der Bar

Jedenfalls war da für alle FDP-Hasser natürlich guter Rat teuer. Die Rettung schickte der Himmel bzw. die Himmelreich. So hieß nämlich die wackere *Stern*-Reporterin, der just vier Tage nach dem Wahlerfolg der FDP vom 20. Januar 2013 einfiel, dass Rainer Brüderle sie sexuell belästigt oder anzüglich angeredet habe. In einem Artikel mit dem Titel »Der Herrenwitz« denunzierte Laura Himmelreich den neuen Hoffnungsträger der Freien Demokraten am 24. Januar 2013 als Sexisten.
Werfen wir einen kurzen Blick auf diesen Fall: Just nach der Kür Brüderles zum Spitzenkandidaten für die bevorstehende Bundestagswahl fiel der *Stern*-Reporterin siedend heiß ein, dass sie von

demselben Brüderle sexuell schrecklich diskriminiert worden sei. Allerdings war das schon ein Jahr her. Ein ganzes Jahr, in dem sie keine Zeit gefunden hatte, dies öffentlich zu machen? Egal – jetzt war ganz bestimmt der richtige Zeitpunkt: »Für mich ist es nicht immer angenehm, 29 Jahre alt zu sein, eine Frau und Politikjournalistin«, schrieb Himmelreich in ihrem Artikel. »Das liegt an Männern wie Rainer Brüderle, der neuen, nun ja, Lichtgestalt der FDP.« Gleich zu Beginn hört man deutlich den Groll gegen die »neue Lichtgestalt« heraus. Und dann kommt sie gleich zur Sache.

> »Es war vor einem guten Jahr in der Nacht vor dem Dreikönigstreffen in Stuttgart. Wie jedes Jahr stehen Journalisten und Liberale an der Bar des Hotels Maritim zusammen. Rainer Brüderle hat ein Glas Weißwein in der Hand. Ich möchte von ihm wissen, wie er es findet, im fortgeschrittenen Alter zum Hoffnungsträger aufzusteigen. Er will lieber über etwas anderes sprechen: mein Alter. Auf 28 Jahre schätzt er mich. Ich sehe ihn erstaunt an, weil das zu diesem Zeitpunkt stimmt. ›Mit Frauen in dem Alter‹, sagt Brüderle, ›kenne ich mich aus.‹«

»Sie können ein Dirndl auch ausfüllen«

Als Nächstes sind München und das Oktoberfest Thema der Unterhaltung an der Bar. Dabei sei Brüderles Blick auf ihren Busen gewandert. »Sie können ein Dirndl auch ausfüllen«, habe er dabei gesagt. Kompliment oder Unverschämtheit? Jedenfalls gebietet die *Stern*-Reporterin Brüderle nicht Einhalt, denn ihrer Beschreibung zufolge geht die Unterhaltung noch lustig weiter: »Im Laufe unseres Gesprächs greift er nach meiner Hand und küsst sie. ›Ich möchte, dass Sie meine Tanzkarte annehmen.‹« Anzüglich? Wohl eher eine etwas verstaubte und biedere Bemerkung – und geradezu höflich. Und die Hand weggezogen hat Himmelreich demnach wohl auch nicht. »Herr Brüderle«, will die Journalistin daraufhin gesagt haben, »Sie sind Politiker, ich bin Journalistin.« – »Politiker verfallen doch alle Journalistinnen«, habe er geantwortet und dachte dabei wohl an Leute wie Gerhard Schröder, der eine *Focus*-Journalistin heiratete, oder Joschka Fischer, der gleich zwei Journalistinnen ehelichte. »Ich finde es besser, wir halten das hier professionell«, will Himmelreich geantwortet haben, woraufhin Brüderle angeblich erwiderte: »Am Ende sind wir alle nur Menschen.«

Rainer Brüderle lasse »keine Gelegenheit aus, um zu betonen, dass er gern trinkt« und »dass er Frauen schön findet«, meint Himmelreich. Und das ist heutzutage natürlich ganz verwerflich. Vermutlich hätte er bei unseren Medien bessere Karten, wenn er sich endlich als schwul oder Transe outen würde oder als schwule Transe. Jedenfalls ist die Unterhaltung offenbar noch immer nicht zu Ende. Demnach hat Himmelreich Brüderle weder deutlich zurechtgewiesen noch ihm eine »geklebt«. Und davongelaufen ist sie auch nicht. »Gegen ein Uhr nachts« klebte sie vielmehr noch immer wie eine Klette an dem FDP-Politiker. Ganz anders, als man vermuten würde, ging nicht etwa Himmelreich zuerst, sondern Brüderle. Offenbar hatte die *Stern*-Journalistin, anders, als später behauptet, von Brüderle keineswegs die Nase voll. »Gegen ein Uhr nachts« also tippte dem virilen Alten stattdessen seine Sprecherin auf die Schulter, um ihn zum Gehen zu bewegen: »Brüderle verabschiedet sich von den umstehenden Männern«, erinnert sich Himmelreich noch ganz genau an diese Beinahe-Vergewaltigung: »Dann steuert er mit seinem Gesicht sehr nah auf mein Gesicht zu. Ich weiche einen Schritt zurück und halte meine Hände vor meinen Körper.« Gesagt hat sie aber offenbar noch immer nichts. Vielmehr sei nun Brüderles Sprecherin von hinten herangeeilt und habe streng seinen Namen gerufen. »Zu mir sagt sie: ›Das tut mir leid.‹ Zu ihm sagt sie: ›Zeit fürs Bett.‹«

Der sich selbst widerlegende Skandal

Von den mehr oder weniger interessanten Bargesprächen zwischen Frau Himmelreich und Herrn Brüderle wurde die Republik jedenfalls beinahe in ihren Grundfesten erschüttert. Das nächtliche Bar-Genuschel des FDP-Spitzenkandidaten entfachte einen unglaublichen Medienrummel. Fast alle Talkshows und Mainstream-Medien griffen die Sache dankbar auf, wie eine Fußballmannschaft, die plötzlich einen Elfmeter geschenkt bekommen hat, und schossen mit Wucht auf das Tor der FDP.
In Wirklichkeit wurde da lediglich eine Steinschleuder zur Atombombe umgebastelt. Wobei die Steinschleuder eigentlich auch noch nach hinten losging. Denn schließlich widerlegte der *Stern* den angeblichen Skandal gleich selbst. Denn hätte sich die Reporterin wirklich belästigt gefühlt, hätte sie die Begegnung erstens sehr schnell beenden können. Zweitens hätte sie wohl nicht ein Jahr lang gewartet, bis sie damit an die Öffentlichkeit ging – just zu dem Zeitpunkt, als die Sache der FDP maximal schaden konnte. Drittens stelle sich die Frage, so die Journalistin Birgit Kelle, »wieso die Herren in der Redaktionsleitung des ›Stern‹ eigentlich eine junge Journalistin, die sich angeblich von einem Politiker bedrängt fühlt, ein ganzes Jahr noch auf weitere Termine mit dem gleichen Mann« schicken. Eine gute Frage. Wenn es tatsächlich so unverzeihlich und dramatisch war, was sich Brüderle da nachts an der Bar leistete, »dann hätte ein verantwortungsvoller Arbeitgeber seine junge Mitarbeiterin davor bewahren und schützen müssen, anstatt sie dem weiter auszusetzen«. Wohl wahr. Mit anderen Worten, die ganze *Stern*-Attacke löste sich umgehend in dem auf, woraus sie von Anfang an bestanden hatte: in heißer Luft.

Der Fehltritt vor dem Sturz

Dennoch blieb der Angriff nicht ohne Wirkung. Etwa fünf Monate später stürzte Rainer Brüderle tatsächlich. Zwar nicht politisch, aber physisch. Am 14. Juni 2013 rutschte Brüderle auf der Treppe eines Restaurants in Nackenheim aus und zog sich bei einem schweren Sturz mehrere Knochenbrüche zu, so dass er operiert werden musste. Zufall? Nicht unbedingt. Denn schließlich wurden sämtliche Themen der vorhergehenden Affäre in dem Sturz aufgearbeitet: Sowohl der »Fehltritt« (vermeintlich damals an der Bar und jetzt auf der Treppe) als auch der Sturz (politisch bzw. physisch). Es könnte also gut sein, dass die Bemühungen des *Stern* doch nicht ganz umsonst gewesen waren, sondern sich der »Sturzauftrag« in Brüderles Unterbewusstsein verankert hatte.

Der Unfall war ein schwerer Schlag für den Spitzenkandidaten der Freien Demokraten. Erstens hätte der Sturz auch viel schlimmer enden können. Zweitens fiel Brüderle für einige Zeit im Wahlkampf aus. Noch drei Wochen später, beim ARD-Sommerinterview, wirkte er abgemagert. Die Journalisten hatten das Gespräch extra an den Rhein verlegt, um Brüderle weite Wege zu ersparen. Zum Gespräch erschien er mit einer Krücke. Kurz vor der Bundestagswahl am 22. September 2013 stürzte er sogar noch ein zweites Mal. Am 13. September stolperte er beim Betreten einer Bühne in Mainz auf der letzten Treppenstufe und purzelte auf das Podium.

So konnte man sich des Eindrucks nicht erwehren, dass die Verleumdungsgeschichte des *Stern* den FDP-Spitzenmann tatsächlich verunsichert hatte und Wirkung bei Brüderle zeigte. Und letztlich wohl auch beim Wähler. Denn auch der ließ die FDP am Wahltag fallen; mit nur 4,8 Prozent der Zweitstimmen war die Partei zum ersten Mal seit 64 Jahren nicht im Bundestag vertreten. Gegenüber 2000 war das ein Verlust von 9,8 Prozentpunkten.

Februar 2013

Thema des Monats *18.2.:*
Diamantenraub entlarvt Airport-Sicherheitskontrollen als Humbug

5.2. Uni Düsseldorf erkennt Bundesbildungsministerin Annette Schavan den Doktortitel ab / Britisches Unterhaus spricht sich für Erlaubnis der Homo-Ehe aus **7.2.** Das Tiefkühlunternehmen Findus gibt bekannt, dass in Tiefkühl-Lasagne Pferdefleisch gefunden wurde ***9.2. Bundesbildungsministerin Schavan tritt zurück*** **12.2.** Französische Nationalversammlung billigt Homo-Ehe **15.2.** Ein US-Fußballnationalspieler bekennt sich als schwul ***18.2. Anlässlich eines Diamantenraubs in Brüssel werden Airport-Sicherheitskontrollen als Schwindel entlarvt 21.2. So schnell löscht Facebook unbequeme Inhalte*** **28.2.** Papst Benedikt XVI. legt sein Amt nieder

9. Februar
Annette Schavan: An ihrem Rücktritt sollt ihr sie erkennen ...

Ein Minister tritt zurück: Zu Recht? Zu Unrecht? Treffen die Vorwürfe zu, oder ist alles nur eine perfide Kampagne? Wer mag das auf den ersten Blick schon entscheiden: Denn nun steht der oder die Betroffene souverän wie immer am Rednerpult, um sich herum die Insignien der Macht und jede Menge Journalisten. Rein äußerlich hat sich überhaupt nichts verändert, und – ganz wichtig – der mutmaßliche Bösewicht zeigt nicht die geringste Unsicherheit, sondern hält das Heft des Handelns scheinbar fest in der Hand.
Die Rede ist natürlich von Bundesbildungsministerin Annette Schavan, die wegen ausgedehnter Plagiate in ihrer Doktorarbeit am 9. Februar 2013 ihren Hut, ihr Kopftuch, ihre Handtasche nehmen musste – oder was Frauen eben sonst so nehmen, wenn sie zurücktreten. Meine Güte – die arme Angela Merkel! Lauter falsche Hasen bzw. Doktoren in Kabinett und Partei! Oder sind es faule Äpfel, die da plötzlich vom Baum der wissenschaftlichen Erkenntnis purzeln? Erst Karl-Theodor zu Guttenberg, der am besten gegelte Plagiator aller Zeiten, der im März 2011 von allen Ämtern zurücktrat. Jetzt Annette Schavan und dann vielleicht auch noch Bundestagspräsident Norbert Lammert, der im Juli 2013 in Verdacht geriet, in seiner Dissertation geklaut zu haben. Von anderen Politikern wie der Vizepräsidenten des Europaparlaments Silvana Koch-Mehrin, der Stoiber-Tochter Veronika Saß oder dem Europarlamentsabgeordneten Jorgo Chatzimarkakis ganz zu schweigen. Denn dabei ging es ja nicht direkt um die Regierung und die CDU, wohl aber um das allgemeine Ansehen der Politik, die »gefühlt« inzwischen aus lauter Schwindlern besteht. Und mit Annette Schavan traf es nun nicht nur eine enge Freundin der Bundeskanzlerin und das Schwergewicht des Kabinetts, sondern auch eine

Frau, die nicht nur Doktorin, sondern pikanterweise auch noch Professorin war, und zwar Honorarprofessorin für Katholische Theologie an der Freien Universität Berlin.
Ende April 2012 wurden im Internet Plagiatsvorwürfe gegen Annette Schavan erhoben. Auf knapp 100 von 325 Seiten wollten die Plagiatsjäger geklaute Textstellen entdeckt haben, und siehe da: Die Universität Düsseldorf sah das im Wesentlichen genauso. Ein Gutachter kam zu dem Schluss, die Arbeit biete »das charakteristische Bild einer plagiierenden Vorgehensweise«: »Eine leitende Täuschungsabsicht ist nicht nur angesichts der allgemeinen Muster des Gesamtbildes, sondern auch aufgrund der spezifischen Merkmale einer signifikanten Mehrzahl von Befundstellen zu konstatieren.« Am 5. Februar 2013 stellte der Fakultätsrat der Philosophischen Fakultät den »Tatbestand einer vorsätzlichen Täuschung durch Plagiat« fest und entzog Schavan den Doktortitel. Der Titel der Dissertation aus dem Jahr 1980 lautete ausgerechnet »Person und Gewissen. Studien zu Voraussetzungen, Notwendigkeit und Erfordernissen heutiger Gewissensbildung«.
Jeder macht eben die Propaganda, die er am nötigsten hat. Und das gilt auch für Schavans kurze Rücktrittsrede am 9. Februar 2013. Eine gute Gelegenheit, einmal die eisernen Regeln eines solchen Rücktritts durchzuspielen.

Die Regeln des Rücktritts

- Regel Nr. 1: Auf keinen Fall darf der Rücktritt zur Bestätigung der Niederlage oder gar zum Schuldeingeständnis geraten. Paradox: Der Grund für den Rücktritt (also die im Raum stehenden Vorwürfe) darf daher unter keinen Umständen als Grund für den Rücktritt genannt werden.
- Regel Nr. 2: Auf keinen Fall darf der Rücktritt zum Eingeständnis des eigenen miesen Charakters geraten. Daher muss dieser Charakter in der Rücktrittserklärung überhöht werden, koste es, was es wolle.

An Rücktrittserklärungen wird daher äußerst sorgfältig gefeilt, und zwar tagelang. Denn sie sind nicht nur im Augenblick wichtig, sondern gehen auch in die Geschichte ein und werden ein Teil des eigenen politischen Vermächtnisses. In der Regel haben sie die Aufgabe, einen ungeheuren Vorgang, eine schwere Schuld und/oder schwere Charakterdefizite zu verschleiern. Das Problem ist nur, dass man Rücktrittserklärungen, wie so vieles im Leben, auch zwischen den Zeilen lesen kann. Der Betroffene kann sich noch so viel Mühe geben: Neben all den Phrasen und Beschönigungen ist auch die Wahrheit in seiner Rücktrittserklärung enthalten. Ja, je mehr er sich anstrengt, umso mehr kommt die Wahrheit zum Vorschein. Denn wie in früheren Jahrbüchern bereits ausgeführt, besteht eine Beziehung zwischen Lüge und Wahrheit: »Wer lügt, versucht sich mit seiner Lüge möglichst weit von der Wahrheit zu entfernen. Je schlimmer die Wahrheit, umso größer die Lüge. Die Beziehung besteht also in der proportionalen Umkehr von Schwarz und Weiß, Lüge und Wahrheit« (Gerhard Wisnewski: *2011. Das andere Jahrbuch*, München 2011, S. 13).

Die Beziehung zwischen Negativ und Positiv

Ja, so eine Rücktrittserklärung oder auch ein Dementi »hat der Teufel gesehen«. Wie sagte doch der berühmte Kommunikationsforscher Paul Watzlawick: »Man kann nicht nicht kommunizieren.« Alles, was wir tun, ist gleichzeitig auch Kommunikation. Dumm eigentlich. Stellt sich ein Politiker in seiner Rücktrittserklärung als Heiliger dar, ist das zum Beispiel ein ziemlich schlechtes Zeichen. Denn wie gesagt: Jeder macht die Propaganda, die er am nötigsten hat. Wird der Wahrheit dabei zu viel Gewalt angetan, kann es sogar unfreiwillig komisch werden, wie etwa in der Rücktrittserklärung von zu Guttenberg. Als hätte er zuvor nicht eindrucksvoll das Gegenteil bewiesen, bestand der Mann darauf, »höchste Ansprüche« an sich selbst anzulegen: Der Grund für seinen Rücktritt, erklärte er in krummem Deutsch, »liegt im Besonderen in der Frage, ob ich den höchsten Ansprüchen, die ich selbst an meine Verantwortung anlege, noch nachkommen kann«. Ausgerechnet auf dem Wort »Verantwortung« ritt der Verantwortungslose besonders gerne herum. Das ist nicht etwa abwegig, sondern in sich logisch. Schon zu Guttenberg trat nicht etwa wegen seiner abgeschriebenen Doktorarbeit zurück. Vielmehr wollte er die Bundeswehr davor bewahren, dass »es auf dem Rücken der Soldaten« nur noch um seine Person ginge. Und das könne er nicht mehr »verantworten«.

Der Rücktritt als Preisverleihung

Bei Annette Schavan ist die Rücktrittserklärung nicht von ihrem Auftritt zu trennen. Und eine Besonderheit in der Rücktrittsgeschichte: Bei ihrer Demission am 9. Februar 2013 steht ihr die Bundeskanzlerin zur Seite – räumlich und psychologisch. Aber mehr noch: Im Verlaufe der Rücktrittserklärung findet ein Rollentausch statt: Während die Bundeskanzlerin mädchenhaft und unsicher wirkt, erscheint die scheidende Bundesbildungsministerin als kantig und männlich, kurz: als der »Kerl« in dem Spiel. Obwohl ihr die Gremien der Universität Düsseldorf mit großer Mehrheit Täuschung vorwerfen, ist sich die scheidende Bundesbildungsministerin nicht der geringsten Schuld bewusst. Sie hat keinen Fehler gemacht, nicht einmal einen klitzekleinen. Mehr noch: Durch ihren Rücktritt erweist sie dem Land einen unschätzbaren Dienst. Was zwar der Wahrheit entspricht, aber in anderem Sinne, als die scheidende Ministerin glauben machen will.

Abschied der heimlichen Bundeskanzlerin?

Einen Moment lang klingt Merkel so, als wollte sie einen männlichen Bundesminister verabschieden: »Meine Damen und Herren, Annette Schavan hat mir gestern Abend ihren Rücktritt vom Amt des Bun…, der Bundesministerin für Bildung und Forschung angeboten«, beginnt die Kanzlerin. Und tatsächlich wird die Rangordnung zwischen den beiden im Laufe des Auftritts eindrucksvoll offenbar. Während sich Merkel Schavan immer wieder fast entschuldigend zuwendet, wirkt die überführte Plagiatorin eiskalt und dominant. Während Schavan dasteht wie ein Generaldirektor, scheint die Bundeskanzlerin neben ihr auf das Format einer Sekretärin zu schrumpfen. Beschreibt dies etwa das wahre Verhältnis der beiden? Während Schavan der Kanzlerin zuhört, gerät ihre Verabschiedung durch Merkel zur Laudatio und zum hymnischen Nachruf, als sei der Abschreiberin nicht der Doktortitel entzogen, sondern ein Preis verliehen worden: »Sieben Jahre Bundesbildungsministerin, zuvor zehn Jahre Landeskultusministerin, insgesamt also 17 Jahre im Dienste für den Bildungs- und Wissenschaftsstandort Deutschland. Das sucht seinesgleichen.« So lange kann man sich also mit einer getürkten Doktorarbeit durchmogeln. »Und man kann sagen, Annette Schavan lebt Bildungs-, Forschungs- und Wissenschaftspolitik.« Wenn das wahr wäre, dann wäre das freilich schon die nächste Katastrophe. Merkel weiter:

> »Ihre Leistung als Ministerin in diesen wichtigen Ressorts ist außerordentlich. Bildung und Forschung in Deutschland, die Einrichtungen von Lehre und Wissenschaft verdanken ihr viel. (…) Mit ihrem Namen bleiben wegweisende Maßnahmen und Initiativen verknüpft, die diesen Schatz pflegen. Sie hat früh erkannt, dass Bildungs- und Forschungspolitik beides leisten muss.«

Was veranlasst die Bundeskanzlerin zu dieser distanzlosen und unterwürfigen Liebedienerei? Oder hat Schavan, was bei Arbeitszeugnissen schließlich gar nicht so selten vorkommt, diese Erklärung etwa selbst verfasst? Apropos Liebe: Nicht weniger als zwei Mal spricht Merkel von ihrem »sehr schweren Herzen« und dankt der Plagiatorin »von ganzem Herzen« für ihre unglaublichen Verdienste um Wissenschaft und Bildung. Und auch Schavan betritt Neuland, indem sie die Bundeskanzlerin bei ihrem Rücktritt ostentativ duzt und mit »liebe Angela« anspricht. Wobei man den Eindruck hat, dass hier Mutter Oberin einer Novizin eine besondere Ehre erweist. Irgendwie scheint in dieser Regierung einiges auf dem Kopf zu stehen. Schavan betont ihrer beider Freundschaft und dass Freundschaft »nicht an Amtszeiten« hänge und »über diesen Tag« hinaus wirke. Was klingt wie eine Drohung. Es bedeutet, dass dieser Rücktritt gar nichts heißt, sondern dass Schavan auch künftig auf Merkel einwirken will. Kurz, dass diese »heimliche Bundeskanzlerin« auch künftig hinter den Kulissen die Strippen ziehen wird.

Dr. pot. Annette Schavan

Am 2. Mai 2012 seien »anonyme Plagiatsvorwürfe« im Hinblick auf ihre vor 33 Jahren geschriebene Dissertation aufgetaucht, fährt Schavan fort. Damit vermittelt sie gleich zwei weitere Botschaften. Erstens: Die Arbeit wurde doch schon vor so langer Zeit geschrieben – was wollt ihr denn nun alle noch? Zweitens: Sind anonyme Vorwürfe denn nicht eine Gemeinheit und überhaupt verdächtig? Wobei das natürlich gar keine Rolle spielt, denn Fakten stehen nun mal für sich selbst, egal, von wem sie geäußert werden. Das ist zum Beispiel auch der Grund, warum Staatsanwaltschaften auch anonymen Hinweisen und Anzeigen nachgehen müssen. Denn der Wahrheit ist es nun mal grundsätzlich egal, aus welcher Quelle sie stammt, solange sie nachprüfbar wahr ist. Einen Bankräuber würde man schließlich ebenfalls aufgrund einer »anonymen«, aber nachprüfbaren Anzeige festnehmen.
Aber weiter im Text: Nun habe die philosophische Fakultät der Universität Düsseldorf die Ungültigkeit ihrer Promotion »entschieden«, so Schavan. Dieses Wort ist wichtig, da es die Subjektivität des Vorgangs betont: Man habe nun mal so entschieden.

Hauptsache, nicht »festgestellt«, denn eine Feststellung wäre eine objektive Bestandsaufnahme von Tatsachen. Sie werde denn auch gegen diese »Entscheidung« klagen. Das ist ebenfalls gut, denn es hält die Sache jahrelang in der Schwebe und gewährt Schavan in dieser langen Zeit den Schutz der »Unschuldsvermutung«, wenn schon nicht juristisch (da es sich um ein Zivilverfahren handelt), so doch immerhin psychologisch. Solange über die Klage noch nicht entschieden ist, besteht zumindest die theoretische Möglichkeit, dass sie recht und den Doktortitel zurückbekommt. Der steht währenddessen sozusagen noch als Option im Raum und macht aus der doktorlosen Annette Schavan eine potenzielle Doktorin, sozusagen eine Dr. pot. Annette Schavan.
Kommen wir nun aber zum eigentlichen Grund des Rücktritts, wie Schavan ihn sieht. Dieser liege nicht etwa darin, dass sich die »Professorin« als Bildungspolitikern künftig nirgends mehr blicken lassen könne. Sondern darin, dass ihre Klage gegen die Universität das Amt, das Ministerium, die Bundesregierung »und auch die CDU« belaste. Und das wolle sie vermeiden. »Das geht nicht«, entdeckt die von der Universität überführte Plagiatorin, wie schon zuvor zu Guttenberg, überraschend die Regeln des Anstands. Das Amt wird also nicht durch ihre universitär festgestellte Abschreiberei, sondern allenfalls durch den gerichtlich auszutragenden Händel beschädigt, so die verquere Logik dahinter.
Und genau wie zu Guttenberg bemüht die Verantwortungslose schließlich auch noch mehrfach das Wort »Verantwortung«. Ihre Entscheidung resultiert plötzlich »aus genau der Verantwortung, aus der heraus ich mich bemüht habe, mein Amt zu führen«. Und da auch »Überzeugungen« wichtig sind, spricht Schavan zusätzlich von »einer Verantwortung, die verbunden ist mit der Überzeugung, die Erwin Teufel oft formuliert hat in den Worten: ›Zuerst das Land, dann die Partei, und dann ich selbst.‹« Ein Satz, der zeigt, dass Annette Schavan völlig zu Recht zurückgetreten ist. Denn hier wird aus Selbstrechtfertigung Hochstapelei.

Die Verdienste der politischen Domina

Denn worin bestanden denn nun Schavans sagenhafte Verdienste? Darüber redete aus diesem Anlass natürlich wieder mal kein Mensch. Ja, mancher war gar der Meinung, Schavans vor 33 Jahren erschwindelter Doktortitel sei gar nicht das eigentliche Problem: »Der eigentliche Skandal bei Annette Schavan ist doch nicht, dass sie vor 33 Jahren in ihrer Dissertation wahrscheinlich plagiiert hat, sondern dass sie heute eine schlechte Politik macht«, sagt beispielsweise der Publizist und Facharzt für Kiefer- und Mundchirurgie Dr. Adorján Kovács. Die eigentlichen Fehlleistungen von Schavan würden von den Medien verschwiegen, meint er. So habe die Ministerin »Fehlentscheidungen ihrer Vorgängerin, der SPD-Politikerin Edelgard Bulmahn, nicht korrigiert«. Und zwar die Einführung der Juniorprofessur, mit der nun Doktoren und Doktorinnen ohne Habilitation ganz schnell zum Professor befördert werden können.

Zum anderen habe sie »die von ihrer Vorgängerin in Gang gesetzte Exzellenzinitiative mit vielen Milliarden Euro und solchem Hochdruck weiterbetrieben, dass es sich mittlerweile um eine genuine Schavansche Fehlentscheidung handelt«. Diese Initiative (ein EU-konformes Programm zur Verteilung von Fördermitteln) sei lediglich »in einen riesigen bürokratischen Wust« und Papierkrieg ausgeartet und belohne »eher angekündigte als reale Ergebnisse«. Nun – Kenner wissen schon lange: Immer wenn in Deutschland von »Exzellenz« und »Kompetenz« die Rede ist, sollte man besonders vorsichtig sein.

Schließlich habe Frau Schavan »für 150 Millionen Euro ein Professorinnenprogramm gestartet, das grundgesetzwidrig jeder Gleichberechtigung Hohn spricht. Qualität wird hier durch Quote ersetzt. Es resultieren Genderlehrstühle, welche die bisherige Forschung meist lediglich wiederholen, nur um die Frauenperspektive ergänzt.«

»Wir leisten uns ca. 250 Lehrstühle im Bereich ›Gender Studies‹, deren Inhaber sich dankbar zeigen und nun pseudowissenschaftliche Expertisen produzieren«, fand auch der Schriftsteller Bernhard Lassahn in seiner Trilogie *Frau ohne Welt* (Bd. 1: *Der Krieg gegen den Mann,* Waltrop 2013, S. 40).

> »In dem sogenannten Professorinnenprogramm, das von der damaligen Ministerin Schavan unter dem Etikett ›Exzellenz und Chancengleichheit‹ durchgesetzt wurde, entstanden 200 Regel- und Vorgriffsprofessuren exklusiv für Frauen, die parallel zu bestehenden Stellen existieren, damit sichergestellt ist, dass die Nachfolge auf jeden Fall weiblich ist. Die nächsten 150 Millionen Euro zur Weiterführung dieses Programms stehen schon bereit.«

Vor diesem Hintergrund ist Schavans erschwindelter Doktortitel natürlich besonders pikant: Demnach hätte also eine »Bildungsministerin« mit ergaunertem Doktorgrad Hunderte von Frauen in Professorenämter gehievt. Kurz: Angefangen bei ihrem Doktortitel bis hin zu ihrer Politik ist die Frau selbst eine einzige Bildungskatastrophe.

Und das alles geschah offenbar mit dem Segen der Bundeskanzlerin, die anlässlich der Demission der derangierten Ministerin nun dastand wie ein kleines Mädchen, das etwas ausgefressen hat.

18. Februar
Diamantenraub entlarvt Airport-Sicherheitskontrollen als Humbug

Flughafen Brüssel-Zaventem, 19.39 Uhr. Auf dem Flugfeld steht ein zweistrahliger Passagierjet vom Typ Fokker 100. Es ist Flug Helvetic Airways 2L789 (Swiss LX789) nach Zürich. Geplante Abflugzeit 20.05 Uhr. Das Boarding ist bereits vorbei, an Bord befinden sich 29 Passagiere und vier Besatzungsmitglieder. Aber eine brisante Ladung fehlt noch: Diamanten. Gerade laden Mitarbeiter einer Sicherheitsfirma Steine im Wert von 50 Millionen Euro in den Frachtraum, als wenige Meter weiter zwei Autos durch die Flughafenumzäunung fahren – ein Kommando von Kriminellen. Mit quietschenden Reifen (und rotierendem Blaulicht!) halten die Gangster neben dem Werttransport und bedrohen Personal und Cockpitbesatzung mit der Waffe. Dann geht alles sehr schnell: Die Piloten machen die Frachttür wieder auf, die Räuber laden die Steine in ihre Autos, steigen ein und verschwinden so geisterhaft, wie sie gekommen sind, durch den Maschendrahtzaun.

Gut, dass sie nur Diamanten wollten

Mit diesem Vorgang hypnotisierten die globalen Medien ihr Publikum tagelang. Fast bewundernd wurde über die Dreistigkeit und Perfektion der Räuber diskutiert. Jedes Detail des Raubüberfalls wurde analysiert, hin und her gewendet und besprochen. Nur mit der Wahrheit hinter diesem Überfall wurden wir nicht weiter belästigt: Während dem Normalfluggast ein Flughafen wie der reinste Tresor vorkommt, wo Passagiere durch Sicherheitsschleusen und Nacktscanner marschieren, ihre Schuhe und manchmal auch mehr ausziehen müssen, ist er in Wirklichkeit keineswegs jenes hermetisch abgeriegelte Gelände, das man der Öffentlichkeit vorgaukelt. Tatsächlich sind die Sicherheitsschleusen nur

Potemkinsche Dörfer. Selten wurde das so deutlich wie bei dem Diamantenraub in Brüssel am 18. Februar 2013. Die Täter stellten sich nicht etwa an irgendwelchen Kontrollen an, wo ein Dutzend Security-Leute auf sie gewartet hätte, sondern bretterten mit ihren Autos einfach durch den Flughafenzaun, und schon waren Passagiere, Fracht und Piloten in ihrer Gewalt. Gut, dass sie nur Diamanten wollten.

Ein Tresor mit Wänden aus Pappe

Der Überfall machte klar, dass ein Flughafen zwar tatsächlich einem Tresor mit einer meterdicken Tür gleicht, aber mit Wänden aus Pappe. Die Einfassungen der Airports sind erstens kilometerlang, bestehen zweitens manchmal nur aus primitiven Zäunen und können drittens kaum geschützt werden. Während die »Tür« des Tresors angeblich Kriminelle und Terroristen abhalten soll, beeindruckt sie in Wirklichkeit nur Fluggäste und Laien – und generiert vor allem Umsatz für eine gigantische Schnüffel- und Sicherheitsindustrie. Denn Profis wissen: Wenn man auf einem Flughafen etwas rauben oder ein Flugzeug entführen will, geht das nirgendwo so leicht wie auf dem Flugfeld oder den Start- und Landebahnen. Denn schließlich, gibt der Experte Anthony Roman von der Sicherheitsfirma Roman & Associates zu bedenken, hätten die Diamantenräuber von Brüssel das Flugzeug auch ohne weiteres entführen können. Der Überfall enthielt ja bereits Elemente eines Hijackings, indem die Täter den Piloten mit vorgehaltener Waffe zwangen, die Frachttür wieder zu öffnen. »Wenn man in diesen Flughafen eindringen kann, dann kann man in jeden anderen auch eindringen«, so Roman.

Nickerchen im Cockpit

Eben. Denn Brüssel ist »keineswegs ein Einzelfall«, wie das Nachrichtenportal *20min.ch* berichtete. Um in einen Flughafen einzudringen, bedarf es nicht einmal zu allem entschlossener Täter. »Auch anderswo auf der Welt« gelangten sogar ganz normale Menschen immer wieder auf das Flughafengelände, ohne dass ein Hahn danach gekräht hätte. Da wäre zum Beispiel jene 48-jährige Frau, die im Juli 2011 nachts um 1.35 Uhr den Sicherheitszaun des Taiwan Taoyuan International Airport überwand. Damit nicht genug, schnappte sie sich ein herumstehendes Vehikel und gondelte über 1,8 Kilometer bis zum Flugfeld. Anschließend kaperte sie auch noch ein Gangway-Fahrzeug, steuerte es zu einer Boeing 747, kletterte hinein und legte sich – vielleicht etwas müde geworden – in der Cockpit-Ruhezone schlafen, wo sie am nächsten Morgen um 7.20 Uhr entdeckt wurde (siehe relax.com, 9.7.2011). Hätte die Frau eine Boeing 747 fliegen können, hätten wir vielleicht einen neuen 11. September erleben können – diesmal einen echten.

Verfolgungsjagd auf der Rollbahn

Wie leicht Anschläge in Wirklichkeit fallen würden, belegt auch ein Fall am Philadelphia International Airport. Im März 2012 bretterte ein Drogenabhängiger namens Kenneth Mazik mit seinem Jeep Cherokee durch Tor 25 des Sicherheitszauns und kurvte die Landebahn hinunter. »Zeugen behaupteten, Mazik habe außerhalb des Tors geparkt, offenbar, um auf die Landung eines Jets zu warten. Als ein Flugzeug zur Landung ansetzte, beschleunigte er angeblich, durchbrach das Tor und fuhr auf das Flughafengelände«, hieß es auf *abcnews* am 2. März 2012. Erst nach einer mehr oder weniger lustigen Verfolgungsjagd auf den beiden Ost-West-Rollbahnen gelang es der Polizei, Mazik zu stoppen.
Auch der New Yorker Flughafen JFK galt bis 2012 als besonders sicher. Gerade erst hatte die Sicherheitsindustrie 100 Millionen Dollar für einen neuen Sicherheitszaun kassiert, der jeden Eindringling melden sollte. Bis Daniel Casillo kam. Der war nicht etwa ein genialer James-Bond-Typ oder ein durchtriebener Super-Einbrecher, sondern nur ein in Seenot geratener Jetski-Pilot.

Draußen in der Bucht hatte sich Casillo ein Rennen mit seinen Freunden geliefert, als sein Wassersportgerät plötzlich versagte und seine Kumpels außer Sicht gerieten. Casillo schwamm nicht nur die drei Meilen bis zur Küste, sondern kletterte dort auch noch über den Zaun des unmittelbar an der Bucht gelegenen Airports – und zwar in seiner grellgelben Schwimmweste. Anschließend trottete er tropfnass über zwei Startbahnen hinweg geradewegs zum nächsten Terminal, wo er von einem Delta-Airlines-Angestellten aufgegriffen wurde (*New York Post*, 12.8.2012). Durch eine »Sicherheitsschleuse« war er dabei natürlich nicht gegangen und hätte so jedes Attentat der Welt verüben können.

Sicherheitskontrollen = Theater

Mit anderen Worten, die Sicherheitskontrollen sind hauptsächlich Theater und nützen vor allem der sogenannten Sicherheitsindustrie. Eingeschüchtert werden dadurch allenfalls Urlauber, Geschäftsleute und nette Omas, die ihre Enkel besuchen wollen, aber nicht professionelle Räuber und Terroristen. Schließlich muss man, um beispielsweise ein Flugzeug zum Absturz zu bringen, auch gar kein Flugzeug besteigen. Eine Bombe braucht es dafür ebenfalls nicht. Ein Stück Klebeband reicht theoretisch auch. Damit überklebt man bei einer Maschine einfach die Außensensoren für Höhe und Geschwindigkeit, und schon ist das Flugzeug teilweise blind. So geschehen am 2. Oktober 1996, als eine Boeing 757 der AeroPeru nach verzweifeltem Irrflug schließlich mit 70 Menschen an Bord in den Pazifik stürzte. Angeblich hatten Wartungstechniker nach dem Waschen der Maschine vergessen, das Klebeband wieder von den Sensoren abzumachen. Die Frage ist natürlich, warum man Sensoren, die bei Windgeschwindigkeiten von Hunderten von Stundenkilometern jedem Wetter widerstehen müssen, beim Waschen überkleben muss.
Profis aus dem Bereich Militär / Geheimdienste / Terrorismus (was ohnehin ein und dasselbe ist) könnten aber auch das Instrumen-

tenlandesystem (ILS) stören. Oder sich mit einer Stinger-Rakete oder einer Panzerfaust und einem Jeep in einen Wald stellen und warten, bis einer der schweren Vögel vorbeikommt. Schließlich beträgt die Einsatzreichweite solcher Raketen vier Kilometer, unter günstigen Bedingungen vielleicht sogar zehn. Und während die Passagiere nach dem Start aufatmen, weil der ganze Sicherheitsterror vorbei ist, macht sich die Stinger mit ihrem Infrarot Suchkopf bereits auf den Weg. Zum Selbstmord besteht für echte Täter bei einem Anschlag auf ein Flugzeug also gar kein Anlass. Angebliche »Selbstmord-Terroristen«, die sich an Bord eines Flugzeugs begeben, um sich damit in die Luft zu sprengen, sind reines Theater für die Öffentlichkeit, um Angst zu schüren und die ständigen Sicherheitsmaßnahmen zu rechtfertigen.

Anschlag auf Flug TWA 800

Fantasie? Mitnichten. Schließlich stellt sich ja auch die Frage: Wodurch ist beispielsweise Flug TWA 800 am 17. Juli 1996 abgestürzt? Nur gut zehn Minuten nach dem Start vom John F. Kennedy Airport, New York, war die Boeing 747 plötzlich mit einem Riesenknall in der Luft explodiert und in den Atlantik gestürzt; alle 230 Insassen kamen dabei ums Leben. Diese Katastrophe ging zwar 2013 anlässlich neuer Enthüllungen abermals durch die Medien, doch einen Zusammenhang mit den weitgehend nutzlosen Sicherheitskontrollen stellte niemand her. Zwar waren die Umstände dieses Unglücks durch und durch verdächtig, trotzdem erkannten die Behörden auf Unfall: Durch ein freiliegendes Kabel sei ein Tank der Boeing explodiert, hieß es in ihrem Untersuchungsbericht.

Augenzeugen hatten von Anfang an jedoch eine ganz andere Geschichte zu erzählen. Und Zeugen gab es viele. Auf einer Karte im Untersuchungsbericht des National Transportation Safety Board (NTSB) ist der Küstenbereich der USA mit blauen und grünen Punkten übersät – alles Zeugen, die den Hergang von Land, von

einem Boot oder einem Flugzeug aus verfolgen konnten. Und demnach war zum Zeitpunkt des angeblichen Unfalls ein heller Lichtpunkt über dem Atlantik aufgestiegen, der in einem großen Feuerball endete – der Boeing 747 der TWA.
Anstatt die Zeugenaussagen jedoch ordentlich zu protokollieren, wurden sie von FBI-Agenten nur in deren eigenen Worten zusammengefasst und den Betreffenden nicht noch einmal zur Genehmigung vorgelegt. Eine eigene Zeugenbefragung durch das NTSB wurde abgeblockt. 2013 wurde die Sache neu aufgerollt. Allerdings nicht vom FBI oder vom NTSB, sondern von Journalisten und ehemaligen Ermittlern des Absturzes. Genau 17 Jahre nach der Katastrophe, am 17. Juli 2013, packten sie in der amerikanischen Fernsehdokumentation *TWA Flight 800* (EPIX TV) aus. Damalige Augenzeugen berichteten darin über die Vernehmungen durch das FBI: »Die waren recht einschüchternd. Ich erzählte ihnen von der Rakete, und sie sahen mich an und meinten: ›Das haben Sie nicht gesehen, Sie haben überhaupt nichts gesehen.‹« Nicht weniger als sechs ehemalige Ermittler des Absturzes ziehen die offizielle Version vom Unfall heute in Zweifel. »Der Absturz von TWA 800 sei tatsächlich durch eine Explosion von außen ausgelöst worden. ›Es war entweder ein Terrorangriff, den man nicht zugeben wollte, oder ein Unglück durch Fehler des eigenen Militärs‹, so der ehemalige NTSB-Experte Hank Hughes« (*tagesschau.de,* 21.6.2013). Im US-Nachrichtenkanal CNN sei Hughes noch deutlicher geworden: »Mindestens drei Geschosse seien neben der Boeing explodiert und hätten sie zum Absturz gebracht. Dies, erklärten Hughes und seine Kollegen, lasse sich durch eine Neuauswertung der Radaraufzeichnungen aus der Unglücksnacht und Zeugenaussagen belegen, die man bei Bundesbehörden nicht beachtet oder bewusst ignoriert habe.« – »Wir haben nie einen mechanischen Fehler finden können«, wurden die Experten auch in der erwähnten TV-Dokumentation zitiert. Und in einem Begleittext zur Sendung heißt es:

»Laut ihren Untersuchungen muss die Explosion von außerhalb des Flugzeugs gekommen sein und nicht aus dem Tank. Aber das stand so nicht im Abschlussbericht. ›Nach unseren Berechnungen flogen die Trümmer mit vierfacher Schallgeschwindigkeit herum – so heftig explodiert kein Tank. Das ist der unwiderlegbare Beweis‹, so die Experten.«

Fragt sich nur, warum dann Millionen Passagiere Tag für Tag mit peinlichen Sicherheitskontrollen belästigt werden.

21. Februar
Löschaktion bei Facebook: Web 2.0 oder Diktatur 2.0?

Web 2.0 oder Diktatur 2.0 – tja, das ist hier die Frage. George Orwell hätte gewiss gestaunt: Ein dubioser amerikanischer Computerkonzern verwaltet die sozialen Beziehungen von mehr als einer Milliarde Menschen. Und die werden nicht etwa dazu gezwungen, sondern vertrauen ihre Gedanken, Fotos und Beziehungen ganz freiwillig dem Computernetzwerk an, bis sie komplett darauf angewiesen sind. Und dann sitzt der Konzern am Drücker – bei jedem Einzelnen und auch bei allen zusammen. Hat der Multi erst einmal genügend soziale Beziehungen aufgesaugt, gehen andere Internet-Plattformen ein, und die Menschen sind total von diesem Multi abhängig.
Die Rede ist von Facebook. Erst allmählich beginnt man das System hinter Diensten wie diesem zu durchschauen. Facebook oder auch *Wikipedia* und YouTube werden gerne dem sogenannten Web 2.0 zugerechnet – also einer Neuauflage des Internets. In Wirklichkeit verfolgen sie das Ziel, aus einem Internet, das allen gehörte, ein Internet zu machen, das nur wenigen gehört – durch Monopolisierung. Die monopolistischen Plattformen des Web 2.0 ziehen so

viele Nutzer an, dass irgendwann jeder dazugehören möchte und muss. Während sie die Millionen- oder Milliardenstädte des Internets repräsentieren, sind alles andere nur Dörfer oder einzelne Häuser, die kaum jemand besucht. So bringt man das Internet unter Kontrolle. Wer also Klicks auf seiner Seite oder seinen Inhalten haben will, *muss* ganz einfach zu YouTube oder Facebook. Und so sind die meisten Internetnutzer plötzlich derartigen Anbietern ausgeliefert. Facebook & Co. sind Teil jener Diktatur, die Meinungen und Beziehungen global beobachten und kontrollieren will.

Knopfdruck genügt ...

Bei all diesen Diensten genügt, technisch gesehen, ein Knopfdruck, um Informationen zu eliminieren – oder auch Beziehungen und ganze Netzwerke. Die Öffentlichkeit, die sich zum Beispiel Facebook-Nutzer verschaffen können, ist letztlich nämlich die Öffentlichkeit von Facebook. Schwarzmalerei? Eine Gruselvorstellung? Keineswegs, sondern aktuelle Realität. Diese Erfahrung musste zum Beispiel Jürgen Elsässer machen, Autor und Chefredakteur des Nachrichtenmagazins *Compact*. »Wir haben die von dir geposteten Inhalte entfernt«, meldete sich am 21. Februar 2013 die Online-Plattform Facebook bei ihm. »Wir haben die folgenden Inhalte, die du gepostet hast oder deren Administrator du warst, entfernt, weil sie gegen die Erklärung der Rechte und Pflichten von Facebook verstoßen haben.« Wie bitte? Einfach mal die Facebook-Seiten durchforsten und rausschmeißen, was einem nicht passt? Besonders brisant war, dass es um ein Thema ging, das um diese Zeit von vielen kontrovers diskutiert wurde: die sogenannte Homo-Ehe und das Adoptionsrecht für Schwule. Aber selbst wenn das Thema von sonst niemandem diskutiert worden wäre: Wie kommt ein Kommunikationsanbieter dazu, bei einer bestimmten Angelegenheit das Licht auszumachen? Schaltet demnächst vielleicht die Telekom den Anschluss ab, wenn bestimmte Wörter fallen? Wer weiß – ausgeschlossen ist heutzutage gar nichts mehr.

Verteidigung der Familie verboten?

In dem gelöschten Facebook-Beitrag setzte sich der Autor für die Rechte von Homosexuellen ein: »Schwule haben das Recht auf eigene Sexualität und müssen gegen Diskriminierung geschützt sein. (…) ›Eingetragene Lebenspartnerschaften‹ können also sinnvoll sein, um im Krankheits- oder Erbfall die Rechte des jeweiligen Partners zu stärken.« Eine Ehe für Schwule lehnte der *Compact*-Chefredakteur dagegen ab: »Ehe ist nochmal was anderes, denn Ehe ist Familie.« Und im Adoptionsrecht für Schwule sah Elsässer einen »weiteren Angriff auf die Familie«. Die »Ehe für alle« sei »ein Terminus der Neuen Weltordnung«, genauso wie »humanitäre Intervention«, und bedeute das krasse Gegenteil des Gesagten: »Die Institution der Ehe wird nicht ausgeweitet, sondern zerstört – wie die ›Humanität‹ durch die Militärinterventionen. Maßgeblich dabei ist die Lösung der Ehe von der biologischen Familie.« Der Gesetzgeber habe die Ehe privilegiert, weil sie die Grundlage für die Reproduktion gewesen sei: »Es ging also nicht um die Förderung einer bestimmten Form von Sexualität, der Heterosexualität, sondern es ging um Biologie und Demographie. Wird der Titel ›Ehe‹ auf alle möglichen sozialen und sexuellen Verkehrsformen ausgeweitet, so verliert er seinen Sinn. (…) Aus einer homosexuellen Verbindung können keine Kinder entstehen.« Die »Ehe für alle« und das Adoptionsrecht für Schwule abzulehnen habe also nichts mit Diskriminierung von Homosexuellen zu tun, »sondern mit dem Schutz der Familie«. Elsässers Fazit: »Die wichtigste stabile Struktur ist die Familie.«

Ehemaliger Bush-Berater Chef bei Facebook

War das der Grund für die Löschaktion? Wie weiland bei Orwell oder Kafka *(Der Prozess)* war auch der »verurteilte« Jürgen Elsässer bezüglich seiner »Schuld« auf Vermutungen angewiesen. Konkrete Erklärungen gab es nämlich nicht. Die Zensur von Facebook könnte »eine Reaktion auf die starke Verbreitung der

Compact-Inhalte in den letzten Tagen« gewesen sein, mutmaßte der Autor. So hatte es sein Beitrag über die Homo-Adoption auf Platz 8 der täglichen bundesweiten Blog-Hitliste geschafft. Da Facebook also wesentlich zur Verbreitung beigetragen hatte, habe man das wohl stoppen wollen.

Fragt sich nur, wer eigentlich »man« ist: irgendeine anonyme Facebook-Redaktion oder -Moderation? Oder etwa gar nicht Facebook selbst? Elsässers neueste Vermutung: »Angeblich veranlasst das kein Mensch bei Facebook, sondern das System ist so eingestellt, dass ab einer bestimmten Anzahl von Protesten automatisch abgeschaltet wird.« Sollte das stimmen, könnten Artikel durch eifriges Lobbying also regelrecht vom Netz gemobbt werden. Der zensierte Autor selbst tappte weiterhin im Dunkeln, denn wie bei solchen Computermultis üblich, sind Ansprechpartner gar nicht so einfach zu erreichen. Und wenn doch, dann erlebt man womöglich sein blaues Wunder. Der Deutschland-Geschäftsführer (Stand 2012) von Facebook zum Beispiel, Theodore Ullyot, ist ein ehemaliger Assistent von George W. Bush. Bis Juli 2013 war Ullyot auch Vizepräsident und Justitiar von Facebook.

Wie ich schon sagte, besteht die Aufgabe dieser Web-2.0-Netzwerke darin, Informationen anzusaugen und unter die Kontrolle totalitärer Machtstrukturen zu bringen. Dann vielleicht doch lieber auf den eigenen Blog vertrauen. Zum Glück gibt es den im Fall Elsässer noch, und dort steht der Artikel nach wie vor …

Thema des Monats *11.3.:*
Atomkatastrophe von Fukushima war gar keine

3.3. In München wird ein Verletzter noch am Unfallort für »hirntot« erklärt **5.3.** In Caracas/Venezuela stirbt Staatschef Hugo Chavez **7.3.** Nordkorea droht USA mit Atomangriff ***8.3. Tattoo-Messe in Sydney wirft Schlaglicht auf die Umgestaltung des Menschen 11.3. Zweiter Jahrestag der »Atomkatastrophe« von Fukushima*** **13.3.** Der argentinische Kardinal Jorge Mario Bergoglio gibt sich als neuer Papst den Namen Franziskus ***25.3. Deutscher Verfassungsrichter winkt Gesetz seines Bruders durch*** **19.3.** Am zehnten Jahrestag der US-Invasion im Irak töten mehrere Bomben rund 60 Menschen **21.3.** In Nürnberg wird ein Mahnmal für die Opfer des NSU eingeweiht

3. März
Verletzter noch am Unfallort für »hirntot« erklärt

Ist Ihnen auch schon mal aufgefallen, dass es in all den Organspende-Skandalen der letzten Zeit immer nur um Lebern ging? Dass hauptsächlich potenzielle Leberempfänger auf den Wartelisten nach oben gehäufelt wurden? Und dass man dabei nie erfuhr, *warum* diese Menschen nach oben getrickst wurden und woher sie kamen? In Wirklichkeit verhält es sich wohl so, dass Lebern bei einer bestimmten Klientel, die diese Organe regelmäßig ruiniert (zum Beispiel durch Alkohol und andere Vergiftungen), nun mal hoch im Kurs stehen. Nach dem Motto: neue Leber und weitersaufen.

Verschwörungstheorie? Nicht ganz. Denn dass tatsächlich »praktizierenden Alkoholikern« Lebern verpflanzt wurden, mag in der ganzen Aufregung vielleicht untergegangen sein, steht aber nun mal fest. So seien in dem Münchner Skandal-Klinikum rechts der Isar »Alkoholkranke, die nicht vollständig trocken waren, transplantiert worden«, berichteten gleiche mehrere Ärzte der *Süddeutschen Zeitung* (online, 5.10.2012). »Einzelne dieser Patienten seien zuvor am Klinikum Großhadern abgelehnt worden.« Weiter heißt es: »In einem konkreten Fall« soll sogar eine Patientin, die als »hochgradig alkoholabhängig« beschrieben wurde, »im Jahr 2011 eine Leber erhalten haben«.

In Wirklichkeit ist es wohl so, dass in deutschen Kliniken Organanwärter Schlange stehen. Darunter auch solche mit kranken Lebern und dicken Geldbündeln. Wobei ich ausdrücklich keine spezielle Klinik meine und auch nicht sagen kann, ob sich das in dem oben geschilderten Fall so verhielt. Jedenfalls kann es angesichts des hohen Bedarfs vielleicht passieren, dass Unfallopfer schon mal voreilig für »hirntot« erklärt werden. So geschehen offenbar am Morgen des 3. März 2013, einem Sonntag. Um 10 Uhr berichtete der Radiosender B 5 aktuell von einem schweren Verkehrsunfall in einer Unterführung im Münchner Süden. Ein Auto habe sich aus ungeklärten Gründen überschlagen. Und während aus einem solchen Anlass normalerweise von Toten und Verletzten die Rede ist, führte der BR plötzlich eine im Zusammenhang mit einem frischen Unfall ganz neue Kategorie ein – den »Hirntod«: Ein Mensch sei bei dem Unfall sofort getötet worden, ein weiterer im Krankenhaus gestorben und ein dritter sei aus dem Wagen geschleudert und »noch am Unfallort für hirntot erklärt« worden. Macht zusammen also drei Tote bzw. »Tote«.

03

Hirntod per Standrecht?

Hoppla – so schnell kann's gehen! Keine Notfallmedizin, teuren OPs und Hirntoddiagnostik mehr? Stattdessen die Hirntoderklärung per Standrecht? Wurden etwa gerade irgendwo frische Lebern gebraucht? Zugegeben: eine gemeine Frage. Aber wer fahrlässig und schludrig mit dem Leben von Menschen spielt, muss sich auch gemeine Fragen gefallen lassen.

Interessanterweise hatte man wohl auch beim Bayerischen Rundfunk bemerkt, was man da gerade in den Äther hinausgeblasen hatte. Bereits um 10.30 Uhr änderte der Sender seine Formulierungen. Nun waren plötzlich nicht mehr drei, sondern »vermutlich« drei Menschen ums Leben gekommen. Ein Mensch sei getötet worden, ein weiterer im Krankenhaus gestorben, ein dritter Insasse sei bei dem Unfall offenbar aus dem Wagen geschleudert worden und »gilt inzwischen als hirntot«, lautete nun die Sprachregelung (außerdem gab es plötzlich auch noch einen weiteren Schwerverletzten, also insgesamt vier Betroffene).

Womit der Sender etwas Distanz zu der vorhergegangenen ambulanten Hirntoderklärung schuf. Denn die ursprüngliche Aussage war an Brisanz nun wirklich nicht mehr zu übertreffen.

Wenn überhaupt, kann der »Hirntod« nur stationär und mittels aufwendiger und langwieriger Diagnostik festgestellt werden, deren Ablauf genau vorgeschrieben ist. Daher stimmt die nassforsche Hirntoderklärung am Unfallort misstrauisch, die zudem noch einmal wiederholt wurde. In den 11.30-Uhr-Schlagzeilen hieß es erneut, das Unfallopfer sei »für hirntot« erklärt worden. Um 12.45 Uhr war dann aber plötzlich niemand mehr hirntot: Jetzt hieß es korrekt: »Zwei Männer kamen ums Leben, zwei weitere wurden schwer verletzt.«

Geier an den Unfallstellen?

In diesem Zusammenhang stellt sich die Frage, was sich eigentlich an Unfallstellen abspielt. Ist der Hunger nach Organen schon so groß? Warten da schon die ambulanten »Hirntoddiagnostiker«, um Frischfleisch für ihre Transplantationszentren zu besorgen? Im Klartext gesprochen: Heutzutage sollte kein Mensch, der noch bei klarem Verstand ist, einen Organspende-Ausweis bei sich tragen. Stattdessen ein Papier, das der Organspende ausdrücklich widerspricht. Solche »Anti-Organspende-Ausweise« findet man im Internet. Schließlich ist der geschilderte Fall nur die Spitze des Eisbergs. Auch in den Kliniken wird bei der Hirntoddiagnostik, also bei der Ausstellung der Lizenz zum Ausschlachten, geschlampt, manipuliert und betrogen (siehe auch Gerhard Wisnewski: *2013. Das andere Jahrbuch*, München 2013). Und damit werden Menschen, die gar nicht hirntot sind, zur »Explantation« freigegeben, sprich: entweder fahrlässig getötet oder gar ermordet.

»Hirntote«, die keine sind

Eine Studie des Neurologen Dr. Hermann Deutschmann ließ massive Zweifel an der Qualität selbst der stationären Hirntoddiagnostik aufkommen. Laut *Report München* (20.11.2012) untersuchte Deutschmann von 2000 bis Ende 2005 230 Hirntodfälle im Raum Niedersachsen:

»Die Untersuchung hat gezeigt«, so der Neurologe in *Report,* »dass wir relativ häufig zu Patienten gerufen wurden, bei denen die behandelnden Ärzte glaubten, es läge der Hirntod vor, wir aber festgestellt haben, der Hirntod war noch gar nicht eingetreten, und das in der Größenordnung von 30 Prozent vergeblicher Einsätze. Das zeigt, dass das Thema Hirntoddiagnostik noch nicht bei allen Ärzten, allen Intensivmedizinern, angekommen ist und dass das Verständnis dafür fehlt.«

Nun ja, das ist sehr freundlich formuliert. In Wirklichkeit wurde das aber noch gar nicht richtig auf den Punkt gebracht. Stellt man diese Aussage vom Kopf auf die Füße, handelt es sich hier um eine Bankrotterklärung der gesamten Transplantationsmedizin. Es heißt nämlich in Wirklichkeit, dass hier ein Drittel der »Hirntoten«, selbst mit regulären medizinischen Maßstäben gemessen, gar nicht hirntot war und mithin unberechtigterweise zur Ausschlachtung freigegeben werden sollte. Oder dass der »Hirntod« zumindest nicht ordentlich dokumentiert worden war. Größtenteils habe es sich nämlich um »Dokumentationsfehler« gehandelt, so Deutschmann, »vereinzelt aber auch um falsche Diagnosen«. Wobei eine falsche Dokumentation aber ebenfalls bedeutet, dass der Hirntod nicht ordnungsgemäß dokumentiert, sprich: bewiesen wurde.

Satiriker in der Transplantationsmedizin

Weitere Zitate aus der *Report*-Sendung kann man wohl nur noch als Satire werten: »Man kann sich den Arzt ja naturgemäß nicht mehr aussuchen bei der eigenen Todesfeststellung«, erklärte da etwa der Transplantationsexperte Prof. Gundolf Gubernatis: »Und da würde ich mir für mich wünschen, dass ein solcher Arzt das wenigstens schon einmal gesehen hat, unter Anleitung einmal durchgeführt hat und dass er auch nachweislich Kenntnis von den besonderen, im Gesetz vorgeschriebenen Umständen hat.« Was

im Umkehrschluss bedeutet, dass die meisten Ärzte »so etwas« wohl noch nicht gesehen und von den Gesetzen keine Ahnung haben und daher reihenweise überlebensfähige Patienten zur Ausschlachtung freigeben. »Muskelentspannende Medikamente, Schlaf- und Schmerzmittel können einen Hirntod vortäuschen. Deshalb ist eine umfangreiche Labordiagnostik unerlässlich«, meinen Prof. Gubernatis und Dr. Deutschmann übereinstimmend und »fordern eine zertifizierte Ausbildung für Hirntoddiagnostiker, festgelegt durch die Bundesärztekammer«.
Was bedeutet, dass es all das bisher nicht gibt und daher Menschen offenbar von Laien auf diesem Gebiet für hirntot erklärt und zur »Abtötung« (bei Organentnahme) freigegeben werden. Mit einer zertifizierten Ausbildung »ließen sich aus ihrer Sicht gravierende Pannen und Fehleinschätzungen bei der Hirntoddiagnostik vermeiden«. Was wiederum im Umkehrschluss bedeutet, dass es genau diese »gravierenden Pannen und Fehleinschätzungen« gibt.

Pfusch beim EEG

So kommt es beispielsweise beim Elektroenzephalogramm (EEG) immer wieder zu Unregelmäßigkeiten. Während hier erst eine sogenannte Nulllinie (also kein Zeichen von Hirnaktivität) als Beweis für den Hirntod gilt, werden entweder Nulllinien diagnostiziert, wo gar keine sind, oder das EEG ist hinterher auf Nimmerwiedersehen verschwunden. Deutschmann: »Ich selber habe einmal erlebt, dass bei einem Kind ein EEG gemacht wurde und es hohe Ausschläge im EEG gehabt hatte und dass dort eine Nulllinie befundet wurde, was aber niemals eine Nulllinie war.« Sehr schön. »Hinzu kam, dass bei der klinischen Untersuchung dieses Kind noch geatmet hat und damit der Hirntod eindeutig auszuschließen war. Aber allein die Bewertung der technischen Untersuchung war in diesem Falle fehlerhaft.« Der pfuschende Arzt sei natürlich »sehr betroffen« gewesen.

Was nur ein schwacher Trost ist. Denn wir reden hier von drohender fahrlässiger Tötung oder von Mord. Und in Wirklichkeit ist unsere gesamte Transplantationsmedizin daher ein Fall für den Staatsanwalt.

8. März
Tattoo-Messe: totaler Krieg gegen die Geschlechter

Es war einmal eine tolle Erfindung: Um die Evolution schneller voranzubringen, kam die Natur auf die »Idee«, Individuen für die Fortpflanzung nicht nur zu vervielfältigen, sondern verschiedene Erbsätze miteinander zu kombinieren. Und zwar durch Sex. Daher schuf »sie« zwei verschiedene Geschlechter, die zur Produktion von Nachkommen aufeinander angewiesen waren. Damit sich die Geschlechter aber auch wirklich paarten, brauchte es den Sexualtrieb und etwas, das ihn auslöste, den »angeborenen auslösenden Mechanismus« (AAM) oder auch »Schlüsselreiz«. »Schlüsselreize« deswegen, weil diese vor allem optischen Signale in die Wahrnehmung des jeweils anderen Geschlechts passten wie ein Schlüssel ins Schloss. Nimmt das eine Geschlecht die Schlüsselreize des anderen wahr, wird der Sexualtrieb geweckt und die Paarung eingeleitet. Diese Schlüsselreize sind also ein Code. Sendet ein Geschlecht diesen Code aus, wird das andere derselben Art darauf reagieren. Das Ganze sind angeborene Verhaltensweisen oder »Instinkthandlungen«, ohne die Sex und Fortpflanzung nicht funktionieren können.
Warum ich das alles erzähle? Weil seit nunmehr vielen Jahren an der Ausschaltung bzw. Störung ebenjener Schlüsselreize gearbeitet wird, die für die Anziehungskraft zwischen den Geschlechtern und damit letztendlich für Paarung und Fortpflanzung unerlässlich sind. Und zwar durch Moden, Operationen und andere Veränderungen der äußeren Erscheinung.

Tätowierungen bis zum Hals

Sind Sie zufällig tätowiert? Dann hoffe ich trotzdem auf Ihre wohlwollende Aufmerksamkeit. Denn eine Fachmesse solcher »Schlüsselreiz-Zerstörer« fand vom 8. bis 10. März 2013 in Sydney statt, die »Australian Tattoo and Body Art Expo«. Zu sehen war dort zum Beispiel ein Mann mit Nasenring und in die Wange getackertem Edelstein, dessen Ohrläppchen etwa zehn Zentimeter nach unten gezogen wurden. Wenn er den Kopf drehte, baumelten sie lustig hin und her. Gesicht, Hals und Nacken wurden außerdem mit Tätowierungen »verschönert«.

Preise wurden bei dem Festival natürlich auch verteilt. Zum Beispiel an eine Blondine mit einem riesigen tätowierten Revolver auf einem ihrer schönsten Körperteile, nämlich dem Oberschenkel. Oder an eine kräftig gebaute Kurzhaarige, der die Ganzkörpertätowierung bereits bis zum Hals stand. Kurz: Es wimmelte auf dieser Veranstaltung nur so vor entstellten Körperteilen, deren ursprüngliche Form und Signalwirkung unter Tattoos verschwand, je greller und bunter, desto besser.

Nun heißt es, über Geschmack lasse sich nicht streiten. Mag sein, aber hier geht es gar nicht um so etwas Subjektives wie Geschmack, sondern um objektive Kriterien. Nämlich um das sexuelle »Signalbild« dieses Mannes oder der beiden Frauen. Vor allem im Sommer sind alle Menschen, die uns an einem Tag auf der Straße begegnen, sexuelle Signalbilder. Und was ist nun mit diesen Signalbildern passiert? Wenn wir uns die oben genannten Menschen betrachten, wurde ihr Signalbild so weit verändert, dass es nicht mehr funktionieren kann. Hier geht es also nicht um Geschmacksfragen, sondern um objektive Kriterien und das Herumdoktern an der menschlichen Gestalt sowie den Mechanismen der menschlichen Fortpflanzung.

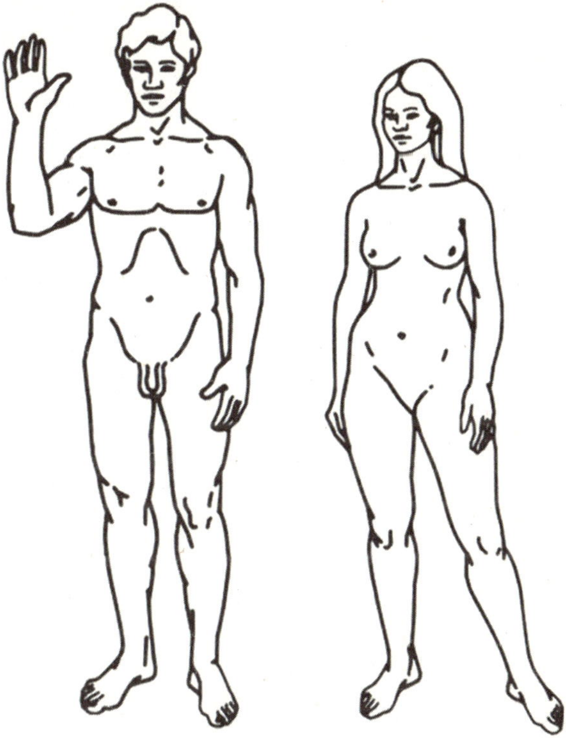

Natürlicher Körperbau von Mann und Frau

»Herumdoktern«? Und ob. Gehen wir mal den menschlichen Körper und seine »Hingucker« durch. Und zwar so, wie man das vor etwa 35 Jahren noch im Biologieunterricht gelernt hat. Aber das ist natürlich längst vergessen: Auf Grafiken der menschlichen Gestalt waren da sogar in Schulbüchern die entscheidenden »Signalzonen« genau eingezeichnet. Beim Mann wären da als Erstes das markante eckige Kinn und die kurzen Haare zu nennen. Anschließend die Armmuskulatur und außerdem die breiten Schultern und die schmalen Hüften. Bei der Frau ist es genau umgekehrt. Da sie Kinder austragen und gebären muss, sind das Becken und damit die Hüften breiter als die Schultern.

Echte »Hingucker« sind natürlich schöne lange Haare, wohlgeformte Brüste und ein runder Po. Im nackten Zustand auch die Schamhaare, denn sie signalisieren Geschlechtsreife und Paarungsbereitschaft. Umgekehrt signalisieren die immer öfter rasierten weiblichen Geschlechtsteile sexuelle Unreife und übermitteln damit praktisch ein sexuelles Stoppsignal. Die Haartracht – ein sexuelles Signal? Ist das nicht lächerlich? Keineswegs. Verhaltensforscher wie der britische Zoologe Desmond Morris erkannten im Haupthaar der Frau »ein sexuelles Signal, das die Männer der Spezies ›Homo sapiens sapiens‹ schon von weitem das Ziel ihrer Begierde erkennen ließ« (zit. nach *shortnews*, 19.11.2004). So gesehen, lassen sich viele Frauen von ihrem Friseur einen wichtigen Teil ihrer sexuellen Attraktivität rauben.

Die funktionierenden »Hingucker« aber senden permanent optische Signale aus, wie jeder schon einmal bemerkt haben wird, der sich im Sommer durch eine belebte Fußgängerzone bewegt hat. Ohne dass man das bewusst steuern würde, fixieren die Augen immer wieder andere Körperteile: einen Busen hier, lange Haare und Beine da. Oder, aus Sicht der Frau: schmale Hüften hier, breite Schultern oder ein markantes männliches Kinn dort. Zieht man Bilanz, »stehen« Frauen eher auf einen V-förmigen »Kampfkörper«, Männer hingegen eher auf einen »Gebär- und Ernährungskörper« (runde Hüften und Brüste). Bis die Gender-Ideologie kam und uns diese einfachen Wahrheiten ausreden wollte, war das ja auch nur zu logisch.

Schmale Hüften? Wo denn? Nun, zugegebenermaßen rede ich hier eher von der Vergangenheit. Schon seit langer Zeit nämlich wird die menschliche Gestalt durch Schlabberhosen und Schlabberjacken kaschiert, so dass sich kaum noch jemand an deren natürliche Form erinnern kann. Und auch die weiblichen Formen werden abgebaut und kaschiert (oder aber so grotesk aufgepolstert, dass sie auch nicht mehr wirken können). Und genau das ist auch der Grund, warum die Geschlechter immer gleichgültiger aneinander vorbeilaufen können, ohne dass hier irgendwer irgendwem »den Kopf verdreht«.

Aha. Und Tätowierungen? Was sollen Tätowierungen an der menschlichen Form ändern können? Antwort: Wie die Tarnbemalung eines Soldaten oder die Streifen eines Zebras lösen sie die Formen des Körpers optisch auf. Zudem lenken die auffälligen Motive von der ursprünglichen Gestalt ab. Eine Tätowierung fügt eine neue Wahrnehmungsebene zwischen den Betrachter und den betrachteten Körper ein. Denn plötzlich tritt dieser als bloße »Leinwand« in den Hintergrund, während sich die Tätowierung in den Vordergrund schiebt. Die Tätowierung stiehlt dem Körper sozusagen die Schau, und dadurch wird der »optische Funkverkehr« zwischen Mann und Frau gestört. Die »angeborenen auslösenden Mechanismen« (AAM) funktionieren nicht mehr.

Eine Bemalung löst Gestalt und Form optisch auf

Dazu kommen auch noch die symbolischen Botschaften einer Tätowierung. Denn diese war und ist in der westlichen und asiatischen Welt Bestandteil der Knast- und Kriminellenkunst. Am extremsten tätowiert sind auch heute noch die Angehörigen der japanischen Mafia (»Yakuza«). Das heißt, dass sich eine ganze Generation von Jugendlichen symbolisch zu Kriminellen, sozialen Randgruppen oder sogar Sklavenschichten bekennt. Für diese ist eine Tätowierung auch ein (unbewusstes) Symbol der Wertlosigkeit. Denn wer seinen Körper derart beschmiert, kann nur wertlos sein. Man sollte die unbewusste Wirkung solcher »Abzeichen« daher nicht unterschätzen.

Die sogenannten Moden

Tätowierungen gehören zu jenen »Moden«, die seit einigen Jahrzehnten propagiert werden, um das Erscheinungsbild von Mann und Frau nachhaltig zu verändern. Dasselbe gilt für Piercings. Auch diese sind keineswegs »sexy« oder »erotisch«, wie uns die tägliche Medienpropaganda einreden will. Vielmehr sind auch sie nicht als Schmuck zu verstehen, sondern fügen einen optischen Bruch in natürliche Signalbilder ein. Das gilt insbesondere für »Intimpiercings« an Brustwarzen und primären Geschlechtsmerkmalen. Dabei gehorchen diese »Moden« nicht zufälligen Launen, sondern ergeben zusammen ein System, das die Schlüsselreize des Menschen so lange abändert, bis dieser »Geschlechtercode« oder die jeweiligen »Signalbilder« nicht mehr funktionieren. Durch weibliches Muskeltraining, Diäten, Piercings, Haarschnitte, Antitranspirante, Unisex-Parfüme, Kleidung und Tätowierungen werden die Geschlechter so lange abgewandelt und angeglichen, bis sie zu etwas anderem werden – oft genug zur Karikatur des anderen Geschlechts.

Als Karikatur funktionieren die Codes und Signalbilder aber nicht mehr. Wovon aus dem Boden schießende Flirtschulen, Partnerinstitute und Samenbanken beredtes Zeugnis ablegen. Was die Begegnung von Mann und Frau angeblich fördern soll, ist in Wahrheit nur ein Reparaturbetrieb für eine total gestörte Geschlechterkommunikation, die zu einer Art »sozialen Sterilisierung« führt. Die sinkenden Geburtenraten in der westlichen Welt (die natürlich auch noch andere Ursachen haben) sprechen eine deutliche Sprache. Die Umgestaltung des menschlichen Körpers ist dabei nur Teil einer Gesamtstrategie, zu der natürlich unter anderem auch gehören:

- Verhütungsmittel
- Aids und Aids-Panik (kein »ungeschützter Geschlechtsverkehr« mehr)
- Skandalisierung männlicher Kontaktversuche
- Verherrlichung homosexueller Lebensstile

Tätowierung in der Bibel verboten

Interessanterweise denkt kein Mensch mehr darüber nach, was wir eigentlich machen, wenn wir menschliche Körper tätowieren, piercen oder gar umoperieren. Wir denken nicht darüber nach, dass der menschliche Körper nicht irgendein Objekt ist wie eine Leinwand oder eine Schultafel. Sondern Bestandteil des biologischen Systems, das dem Menschen das Überleben ermöglicht hat. Oder glaubt irgendjemand, dass Enten überleben könnten, wenn man die bunten Erpel plötzlich komplett »umpinseln« würde, bis die Ente den Enterich nicht mehr als solchen erkennt?
Aber es gibt noch eine andere Ebene, die letztlich wieder die »Überlebensfrage« berührt: Aus religiöser Perspektive könnte das »Herumkrakeln« auf Gottes Schöpfung bereits per se als Blasphemie betrachtet werden. Schließlich ähnelt eine Tätowierung auf einem menschlichen Körper dem Versuch, ein Bild von Michelangelo mit einer Comic-Zeichnung oder einem Graffiti-Tag zu »verschönern«. Laut dem jüdischen Rabbi Bar Rav Nathan ist das

Tätowieren sogar »eine Sünde. Für derart begangene Sünden wird man vom Himmel bestraft.« Schon im Alten Testament steht: »Für einen Toten dürft ihr keine Einschnitte auf eurem Körper anbringen und ihr dürft euch keine Zeichen einritzen lassen. Ich bin der Herr« (3. Mose 19, 28). In anderen Übersetzungen ist von »eingeätzter Schrift« die Rede. Es lohnt sich, dem Rabbi einen Moment zuzuhören. Es gebe »mindestens zwei wichtige Gründe, weshalb die Thora [die fünf Bücher Mose] Tätowierungen verbietet:

- »Die Thora betont an mehreren Stellen die Wichtigkeit des gesunden Körpers. Jede Art von Beschädigung des eigenen Leibes ist strikt verboten. Der Israelit ist ein Knecht Gottes und ist verpflichtet, allein ihm zu dienen. Zu diesem Zweck muss er auf seine Gesundheit und Unversehrtheit achten. Dass eine Tätowierung ungesund ist und unter Umständen großen Schaden anrichten kann, war schon vor dreitausend Jahren bekannt. Im Übrigen: Auch die Entfernung einer Tätowierung kann nach medizinischen Kenntnissen schädlich sein, weshalb dies auch verboten wäre.
- Auch hat die Thora an mehreren Stellen die Ablehnung und das Verbot von heidnischen Bräuchen ausdrücklich hervorgehoben, insbesondere wenn solche Bräuche zum Kult heidnischer Götter gehörten. Für Tätowierungen und andere Selbstkasteiungen traf dies bekanntlich zu. Solche Handlungen und Bräuche sind nach der Thora ›ein Greuel in den Augen‹ des Gottes Israels.« (»Frag den Rabbi«, hagalil.com, 11.2.2009).

Mit anderen Worten, hier scheint unter anderem der Gedanke auf, dass unser Körper gar nicht uns gehört, sondern ein von Gott gegebenes Gebilde ist, das wir sorgfältig zu behandeln und auf dem wir nicht herumzuschmieren haben. Des Weiteren wird die Tätowierung als heidnischer, mithin satanistischer Kult verstanden.

Denn alles, was nicht Gottes ist, kann eigentlich nur »des Teufels« sein. Und auch dies würde zu der biologischen Analyse passen, denn schließlich ist die Behinderung der menschlichen Fortpflanzung ja tatsächlich »antischöpferisch«.

Der Papst tritt auf den Plan

In der Tat betrachten auch andere Religionen die Vorgänge rund um die beiden Geschlechter und ihre Gestalt (Stichwort »Body Modification«) mit Sorge. Auch nach christlicher Auffassung sind Mann und Frau eben nicht irgendeine x-beliebige und verbesserungswürdige Laune der Natur, sondern wurden von Gott so geschaffen. Nach dem biblischen Schöpfungsbericht gehöre es »zum Wesen des Geschöpfes Mensch, dass er von Gott als Mann und als Frau geschaffen ist«, sagte Papst Benedikt XVI. bei seiner letzten Weihnachtsansprache an die römische Kurie am 21. Dezember 2012. »Diese Dualität ist wesentlich für das Menschsein, wie Gott es ihm gegeben hat«, so Benedikt weiter. Gerade »diese Dualität als Vorgegebenheit« werde nun aber »bestritten«, kritisierte der Papst und nahm damit Bezug auf den modernen Gender-Wahn, nach dem die Geschlechter angeblich anerzogen und nicht angeboren sind. Dabei bedarf es, um diese Vorstellung ad absurdum zu führen, nur eines Blickes auf den Unterleib eines Neugeborenen – zu dessen biologischer Ausstattung natürlich auch ein Apparat von geschlechtsspezifischem Verhalten gehört.

Die Schöpfung wird abgeschafft

Die sogenannte »Body Modification« ist lediglich ein Werkzeug der Gender-Ideologie, das dazu dient, die Körper zu verändern und die Geschlechter unkenntlich zu machen. Wir reden hier also nicht über harmlose Moden, sondern über etwas Monströses, nämlich über einen Angriff auf die Schöpfung – ob man dahinter nun einen Gott oder »die Natur« am Werke sieht. »Es gilt nicht mehr, was im Schöpfungsbericht steht«, fuhr der Papst im Dezember 2012 fort:

»›Als Mann und Frau schuf ER sie‹ (Gen 1, 27). Nein, nun gilt, nicht ER schuf sie als Mann und Frau; die Gesellschaft hat es bisher getan, und nun entscheiden wir selbst darüber.« Die oben angesprochenen »Moden« erwähnt Benedikt dabei zwar nicht ausdrücklich. Aber ganz offensichtlich sind sie ja das Mittel zur Umgestaltung der Körper und Geschlechter. Mann und Frau würden »in ihrem Schöpfungsanspruch als einander ergänzende Gestalten des Menschseins bestritten«, so Benedikt. Und das habe weitreichende Folgen. Denn wenn es »die von der Schöpfung kommende Dualität von Mann und Frau nicht gibt, dann gibt es auch Familie als von der Schöpfung vorgegebene Wirklichkeit nicht mehr. Dann hat aber auch das Kind seinen bisherigen Ort und seine ihm eigene Würde verloren.«

Mann, Frau, Vater, Mutter, Kind, Familie – all das wird also in der bisherigen Form nicht mehr existieren, und alle werden ihr warmes Nest verlieren, ihre Heimat und auch ihre Zukunft einbüßen, denn die psychologischen (Reize) und sozialen Mechanismen und Institutionen (Familie) der menschlichen Fortpflanzung werden abgeschafft. Da die Existenz dieser Mechanismen und Institutionen allerdings maßgeblich zum Aufstieg des Menschen und des Lebens überhaupt beigetragen hat, kann man sich im wahrsten Sinne des Wortes »ausmalen«, wohin das zwangsläufig führen wird – nämlich zum Untergang der Menschheit.

11. März
Atomkatastrophe von Fukushima war gar keine

Wie bitte? Die Atomkatastrophe von Fukushima war gar keine? Da soll doch gleich …! Ganz ruhig. Und immer schön der Reihe nach.

Vor genau zwei Jahren kam es an der Ostküste der japanischen Hauptinsel Honshu zu einer der schlimmsten Naturkatastrophen der japanischen Geschichte. Am 11. März 2011 gegen 14.45 Uhr ereignete sich draußen vor der Küste ein Erdbeben der Stärke 9,0 Mw (= Momenten-Magnituden-Skala, nicht Richterskala, wie die Medien unisono behaupteten). Daraufhin überschwemmte ein Tsunami die Küste und beschädigte das dort beheimatete Atomkraftwerk von Fukushima, woraufhin die Meiler havarierten und Radioaktivität in die Umwelt gelangte.

Und damit beginnen auch schon die Fragen. Viele wussten zum Beispiel gar nicht, dass solche schweren Erdbeben überhaupt möglich sind – in Japan war es das schwerste seit Beginn der Aufzeichnungen. Zwei Jahre danach wird es Zeit, diese Fragen auch zu stellen, denn direkt nach einer solchen Katastrophe ist es angesichts der Opfer fast ausgeschlossen, die offizielle Version in Frage zu stellen. Trauer und Pietät machen jede kritische Aufarbeitung unmöglich. Schließlich starben in Japan 16 000 Menschen, 6200 wurden verletzt, Zehntausende von Existenzen und Familien zerstört, von den vernichteten Sachwerten ganz zu schweigen. Aber nun, zwei Jahre nach der Katastrophe, dürfte ein Blick hinter den Vorhang der Trauer wohl gestattet sein. Denn Trauer und Pietät wirken wie ein Schleier, der einen nüchternen Blick auf das Ereignis unmöglich macht. Wie ich an anderer Stelle schon einmal geschrieben habe, hemmen starke Emotionen das Denken und schließen die emotionale Ebene direkt mit der Handlungsebene kurz, es kommt zu der berühmten »Kurzschlusshandlung«. Nirgends wurde dieser Mechanismus nach dem 11. März 2011 so deutlich wie bei der sogenannten Energiewende in Deutschland, bei der – weltweit einzigartig – das gesamte Energiekonzept eines Landes reflexhaft umgeworfen wurde. Werfen wir daher nochmals einen Blick auf die schreckliche Katastrophe vom 11. März 2011.

Politik mit Toten

Die erste Überraschung: Inzwischen werden die 16 000 Toten und etwa 2700 Vermissten nicht mehr der Naturkatastrophe zugerechnet, sondern als Opfer der »Atomkatastrophe« verkauft. Erdbeben und Tsunami-Katastrophe tragen heute den Namen »Fukushima«, also des Standortes der beschädigten Atomkraftwerke: »Ganze Landstriche noch immer wie niedergewalzt: Seit der Katastrophe von Fukushima sind zwei Jahre vergangen«, hieß es zum Beispiel auf *Spiegel Online* (11.3.2013), als hätte der Atomunfall von Fukushima diese Landstriche »niedergewalzt«.
Den Vogel schoss im März 2013 jedoch die damalige Grünen-Chefin Claudia Roth ab. Erdbeben und Tsunami kamen bei ihr überhaupt nicht mehr vor: »Heute vor zwei Jahren ereignete sich die verheerende Atom-Katastrophe von Fukushima, die nach Tschernobyl ein weiteres Mal eine ganze Region und mit ihr die ganze Welt in den atomaren Abgrund blicken ließ«, schrieb die Frontfrau der Grünen auf ihrer Facebook-Seite:

> »Insgesamt starben bei der Katastrophe in Japan 16 000 Menschen, mehr als 2700 gelten immer noch als vermisst. Hunderttausende Menschen leben heute fernab ihrer verstrahlten Heimat. (…) Unsere Gedanken sind heute bei den Opfern und ihren Familien. (…) Die Katastrophe von Fukushima hat uns einmal mehr gezeigt, wie unkontrollierbar und tödlich die Hochrisikotechnologie Atom ist. Wir müssen deshalb alles daransetzen, den Atomausstieg in Deutschland, aber auch in

Europa und weltweit so schnell wie möglich umzusetzen und die Energiewende voranzubringen, anstatt sie wie Schwarz-Gelb immer wieder zu hintertreiben. Fukushima mahnt.«

Da staunt der Fachmann, und der Laie wundert sich. Denn in Wirklichkeit waren die »Toten von Fukushima« natürlich gar keine Opfer des Nuklearunfalls, sondern des vorangegangenen Erdbebens und des Tsunamis an der japanischen Ostküste.
Eigentlich hätten Roths Verdrehungen das Zeug zu einem handfesten politischen Skandal gehabt. Ganz offensichtlich machte hier die Grünen-Vorsitzende Politik auf dem Rücken von Tausenden von Toten. Und die Frage ist natürlich auch, ob hier unter eklatanter Verdrehung der Tatsachen an der Energieversorgung eines ganzes Landes, nämlich Deutschlands, herumgeschraubt werden sollte.
Noch verwunderlicher als die Chuzpe von Roth ist allerdings der Umstand, dass der Skandal ausblieb. Die Medien schwiegen ganz einfach zu diesem unglaublichen Vorfall. Und zwar so umfassend, dass sich sogar einige wenige Mainstream-Journalisten darüber wunderten: »Es ist schon erstaunlich, welch geringen Widerhall in den Medien der eklatante Ausrutscher der grünen Parteichefin Claudia Roth vom Wochenbeginn fand«, staunte zum Beispiel *Welt*-Autor Ulli Kulke. Nur Blogs und andere Internetseiten seien »voller reger Diskussion darüber«. Aber »gedruckt war – außer in der *Welt* – nach meinem Überblick bisher nirgendwo davon zu lesen« (Ulli Kulke, Donner+Doria-Blog, 13.3.2013).

Wieviele Menschen starben »durch Fukushima«?

Begeben wir uns also auf Wahrheitssuche: Wie viele Menschen starben denn nun tatsächlich durch die »Atomkatastrophe von Fukushima«? Bei der Beantwortung dieser Frage muss man sich vor Augen halten, dass es im Wesentlichen zwei Sorten von Strahlenschäden gibt, nämlich akute (»Strahlenkrankheit«) und langfristige, wenn durch die Bestrahlung beispielsweise irgendwann Zellen zu Krebszellen »entarten« und der Mensch an dieser Krankheit stirbt. Man spricht auch von »deterministischen Schäden«, bei denen das menschliche Gewebe unmittelbar in Mitleidenschaft gezogen wird, im Gegensatz zu »stochastischen Schäden», die irgendwann zum Ausbruch einer Krebserkrankung führen können.

Eine akute Strahlenkrankheit bedeutet, dass die Bestrahlung so intensiv war, dass der Körper unmittelbar Wirkung zeigt. Das reicht von geröteter Haut über Verbrennungen und Übelkeit und Erbrechen bis zum baldigen Tod. Da sich nur dieser Tod kausal mit der Bestrahlung in Zusammenhang bringen lässt, kann man auch nur hier wirklich von »Strahlentoten« sprechen. Bei dem Atomunfall von Tschernobyl 1986 zum Beispiel gab es etwa 50 Strahlentote. Wie viele Menschen »nach Tschernobyl« durch die freigesetzte Strahlung mittel- und langfristig erkrankten, lässt sich dagegen nur schätzen, da sich eine einzelne Krebserkrankung nur schwer kausal mit dem Strahlenunfall in Verbindung bringen lässt. Epidemiologische Studien gehen von mehreren zehntausend zusätzlichen Krebstoten aus. Aber auch das ist alles andere als sicher.

Rund zehn Prozent der radioaktiven Strahlung von Tschernobyl

Und was ist nun mit Fukushima, das die Welt noch mehr erschütterte als Tschernobyl und die Deutschen dazu brachte, an ihrer Energieversorgung herumzupfuschen? Nun, laut der Gesellschaft für Anlagen- und Reaktorsicherheit (GRS), die Regierungen und Politiker in Deutschland berät, zeigten Bodenproben, »dass sich hauptsächlich radioaktives Jod-131, Cäsium-134 und Cäsium-137 in der Umgebung ablagerten«. Dabei war Jod-131 noch der unproblematischste »Kandidat«, da es bei einer Halbwertszeit von acht Tagen sehr schnell unter die Nachweisgrenze fiel. Blieben noch die beiden anderen radioaktiven Isotope Cäsium-134 und

Cäsium-137, deren Halbwertszeiten zwei bzw. 30 Jahre betragen. Wenn man bedenkt, dass andere radioaktive Isotope erst nach Millionen von Jahren zur Hälfte zerfallen sind, ist auch das also eher eine gute Nachricht.

Insgesamt wurden bei den Havarien von Fukushima laut der japanischen Atom-Aufsichtsbehörde NISA hauptsächlich radioaktives Jod-131 und Cäsium 137 freigesetzt, und zwar nur ein Bruchteil der in Tschernobyl freigesetzten Menge, nämlich zehn Prozent. Zwar sind auch das zehn Prozent zu viel, aber eben keineswegs die Dimensionen des Tschernobyl-Unfalls. Dementsprechend waren durch die »Atomkatastrophe« von Fukushima auch *keine Strahlentoten* zu beklagen.

03

Strahlenopfer? Fehlanzeige

Angesichts der weltweiten Panikmache ist das eine erstaunliche Erkenntnis. Zwar gab es vereinzelte Grenzwertüberschreitungen, aber bis auf zwei Betroffene (siehe unten) gibt es nirgends eine Spur von akuten Strahlenschäden oder -krankheiten. Laut GRS wurden bis Ende Mai 2011 »insgesamt 195 345 Personen auf gesundheitliche Beeinträchtigungen untersucht, es fanden sich hierfür aber keine Anzeichen«. Und auch im Frühsommer 2012 war laut den Vereinten Nationen die Strahlenbelastung nach der Havarie des Atomkraftwerks Fukushima in Japan »offenbar geringer als befürchtet« und liege sogar »meist innerhalb zulässiger Grenzwerte« (*Spiegel Online,* 24.5.2012): »Abgesehen von zwei Orten sei die radioaktive Strahlung seit der Reaktor-Havarie im März 2011 ›sehr gering‹ und deutlich unterhalb der international als bedenklich angesehen Grenzwerte gewesen.«

Keine große Atomkatastrophe

Tatsächlich starben nach Fukushima zwar 40 bis 50 Menschen – allerdings nicht an der Strahlung, sondern weil sie während der Evakuierungsmaßnahmen hilflos in einem Krankenhaus zurückgelassen wurden. Darüber hinaus gab es noch einige Selbstmorde, die im Zusammenhang mit den wirtschaftlichen Folgen der Katastrophe gestanden haben sollen. »Todesfälle durch Radioaktivität waren hingegen nicht zu beklagen und werden von der WHO auch für die Zukunft als unwahrscheinlich angesehen«, stellt das Europäische Institut für Klima und Energie (EIKE) fest. Damit soll der Störfall von Fukushima hier keinesfalls verharmlost werden. Jedes Opfer ist eines zu viel, und natürlich ist nicht auszuschließen, dass Menschen auch durch eine leicht erhöhte Strahlenbelastung auf lange Sicht krank werden. Außerdem ist noch nicht ganz klar, wie sich die Lage am Kernkraftwerk zukünftig weiterentwickelt. Auf der anderen Seite soll aber auch nicht übertrieben werden. Zusammenfassend sieht die Opferbilanz von Fukushima laut dem Strahlenbiophysiker Dr. Peter Kegel so aus:

Tote (nicht durch Strahlung):	2 (ertrunken im Turbinenhaus); 1 Arbeiter erlitt einen Herzinfarkt (Mai 2011)
Verletzte (nicht durch Strahlung) :	16 Leichtverletzte 2 Schwerverletzte
Personen mit akuter Strahlenkrankheit	2 Personen mit Hautverbrennungen an den Beinen durch kontaminiertes Wasser
geschätzte zusätzliche Krebsfälle in den betroffenen Regionen:	100–1000 (entspricht einer Erhöhung der Wahrscheinlichkeit, an Krebs zu erkranken, von ca. 40 auf 40,05 %)
Evakuierte Personen:	> 100 000

Quelle: Dr. Peter Kegel: fukushima-accident.info

Das Schlimmste war der Psychoterror

Demnach war Fukushima zwar eine schwere technische Havarie gleich mehrerer Reaktorblöcke, verbunden mit einem hohen wirtschaftlichen Schaden. Aber es war eben nicht das, was der Öffentlichkeit erzählt wurde. Von einer großen globalen »Atomkatastrophe« kann überhaupt keine Rede sein. Und von Tausenden von Toten »durch Fukushima« oder »nach Fukushima«, wie Claudia Roth suggerierte, schon gar nicht.
Das eigentlich Schlimme an dem Atomunfall war denn auch laut UNO der Psychoterror gegen die Bevölkerung. »Viel schlimmer sind laut dem aktuellen Zwischenbericht der UNSCEAR gesellschaftliche Auswirkungen wie Depressionen und Ausgrenzungen von Menschen aus dem Gebiet um das havarierte Atomkraftwerk Fukushima I«, war schon am 24. Mai 2012 auf der Website des schweizerischen Radiosenders SRF zu lesen. »Junge Frauen aus der Gegend glauben, sie können keine Kinder mehr bekommen«, zitierte *RP Online* einen Experten. »Deswegen würden sie nicht geheiratet. ›Andere Frauen sagen, sie müssen jetzt abtreiben. Der Reis aus Fukushima wird nicht gegessen. Viele Menschen sind deswegen in ihrer Existenz gefährdet‹«(24.5.2012). Zum zweiten Jahrestag war auch das längst vergessen; stattdessen wurde wieder das Gespenst der »tödlichen Strahlung« heraufbeschworen.

Keine Atom-, sondern eine Angstkatastrophe

Glaubt man dem britischen Physikprofessor Wade Allison, war Fukushima keine Atom-, sondern eine Angstkatastrophe. »Für die Bevölkerung war es ein soziales Desaster wegen des psychologischen Stresses und des Vertrauensverlusts, den der Vorfall verursacht hat. Aber das war auf die Angst zurückzuführen, nicht auf die Strahlung«, erzählte der Spezialist für Strahlenwirkungen in einem Interview. Aber es war eben »keine nukleare Katastrophe. Keiner starb oder wird in den nächsten fünfzig Jahren an der

Strahlung dieses Unfalls sterben. Es gab nicht einmal Andrang in den Krankenhäusern.« Der Unfall von Fukushima hätte sich demzufolge auch »niemals wie der in Tschernobyl 1986 entwickeln können. Und, wie die internationalen Berichte bestätigen, gibt es keinen Hinweis, dass in Tschernobyl mehr als fünfzig Menschen an Strahlung starben« (*Junge Freiheit,* 8.3.2013).

Andererseits seien

> »viele der Menschen, die durch Fukushima heimatlos geworden sind, verzweifelt. Sie mussten Heimat und Besitz aufgeben, und obendrein wird ihnen ständig diese ›unsichtbare Gefahr‹ der Strahlung eingeredet. Das erzeugt natürlich Niedergeschlagenheit und viel Stress, die Leute werden depressiv, fangen an zu trinken, verzweifeln, bringen sich um – da wird eine ganze Gesellschaft desintegriert.«

In Japan sei der öffentlichen Gesundheit und der Wirtschaft nach Fukushima ohne jede Rechtfertigung großer Schaden zugefügt worden, heißt es auf Allisons Website zu seinem Buch »Strahlung und Vernunft. Die Auswirkungen der Wissenschaft auf eine Kultur der Angst« (*Radiation and Reason – The Impact of Science on al Culture of Fear*, York 2009). »Die Absicht vieler Länder auf der Welt, die Nutzung von Atomenergie abzuschaffen oder mit noch mehr Sicherheitsauflagen und Kosten zu belasten, ist ungerechtfertigt und sogar gefährlich für die Zukunft der Menschheit.« Ob die eingeleiteten Evakuierungen und vor allem die globale Panikmache nötig waren, ist daher durchaus fraglich. Immerhin gehe die japanische Regierung »inzwischen von 573 Fukushima-Folgetoten aus« – die mit physikalischen Strahlenwirkungen nicht das Geringste zu tun haben, versteht sich.

»Die Evakuierung von 87 000 Menschen aus dem Umkreis der zerstörten Nuklearanlage forderte ebenfalls Hunderte direkte Todesopfer, noch bevor die Langzeitfolgen der Verstrahlung zu weiteren Krebstoten führt«, berichtete der Nachrichtendienst *ots.at* am 7. März 2012. Weiter heißt es dort:

> »Einem Bericht der Zeitung *Yomiuri Shimbun* zufolge sind mittlerweile 573 Todesopfer als ›nuclear disaster-related‹ bestätigt worden – weitere Fälle werden noch untersucht. Darunter sind die gerade erst bestätigten fünf älteren Menschen, die sich nicht selbst in Sicherheit bringen konnten und durch den vollständigen Zusammenbruch der Telekommunikation sich auch nicht bemerkbar machen konnten – sie sind schlicht in ihren Häusern verhungert, wie die Autopsie der fünf Leichen bestätigte. Patienten in Krankenhäusern und Pensionisten in Altenheimen, die nicht selbst gehen konnten, wurden im Chaos der Evakuierung für drei Tage ohne Betreuung und Essen zurückgelassen – 45 der 440 Patienten starben in der Folge.«

Zwei Jahre danach: Wie ein Reporter die »Todeszone« überlebte

Aber das kann doch nicht sein! Und das durfte auch nicht sein. Schließlich haben wir alle die »Atomkatastrophe von Fukushima« emotional bereits als »große Atomkatastrophe« verbucht. Und so wurde die Panikmache pünktlich zum zweiten Jahrestag am 11. März 2013 wieder intensiviert. Plötzlich würden die Messergebnisse zeigen, »dass die Strahlung extrem hoch ist«, alarmierte uns zum 11. März 2013 der wackere *Handelsblatt*-Reporter Martin Koelling, der Fukushima kurz zuvor besucht hatte: »Auf 1700 Mikrosievert pro Stunde schlägt der Strahlenmesser in unserem Bus aus, hochgerechnet fast 15 000 Millisievert pro Jahr. Diesen Wert kann man durchaus als Todeszone bezeichnen.«
Da fragt man sich natürlich: Wie ist der Mann da lebend wieder rausgekommen? Und warum setzte er überhaupt sein Leben aufs Spiel? Und wieso wurden er und andere Journalisten überhaupt

erst hineingelassen? Nun, erstens kann ein »Wert« schon rein semantisch gesehen keine Todeszone sein, aber das nur am Rande. Zweitens bringt der Mann auch sonst einiges durcheinander. Denn 1700 Mikrosievert pro Stunde klingt zwar nach viel und liegt sicherlich signifikant über der natürlichen »Hintergrundstrahlung«. Da die Vorsilbe »Mikro« aber für »Millionstel« steht, kann man sich vorstellen, um welche Größenordnungen es hier wirklich geht: Um 0,0017 Sievert pro Stunde. Akut gesundheitsschädlich wäre erst das Tausendfache dieser Dosis. Zwar wären 15 000 Millisievert (= 15 Sievert) tatsächlich tödlich, aber eben nur, wenn man sie auf einmal abbekäme – nicht auf ein ganzes Jahr verteilt. Und das ist nicht nur das ganze Geheimnis hinter dem Umstand, dass ein *Handelsblatt*-Reporter einmal die »Todeszone« von Fukushima überlebte, sondern auch die Erklärung dafür, wie aus einer Naturkatastrophe immer wieder eine »große Atomkatastrophe« gemacht wird.

25. März
Rundfunkabgabe: Verfassungsrichter winkt Gesetz seines Bruders durch

Unseren »Qualitätsmedien« waren die Umstände des Falles keine müde Zeile wert. Wenn man nach *Google News* geht, griff gerade mal eine Zeitung den Fall in einer kurzen Meldung auf, nämlich der *Tagesspiegel*. Ansonsten herrschte Schweigen im Blätterwalde. So wenig Resonanz dürften bisher nur wenige Entscheidungen des Bundesverfassungsgerichts gefunden haben. Dabei hatte die Sache durchaus ein »Geschmäckle«. Oder wurde das Thema vielleicht gerade deshalb ignoriert, *weil* die Sache ein »Geschmäckle« hatte? Es ist nämlich wie mit dem Hasen und dem Igel: Kaum rennt der Bürger mit hängender Zunge zu einem Gericht, um sein Recht zu bekommen, sitzt da schon wieder der Igel und schmettert die Klage ab. Oder zumindest der Bruder des Igels.

So geschehen im Fall einer Klage gegen den neuen Rundfunkbeitrag vor dem Bundesverfassungsgericht, die am 25. März 2013 sang- und klanglos abgewiesen wurde (Aktenzeichen 1BvR 1700/12). Sogar mehr als das. Beziehungsweise weniger: Denn die Richter hatten die Klage nicht einmal zur Entscheidung angenommen, und weiter begründet haben sie ihre Ablehnung nach Angaben des Beschwerdeführers auch nicht. So einfach werden Klagen gegen die neue und offensichtlich rechtswidrige Rundfunkabgabe hierzulande abgebügelt. Wie kann das sein? Galt das Bundesverfassungsgericht nicht bisher als Hort der Unabhängigkeit und Integrität?

Das bestellte Gutachten

Ein Bild, das wir möglicherweise revidieren müssen. Doch eins nach dem anderen. Dass der neue Rundfunkbeitrag in Wirklichkeit eine Steuer ist, wurde hier ja schon klargestellt (siehe *1. Januar* »GEZ-Gebühr und neue Rundfunkabgabe …«). Dafür gibt es viele Gründe, unter anderem den, dass er aus der Werkstatt eines Steuerrechtlers stammt, nämlich vom Direktor des Instituts für Finanz- und Steuerrecht, Paul Kirchhof. Kirchhof gilt als Übervater des Staats- und Steuerrechts; von 1987 bis 1999 war er sogar selbst Bundesverfassungsrichter. 2005 wurde der überlebensgroße Finanzexperte von Angela Merkel für die Bundestagswahl in ihr Schattenkabinett berufen – als Bundesfinanzminister, also als Deutschlands oberster Steuereintreiber. Derselbe Steuerexperte fertigte 2010 ein Gutachten über »Die Finanzierung des öffentlich-rechtlichen Rundfunks« an, auf das die Ablösung der GEZ-Gebühr durch eine Haushaltsabgabe (»Rundfunksteuer«) zurückgeht. Mit der Expertise wurde das neue Finanzierungssystem der Anstalten quasi aus der Taufe gehoben und von berufener Stelle abgesegnet.

Dieses Gutachten gilt bis heute als Grundlage für die neue Haushaltsabgabe der öffentlich-rechtlichen Sender. Was man dem Publikum natürlich nicht erzählt, ist, dass es sich um ein bestelltes Gutachten handelt. Auftraggeber waren die öffentlich-rechtlichen Anstalten selbst, nämlich ARD, ZDF und Deutschlandradio. Vielleicht wäre es gut gewesen, in dem Gutachten das Honorar zu erwähnen, das Kirchhof dafür erhalten hatte. Allerdings sucht man solche Angaben dort vergebens. Oder hat er für das 85-Seiten-Werk etwa kein Geld erhalten? Vorsichtshalber fragte ich ihn am 16. Mai 2013 selbst: »Sehr geehrter Herr Professor Kirchhof, darf ich fragen, wie hoch das Honorar für Ihr Gutachten über ›Die Finanzierung des öffentlich-rechtlichen Rundfunks‹, Heidelberg, April 2010, war? Für ein baldige Erledigung wäre ich dankbar.« Auf eine Antwort warte ich noch heute. In jedem Fall bleibt es aber ein Treppenwitz der Geschichte, dass sich die öffentlich-rechtlichen Anstalten selbst ein Gutachten über ihre eigene Finanzierung schreiben ließen und die Länder dessen Inhalt im Dezember 2010 umgehend in einen neuen »Rundfunkänderungsstaatsvertrag« gossen, der diese Finanzierung genehmigte. Damit ist die neue Haushaltsabgabe quasi ein »Auftragsgesetz« der öffentlich-rechtlichen Sender. Der nächste Witz besteht darin, dass uns dieses Gutachten bis heute als über jeden Zweifel erhabenes Wort eines unabhängigen Experten verkauft wird.

Familienbetrieb Bundesverfassungsgericht

Damit sind die Witze jedoch noch nicht zu Ende. Haben Sie sich nicht schon mal darüber gewundert, dass praktisch jede Klage gegen die neue Haushaltsabgabe vor dem Bundesverfassungsgericht scheitert? Ja, dass das Bundesverfassungsgericht manche Klagen erst gar nicht zur Entscheidung annimmt? Nun, das könnte unter anderem daran liegen, dass dort nicht nur Paul Kirchhof selbst Verfassungsrichter war, sondern möglicherweise auch daran, dass just im Jahr 2010 Kirchhofs »kleiner Bruder« Ferdinand

dort Vizepräsident und Vorsitzender des Ersten Senats wurde und prompt an Entscheidungen über die neue Haushaltsabgabe beteiligt war.
Befangener geht's eigentlich kaum noch: Der eine entwirft ein Gesetz, der andere winkt es später beim Bundesverfassungsgericht durch bzw. schmettert Klagen dagegen ab. So bleiben Recht und Gesetz praktisch in der Familie. Und wenn der große Bruder ein Gesetz entwirft, dann wird sich der kleine Bruder doch nicht querstellen, jedenfalls nicht im Fall der neuen Rundfunksteuer. Allerdings sind Recht und Gesetz nicht Eigentum einer Familie. So haben sich die Bürger die Unabhängigkeit der Gerichte wahrscheinlich nicht vorgestellt, insbesondere nicht die Unabhängigkeit des Bundesverfassungsgerichts.

»Ablehnung ist unfassbar ...«

Betroffene zeigen sich denn auch entsetzt: »Diese Ablehnung ist unfassbar, zumal schon eine erste Verfassungsbeschwerde unseres Verbandes gegen den neuen Rundfunkbeitrag auf gleiche Weise im Februar abgewimmelt worden ist«, schimpfte beispielsweise der Präsident des Verbandes Deutscher Grundstücksnutzer (VDGN), Peter Ohm, nach dem Beschluss (1BvR 1700/12). In der erwähnten Verfassungsbeschwerde monierte der VDGN »vor allem die Verletzung des Rechts auf informationelle Selbstbestimmung durch die umfangreichen Datenerhebungen, die von den öffentlich-rechtlichen Sendeanstalten bei den Meldebehörden durchgeführt werden«. Aber siehe da: »Es sieht so aus, als wenn sich das Bundesverfassungsgericht mit dem neuen Rundfunkbeitrag nicht inhaltlich beschäftigen will«, beobachtete der Verbandspräsident. Dabei sei man sich sicher, »alle formalen Anforderungen an eine Verfassungsbeschwerde erfüllt zu haben«. Und: »Was wir nicht für möglich gehalten haben, ist die Mitwirkung des Vizepräsidenten Ferdinand Kirchhof an diesem Beschluss. Er ist der Bruder des früheren Verfassungsrichters Paul Kirchhof, der wegen seines Gutachtens im Auftrag von ARD, ZDF und Deutschlandradio aus dem Jahre 2010 als Vater des Rundfunkbeitrags gilt.« Gefasst wurde der Beschluss vom 25. März 2013 laut Ohm »von der 3. Kammer des Ersten Senats, konkret vom Vizepräsidenten des Bundesverfassungsgerichts Ferdinand Kirchhof und den Richtern Susanne Baer und Johannes Masing«. Gemäß Ohm sahen die Richter »allesamt von einer weiteren Begründung« ihrer Entscheidung ab. Ein Schelm, wer Böses dabei denkt …

Thema des Monats *17.4.:*
Waco – ein guter Tag für eine Explosion

3.4. UniCredit-Chef Federico Ghizzoni verlangt koordinierten Kunden-Haircut **5.4.** Die UN-Hochkommissarin für Menschenrechte fordert Schließung des Gefangenenlagers Guantánamo **6.4.** Der FC Bayern München wird zum 23. Mal Deutscher Fußballmeister **8.4.** In London stirbt die ehemalige britische Premierministerin Margaret Thatcher ***10.4. Dritter Jahrestag des Absturzes der Maschine des polnischen Präsidenten Lech Kaczynski*** **12.4.** Der deutsche Stromanbieter Flexstrom meldet Insolvenz an ***15.4. In Boston/USA werden bei zwei Bombenexplosionen mehrere Menschen getötet 17.4. In West bei Waco/USA fliegt eine Düngemittelfabrik in die Luft 17.4. In München streiten türkische Medien um Sitzplätze im NSU-Verfahren*** **29.4.** Wolfgang Büchner wird als neuer Chefredakteur des *Spiegel* und von *Spiegel Online* benannt

3. April
Bankguthaben: UniCredit will koordinierten Haircut

»Das kostenlose Online-Konto mit Beratung in 615 Filialen! Garantiert kostenlos«, wirbt die HypoVereinsbank (HVB) auf Ihrer Website (www.hypovereinsbank.de/). Wer‘s glaubt. Denn so kostenlos, wie die Bank das darstellt, ist ein Konto bei der HypoVereinsbank möglicherweise nicht mehr lange. Im Gegenteil. Folgt man dem obersten Chef der italienischen UniCredit, zu der die HVB gehört, kann so ein Konto in Zukunft ganz schön teuer werden. Nicht wegen der Kontogebühren, Dispo-Zinsen und ähnlicher Peanuts. Sondern weil Banken und Regierungen nach dem Zypern-Test nun einen konzertierten Angriff auf die Bankguthaben ihrer Kunden planen: »Um Verluste auszugleichen, ist das Beschneiden von großen Konten und Verbindlichkeiten wie Anleihen bei insolventen Banken akzeptabel, solange kleine Sparguthaben geschützt werden«, sagte UniCredit-Chef Federico Ghizzoni laut Nachrichtendienst *Bloomberg* am 3. April 2013 in Wien.

Kampfansage an die Bürger

Da haben wir es nun von höchster Stelle: Sind die Banken in den Miesen, wollen sie sich künftig bei den Kunden bedienen. Na klar – werden demnächst klamme Handy-Hersteller, Versicherer oder Medienkonzerne das Gleiche tun? Oder darf zum Beispiel schon bald die Autowerkstatt das Auto beschlagnahmen, wenn sie vor der Pleite steht (»Ist doch Ihre Schuld, dass Sie Ihren Wagen dorthin gebracht haben; warum sind Sie auch auf die günstigen Preise hereingefallen«)? Oder die Reinigung den Mantel? Natürlich nicht – jedenfalls noch nicht. Die Beschlagnahme von Kundenwerten ist in der Privatwirtschaft allein das Privileg der Banken – noch. Denn da mitten in Europa offenbar wieder Zustände herrschen wie im Wilden Westen, dürfte in Zukunft alles möglich sein. Fand die Jagd auf das Vermögen der Bürger bisher eher im Verborgenen statt – zum Beispiel mit Hilfe gehypter Aktien an den Börsen (Telekom) –, leistet man sich nunmehr die direkte Strategie und greift einfach auf die Kundenkonten zu. Lässt man mal all das Rettungsgerede beiseite, ist das nichts anderes als eine Kampfansage an die Bürger. Während die Medien den fundamentalen Interessengegensatz zwischen Tätern und Opfern in immer neuen Talkshows zerreden, geht es in Wirklichkeit um Bürgerkrieg, wie die Morddrohungen gegen den zyprischen Präsidenten Nikos Anastasiades und den Zentralbankchef Panicos Demetriades gezeigt haben. In einer Art Testlauf hatte Zypern im Frühjahr 2013 als erstes EU-Land die Kunden seiner maroden Banken geschröpft. Und die Absender dieser Drohungen haben die Beschlagnahme ihrer Gelder ganz klar als Kriegserklärung verstanden.

Ihr Konto ist seit vielen Jahren eingeplant!

In Wirklichkeit sind die Kundenkonten bei den Krisen der »systemrelevanten Banken« schon seit vielen Jahren eingeplant. Wie sagte doch der Wirtschaftsexperte Professor Karl Albrecht Schachtschneider: Man werde die Bürger

> »in jeder Weise in Anspruch nehmen, ihre Vermögen, die ja nicht gering sind. Man spricht von neun Billionen privaten Vermögen; jedenfalls an kurzfristigen Einlagen spricht man von zwei Billionen. Die werden in Anspruch genommen werden durch Kontosperrungen. Aber auch die Grundschuldvermögen werden durch Zwangsanleihen belastet werden; das haben wir ja alles schon mal gehabt.«

So Schachtschneider in einem Gespräch mit der Website *Sven Hermann Consulting* im September 2012. Selbst das Gold werde beschlagnahmt werden, fürchtet Schachtschneider, zumindest

werde ein Handelsverbot verhängt werden. Denn die Vermögen seien angesichts der Verschuldung »schon längst verausgabt. Die müssen nur noch in Anspruch genommen werden, sie sind eigentlich schon verloren, und es ist sehr schwierig, sie irgendwie noch zu retten.«
Denn bei dieser Krise handelt es sich nicht um einen kleinen Unfall, sondern um ein strategisch geplantes Unternehmen. Auch wegen der Kundenguthaben konnten die Banken und Staaten Geschäfte machen, als ob es kein Morgen gäbe. Denn am nächsten Morgen gibt es ja immer noch die Kundenkonten. Immer mehr entpuppen sich Banken und Regierungen als das, wofür manche sie schon immer gehalten haben: kriminelle Vereinigungen. Die bittere Wahrheit ist, dass man sein Geld niemandem anvertrauen kann außer sich selbst.

Diebstahl ist nur eine Frage der Organisation

Vor dem großen Haircut gilt es aber noch eine kleine Hürde zu nehmen, denn wie das Beispiel Zypern zeigt, drohen die frechen Kunden, in so einem Fall rechtzeitig ihre Guthaben abzuziehen. Deshalb empfiehlt der vertrauenswürdige Herr Ghizzoni von UniCredit/HypoVereinsbank/Bank Austria, die Europäische Union möge doch in allen Mitgliedsstaaten einheitliche Regeln für diese Art Bankraub, pardon: Bankenrettung – erlassen. Ja, noch besser wäre es, wenn derartige Regeln gleich auf globaler Ebene erlassen würden, damit nun wirklich keiner mehr ausweichen kann. Denn die Kunden zu beklauen ist für Banken und Regierungen schon längst keine Frage der Moral mehr, sondern nur noch der richtigen Organisation. Kundenkonten zu schröpfen »ist akzeptabel, wenn es im Rahmen einer europäischen Lösung geschieht«, sagte Herr Ghizzoni laut *Bloomberg*. »Was wir nicht akzeptieren können, sind Unterschiede von Land zu Land innerhalb derselben Region. Ich würde dringend empfehlen, diese Entscheidung nicht nur innerhalb Europas zu treffen, sondern im

Basel Komitee, wo alle Länder repräsentiert sind. Andernfalls würden wir den Markt für Abwanderung öffnen.« Natürlich wäre es Herrn Ghizzoni viel lieber, überhaupt keine Kundenguthaben anzutasten, und wenn, dann nur innerhalb eines »globalen Plans«.

Jeder Fluchtweg soll abgeschnitten werden

Geschenkt. Ghizzonis Aussage zeige, »was hinter der Idee der europäischen Bankenunion steckt«, so die *Deutschen Wirtschafts-Nachrichten* (online, 5.4.2013):

> »Es soll den Anlegern jeder Fluchtweg abgeschnitten werden. Wie schon im Fall der globalen Steuer-Razzien sollen die privaten Vermögen massiv zur Sanierung der globalen Pleitestaaten herangezogen werden. Wenn die Banken-Union in Europa steht, können im Grunde alle Banken saniert werden – und zwar mit dem Geld der Kunden.«

Aus Ghizzonis Zustimmung zur Enteignung der Sparer gehe hervor, »dass es sich beim Modell Zypern sogar um mehr handelt als um eine Blaupause«: Finanzwirtschaft und EU-Politik hätten sich darauf geeinigt, »ihre Probleme mit dem Geld der Anleger zu lösen. Der Vorgang geht bereits weit über das Stadium der Planung hinaus – er ist in vollem Gang, weil Banken und Politik das Wasser bis zum Hals steht.

10. April

Kaczynski: Stürzte polnische Präsidentenmaschine gar nicht in Smolensk ab?

Tja, unsere »Verschwörungstheoretiker« – immer wieder kommen sie auf die »abstrusesten Ideen«. Gerade kürzlich beklagte die Zeitung *Junge Freiheit* in einer Überschrift meine »Visionen« (1.2.2013). Dabei könnte sich eine dieser »Visionen« nun als wahr erweisen: Der polnische Präsident Lech Kaczynski stürzte am 10. April 2010 womöglich nie in Smolensk ab. Schon früher habe ich in dieser Buchreihe die Frage gestellt, ob an Stelle der Maschine des polnischen Präsidenten ein altes Wrack an der »Absturzstelle« deponiert worden war. Jetzt, Jahre später, ist es Zeit für die Feststellung: Die Diskussion in Polen nähert sich dieser »Vision« inzwischen immer mehr an. Und diese Nachricht stand ausgerechnet und ausschließlich in derselben *Jungen Freiheit* (siehe unten).

Warum hat niemand überlebt?

Zur Erinnerung: Am 10. April 2010 reiste der polnische Präsident Lech Kaczynski mit einer Delegation aus Anlass einer Gedenkfeier in den Wäldern von Katyn ins russische Smolensk. Insgesamt waren 96 Menschen an Bord der polnischen Präsidentenmaschine: neben Präsident Kaczynski große Teile der Führungselite Polens. Morgens um 10.41 Uhr soll der Jet beim Landeanflug auf den russischen Militärflughafen Smolensk in einen Wald gestürzt sein. Alle Insassen sollen dabei ums Leben gekommen sein. Eine Reihe von Ungereimtheiten deutet jedoch darauf hin, dass diese Version nicht der Wahrheit entspricht. Da wäre zunächst einmal die Behauptung, dass alle Passagiere des großen Jets bei dem Absturz ums Leben kamen. Laut Statistik beträgt die Chance, eine Bruchlandung oder einen Crash zu überleben, jedoch 95,7 Prozent. Eine Bruchlandung im Wald, die von niemandem überlebt wird, ist dagegen eine große Seltenheit. Denn die Bäume wirken wie mächtige Federn, die ein großes Flugzeug relativ sanft abbremsen:

1. Bei dem Airbus-Crash am 26. Juni 1988 in Habsheim setzte der Jet in Landekonfiguration auf dem Wald auf – genau wie angeblich Kaczynskis Maschine in Smolensk. Obwohl es einen riesigen Feuerball gab, überlebten 133 der 138 Insassen, also knapp 98 Prozent.

2. Als am 22. März 2010 eine russische Tupolew 204 statt auf dem Moskauer Flughafen im Wald niederging, überlebten alle acht Besatzungsmitglieder der ansonsten leeren Maschine. Die äußere Form des Flugzeugs war noch weitgehend erhalten.

3. Sogar bei einer Bruchlandung auf einem Acker überlebten 93 Prozent der Passagiere. So geschehen am 26. Februar 2009 mit dem Turkish-Airlines-Flug 1951 kurz vor der Landung in Amsterdam. 125 von 134 Passagieren konnten sich retten.

Wie ein Messer durch Butter

Was sonst niemand berichtete: Laut *Junger Freiheit* vom 15. Februar 2013 sind genau solche Überlegungen nun Anlass für verstärkte Zweifel an der offiziellen Version vom Absturz der polnischen Präsidentenmaschine. »Auch nach zwei Untersuchungsberichten über die größte Luftfahrtkatastrophe der polnischen Geschichte … scheinen mehr Fragen offen als geklärt«, so das Blatt über den angeblichen Absturz. Die Ergebnisse einer neuen Expertengruppe stünden »konträr« zu den Feststellungen der bisherigen polnischen und russischen Kommissionen. »Weder stellte der in Frage kommende Baumbewuchs ein Hindernis für ein Flugzeug dieser Größe dar …, noch habe sich das Flugzeug infolge der

Kollision nach links überschlagen.« Der Flugzeugkonstrukteur Waclaw Berczynski habe die »besonders starken Tragflächen der Tupolew« hervorgehoben, »die innen von drei und nicht nur zwei Trägern durchzogen seien. Durch eine Birke gingen die ›wie ein Messer durch die Butter‹«. Es sei nicht möglich, »dass ein Flugzeug, das aus einer Höhe von 20 Metern fällt, auf eine solche Weise auseinanderspringt«. Ein anderer Experte von der Universität Akron / Ohio wird mit dem Hinweis erwähnt, dass »in keiner seiner Computersimulationen vom Aufprall des Rumpfs« die Tu-154M »wie eine Kristallvase« zerplatzt sei.

Sprengstoff oder nicht?

Damit nähern sich die Ergebnisse der neuen Expertengruppe den Recherchen in meinen Jahrbüchern *verheimlicht – vertuscht – vergessen* an. Auch hier wurde bereits darauf hingewiesen, dass die Wrackteile für ein Aufsetzen auf dem Wald zu klein waren. Erklärung der polnischen Experten: Zwei Explosionen sollen die Tupolew im Landeanflug zerrissen haben. Darauf deuteten am Wrack gefundene Sprengstoffspuren hin. Das Problem ist jedoch, dass

- jemand, der ein Flugzeug sprengen will, dies normalerweise nicht erst im Landeanflug tut, so dass man noch jede Menge Spuren findet und Insassen überleben könnten,
- auch andere Chemikalien sprengstoffähnliche Bestandteile enthalten können, zum Beispiel Lacke,
- von Sprengstoffspuren an den Leichen nicht die Rede ist, was bedeuten kann, dass Sprengung und Menschen nicht zusammengehören,
- ein Zusammenhang der Sprengstoffspuren mit dem Absturz nicht bewiesen ist.

Aber in welchem Zusammenhang soll der Sprengstoff denn sonst angewendet worden sein?

Nach der Landung liquidiert?

Darauf komme ich gleich. Denn mindestens ebenso wichtig wie das, was gefunden wurde, ist das, was nicht gefunden wurde. So gab es nun auch nach der Feststellung der polnischen Expertengruppe

- keinen Aufschlagkrater und
- keine Schleifspuren im Wald.

Ich selbst habe bereits vor längerer Zeit in einem Interview mit dem polnischen Magazin *Nowe Panstwo* (August 2010) festgestellt, dass auch keine Spuren von einem Aufschlagbrand zu sehen waren, wie er entsteht, wenn ein kerosinbeladenes Flugzeug auf dem Boden aufprallt. Wenn aber all diese Spuren fehlen, kann das nur heißen, dass hier nie ein Flugzeug oder große Trümmerteile aufgeprallt sind – ob gesprengt oder nicht. Und das wiederum kann nur heißen, dass die Trümmerteile nicht von einem Absturz stammen, sondern dass sie in den Wald gelegt wurden, um einen Absturz zu simulieren. Und zwar möglicherweise von denselben Tiefladern, die das Wrack nach dem ganzen »Absturzrummel« wieder auf das Gelände des Militärflugplatzes von Smolensk zurückfuhren. Und die Sprengstoffspuren? Sollten sie wirklich da gewesen sein, könnten sie natürlich von einer vorher vorgenommenen Zerlegung des Wracks stammen bzw. schlicht von der »Abwrackung«.
Mit anderen Worten, hier kam möglicherweise eine Variante der »Operation Northwoods« zum Einsatz, bei der ein real existierendes Flugzeug durch ein Double oder durch Trümmerteile ersetzt wurde, um einen Absturz vorzutäuschen. In Wirklichkeit könnte die echte Maschine umgeleitet und gelandet sein, woraufhin die Insassen liquidiert wurden. Daher auch die 100-prozentige Todesquote. Am 10. April 2013 schrieb mir eine polnische Journalistin, mit der ich über den Fall kommuniziert hatte:

»… es sind drei Jahre vergangen, und Ihre Vermutungen haben sich bewahrheitet: Es war mit Sicherheit eine Version von Operation Northwoods im Gange. Es gibt mehrfach Dutzende Hinweise dafür. An dem Thema sitzt eine Reihe von Bloggern. Ich lese es laufend und thematisiere es auch ab und zu. Alle s.g. Experten, sowohl von der Regierungsseite wie auch (angeblicher) Opposition, bemühen sich darum, um die Tatsachen zu verschleiern. Niemanden im Westen interessiert die Wahrheit, ähnlich wie keinen Herausgeber in Polen die Wahrheit über 9/11 interessiert.«

Dem ist nichts hinzuzufügen.

15. April
Boston-Attentate: »Schützenhilfe« für Obama?

Kennen Sie das auch, dieses »Montagsgrauen« bzw. »Sonntagabendgrauen«? Wenn der letzte Kuchen aufgegessen, der letzte Besuch verabschiedet und das Wochenende endgültig vorbei ist. Wenn man im kalten Licht der Küche am Tisch sitzt und einen praktisch nichts mehr vom Montag trennt. Nicht mal ein Bier, denn das ist auch schon alle. Wenn nur noch eine Nacht zwischen jetzt und der neuen Arbeitswoche liegt. Und zwar einer Woche, bei der richtig Ärger droht. Klar, dieses Gefühl kennt jeder. Und auch die Frage: Was kann einen jetzt noch retten? Eine Grippe? Wenn sich der Chef ein Bein bricht? Wenn die Firma abbrennt?
Bestimmt kennt sogar US-Präsident Barack Obama solche Situationen. Sollte der US-Präsident eine kalte Küchenlampe und einen Küchentisch besitzen, dann hat er am Vorabend des 15. April 2013 sicher an diesem gesessen und auf das Etikett einer leeren Bierflasche, den Kaffeesatz eines ausgetrunkenen Kaffees oder

auf einen angetrockneten Teebeutel gestarrt. Nur noch ein Wunder würde ihn jetzt retten können, denn vor ihm lagen nur Pleiten, Pleiten und nochmals Pleiten.

Ein verhungerter Häftling

Erst hatten Wächter am Samstag, dem 13. April, einen Hungerstreik in Guantánamo brutal niedergeschlagen. Das hieß, die Sache würde Anfang der Woche groß in allen Zeitungen stehen. Seit Wochen protestierten Guantánamo-Häftlinge gegen ihre illegale Gefangennahme, ihren rechtlosen Status und die unmöglichen Zustände in dem Lager. Angeblich wurden etwa 40 Gefangene zwangsernährt. Am Samstag setzten US-Wärter »nach Medienberichten Gummigeschosse gegen Häftlinge ein, die sich gegen eine Verlegung aus einer Gruppenunterkunft in Einzelzellen wehrten«, hieß es auf *FOCUS Online* (14.4.2013).
Dann war da am Sonntag noch dieser Häftling aus Guantánamo: »Einer hier wiegt nur noch 77 Pfund«, zitierte ihn die *New York Times* am 14. April 2013,

> »ein anderer 98. Mein letztes Gewicht, an das ich mich erinnere, betrug 132, aber das war vor einem Monat. Ich bin seit dem 10. Februar im Hungerstreik und habe mehr als 30 Pfund verloren. Ich werde nicht essen, bevor meine Würde wiederhergestellt ist. Ich werde in Guantánamo seit elf Jahren und drei Monaten festgehalten. Ich wurde nie eines Verbrechens angeklagt. Es gab nie ein Verfahren.«

Am Dienstag, dem 16. April, würde auch noch der Untersuchungsbericht einer überparteilichen Kommission ans Licht kommen, der den USA bescheinigte, nach dem 11. September 2001 Gefangene gefoltert zu haben. »Wir sind zu der bedauerlichen, aber unvermeidlichen Schlussfolgerung gekommen, dass die USA ein Vorgehen gezeigt haben, das eindeutig Folter ist«, zitierte die

österreichische *Presse* eine ehemalige Kongress-Abgeordnete (online, 17.4.2013). Auf 577 Seiten hatte die Kommission die Foltermethoden der USA zusammengetragen. Ergebnis: »Unter Verletzung des US- und des Völkerrechts hätten Geheimdienstbeamte und Soldaten Gefangene in Afghanistan, im Irak, im US-Gefangenenlager Guantánamo und andernorts ›grausam, inhuman und erniedrigend‹ behandelt.«
Und Obamas politisches Schicksal ist eng mit Guantánamo verbunden. Seine Ankündigung, das rechtswidrige Lager zu schließen, hatte wesentlich zu seinem Erfolg bei der Präsidentschaftswahl 2008 beigetragen. Ein uneingelöstes Versprechen.

Lame Duck im Weißen Haus

Und schließlich stand am Mittwoch, dem 17. April, im Senat die Abstimmung über ein neues Waffenrecht an. Nach mehreren »Amokläufen« in den USA hatte sich Obama um die Verschärfung einiger Regelungen bemüht. Und jetzt wartete eine totale Pleite auf ihn. Schon vor dem Wochenende hatte sich immer deutlicher die Gefahr abgezeichnet, »dass die Reformvorschläge bereits im Senat entweder übermäßig verwässert oder ganz torpediert werden könnten«, schrieb die *Neue Zürcher Zeitung* bereits am 10. April 2013 in ihrer Online-Ausgabe: »Das ursprünglich angestrebte Verbot von Sturmgewehren und Magazinen mit großem Fassungsvermögen scheint politisch bereits erledigt zu sein.«
Verzweifelt hatte der US-Präsident noch versucht, das Ruder herumzureißen, und eine Kampagne gestartet, »um eine drohende Niederlage bei der angestrebten Reform der Waffengesetze zu vermeiden«.
»Um Druck auf den Senat auszuüben«, karrte er sogar noch Hinterbliebene von Opfern des Massakers von Newtown (14.12.2012) nach Washington. Trotzdem zeichnete sich jetzt ab, dass Obama nicht mal einen Trostpreis würde gewinnen können: keine strengere Überprüfung von Waffenkäufern, kein Verbot von Sturmge-

wehren, gar nichts. Der Präsident: ein Versager, eine *lame duck*, wie sie im Buche steht, eine »lahme Ente«, die Bezeichnung, die US-Präsidenten wohl am meisten fürchten, ist sie doch gleichbedeutend mit einem politischen Eunuchen. Tja, was könnte ihn jetzt noch retten? Oder, um es mit dem Filmproduzenten Stanley Motss alias Dustin Hoffman aus dem Film *Wag the Dog – Wenn der Schwanz mit dem Hund wedelt* (USA 1997) zu sagen: »Was wollen Sie tun, um das zu vertuschen? (…) Ich meine, da brauchen Sie schon einen Krieg!«

Wir sind alle Amerikaner

Boston-Marathon, 15. April. Etwa 23 000 Läufer aus aller Welt haben sich in der Ostküstenmetropole getroffen, um wie jedes Jahr die Marathondistanz von 42 Kilometern zu laufen. Es herrscht Volksfestatmosphäre. Neben Profis sind auch jede Menge Amateure am Start, die nur um des Vergnügens willen laufen oder mit ihrer Teilnahme Spenden für einen guten Zweck sammeln möchten. Nach über vier Stunden, um zehn vor drei nachmittags, bewegen sich nur noch Nachzügler in Richtung Ziellinie. Der Sieger Lelisa Desisa Benti aus Äthiopien ist bereits vor zwei Stunden angekommen. Die Uhr zeigt gerade vier Stunden, neun Minuten und 43 Sekunden an, als ein lauter Knall die fröhliche Stimmung beendet. Vom Gehsteig der Boylston Street steigt weißer Rauch auf. Während die Läufer irritiert stehen bleiben oder weiter in Richtung Ziel stolpern, liegen auf dem Gehsteig Menschen und schreien. Etwa 13 Sekunden später explodiert einige Häuser weiter eine weitere Bombe, wie sich später herausstellt, ebenfalls aus einem Schnellkochtopf gebaut. Helfer bemühen sich um die Opfer, Rettungskräfte hasten durch die Gegend. Um 16 Uhr bestätigt die Polizei zwei Tote und zwölf Verletzte. Am Ende werden drei Tote und über 200 Verletzte daraus. Als Verdächtige werden die beiden tschetschenischen Auswanderer Tamerlan und Dschochar Zarnajew präsentiert.

Vom Versager zum Erlöser

So schrecklich das Geschehen auch ist – einer steigt wie eine Ente bzw. ein Phoenix aus der Asche seiner total gescheiterten Politik: Barack Obama. Statt eine Ohrfeige nach der anderen einzustecken, warten in dieser Woche mehrere ganz große Auftritte auf ihn: Krankenhausbesuche, Trauerfeiern und staatsmännische Reden. Während die Verdächtigen gejagt werden und eine Welle der Angst und Panik über Boston und die USA schwappt, erscheint der Mann mit dem dunkelblauen Anzug, der roten Krawatte und dem eingeübten energischen Tonfall als Erlöser. Statt als Präsident eines Unrechtsregimes, das in Guantánamo Menschen ihrer Freiheit beraubt und foltert, darf er sich nun als trauernder Landesvater präsentieren. Denn ganz sicher ist jetzt nicht die Zeit, um kleinlich auf ihm herumzuhacken. Die Bomben von Boston haben jede Opposition weggeblasen: »Ich habe die Führer beider Parteien im Kongress informiert«, sagt Obama in einer Rede: »Wir versicherten uns, dass es an Tagen wie diesem keine Republikaner oder Demokraten gibt. Wir sind Amerikaner, die in der Sorge um ihre Mitbürger vereint sind.«

Wie durch ein Wunder löste sich Obamas peinliche Lage in Rauch auf, und zwar im Rauch der beiden Bomben von Boston. Falls man Bomben überhaupt als »Wunder« bezeichnen darf. Doch solche Mirakel sind in der Geschichte der USA nichts Neues. Ob die Sprengung der *Maine* im Hafen von Havanna 1898, die den USA den Krieg gegen Spanien ermöglichte, der angeblich überraschende japanische Angriff auf Pearl Harbor 1941, der den Vereinigten Staaten den Weg in den Zweiten Weltkrieg ebnete, oder der 11. September 2001, der als Startschuss für eine ganz neue Rambo-Rolle der USA auf dem Globus diente. Allerdings waren Obamas Wunder bisher etwas kleiner, wie etwa die angebliche Erschießung Osama bin Ladens am 2. Mai 2011, die den Präsidenten aus der gefährlichen Diskussion um seine gefälschte Geburtsurkunde befreite. Oder eben die Attentate von Boston, die aufgrund des großen internationalen Teilnehmerfeldes weltweite Aufmerksamkeit und Betroffenheit erzeugten. Und bei denen wir wieder mal alle »Amerikaner« waren.

Der rätselhafte Tatort

Während die Mainstream-Medien Trauer und Betroffenheit verbreiteten, glaubte das Netz mal wieder gar nichts. Schon hinsichtlich der Explosionsorte wurden Fragen gestellt: Wie konnten die Täter ihre Sprengsätze unbehelligt vor Geschäften auf dem Gehsteig ablegen und erwarten, dass sie dort liegen blieben? Schließlich wimmelte es hier vor »Sicherheitskräften«. Warum plazierten die Unbekannten ihre Bomben direkt vor Schaufenstern, wo die Druckwelle nach hinten (ins Fenster) entweichen konnte, ohne allzu großen Schaden anzurichten?
Fragen über Fragen, deren kriminalistische Untersuchung den Rahmen dieses Buches sprengen würde. »Hier wollte«, schrieb ein Skeptiker, »also jemand größtmögliche (Medien-)Aufmerksamkeit erregen, aber kein größtmögliches Massaker anrichten. (...) Für das Ziel weltweiter Aufmerksamkeit und Ablenkung genügten ein oder zwei Detonationen vor laufenden Kameras und eine hohe Zahl an Verletzten (Nägel und Schrauben in den Bomben).«

Kriegsrecht in Watertown

Damit bekam der politisch in Not geratene Obama ab dem 15. April 2013 tatsächlich »seinen Krieg«. Während der Jagd auf die Zarnajew-Brüder wurde die amerikanische Nation die ganze Woche über bis zum 19. April 2013 mit Bildern von Verwundeten, Panzerfahrzeugen, Schusswaffen und martialisch vermummten Sonderkommandos in Atem gehalten. In der Kleinstadt Watertown westlich von Boston, wo man die beiden Verdächtigen bzw. »Darsteller« stellte, wurde regelrecht das Kriegsrecht ausgerufen. Eine Ausgangssperre wurde verhängt und der Bevölkerung eine wichtige Lektion erteilt – nämlich wie man Hunderte von Häusern ohne Durchsuchungsbefehl durchkämmen kann. Die Ausgangssperre wurde später auf ganz Boston ausgeweitet.

Angst vor der Zentralregierung

Tatsächlich war der Ausnahmezustand durchaus als Warnung zu verstehen, und zwar nicht an irgendwelche fehlgeleiteten Einzelgänger, sondern an jene bis an die Zähne bewaffneten Bürger, denen ein Bürgerkrieg allmählich unumgänglich erscheint. Wie schon an anderer Stelle ausgeführt, spitzt sich in den USA unter der Oberfläche einer immer fadenscheinigeren demokratischen Fassade ein Konflikt zwischen Staat und Bürgern zu. Auf der einen Seite steht eine Regierung, welche die Bürger entwaffnen will, auf der anderen Seite stehen Millionen bewaffneter Individuen, die sich ihr verfassungsmäßig garantiertes Recht auf Waffenbesitz nicht beschneiden lassen wollen. In den Versuchen, diese Rechte einzuschränken, sehen sie exakt jenen Casus Belli, den die amerikanischen Verfassungsväter voraussahen. Das heißt, die Bürger wollen nicht etwa nur ihr Recht auf ihren Freizeitsport oder ihre Wochenend-Ballerei verteidigen. Vielmehr treibt sie die Angst vor den Anmaßungen einer diktatorischen Zentralregierung um. Sie verstehen sich selbst als jene Miliz, die bereits die Verfassung definierte. Wörtlich heißt es im Zweiten Zusatzartikel zur US-Verfassung von 1791: »Da eine wohlgeregelte Miliz für die Sicherheit eines freien Staates notwendig ist, darf das Recht des Volkes, Waffen zu besitzen und zu tragen, nicht beeinträchtigt werden.«

Der Sturm auf die Davidianer-Festung

Polizeiliche Übergriffe in jüngster Zeit, wie etwa die Schießerei von Ruby Ridge 1992, bei der Mitglieder der Familie eines Verdächtigen von Polizeibeamten erschossen wurden, haben die Verbreitung dieses Milizgedankens begünstigt. Schon damals ging es um Waffen, nämlich um den Besitz einer illegal abgesägten Schrotflinte. Auch ein Polizeibeamter wurde bei der Schießerei getötet. 1993 wurde dem Verdächtigen gerichtlich bestätigt, in Notwehr gehandelt zu haben. Im Rahmen eines Vergleichs erhielten die hinterbliebenen Mitglieder der Familie einen Schadensersatz in Höhe von 3,1 Millionen Dollar zugesprochen. Zu einer strafrechtlichen Verfolgung der polizeilichen Täter kam es jedoch nie.

Und dann kam das Massaker von Waco, Texas, 1993, bei dem 82 Mitglieder der Davidianer-Sekte starben. Eine Sekte mag eine Sekte sein, aber dennoch haben deren Mitglieder nicht ihre Menschenrechte verwirkt. Nachdem das FBI das Hauptquartier der Davidianer 51 Tage belagert hatte, versuchten die Bundespolizisten am 19. April 1993 eine Räumung unter Einsatz von Tränengas. Wieder ging es um Waffen, diesmal um solche, die die Sekte angeblich gebunkert hatte. War das vielleicht sogar ihr eigentliches Vergehen? Tatsächlich listete ein Protokoll der Regierung nach Zerstörung des Sektenhauptquartiers eine enorme Menge an Waffen und Munition auf. Bei der Razzia gab es unter umstrittenen Umständen »eine feurige Explosion« (siehe unten), bei der 76 Menschen starben, darunter auch schwangere Frauen und Kinder. Insgesamt sollen 82 Menschen im Rahmen der Auseinandersetzung zu Tode gekommen sein.

Kritikern zufolge handelte es sich bei dem Einsatz der Bundespolizei FBI in Texas um einen Staatsstreich der Bundesregierung gegen die föderale amerikanische Verfassung und die Rechte eines Bundesstaates, nämlich Texas.

Kampf gegen die »Neue Weltordnung«

In diesem Zusammenhang sahen sich Bürger plötzlich von einem martialischen Zentralstaat an Leib und Leben bedroht. Nachdem sie ursprünglich von Einzelereignissen ausgegangen waren, haben aus dieser Sicht der Dinge entstandene Bürgermilizen mittlerweile eine neue, umfassendere Perspektive gewonnen. Nach Angaben des deutschen Politikwissenschaftlers Harald Müller versammeln sich inzwischen Hunderttausende von Amerikanern in einer Art »Wehrsport-Gruppen«, um sich gegen eine Verschwörung von Bundesregierung und Vereinten Nationen zu verteidigen. Seit Waco ist ein verdeckter und manchmal schwer durchschaubarer Krieg im Gange, der später durch die totalitären Tendenzen der US-Regierung seit dem 11. September 2001 neuen Schwung gewann. Der Milizenbewegung gilt die US-Regierung als Erfüllungsgehilfe einer »Neuen Weltordnung«. Tatsächlich stellt die bewaffnete US-Bevölkerung aus Sicht der globalen Eliten ein ernstes Hindernis auf dem Weg zum totalitären Globalstaat dar.

Verhältnisse wie im Gazastreifen

In diesem Zusammenhang sind die Ereignisse von Mitte April 2013 zu sehen. Zwei Jahrzehnte nach Stürmung des Sektenhauptquartiers trumpften die US-Sicherheitskräfte erneut auf, und plötzlich herrschten mitten in den USA Verhältnisse wie im Gazastreifen. Die Festnahme des Boston-Verdächtigen Dschochar Zarnajew am 19. April 2013 (siehe auch Gerhard Wisnewski: *ungeklärt unheimlich unfassbar. Die spektakulärsten Kriminalfälle 2013,* München 2013) erfolgte zufällig genau am 20. Jahrestag von Waco.

Denn galt diese martialische Inszenierung wirklich den beiden verdächtigen »Boston-Bombern«? Wurde diese Bürgerkriegs-Armee wirklich wegen zwei tschetschenischer Jünglinge mobilisiert? Oder ging es um einen neuen »Testfall«, bei dem diesmal reihenweise Bürgerrechte ausgehebelt werden sollten? »Die massive Mobilmachung von Militär-, Polizei- und Geheimdienstkräften vom 19. April in Boston, in einer Region mit über einer Million Einwohnern, ist ohne Beispiel«, schrieb die *Linke Zeitung* (online, 23.4.2013): »Tausende bis an die Zähne bewaffnete Polizisten und Nationalgardisten besetzten die Straßen, und gepanzerte Fahrzeuge mit Maschinengewehren, Humvee-Geländewagen und Black-Hawk-Hubschrauber kamen zum Einsatz.« Die Bewohner seien angewiesen worden, in ihren Wohnungen zu bleiben,

> »während Polizisten mit automatischen Waffen ohne Durchsuchungsbefehle Häuser durchsuchten. Einige Bewohner, die draußen blieben, wurden von der Polizei eingekreist und in ihre Häuser geführt. Das öffentliche Verkehrssystem wurde lahmgelegt, der Personenverkehr nach Nordosten unterbrochen, Geschäfte, Universitätsgebäude und andere öffentliche Einrichtungen geschlossen.«

Weil die Einwohner vor Ort in ihre Häuser gesperrt wurden, bekam das Medienereignis noch mehr Gewicht als ohnehin schon. Denn auf diese Weise waren selbst die Anwohner ausschließlich auf das Fernsehen angewiesen. Die Reaktion sei so unverhältnismäßig gewesen, dass man nicht umhinkomme, anzunehmen, »dass die Anschläge von Boston nicht Ursache, sondern Vorwand für die Abriegelung der Stadt waren«, meinte die *World Socialist Web Site* am 23. April 2013: »Die Mobilisierung der Polizei war der Höhepunkt einer intensiven Planung seit mehr als zehn Jahren und des unermüdlichen Aufbaus der staatlichen Repressionskräfte seit dem 11. September 2001.« Und natürlich seit die Sicherheitskräfte die Rache für den 19. April 1993 fürchten müssen, als der Polizeiapparat die Bewohner des Davidianer-Hauptquartiers niedermachte. Die Ausrüstung der paramilitärischen FBI-Kräfte mit Panzerfahrzeugen, Panzerwesten, Helmen und schweren Sturmgewehren sprach dabei eine deutliche Sprache und war eine Botschaft an die Milizenbewegung und an jeden Waffenbesitzer in den USA: Das blüht euch, wenn ihr euch mit uns anlegt!

17. April
Waco – ein guter Tag für eine Explosion

West, Texas, 19.50 Uhr. Es brennt nicht gerade oft hier draußen. Ja, eigentlich passiert hier auch sonst nicht viel. West ist ein kleines Nest mit 2700 Einwohnern mitten auf dem platten Land in Texas, rund 110 Kilometer südlich von Dallas. Das letzte Großereignis war die Belagerung des Anwesens der Davidianer-Sekte vor 20 Jahren, etwa 30 Kilometer südlich von hier. Als das FBI das Sektengelände am 19. April 1993 stürmte, gab es eine Explosion mit »einem massiven Feuerball« (*Yahoo News,* 20.4.2013) und einen Brand, wobei 82 Menschen ums Leben kamen.

Am 17. April 2013 sind es nur noch zwei Tage bis zum 20. Jahrestag dieser Katastrophe. Doch das ist lange her. Abends kurz vor acht ist der Tag in West im Wesentlichen gelaufen. Straßen und Gelände sind ziemlich verlassen; nichts deutet auf ein weiteres aufsehenerregendes Ereignis hin. Bis auf den Brand, der schon eine ganze Weile auf dem trostlosen Gelände einer Düngemittelfabrik lodert. Aber wahrscheinlich wird nicht einmal das etwas Besonderes werden. Das Feuer brennt nämlich ziemlich gleichmäßig vor sich hin; die Feuerwehr ist bereits angerückt und löscht; am nächsten Tag wird wohl bloß noch ein Haufen trostloser schwarzer Trümmer übrig sein. Nur ein paar Schaulustige haben mit ihren Autos irgendwo an einer Straße oder auf einem Parkplatz haltgemacht, um das Geschehen mit ihren Handys zu filmen.

Da zerreißt eine gewaltige Explosion die abendliche Trostlosigkeit. So ähnlich muss es beim Urknall gewesen sein. Ein riesiger Feuerball sprengt den Rahmen jedes Handy-Displays. Das Feuer verwandelt sich schlagartig in ein riesiges grellgelbes Monster mit gefräßigen schwarzen Wolken, die einen Moment lang alles in der Umgebung zu verschlingen scheinen. Aus den Autos gellen panische Schreie, die Handy-Bilder verwackeln, Fahrer lassen hastig die Motoren an. Mit einem Schlag ist die Gegend um Waco wieder in den Schlagzeilen.

Die Explosion der Düngemittelfabrik vom 17. April tötete 15 Menschen, verletzte weitere 200 und verschärfte nur zwei Tage nach den Attentaten von Boston vom 15. April 2013 die Kriegsatmosphäre. Mitten in der hektischen Terroristenjagd nach den Bombenanschlägen auf den Boston Marathonlauf, bei der sogar Häuser ohne Durchsuchungsbefehl gestürmt wurden (siehe vorheriges Kapitel), schien in den Vereinigten Staaten einen Moment lang wirklich der Krieg auszubrechen: War in West eine weitere Bombe explodiert? War es ein Anschlag gewesen? Verübt von derselben Terroristengruppe? Für Obama kam die Aufregung gerade recht; seine politischen Schwierigkeiten in dieser Woche waren nun endgültig vom Tisch.

Auch als alle Welt alsbald von einem »Unfall« redete, war der Horror von Waco in der Gegend nach wie vor präsent. »Natürlich denken die Leute daran«, zitiert *Yahoo News* einen Anwohner: »So verrückte Dinge wie Brände und Explosionen passieren hier nicht so oft.«

Das mag man gerne glauben. Deshalb ist es an der Zeit zu klären, wie und warum die Fabrik praktisch pünktlich zum 20. Jahrestag des Waco-Massakers überhaupt in Brand geraten und explodiert war.

Überraschung: Düngemittelfabrik war gar keine!

Die erste Überraschung: Die sogenannte Düngemittelfabrik war gar keine. In Wirklichkeit handelte es sich nur um ein Düngemittellager der Firma Adair Grain Inc. »Es war keine Düngemittelfabrik«, schrieb mir auch Tomáš K., ein ausgewiesener Experte auf diesem Gebiet. K. stammt aus Tschechien und machte sein Abitur in Ostrau, Nordmähren, an der dortigen Fachschule für Chemie. Danach war er viele Jahre lang in den Kunstdüngerfabriken der Mährischen Chemischen Werke tätig – erst in der Abteilung

Technische Gase, dann im Labor: »Es war ein relativ kleines Lager, entsprechend unserer BayWa im Lande. Schauen Sie sich das Satellitenfoto von Google Earth an – sieht so eine Düngemittelfabrik aus?«
Und tatsächlich: Sieht man sich Luftbilder aus der Zeit vor der Explosion an, kann man keinerlei Produktionsanlagen erkennen, sondern nur zwei größere Gebäude und vier sehr große Tanks. Kaum Leitungen, keine Druckbehälter, keine Reaktoren wie bei anderen Chemiefabriken – gar nichts.

Wann explodiert Ammoniak?

Früher wurde in dem Lager nur Ammoniak gebunkert – eine chemische Vorstufe oder Zutat für Stickstoffdünger. Merkblätter zur sicheren Handhabung von Ammoniak »sehen im Allgemeinen kein Explosionsrisiko, wenn die Chemikalie als Gas in die Luft gelangt. Sie fügen aber hinzu, dass es in bestimmten Konzentrationen im Inneren eines Behälters explodieren kann«, heißt es in den *Dallas Morning News* (online, 17.4.2013). Und das liegt an der Konzentration des Ammoniak-Luft-Gemischs, die dafür nötig ist, nämlich 15 bis 33 Volumenprozent. Das heißt, 15 bis 33 Prozent eines gegebenen Ammoniak-Luft-Volumens müssten dann aus Ammoniakgas bestehen – bei einem Leck unter freiem Himmel kaum zu erwarten, es sei denn, große Mengen flüssigen Ammoniaks würden schlagartig verdampfen und an die Luft gelangen.

Ein stattliche Menge Sprengstoff

Folglich stufte sich das Lager der Düngemittelfirma Adair in Berichten an die Behörden vor der Explosion auch als »nicht gefährlich« ein: »Der Mittwochnacht von der *Dallas Morning News* durchgesehene Bericht sah ›keine‹ Feuer- oder Explosionsgefahren«, berichtete die Zeitung am 17. April 2013 in ihrer Online-Ausgabe. »Das schlimmste denkbare Szenario bestand laut dem

Bericht in einer zehnminütigen Abgabe des Gases in die Umwelt, die niemanden verletzen oder töten würde. Das zweitschlimmste angenommene Szenario war ein Leck in einer Transportleitung, das ebenfalls keine Verletzungen verursacht hätte.«

Allerdings schien das nicht ganz der neueste Stand zu sein. Denn auf einmal lagerte in West gefährlicher Sprengstoff »bis zum Abwinken«. So hatte die Firma im Jahr 2012 gegenüber der Umweltbehörde EPA (Environmental Protection Agency) angegeben, neben 50 Tonnen Ammoniak nun auch 240 Tonnen des Düngemittels Ammoniumnitrat zu lagern (*New York Times*, online, 18.4.2013) – mit anderen Worten, eine stattliche Menge Sprengstoff.

Wie und warum explodiert Ammoniumnitrat?

Dessen ungeachtet fliegt auch Ammoniumnitrat nicht »einfach so« in die Luft. Die Gleichung: Feuer + Sprengstoff = Explosion ist nur für den Laien logisch (siehe unten).

Was also zündete das Ammoniumnitrat? Dies blieb im Dunkeln. Eine Klärung dürfte auch schwerfallen, da sämtliche Zeugen tot sind. In der Nähe des Brand- bzw. Explosionsherdes hatte niemand überlebt.

Und auch die Anlage selbst konnte nicht mehr viel »erzählen«, da das Gelände durch die Detonation regelrecht planiert worden war. Alles in allem fehlte somit nicht nur *eine* Ursache für das Geschehen, sondern es fehlten zwei: nämlich erstens die Ursache für das Feuer und zweitens die Ursache für die Explosion. Denn was auf den ersten Blick logisch erscheint, nämlich dass das Düngemittellager aufgrund des Brandes explodierte, ist in Wirklichkeit alles andere als das. In Wirklichkeit kann Ammoniumnitrat durch ein Feuer gar nicht zur Explosion gebracht werden. Vielmehr wird zur Zündung von »Düngemittel-Sprengstoff« (Ammoniumnitrat) eine eigene Sprengladung gebraucht (siehe auch: Roland Ionas Bialke: *Das Lehrbuch der Sprengmeister*, Norderstedt 2008).

Es gibt zwei berühmte Beispiele für diesen Umstand. Das eine ist

das »Oklahoma City Bombing« im Jahr 1995, als Attentäter ein Behördengebäude in Oklahoma mit Hilfe einer Düngemittel- und Dieselbombe sprengten. Als Zünder diente hier ein Eimer voll Tovex, ein leichtes, zündfähiges Ammoniumnitrat-Produkt. Von der Fahrerkabine des Sprengstofflasters führten die Zündschnüre zu Zündkapseln, die zuerst das Tovex zur Explosion brachten, das wiederum das Ammoniumnitrat-Diesel-Gemisch in die Luft jagte. Das andere Beispiel ist die Explosion der BASF-Stickstoffwerke 1921 im heutigen Ludwigshafen, wobei etwa 4500 Tonnen Ammoniumnitrat-Gemische in die Luft flogen, einen ganzen Ort dem Erdboden gleichmachten und über 500 Menschen töteten. Allerdings nur, weil man darangegangen war, hart gewordene Lagerbestände von Ammoniumnitrat-Dünger mit Hilfe von Sprengstoff aufzubrechen.
Es besteht also kein Zweifel: »Ammoniumnitrat explodiert nur in Verbindung mit einem Zünder – es reicht kein Feuer«, meint auch der oben zitierte Düngemittel-Experte Tomáš K.:

> »Wie es aussieht, muss es sich um eine Sabotage gehandelt haben – es muss also jemand einen Zünder installiert haben (offensichtlich war das gesamte Gelände frei zugänglich), und dieser Jemand muss den Zünder im für das Attentat ›richtigen‹ Moment gezündet haben. Nochmals – ohne Zünder oder eine starke Initialexplosion explodiert Ammoniumnitrat (NH_4NO_3) nicht.«

Dazu passt, dass die Behörden »natürliche Ursachen« als Auslöser der Katastrophe ausschlossen (*5News*, online, 10.5.2013). Monate nach dem Vorfall kontaktierte mich K. erneut. Er habe »die Causa West, Texas, nachdem ich die veröffentlichten Fotos damals analysiert hatte, verlassen. Auch weil niemand auf meine Kommentare reagiert hat *(SZ)*«. Journalisten hätten im Großen und Ganzen »keine Ahnung von speziellen Dingen, wie indus-

trielle Produktion, Technologien und Materialien«. Jeder Journalist schreibe nur vom anderen ab, ohne zu wissen, um was es eigentlich geht.
Auch Monate nach dem Vorfall blieb er dabei (Rechtschreibung ggf. korrigiert):

1. In West, Texas, habe es keine Düngemittelfabrik, sondern nur ein Lager von Produkten für die Agrarindustrie gegeben.
2. Er glaube nicht an eine Explosion von über 200 Tonnen Ammoniumnitrat – »dann gäbe es die Stadt West nicht mehr und – aber viel wichtiger – der Krater wäre gigantisch – und nicht relativ klein«, wie auf Fotos zu sehen: »Nach der Analyse von Fotos … ist der Explosionskrater *vor* den Baracken entstanden. Also explodierte etwas auf einem Lastwagen, eventuell auf seinem Anhänger. Und das maximale Beladungsgewicht eines Lkw ist vielleicht 30 Tonnen.«
3. »Ammoniumnitrat braucht zur Explosion immer einen Zünder – oder entsprechende Initiation mit explosivem Material. Alles andere sind Legenden. Kein Feuer, keine mechanische Einwirkung, auch keine Verschmutzung führt zur Explosion.« »Also kommt nur eine Fremdeinwirkung in Frage – Sabotage oder Dummheit wie in den zwanziger Jahren in Deutschland (in der vorderpfälzischen Fabrik in Oppau). (…) In Oppau war beim Zerkleinern von angeblich schon mit Ammoniumsulfat entschärftem NH_4NO_3 (in Wirklichkeit könnte es sich um nicht erlaubtes reines Ammoniumnitrat gehandelt haben) in einer Lagerhalle eine Dynamitpatrone benutzt worden. Diese wirkt bei dem reinen NH_4NO_3 wie ein Zünder, und alles explodiert.«
4. »Das Gelände war praktisch frei zugänglich, ohne Zaun und ordentliche Bewachung – und das alles nach der Causa McVeigh in Oklahoma [»Oklahoma City Bombing«, 1995]. Wenn es dort wirklich NH_4NO_3 [Ammoniumnitrat] gab –

04

dann war es nur eine Einladung für weitere solche Typen – oder aber ein sog. ›Inside Job‹. Es ist eine alte amerikanische Tradition und Praxis. Aber das ist – wie man heute sagt – Verschwörungstheorie. Aber die ist nach meiner Meinung realistisch genug, um sie nicht vom Tisch zu fegen …«

5. »Meine Aufgabe ist nicht, herauszufinden, wer es war, oder etwas Derartiges. Ich kann nur sagen, dass die in den Medien verbreiteten ›Informationen‹ falsch sind« (E-Mail von Tomáš K. an Gerhard Wisnewski, 19.8.2013).

Ein »Etwas« entzündet eine Explosion

Begeben wir uns also auf Spurensuche. Passiert heutzutage irgendwo ein Unfall oder ein außergewöhnliches Ereignis, zücken Passanten und Autofahrer sofort ihre Handys und filmen es mit. So auch hier. Eines dieser Videos vom Brand und von der anschließenden Explosion des Düngemittellagers wurde besonders berühmt: »Derrick Hurtt, ein Einwohner der kleinen texanischen Stadt [West], hatte seinen Wagen geparkt, um das Feuer zu beobachten, und filmte die in Flammen gehüllte Anlage«, schrieb dazu die *Daily Mail* (online, 18.4.2013). »Plötzlich entzündet etwas eine massive Explosion, die Flammen in den Himmel schießen lässt und den Wagen der Familie durchrüttelt, während sich der verängstigte Vater und seine 12-jährige Tochter Khloey in Sicherheit zu bringen versuchen.«

Ein »Etwas« entzündete die massive Explosion? Was für ein »Etwas« könnte das gewesen sein?

Schauen wir uns den Film dafür etwas genauer an (YouTube-Titel: »CAUGHT ON CAMERA: Fertilizer Plant Explosion Near Waco, Texas«). Tatsächlich sieht man in dem Video im Außenspiegel des Autos, wie ein Mann ein Handy aus dem Wagenfenster hält und filmt. Schließlich verändert er den Ausschnitt ein wenig, so dass man nur noch die brennende Anlage sieht. Nach Ausdehnung und Helligkeit scheint es ein relativ gleichmäßiges Feuer zu sein, das eine Weile vor sich hin brennt. Doch plötzlich füllt ein greller Blitz das gesamte Bild aus. Auf den ersten Blick sieht es so aus, als sei es im Zentrum des Feuers zu einer riesigen Explosion gekommen. Allerdings nur auf den ersten Blick. Übernimmt man das Video in ein Schnittprogramm und spielt es Bild für Bild ab, kann man den Ablauf detaillierter verfolgen. Und da zeigt sich, dass der grelle Lichtblitz eben nicht von dem Feuer oder vom Zentrum des Brandes ausging, sondern von weit außerhalb kam. Demnach gab es einen zweiten »Lichtherd«, der blitzschnell von links ins Bild schoss – ohne jede Verbindung zum Feuer der Düngemittelanlage. Das Feuer kann also nicht die Ursache für diesen Lichtblitz gewesen sein.

Ein geheimnisvolles Geräusch

Oder sollte es sich etwa um ein Artefakt des Schnittprogramms oder des Handys handeln? Um das zu überprüfen, wäre es natürlich schön, wenn es noch weitere Videos gäbe. Und tatsächlich gibt es sie auch – was auch nicht verwunderlich ist, da das vorausgegangene Feuer natürlich jede Menge Aufmerksamkeit auf sich zog. Ein anderes Video zeigt fast dieselbe Perspektive (YouTube-Titel: »TEXAS EXPLOSION-VIDEO New camera angle of Waco«). Im Vordergrund steht ein blauer Container. In diesem Film sieht man die Lichterscheinung noch deutlicher von links ins Bild schießen. Das Phänomen scheint also keine Eigenart eines bestimmten Handys oder eines Schnittprogramms zu sein. Und noch etwas gibt es bei diesem zweiten Video: ein Geräusch. In einem Schnittprogramm kann man es nicht nur hören, sondern auch »sehen«, nämlich als Grafik in der Tonspur. Dort kann man das Geräusch klar als gezackte Linie identifizieren und so auch immer wieder isoliert abspielen. Demnach gab es direkt vor dem Explosionsknall ein scharfes, pfeifendes, fast peitschendes Geräusch, wie von einem extrem schnell anfliegenden Objekt.
Um festzustellen, worum es sich handeln könnte, haben You-

Tube-Videomacher das Explosionsvideo von West mit dem Video eines Raketentests zusammengeschnitten (YouTube-Titel: »Texas Fertilizer Plant Explosion/Missile Strike Proof«), so dass man die Geräusche direkt vergleichen kann. Tatsächlich hört sich der Anflug einer Rakete genauso an wie das pfeifende Geräusch vor der Explosion des Düngemittellagers. Das kurze, peitschende Geräusch vor dem Knall scheint auf einen extrem schnellen Flugkörper hinzudeuten. Hat man also bei der brennenden Fabrik nachgeholfen und sie mit Hilfe einer Rakete gesprengt?

»Spin-Doktoren« bei der Arbeit

Tatsächlich handelt es sich dabei ja um eine typische Attentatstechnik. Große Attentate, wie beispielsweise die Anschläge vom 11. September 2001, bestehen häufig aus mindestens zwei Stufen: der offiziellen Legende (»Hijacker flogen Flugzeuge in die Türme, wodurch diese zusammenbrachen«) und einer technischen Operation, die überhaupt erst zum Desaster führt (Sprengung der Türme). Im Fall von Waco lautete der scheinbare Zusammenhang: In dem Düngemittellager brach ein Feuer aus, das den Dünger zur Explosion brachte. Da die für die Öffentlichkeit bestimmte »Legende« das gewünschte Desaster häufig aber gar nicht herbeiführen kann, muss nachgeholfen werden. Und wie wir wissen, hätte ein Feuer für die Zündung des Ammoniumnitrats in West nicht ausgereicht. Eine lediglich vor sich hin brennende Düngemittelfabrik irgendwo in Texas hätte auch sicher nicht dieselbe mediale Wirkung gehabt wie die verheerende Explosion, die schließlich stattfand. Und diese mediale Wirkung war angesichts der katastrophalen politischen Woche für Präsident Obama nach den Attentaten von Boston ein weiterer »glücklicher Zufall« (siehe *15. April* »Boston-Attentate: ›Schützenhilfe‹ für Obama?«).

Ein guter Tag für ein Massaker

Es gibt aber noch andere und wichtigere Aspekte bei diesem Zwischenfall als die Ablenkung von einer desaströsen politischen Woche. Denn dafür hätten die Attentate von Boston am 15. April 2013 mit der nachfolgenden martialischen Verfolgungsjagd sicher gereicht. Die Boston-Bomben vom 15. April 2013 und die Düngemittelexplosion vom 17. April 2013 überschatteten aber auch den 20. Jahrestag des Waco-Massakers, insbesondere eine für den 19. April 2013 geplante Gedenkveranstaltung für die Opfer.

So gesehen, war der Explosionstermin ideal, um jede Berichterstattung über den 20. Jahrestag dieses Ereignisses zu unterdrücken, das viele für ein brutales Regierungsverbrechen halten. Weil die Medien derartige Jahrestage gerne bereits vor dem eigentlichen Termin aufgreifen, waren zwei Tage Vorlauf zum 19. April ein gutes Timing für die Waco-Explosion. Die Umstände waren ideal für die Regierung Obama. Jedes Gedenken an die Opfer des 20 Jahre zurückliegenden mutmaßlichen Regierungsverbrechens wurde von der Tagesordnung gefegt und – siehe da – durch eine neue, offizielle Gedenkveranstaltung für die Explosionsopfer von West zugedeckt, an welcher der Präsident persönlich teilnahm. Und sollte es doch zu Unruhen wegen des Waco-Massakers kommen, gab das Düngemittel-Desaster Obama die Gelegenheit, exakt am 20. Jahrestag des ersteren den Notstand auszurufen – was mehreren Quellen zufolge denn auch tatsächlich geschah. Ende gut, alles gut:

»Nach der tödlichen Explosion in einer Düngemittelfabrik letzte Nacht senden wir heute unsere Gebete hinaus zu den Menschen von West, Texas«, sagte Präsident Obama am Tag nach der West-Explosion und dem Tod von 15 Menschen. »Eine eng verbundene Gemeinde wurde getroffen, und gute, hart arbeitende Menschen haben ihr Leben verloren. (…) West ist eine Stadt, die viele Texaner in ihren Herzen tragen, und während die Einwohner mit dieser Tragödie fertigwerden, haben sie die Unterstützung des amerikanischen Volkes.«

17. April
NSU-Prozess: Die Wahrheit über den »Sitzplatz-Skandal«

Deutschland hat einen neuen Skandal. Noch hat der Prozess gegen die mutmaßlichen Mitglieder der angeblichen NSU-Terrortruppe in München nicht begonnen, da steht das Verfahren schon im Zentrum eines Eklats. Wir erinnern uns: Von 2000 bis 2006 soll eine Terrorgruppe namens »Nationalsozialistischer Untergrund« (NSU) in Deutschland acht türkischstämmige und einen griechischen Ladenbesitzer erschossen haben. Zwei Hauptverdächtige begingen am 4. November 2011 angeblich Selbstmord, einer weiteren Hauptverdächtigen soll ab 17. April zusammen mit mutmaßlichen Helfern in München der Prozess gemacht werden. Doch daraus wird erst mal nichts. Der Prozess wird vorerst ganz anderen Leuten gemacht, nämlich dem Münchner Gericht. Die Anklage lautet auf mehr oder weniger offenen Rassismus, die Beweisaufnahme erfolgt nach dem bewährten medialen Standrecht, das Urteil per Akklamation. So wurde das Gericht bereits vor Prozessbeginn psychologisch unter Druck gesetzt und ihm die Macht der (türkischen) Medien und Organisationen gezeigt. Nicht umsonst sagte der Präsident des Münchner Oberlandesgerichts, Karl Huber, später: »Die Angriffe, deren sich das Gericht ausgesetzt sah, obwohl es sich absolut korrekt verhalten hatte, sind in der deutschen Geschichte ohne Beispiel.« An das Gericht wurde eine eindeutige Botschaft gesendet, nämlich was es zu erwarten hat, wenn es sich nicht »politisch korrekt« verhält und die Angeklagten zum Beispiel nicht verurteilt. Zuerst, so die »Anklage«, wollte das Gericht dem türkischen Botschafter in Deutschland keinen festen Beobachterplatz geben, dann reservierte es nur 50 Presseplätze, bei deren Vergabe türkische Medien nicht zum Zuge kamen.

Skandal, Skandal – wie kann denn so etwas passieren? Ende März sind die Medien voll von Verdächtigungen, Schuldzuweisungen und Unterstellungen. Und für türkische Journalisten und Blogger steht fest: Die türkischen Medien wurden »ausgesperrt«; das behauptete zum Beispiel Celal Özcan von der Zeitung *Hürriyet* am 30. März 2013: »Türkische Medien dürfen nicht aus erster Hand vom Prozess berichten.« Das klingt natürlich übel – nach Obrigkeitsstaat und Zensur. Ein deutsches Gericht sperrt quasi den Gerichtssaal ab und verweigert Journalisten einer ganz bestimmten Nationalität den Zutritt. Man sieht die Szene regelrecht vor sich, wie einem Pulk türkischer Journalisten die Tür vor der Nase zugeschlagen wird. Flugs verbreiten sich solche Vorstellungen in Deutschland und der Türkei. Und natürlich wird auch rund um den Globus gerne zur Kenntnis genommen, dass er noch lebt – der hässliche Deutsche. Und zwar in Gestalt der Richter des Münchner Oberlandesgerichts. Die es in dieser Sache einmal vor unberechtigten Vorwürfen in Schutz zu nehmen gilt.

04

»Institutioneller Rassismus«?

Deshalb eine Preisfrage: Wie nennt man das, wenn türkische Journalisten die Akkreditierung zu einem Prozess verpennen? Schlamperei? Keineswegs. Sondern – nach dem oben Gesagten können Sie es leicht erraten – Rassismus. Und zwar von Seiten des deutschen Gerichts. Genauso wurde der Sachverhalt beim Verfahren gegen das angebliche NSU-Mitglied Beate Zschäpe und andere in München dargestellt. Nachdem sämtliche türkischen Medien es versäumt hatten, sich rechtzeitig für das Verfahren anzumelden, mussten natürlich die bösen Deutschen schuld daran sein.

Oder noch eine Preisfrage: Wie würde wohl der Chefredakteur eines deutschen Mediums reagieren, wenn sein Reporter keinen festen Platz bei einem wichtigen Prozess ergattert hätte? Richtig: Wahrscheinlich würde er die Augen verdrehen und rufen: »Mensch, Müller!« Nicht so die interessierte türkische Lobby beim Münchner NSU-Prozess. Deren Motto lautete: »Das hatte Methode. Institutioneller Rassismus ist der Begriff, der hier passt«, so der Migrationsblog der InitiativGruppe e.V. Wie der Verein auf diese Weise »das gegenseitige interkulturelle Verständnis« fördern und so »zu einem weltoffenen Miteinander« beitragen will, bleibt freilich sein Geheimnis.

Die Frage muss aber nicht lauten, wie wichtig den Deutschen die Berichterstattung über das sensible Verfahren gegen die mutmaßlichen NSU-Mörder war. Vielmehr muss man sich fragen, wie wichtig der Prozess eigentlich den türkischen Pressevertretern war. Hätten sie ihn ernst genommen, hätten sie sich beispielsweise für die Pressemitteilungen des Oberlandesgerichts München interessiert. Zum Beispiel für die Presseinformation vom 4. März 2013. Dort wurden die Journalisten darauf hingewiesen, dass für akkreditierte Pressevertreter nur »eine beschränkte Anzahl an reservierten Plätzen zur Verfügung« stehe. Außerdem wurden die Medienvertreter gebeten, sich schriftlich bei der Pressestelle des Oberlandesgerichts München zu akkreditieren. Ganz deutlich konnte man da auch lesen, dass die zulässigen Akkreditierungsgesuche »in der Reihenfolge des Eingangs berücksichtigt« würden.

Die Reise nach Jerusalem

Dass es einen regelrechten Ansturm auf die 50 Presseplätze geben würde und man dabei schnell sein müsste, konnte man sich angesichts der Brisanz des Verfahrens an drei Fingern abzählen: Das Ganze würde der Reise nach Jerusalem ähneln, nur mit 50 Stühlen.

Nachdem die Akkreditierungsbedingungen am 5. März um 8.56 Uhr per E-Mail verschickt worden waren, soll das 50. erfolgreiche Gesuch nach Angaben des Gerichts bereits um 11.42 Uhr festgestanden haben, also knapp drei Stunden später. Ein türkisches Medium war nicht darunter. Laut Gerichtssprecherin Margarete Nötzel wurden die türkischen Pressevertreter jedoch zur selben

Zeit verständigt wie alle anderen auch, »haben aber vielleicht nicht gleich reagiert oder vielleicht nicht gleich die Brisanz erkannt, und deshalb sind sie relativ weit nach hinten gerutscht«. Laut dem deutschen Journalisten Christian Fuchs waren die 50 Plätze möglicherweise sogar noch schneller weg. Nachdem Fuchs seine Akkreditierung schon drei Minuten nach Erhalt der Pressemitteilung beantragt hatte, sei er trotzdem nur »in der Mitte der Liste gelandet«, nämlich auf Platz 27, berichtete der *Freitag* (online, 28.3.2013). Man hätte sehr schnell sein müssen, zitierte ihn der *Freitag*: »Das war eine klare Benachteiligung auch der Medien, die im Ausland sitzen.«

04

Man vermutet Absicht und reagiert verstimmt

Das Problem ist nur: Die wichtigsten türkischen Medien sitzen überhaupt nicht im Ausland, sondern mitten unter uns – hier in Deutschland. Hier beschäftigen sie Redaktionen und Korrespondenten, die erstens Computer besitzen und zweitens natürlich auch hervorragend deutsch sprechen. So unterhält die türkische Zeitung *Sabah* laut *Spiegel Online* (26.3.2013) nicht nur einen Redaktionssitz in Hessen, sondern auch ein Korrespondentenbüro in München. Es hätte also eigentlich keine Schwierigkeiten bereiten dürfen, bei dem Münchner Verfahren einen Platz zu ergattern. Von daher kann man auch noch eine andere Rechnung aufmachen. Bezeichnend ist nämlich nicht nur, was behauptet wird, sondern auch, was nicht behauptet wird. So ist bis jetzt noch kein türkischer Journalist aufgetaucht, der behauptet hätte, sich am 5. März 2013 bis 11.42 Uhr um einen Platz beworben zu haben, *aber nicht berücksichtigt worden zu sein*. Wenn, dann wäre das vielleicht ein Skandal gewesen. »Das Gericht hätte ein bisschen sensibler handeln können«, erzählte trotzdem Ismail Erel, Chefredakteur der Europaausgabe von *Sabah* in perfektem Deutsch in die Kamera (*stern.de*, 28.3.2013). Und der Vorsitzende des Zentralrats der Muslime, Aiman Mazyek, mahnte, »dass das nicht ein

Strafprozess ist wie jeder andere, sondern ein Strafprozess mit großen politischen Implikationen«.

Eintritt mit der Rassismus-Karte

Und so wurde, noch bevor das Verfahren begonnen hatte, tatsächlich schon mal dem deutschen Gericht der Prozess gemacht: »Sollte man dem OLG München den Prozess entziehen?«, formulierte beispielsweise der oben erwähnte Migrationsblog einen obrigkeitsstaatlichen Gedanken, vor dem er eigentlich selbst erschrecken sollte. Denn bestimmt ist die deutsche Justiz nicht immer objektiv und unabhängig. Und sicherlich sind deutsche Staatsanwälte darüber hinaus weisungsgebunden. Aber einen Prozess kann man einem deutschen Gericht nun mal nicht so ohne weiteres entziehen. Auch einen »Ausschluss« von türkischen Journalisten vom NSU-Prozess, wie sich der Vorsitzende der Türkischen Gemeinde in Deutschland, Kenan Kolat, erregte (Pressemitteilung vom 26.3.2013), gab es nicht. Wer sich so weit aus dem Fenster hängt, kann nun mal leicht hinausfallen.
In Wirklichkeit ging es nur um die 50 fest für die Presse reservierbaren Plätze, bei deren Vergabe die türkischen Pressevertreter offenbar zu spät reagierten. Womit den türkischen Journalisten die Prozessteilnahme nicht mehr garantiert werden konnte. Trotzdem hätten sie sich als ganz normale Zuhörer am Gerichtssaal anstellen können. Wie das Oberlandesgericht am 26. März klarstellte,

> »sollten diejenigen Medien, für die eine Sitzplatzreservierung nicht möglich ist (Liste 2) keineswegs vom Prozess ausgeschlossen werden. Sämtliche Medien, insbesondere selbstverständlich auch die ausländischen Medien/Medienvertreter, können … am Prozess teilnehmen, indem sie einen der freien Sitzplätze außerhalb des reservierten Bereichs oder einen der frei werdenden Sitzplätze innerhalb des reservierten Bereichs einnehmen.«

Nur noch vorwärts, nicht mehr zurück

Ein Grund für die Misere dürfte gewesen sein, dass die türkischen Medien den Ansturm auf das Verfahren völlig unterschätzten. Die meisten berichten wohl nur selten aus deutschen Gerichtssälen und beschäftigen nicht einmal einen erfahrenen Gerichtsreporter, der den Ansturm auf den NSU-Prozess hätte abschätzen können – und der vielleicht schon mal bei dem einen oder anderen »Run« auf ein prominentes Verfahren dabei war. Aus diesem Grund stellten nicht nur die türkischen, sondern auch die meisten ausländischen Medien ihren Akkreditierungsantrag zu spät. Aber nicht alle: »Als erstes Akkreditierungsgesuch eines ausländischen Mediums ging um 9.39 Uhr das des ›Nederlands Dagblad‹ ein, um 9.47 Uhr folgte RTL Niederlande, der britische ›Independent‹ um 9.56 Uhr«, so Gerichtssprecherin Margarete Nötzel: »Die ›Neue Züricher Zeitung‹ bewarb sich um 12.10 Uhr und bekam damit keinen garantierten Platz mehr« (laut *heute.de*, 28.3.2013).
Von einem Ausschluss ausländischer Medien konnte also gar keine Rede sein. De facto haben sich die türkischen Medien selbst um einen der fest reservierten Plätze gebracht.
Daran ändert auch nichts, was das Oberlandesgericht im späteren (von *Sabah* angestrengten) Verfahren vor dem Bundesverfassungsgericht ausführte. Nämlich dass einigen Journalisten auf Nachfrage bereits vor dem Beginn des Akkreditierungsverfahrens mitgeteilt worden sei, wie das Ganze ablaufen sollte. Demnach habe die Pressesprecherin des OLG einigen Journalisten erklärt, dass sie die Akkreditierungsbedingungen wahrscheinlich am 4. März bekomme und »frühestens am Morgen des darauf folgenden Werktages« bekanntgebe (also am 5. März). Dadurch waren diese Journalisten quasi gewarnt und konnten sich darauf einstellen, sofort nach Eingang der E-Mail des OLG zu reagieren und sich zu bewerben.
Besonders interessant ist, dass laut Nötzel am Nachmittag des 4. März (also am Tag vor Beginn der Akkreditierungsfrist) auch

die türkische Zeitung *Hürriyet* bei Gericht anrief: »Auch die türkische *Hürriyet* habe man auf diesem Wege informiert. Diese habe sich dann aber am Tag darauf erst um 16.33 Uhr gemeldet« (laut *n-tv*-Website, 28.3.2013).

Tja, da kann man freilich nichts machen. Erstaunlich nur, dass der *Hürriyet*-Chefkorrespondent, Ahmet Külahci, dem Gericht trotzdem »mangelndes Fingerspitzengefühl« vorwarf:

> »Zwar könne er sich vorstellen, dass das Akkreditierungsverfahren juristisch und bürokratisch nicht zu beanstanden sei. Moralisch und ethisch ist es aber nicht zu vertreten, dass keine Medienvertreter aus der Türkei dabei sein können‹, sagte Külahci den *Ruhr Nachrichten.* Das Interesse an dem Verfahren sei in der Türkei sehr groß. ›Deshalb sollte das Gericht mehr Sensibilität zeigen‹« (laut *n-tv,* a.a.O.).

Da traut man seinen Ohren kaum. Tatsache ist: Die »Blamage für das Münchner OLG« war in Wirklichkeit eine vertuschte Blamage der türkischen Pressevertreter. Um vor ihren Landsleuten das Gesicht zu wahren, blieb nur die Flucht nach vorn: der Angriff auf das deutsche Gericht. Aus der eigenen Schläfrigkeit bzw. Unerfahrenheit mit derartigen Gerichtsverfahren wurde ein politischer Skandal gestrickt. Dass sie nun mal nicht besonders fix waren, steht zwar fest. Vor den Augen ihrer Leser sollte das aber lieber verborgen bleiben. Und während die türkischen Medienbosse gar nicht anders konnten, als ihr Gesicht zu wahren, konnte das deutsche Gericht gar nicht anders, als auf seiner bisherigen Regelung zu beharren. Und so zog die türkische Zeitung *Sabah* tatsächlich vor das Bundesverfassungsgericht und bekam am 12. April 2013 recht.

Was in den Augen der Öffentlichkeit als unverständliche Sturheit des Münchner Gerichts dargestellt wurde, war in Wirklichkeit jedoch etwas ganz anderes: Das Gericht konnte nicht mehr vor und nicht mehr zurück. Ohne Plazet von oben konnten die Richter das Akkreditierungsverfahren nicht mehr ändern, ohne Gefahr zu laufen, einen Revisionsgrund zu schaffen, der das ganze Verfahren nachträglich über den Haufen hätte werfen können. Da jeder kleinste formale Fehler von der Verteidigung genutzt werden kann, um »in die Revision« zu gehen, wartete das Oberlandesgericht vermutlich genauso sehnsüchtig auf die Entscheidung des Bundesverfassungsgerichts wie die türkischen Kläger. Nur ein Wort »von oben« konnte das Gericht aus der Gefahr befreien, selbst einen Revisionsgrund zu verantworten. So also kam es durch die Entscheidung des Bundesverfassungsgerichts zu einer Überarbeitung des Akkreditierungs- bzw. Reservierungsverfahrens. Die 50 Presseplätze wurden nun in verschiedene Kontingente eingeteilt, wovon zwei türkischen und griechischen Medien zugewiesen wurden. Die Plätze für jedes Kontingent wurden verlost. Dem Gericht wurden auf diese Weise für den Fall eines politisch nicht korrekten Urteils schon mal die »Folterinstrumente« gezeigt – die Macht und das Skandalisierungspotenzial der türkischen Medien und Lobby-Gruppen.

Mai 2013

Thema des Monats *25.5.:*

Antigonen gegen Femen:
Die Wahrheit über die Krawall-Nackedeis

1.5. Randale um die NPD wirft Fragen nach den Ursprüngen der Partei auf **2.5.** Der ehemalige Papst Benedikt XVI. zieht in das Kloster Mater Ecclesiae / Vatikanstadt ein ***6.5. Beginn des NSU-Verfahrens in München*** **9.5.** Die litauische Präsidentin Dalia Grybauskaitė erhält den Karlspreis **18. / 19.5.** Die dänische Sängerin Emmelie de Forest siegt beim Eurovision Song Contest in Malmö ***22.5. Ein Verdächtiger stirbt unter dubiosen Umständen beim Verhör durch FBI-Beamte 25.5. In Paris veröffentlicht die neue Frauenbewegung der »Antigonen« ihr Manifest*** **31.5.** In Deutschland geht der Mai als zweitnassester Monat seit Beginn der Wetteraufzeichnungen in die Geschichte ein.

1. Mai
Staatsfeind Nr. 1: An der Wiege der NPD standen die Geheimdienste

Die NPD ist der Aufreger der Republik. Wo sie auch auftaucht, herrscht Bürgerkriegsstimmung. Schon seit Wochen tobt bundesweit der Streit um für den 1. Mai geplante Kundgebungen der rechten Partei. In der Nacht zum 1. Mai brennen im Frankfurter Stadtteil Bockenheim sieben Polizeibusse, die aus Anlass einer NPD-Demo in die hessische Metropole verlegt worden sind. »Sechs der Fahrzeuge seien komplett ausgebrannt, ein Bus sei stark beschädigt worden, teilte die Polizei am Mittwoch in Frankfurt mit«, berichtet die *FAZ* (online, 1.5.2013). »Erste Ermittlungen gehen davon aus, dass zunächst nur ein Teil der Fahrzeuge gebrannt hat«, sagt eine Polizeisprecherin. Das Feuer sei dann auf weitere Fahrzeuge übergesprungen.

Die Vorkommnisse in Frankfurt sind nur ein Beispiel von vielen. Rund um den 1. Mai herrscht landauf, landab Aufregung und drohen linke und rechte Demonstranten aufeinanderzuprallen. Schon in der Vergangenheit kündigten Vermieter der NPD Versammlungssäle, asphaltierten Kommunen aufreizend langsam Zufahrtswege zu Veranstaltungsorten, gingen empörte Gutmenschen reflexhaft auf die Straße, um »gegen rechts« zu demonstrieren – und alle sind zufrieden: der Staat, weil die Bürger ihre wirklichen Feinde nicht erkennen; die Demonstranten, weil sie das Gefühl haben können, gegen »das Böse« zu kämpfen; und die NPD, weil sie auf diese Weise jede Menge Aufmerksamkeit bekommt. Je mehr sie »bekämpft« wird, desto mehr wird sie schließlich zusammengeschweißt, und so können sich Vorsitzende und andere Leitfiguren Loyalität verschaffen. Eine Win-win-Situation für alle, möchte man meinen. Dass die NPD seit Jahrzehnten vom Staat selbst gesteuert und bezahlt wird (über die Geheimdienste), scheint dabei niemanden wirklich zu interessieren. Hauptsache, man setzt sich als »Demokrat« in Szene.

Mit »Zivilcourage« hat das allerdings überhaupt nichts zu tun, denn schließlich wird hierzulande vom Staat nichts so gern gesehen wie Demonstrationen gegen die NPD und andere »Rechte«. Denn das ermöglicht dem »demokratischen Staat« bei allen Differenzen den Schulterschluss mit seinen Bürgern. Wenn es »gegen Rechts« geht, kann plötzlich der Grüne neben dem CSUler stehen oder der Ministerpräsident neben dem Antifa-Mann. Es gibt daher kaum etwas Konsensstiftenderes als die NPD.

Doch die segensreichen Wirkungen der »Rechten« reichen noch viel weiter. Durch ihre martialischen und auch unästhetischen Auftritte ziehen sie jedwedes nationale und konservative Gedankengut in Mitleidenschaft. »Ich bin stolz, ein Deutscher zu sein« – seit sich ein paar Glatzen diesen Spruch per Tattoo auf ihre Birne pinselten, geht das gar nicht mehr. In Geheimdienstkreisen nennt man das »demagnetize«: entmagnetisieren. Ein unerwünschtes Gedankengut wird durch eine abstoßende Gruppe oder Person vertreten und auf diese Weise neutralisiert.

Das gilt für eine ganze Palette von Themen, wie etwa auch Migration, Zuwanderung und Frauen- und Mutterrolle. Diese Themen werden durch die Rechten quasi stigmatisiert, und die Gesellschaft wird so den Linken in die Arme getrieben. Auf diese Weise wirken die NPD und andere »rechte« oder »rechtsextreme« Gruppen wirksam an der Gleichschaltung der Gesellschaft mit, wie das Gatter einer Viehweide, das die Herde in eine bestimmte Richtung lenkt. Indem sie immer mehr konservative Positionen besetzen, werden immer mehr konservative Positionen unmöglich gemacht; Gesellschaft und Staat rutschen immer weiter nach links. Eine angeblich »nationale Bewegung« schafft so eine »neue (kommunistische) Internationale« (»KomIntern«). Wie das funktioniert, kann man am Beispiel der neuen EUdSSR besichtigen, in deren Grenzen das Privateigentum inzwischen mit Riesenschritten abgeschafft wird, wie der Fall Zypern zeigt.

Die NPD ist einfach zu nützlich

Dass die Nationaldemokratische Partei Deutschlands (NPD) ein reiner Geheimdienstladen ist, wusste man ja spätestens seit dem ersten NPD-Verbotsverfahren (2001 bis 2003). Es wurde vom Bundesverfassungsgericht gestoppt, weil sich einfach zu viele Verfassungsschutzagenten in der Führung der Partei tummelten – sodass man gar nicht mehr wusste, wer eigentlich ein »echter NPDler« war und wer ein gekaufter Spitzel oder Provokateur. Beide Gruppen auseinanderzuhalten könnte immer noch schwierig sein; nicht alle »Demokraten« wollen deshalb ein neues NPD-Verbotsverfahren.

Und schließlich ist die NPD auch einfach zu nützlich. So nützlich, dass man sie glatt erfinden müsste, wenn es sie nicht schon gäbe. Das heißt: Hat man sie etwa glatt erfunden? Die Frage scheint berechtigt, denn wie es aussieht, wurde die Partei nicht nur vom Verfassungsschutz geführt und alimentiert, sondern auch von Geheimdienstfiguren gegründet. Geheimdienstspitzel sickerten nicht erst später in die Partei ein, sondern haben sie gleich aus der Taufe gehoben.

An allererster Stelle wäre da wohl Adolf von Thadden zu nennen. Sein Name und entsprechende Berichte über seine Geheimdienstverbindungen sind heute zwar längst vergessen, aber angesichts der fortdauernden Verbotsdiskussion aktuell wie nie. Von Thadden hatte nicht nur eine britische Großmutter und überhaupt einen Faible für Großbritannien. Nach dem Krieg (1946/47) soll von Thadden auch für die britische Militärregierung gearbeitet haben. 1964 gründete er zusammen mit anderen die Nationaldemokratische Partei Deutschlands (NPD). Laut *Kölner Stadtanzeiger* vom 14. März 2002 (Online-Ausgabe) war von Thadden

> »mindestens von 1967 bis 1976 Informant des britischen Geheimdienstes. Verschiedene Mitarbeiter des Auslandsgeheimdienstes MI 6 haben ihn bei Treffen in Hamburger Hotels über

> Personen, Pläne und Strukturen der rechtsextremen Partei ausgefragt. ›Wir sahen aufgrund der Gespräche keine Gefahr, dass da ein neuer Hitler an die Macht kommen könnte‹«,

zitierte der *Stadtanzeiger* »einen früheren hochrangigen Mitarbeiter des britischen Geheimdienstes MI 6«.

Aus den Labors der Dienste?

Klar: Hebt irgendwo ein neuer »Führer« seinen Kopf, lädt man ihn eben zum Tee ein und fragt höflich an, ob er etwa ein neuer Hitler werden wolle. Und wenn nicht, ist man enorm »beruhigt«. Aber könnte es nicht auch andersherum gelaufen sein – nämlich dass der Input nicht aus Richtung von Thaddens in Richtung MI 6 floss, sondern vom britischen Geheimdienst in Richtung von Thadden? Dass also der britische Dienst via Thadden die NPD gründete und steuerte? Durchaus. So steckte ein hochrangiger früherer deutscher Geheimdienstler dem britischen *Guardian* (13.8.2002), »dass er über eine viel längere Verbindung zwischen von Thadden und den britischen Geheimdiensten informiert gewesen« sei. Diese Erinnerung, so der *Guardian*, »wirft die Frage auf, ob der deutsche Rechtsaußen unter dem Einfluss des MI 6 stand, als er und andere 1964 die NPD gründeten«.
Handelt es sich bei der NPD also etwa um eine Partei aus den Labors der Geheimdienste? Eine gute Frage. Der britische Schriftsteller, Sozialist und Geheimdienst-V-Mann George Orwell beschrieb schließlich schon 1948 in seinem Roman *1984* die segensreichen Wirkungen von »künstlichen Staatsfeinden« bei der Einigung des Volkes …

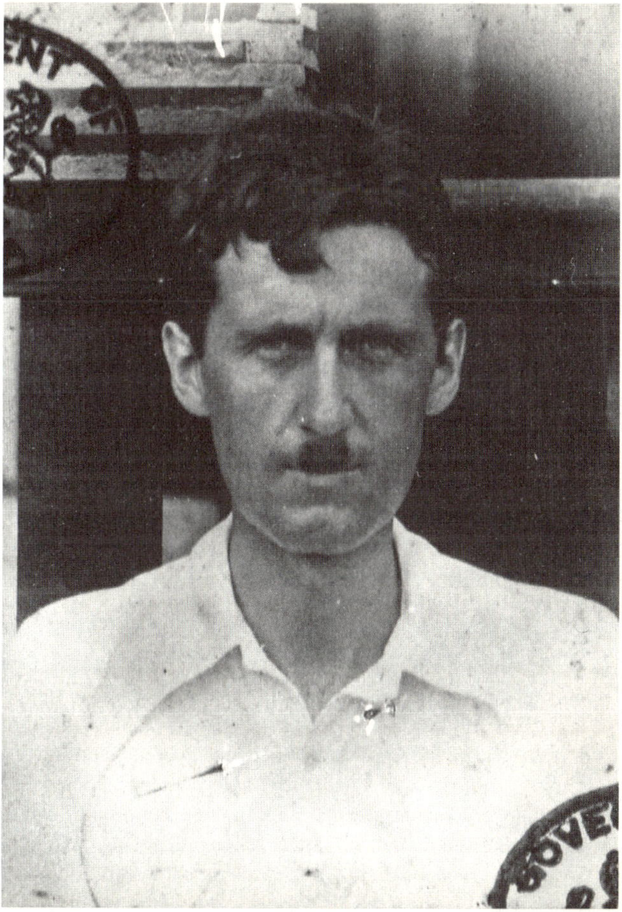

Analysierte die Segnungen künstlicher Menschenfeinde:
George Orwell

6. Mai
Guten Morgen, Mittelalter: Warum das NSU-Verfahren eingestellt werden muss

München, Strafjustizzentrum, Nymphenburger Straße 16. In dem sonst eher ruhigen Gerichtsgebäude summt es wie in einem Bienenkorb. Am Eingang, in den Gängen und sogar auf dem großen Vorplatz drängeln sich die Menschen und treten sich gegenseitig auf die Füße. Überall Notizblöcke, Kameras und Mikrofone. Na, endlich: Der NSU-Prozess kann beginnen! Nachdem die Querelen um die Sitzplätze für die Pressevertreter endlich ausgeräumt sind, kann es nun um die Sache gehen.
Was natürlich niemanden interessiert: Das Verfahren hätte trotzdem nicht anfangen dürfen. Und zwar weder an diesem Tag noch an einem anderen. Das heißt: Vielleicht hätte es sogar diesen einen Termin vom 6. Mai noch geben dürfen, allerdings nur, um den Einstellungsbeschluss zu verkünden. Einstellungsbeschluss? Wieso Einstellungsbeschluss? Warum sollte man das Verfahren einstellen? Sind Beate Zschäpe und die anderen Mitangeklagten etwa unschuldig?

»Der Teufel hat sich schick gemacht«

Ehrlich gesagt – das weiß ich nicht. Aber machen wir ein kleines Gedankenexperiment. Nehmen wir an, nach ein oder zwei Jahren Prozessdauer würde das Münchner Gericht im NSU-Verfahren feststellen: Gegen die Angeklagten liegen nicht genügend Beweise für eine Verurteilung vor. Könnte das Gericht Zschäpe und ihre Mitangeklagten dann überhaupt noch freisprechen? Wohl kaum. Denn erstens hatte man dem Gericht schon anhand der Sitzplatz-Affäre gezeigt, was passiert, wenn es sich nicht politisch korrekt verhält (siehe *17. April* »NSU-Prozess: Die Wahrheit über den ›Sitzplatz-Skandal‹«). Und zweitens hatte die öffentliche Vorverurteilung bereits ein irreversibles Ausmaß erreicht.

An erster Stelle müssen hier natürlich deutsche Medien genannt werden, allen voran die *Bild*-Zeitung, deren Schreiberlinge offenbar komplett durchdrehten. Für das größte Massenblatt der Bundesrepublik war die Angeklagte bereits vor Prozessbeginn »Die schlimmste Rechtsterroristin in der Geschichte der Bundesrepublik Deutschland«. Ihren Auftritt vor Gericht kommentierte *Bild* in Großbuchstaben mit: »DER TEUFEL HAT SICH SCHICK GEMACHT …«. Oder: »Der Teufel kennt keine Reue«. Guten Morgen, Mittelalter. Was im Prozess erst bewiesen werden soll, ist für *Bild* bereits eine feststehende Tatsache: »Nazi-Terroristen töteten 10 Menschen«. Die Angeklagte bezeichnet das Blatt penetrant als »Staatsfeindin Nr. 1«, »Nazi-Braut«, »Nazi-Verbrecherin«, »Nazi-Mörder-Braut«, »Nazi-Terroristin« (*Bild.de*, 7.5.2013). Und neben einem Foto von Zschäpe wurde gefragt: »Wie viele Killer-Nazis laufen noch frei herum?«

WAREN ZSCHÄPE, MUNDLOS UND BÖHNHARDT DOCH NICHT NUR ZU DRITT?

Experte: Es gibt noch mehr NSU-Terroristen!

Beate Zschäpe (38), Uwe Böhnhardt († 34), Uwe Mundlos († 38)

Foto: dpa

»Die Braune Armee Fraktion«

Für den *Spiegel* war der sogenannte »Nationalsozialistische Untergrund« eine »Braune Armee Fraktion«. Für die *Thüringer Allgemeine* war Zschäpe schlicht »Die Mörderin«. Beim Prozessauftakt in München gab es vor dem Gerichtsgebäude Plakate mit Aufschriften wie »Hitlerkind Zschäpe du wirst für die Morde bezahlen müssen!« Für den Fraktionsvorsitzenden der Münchner Grünen, Siegfried Benker, ging es darum, »unsere Solidarität mit den Angehörigen zu zeigen, die heute einen schweren Weg gehen. Sie müssen den Mördern und Helfern gegenübersitzen, die ihre Angehörigen ermordet haben« (siehe *muenchen.tv:* »Der 1. Tag im NSU-Prozess: Das passierte vor dem Gerichtsgebäude«, YouTube, 7.5.2013). Wobei dem Mann gar nicht auffiel, dass er die Menschenrechte soeben selbst mit Füßen getreten hatte: »Jede Person, die einer Straftat angeklagt ist, gilt bis zum gesetzlichen Beweis ihrer Schuld als unschuldig«, heißt es in der Europäischen Konvention zum Schutz der Menschenrechte (Artikel 6, Recht auf ein faires Verfahren).

Von Reue keine Spur

Ja, die Unschuldsvermutung ist eine der Säulen des Rechtsstaates. Ohne sie würde jeder Prozess zum Hexenprozess. Aber auch für den Prozessbeobachter des türkischen Senders EBRU TV war die Schuld der Angeklagten offenbar längst erwiesen. Denn im Gerichtssaal habe er vergeblich darauf gewartet, dass

> »ich da [bei Zschäpe] irgendwas von Reue sehe, aber da war nichts zu sehen, ganz im Gegenteil. Sie schien am Anfang gelangweilt, später war es dann anscheinend etwas lustiger, sie hat dann auch mal gelächelt. Sie hat mit ihren Anwälten gesprochen. Sie hat einen Laptop vor sich, wo sie dann sich was reingetippt hat, aber von Reue war da nichts zu sehen.«

Hinter dem Wunsch nach einer Reuebekundung steckt natürlich die Annahme, dass die Angeklagte schuldig ist. Dass bei ihr keine Reue festzustellen ist, gilt nicht etwa als Grund zum Nachdenken, sondern vermutlich nur als weiterer Beweis für die Perfidie der Betroffenen.
Neben den Medien warteten im Gerichtssaal aber auch etwa 50 Hinterbliebene der Mordopfer auf die Verurteilung, die nur noch Formsache zu sein schien: »Gerade das Sehen, dieses physische Erleben der Angeklagten«, meinte einer ihrer Rechtsanwälte,

> »ist natürlich sehr, sehr schwierig. Meine Mandantschaft fand das Auftreten von Frau Zschäpe auch überaus anmaßend und arrogant – so dieses Sichkleiden. Als sei sie auf einer Geschäftsreise, dieses Scherzen und Flirten mit den Anwälten, dieses Genießen, im Mittelpunkt des Geschehens zu sein – das alles passt nicht zu der Situation. In diesem Saal sitzen 50 Menschen, deren Väter und deren Ehemänner aus niedersten Beweggründen ermordet wurden, und da hätte sich meine Mandantschaft einfach ein etwas bescheideneres Auftreten von Frau Zschäpe zum Beispiel gewünscht.«

Die Befangenheitsanträge, die die Verteidiger zu Beginn des Verfahrens stellten (das gute Recht der Angeklagten), dienten nach Ansicht dieses Rechtsanwalts dazu, »dieses Verfahren weiter zu verschleppen, und das wird dem Verfahren nicht gerecht, und das wird vor allem den Opferfamilien nicht gerecht, die schon genug durchgemacht haben«.
Die daraus resultierende Vertagung des Verfahrens sei für die Opferfamilien »ein Skandal«, berichtete eine *Bild*-Reporterin. Die Angehörigen-Sprecherin Semya Simsek fand den ersten Prozesstag einfach »sehr, sehr juristisch. Es wurden viele Anträge gestellt und darüber diskutiert« (*Deutsche Welle:* »NSU-Prozess um eine Woche vertagt«, YouTube, 7.5.2013). Die Wahrnehmung der An-

geklagtenrechte kollidierte mit der Urlaubs- und Terminplanung der Opfer-Angehörigen: »Natürlich ist es belastend für alle Opferfamilien, weil es gibt Familien, die haben sich wirklich Urlaub genommen. Die sind aus Hamburg oder aus der Türkei angereist. Und für die ist es natürlich eine zusätzliche Belastung« (*ARD Mittagsmagazin:* »NSU-Prozess: Vertagung um eine Woche«, YouTube, 7.5.2013).

»Schmählicher Ersatz für Lynchjustiz«

»Nicht das Recht, sondern eine aufgewiegelte Volksstimmung entscheidet über Wohl und Wehe des Angeklagten«, schrieb einmal der legendäre Strafverteidiger und Bürgerrechtsanwalt Heinrich Hannover über die »Terroristenprozesse« der siebziger Jahre. »Die Urteile der Politischen Justiz werden nicht im gerichtlichen Verfahren, sondern bereits im Vorfeld der öffentlichen Meinungsbildung getroffen. Und die Richter waschen ihre Hände in Unschuld, wenn sie Volkes Stimme vollstrecken.« Entweder ergreife »der Massenwahn« auch sie, oder sie seien trotz besserer Einsicht »machtlos gegenüber einer organisierten Volkswut«, die nicht Gerechtigkeit, sondern »ihre Opfer fordert«. Im Klima einer herrschenden »Pogrommentalität« werde Politische Justiz »zu einem schmählichen Ersatz für Lynchjustiz«. Politische Justiz habe es nicht mit Angeklagten, sondern »mit Feinden zu tun, auf die das Gesetz mit aller Härte anzuwenden ist, ohne dass es auf die Schlüssigkeit der Beweisführung ankommt«. »Die Richter wissen, was von ihnen erwartet wird, und viele mögen die Emotionen des Volkes, in dessen Namen sie richten, durchaus teilen.« – »Das gesunde Volksempfinden kennt keine Unschuldsvermutung.« Stattdessen liege in einer solchen Situation »eine kollektive Schuldvermutung in der Luft« (Heinrich Hannover: *Terroristenprozesse. Erfahrungen und Erkenntnisse eines Strafverteidigers*, Hamburg 1991, S. 57 ff.)

Auf diese Weise wird aus einem Prozess ein Hexenprozess. Besser kann man das, was im Umfeld des NSU-Prozesses abläuft, wohl nicht beschreiben. So dringen denn auch unfreiwillige Wahrheiten durch: »Der Staatsschutzsenat des Münchner Oberlandesgerichts will der Hauptangeklagten Beate Zschäpe die Mittäterschaft an zehn Morden, zwei Bombenanschlägen sowie zahlreichen Banküberfällen nachweisen, die der NSU verübt haben soll«, berichtete der *Bayerische Rundfunk* (»NSU-Prozess um eine Woche vertagt«, YouTube, 6.5.2013). Nichts wäre falscher als das – oder ist es etwa nichts als die Wahrheit? Denn diesen Nachweis zu führen ist mitnichten Aufgabe des Gerichts, sondern der Staatsanwaltschaft.

Anklage ist »nicht völlig absurd«

Dazu kommt, dass die öffentliche Vorverurteilung in einem gewissen Gegensatz zur Beweislage steht. »Die Hauptanklagepunkte, vor allem jetzt ihre Mittäterschaft an den Mordtaten und auch an den Raubüberfällen, sind in einer Weise begründet, dass man schon Zweifel haben muss, ob sich das am Ende durchsetzen wird«, sagte Gerhard Strate, einer der renommiertesten Strafverteidiger Deutschlands, in der ARD-Sendung *Die Story* vom 15.4.2013. Und auch der Rechtsexperte der ARD, Frank Bräutigam, räumte ein, dass die Ankläger »an die Grenze des Möglichen« gehen, indem sie »Frau Z. Mittäterschaft an dieser Mordserie« vorwerfen. Aber: »Dass das jetzt nicht völlig absurd ist, zeigt, dass das Gericht in München diese Anklage unverändert zugelassen hat.«

Dem kann man erstens entnehmen, dass es für eine Anklage gegen Z. wegen Täterschaft bei den Döner-Morden selbst für die Bundesanwaltschaft nicht reicht, und zweitens, dass schon die Zulassung der Anklage durch das Gericht von dem Experten als Erfolg gewertet wird. Dabei steht sogar für die *Welt* fest: »… die Beweislage ist dünn«, und die Staatsanwaltschaft unterfüttere ihre Anklage »sogar mit Petitessen« (online, 6.5.2013).

Freispruch undenkbar?

Ein Freispruch läge demnach juristisch durchaus im Bereich des Möglichen, wäre aber politisch undenkbar. Er würde so gedeutet werden, als hätten »die Nazis« über das Gericht gesiegt, als kapitulierte die Justiz – nein, ganz Deutschland – vor der »braunen Gefahr«, als lebte der Faschismus in Deutschland wieder auf. Und, noch schlimmer: als würden die Hinterbliebenen der schrecklichen Morde zum zweiten Mal zum Opfer gemacht – diesmal durch die unfähige und wahrscheinlich selbst »braune« deutsche Justiz. Man kann sich die nationalen wie internationalen Schlagzeilen lebhaft vorstellen. Vor dem Gericht würden mindestens zwei Dutzend Übertragungswagen Nachrichten hinausblasen wie: »Deutsche Justiz kapituliert vor der braunen Gefahr«, »Skandalöser Freispruch für Nazis«, »Rückschritt ins Dunkel« und anderes mehr. Die Folge wären internationale Verwicklungen und schwere Verstimmungen, insbesondere mit der Türkei und den in Deutschland lebenden Türken oder türkischstämmigen Menschen und deren Organisationen.

Wirklich undenkbar, nicht wahr? Und deshalb geht es in dem Verfahren ja auch um alles Mögliche, nur nicht um die Wahrheit. Sondern zum Beispiel darum zu beweisen, dass Deutschland mit der »braunen Gefahr« fertigwird und kein »Nazi-Staat« mehr ist. Damit wird der Suche nach der Wahrheit ein anderes Ziel übergeordnet, so dass nur noch ein ganz bestimmtes Ergebnis herauskommen kann. Auf der anderen Seite kann ein demokratischer Rechtsstaat in einem Verfahren kein anderes Ziel dulden als die Suche nach der Wahrheit und die unvoreingenommene Feststellung von Schuld oder Unschuld. Ein übergeordnetes Ziel würde dieses Ziel zwangsläufig außer Kraft setzen und damit einen ordnungsgemäßen Prozess unmöglich machen. Wenn ein ergebnisoffener Prozess aber nicht mehr möglich wäre, bedeutete dies ein »nicht behebbares Verfahrenshindernis«. In diesem Fall bliebe nur noch eine Möglichkeit: das Verfahren einzustellen. Alles andere würde den Prozess als rechtsstaatliche Farce entlarven.

Muss das Verfahren eingestellt werden?

Nachdem ich am 10. Mai 2013 auf *KOPP Online* über diesen eindeutigen Sachverhalt berichtet hatte, zogen die Anwälte der Angeklagten nach. Schon fünf Tage später, am 15. Mai, stellte die Verteidigerin des Angeklagten Ralf Wohlleben den Antrag, das Verfahren einzustellen. Laut *Tagesspiegel* (online, 15.5.2013) sah Rechtsanwältin Nicole Schneiders in der »medialen Vorverurteilung« ihres Mandanten ein »unaufhebbares Verfahrenshindernis«: »Die Verteidigerin hielt einigen Medien vor, mit der ›Präsentation‹ von Beate Zschäpe als ›Nazi-Braut‹ und Wohllebens als ›Terrorhelfer‹ könnte die Aussagen von Zeugen beeinflusst werden.«
Aber nicht nur das: Schneiders brachte ein weiteres schlagkräftiges Argument ein, nämlich, dass sich der das Verfahren führende Staat selbst bereits unübersehbar und irreversibel auf die NSU-Version festgelegt habe. »Staatliche Stellen betrachteten die NSU-Mordserie als Tatsache«, referierte die *Leipziger Volkszeitung* (online, 15.5.2013) Schneiders Standpunkt: »Als Beispiele nannte sie Trauer- und Gedenkfeiern für Opfer von Neonazi-Terror und die Benennung von Straßen nach Opfern, ohne darauf hinzuweisen, dass die Schuld des NSU nicht nachgewiesen sei. Auch Entschädigungszahlungen an die Opfer sind für das Ex-NPD-Mitglied Schneiders eine Art Vorverurteilung.«
Mehr noch: Sogar vor dem Menschenrechtsrat der Vereinten Nationen war die Bundesrepublik als Staat auf die NSU-Linie eingeschwenkt und hatte »Fehler« bei den Ermittlungen eingeräumt. Die »Strafverfolgungsbehörden haben bei der Erkennung der Motive versagt und deshalb die Mörder nicht gefasst«, sagte Markus Löning, Menschenrechtsbeauftragter der Bundesregierung (*stern.de,* 25.4.2013). Normalerweise verbietet es sich für einen demokratischen Staat, die Tätigkeit der Justiz derart zu rügen. Die korrekte Stellungnahme hätte daher lauten müssen, dass man zur Arbeit der unabhängigen Justiz nichts sagen könne.

Der Staat als Mittäter?

Tatsächlich hatte der Staat, der das Verfahren führt, damit jede Neutralität aufgegeben. Ein weiteres Verfahrenshindernis sah die Wohlleben-Anwältin in der »Verwicklung mehrerer Inlandsgeheimdienste in die Mordtaten«, um die es in der Verhandlung geht. In der Tat: Auch die umfangreiche Beweismittelvernichtung (»Aktenschreddern«) durch die Verfassungsschutzämter dürfte ein erhebliches Verfahrenshindernis darstellen. Doch von einem Staat, der als Mittäter in Frage kommt und Beweise vernichtet, ist wohl kein unvoreingenommenes Verfahren zu erwarten (siehe auch Gerhard Wisnewski: *ungeklärt unheimlich unfassbar. Die spektakulärsten Kriminalfälle* 2013, München 2013).

Aber wie es die Logik dieser Situation nun einmal wollte, konnte das Gericht den Prozess aus den genannten Gründen natürlich gar nicht einstellen, weil die Bundesrepublik sich dies gar nicht hätte »leisten« können. Zum einen wegen des zu erwartenden nationalen und internationalen Aufschreis, zum anderen wegen des bereits eindeutig bezogenen Standpunktes in der Sache. Hätte man im Falle eines Freispruchs die bereits angebrachten Straßenschilder wieder abmontieren oder die Gedenkstätten wieder auflösen wollen? Wenn sich ein Gericht aber bestimmte Entscheidungen »nicht leisten« kann, dann ist das erneut ein Beweis für seine Befangenheit und ein neuerliches Verfahrenshindernis. Kurz und gut, Medien, Staat und Gericht hatten das Verfahren – ohne dass die Öffentlichkeit dies zur Kenntnis genommen hätte – als rechtsstaatlichen Prozess bereits gründlich an die Wand gefahren.

Ein Gerichtsverfahren als Zirkus

Folgerichtig machten es Zschäpes Verteidiger Wohllebens Rechtsanwältin nach und forderten ebenfalls die Einstellung des Verfahrens: »Zschäpe sei von Vertretern staatlicher Stellen unter anderem als ›Mitglied einer Mörderbande‹ bezeichnet worden – ›ohne dass in den Äußerungen überhaupt zum Ausdruck kam, dass es sich um einen Tatverdacht handelt‹, sagte Verteidigerin Anja Sturm vor dem Oberlandesgericht München«, so die Website von *N24* am 4. Juni 2013. Sturm habe dabei unter anderem Äußerungen von Generalbundesanwalt Harald Range, BKA-Präsident Jörg Ziercke und Bundesfinanzminister Wolfgang Schäuble (CDU) zitiert. Auch in den parlamentarischen Untersuchungsausschüssen zum Thema sei ihre Mandantin massiv vorverurteilt worden. »Die Ausschüsse hätten unter der Prämisse gearbeitet, dass es die terroristische Vereinigung NSU gab und dass diese Gruppe die angeklagten Straftaten gemeinsam begangen habe«, zitierte *N24* die Zschäpe-Verteidigerin: »Damit wird in den Untersuchungsausschüssen das, was hier in der Hauptverhandlung überhaupt erst aufgeklärt und bewiesen werden soll, als bereits feststehendes Beweisergebnis vorausgesetzt.« Und: »Aufgrund der gezielten, von den Strafverfolgungsbehörden selbst gesteuerten und betriebenen Vorverurteilung« sei ein fairer Prozess nicht mehr durchführbar, so Sturm laut *N24*.

Wobei die Rechnung eigentlich ganz einfach ist: Je mehr Verfahrenshindernisse bei einem Prozess bestehen, desto mehr verkommt dieser – wenn er trotzdem abgehalten wird – zur Farce. In Wahrheit beatmen die Richter in München längst eine Prozessleiche und führen nur noch ein Zirkusverfahren, das mit einem rechtsstaatlichen Prozess nichts mehr zu tun hat.

22. Mai
Verhör ohne Wiederkehr: Sind FBI-Agenten Mörder?

Das FBI wandelt auf ganz heißer Spur. Da gab es doch diese Boston-Attentate vom 15. April 2013, nach denen die beiden Brüder Tamerlan und Dschochar Zarnajew festgenommen wurden, wobei Tamerlan starb. Praktisch für die Behörden, denn so konnte sich schon mal einer der beiden Verdächtigen nicht mehr verteidigen. Und wenn man schon mal dabei ist: Wie wäre es, wenn man dem Toten noch mehrere andere Morde in die Schuhe schieben würde? Schließlich gab es da noch die sogenannten Waltham-Morde: drei unaufgeklärte Mordfälle vom 11. September 2011, bei denen drei Männern in einer Wohnung in Waltham, Massachusetts, die Kehlen durchgeschnitten worden waren. Ihre Leichen waren außerdem mit Marihuana und Dollarscheinen übersät. Kurz nach seinem Tod wurde Tamerlan Zarnajew denn auch zum Verdächtigen in den Waltham-Mordfällen erklärt, die den Behörden bereits seit längerem schwer im Magen lagen. Zarnajew sei mit einem der Opfer befreundet gewesen, hieß es. Aber hatte er die drei auch umgebracht? Eine Freundschaft begründet ja noch nicht unbedingt einen Anfangsverdacht für einen Mord. Also musste da schon noch etwas mehr her – irgendein Beweis, ein Zeuge, ein Mittäter oder sogar ein Geständnis. Beides versuchte das FBI am 22. Mai 2013 zu bekommen – mit tödlichen Folgen für den Zeugen bzw. Verdächtigen.

Ein fatales Treffen

Für den 22. Mai verdonnerte die Bundesbehörde laut *Boston Globe* also einen Bekannten des getöteten Tamerlan Zarnajew zu einem Gespräch – einen gewissen Ibragim Todaschew. Der sollte über seine Beziehungen zu dem angeblichen Boston-Bomber Tamerlan Zarnajew befragt werden. Des Weiteren sollte es um die Waltham-Morde gehen, die beklagenswerterweise noch immer nicht aufgeklärt waren. Einem Freund zufolge soll Todaschew Angst vor dem Treffen mit den berüchtigten Bundespolizisten gehabt haben: »Todaschew stimmte dem Gespräch für Dienstag Abend zu, aber nur in seiner Wohnung in Orlando«, zitierte der *Boston Globe* Todaschews Freund. »Denn er glaubte, wenn er in ein FBI-Büro ginge, käme er nie wieder heraus« (online, 23.5.2013).

Als das für 19.30 Uhr anberaumte Treffen näher rückte, habe Todaschew mit dem Gedanken gespielt, es abzusagen. »Er glaubte, dass etwas Schlimmes passieren würde«, sagte sein Freund. »Er dachte, sie würden ihm etwas anhängen und ihn festnehmen.« Der lokale TV-Sender *Wesh 2* sprach ebenfalls mit dem Mann, dessen Name mit Khuschn Taramiw angegeben wurde. Er erzählte dem Sender, dass das FBI Todaschew verfolgt habe und dass er Angst gehabt habe: »Er glaubte, dass sie etwas arrangieren würden – etwas Schlimmes, gegen ihn.« – »Sie behaupten so ein wirres Zeug, ich weiß nicht, warum«, zitierte Taramiw Todaschew.

Und tatsächlich sollten sich Todaschews schlimme Vorahnungen nicht nur bestätigen, sondern sie sollten sogar noch übertroffen werden. Denn er kam nicht mehr lebend aus den Fängen des FBI heraus. Nach mehreren Stunden Verhör in seiner Wohnung war er plötzlich tot. Laut Darstellung des FBI sei er kurz davor gewesen, ein Geständnis in einer ungeklärten Mordsache zu unterschreiben, als er plötzlich auf die Beamten losgegangen sei. Nach einer Messerattacke gegen die FBI-Agenten habe man Todaschew in Notwehr erschossen, lautete die Version des FBI – das sofort ein eigenes Team beauftragte, um den Todesfall zu »untersuchen«.

In der Täter-Werkstatt des FBI

Erhaschen wir hier etwa gerade einen vielsagenden Blick in die »Täter-Werkstatt« des FBI? Denn offensichtlich soll der Eindruck vermittelt werden, dass

- Todaschew die Morde mündlich gestanden habe und als Schuldiger zu betrachten sei,
- sogar ein schriftliches Geständnis vorgelegen habe, das Todaschew nur noch hätte unterschreiben müssen.

In so einem Fall muss der flüchtige Fernsehzuschauer und Zeitungsleser schon sehr genau aufpassen, um zu erkennen, dass er hier aufs Glatteis geführt werden soll und dass, ganz im Gegensatz zu dem erweckten Eindruck, keinerlei gerichtsverwertbare Beweise gegen den Mann existierten. Denn Fakt ist demnach ja, dass es, juristisch gesehen, weder das mündliche noch das schriftliche Geständnis gab. Während ersteres nur in den Aussagen der FBI-Leute existierte, gab es letzteres überhaupt nicht, da es nicht unterschrieben worden war. Und da der Mann tot war, konnte er auch weder als überführt noch als verurteilt gelten.

Versionen der Wahrheit

Und genau wie im Fall der Anschläge von Boston am 15. April 2013 begannen sich die Versionen des FBI fast schneller in Luft aufzulösen, als sie bekanntgegeben wurden. So war schon nach den Attentaten von Boston behauptet worden, der jüngere Attentäter, der Zarnajew-Bruder Dschochar, sei nach einer Schießerei gestellt worden. Später stellte sich jedoch heraus, dass er gar nicht bewaffnet gewesen war.

Ganz Ähnliches ereignete sich nach dem Tod von Todaschew: »Erste anonyme Berichte von Strafverfolgern lieferten einander widersprechende Versionen des Geschehens«, schrieb die *Washington Post* am 30. Mai 2013 in ihrer Online-Ausgabe. »Einige Ermittler sagten, Todaschew habe ein Messer gezückt, während andere angaben, er habe versucht, sich der Waffe eines FBI-Agenten zu bemächtigen.« Inzwischen hätten jedoch mehrere Beamte angegeben, dass Todaschew unbewaffnet gewesen sei, so die *Post.* »Am Mittwoch gaben Vertreter des FBI und anderer

Polizeibehörden zu, dass der 27-jährige tschetschenische Einwanderer, der erschossen wurde, nachdem er tagelang wegen der Anschläge auf den Bostoner Marathon verhört worden war, unbewaffnet gewesen sei«, schrieb auch die *World Socialist Website* (WSWS) am 1. Juni 2013. »Mein Sohn ist zu so etwas nicht fähig«, ließ sich auch Todaschews Vater, ein Beamter der Stadtverwaltung in der tschetschenischen Hauptstadt Grosny, telefonisch vernehmen. »Er würde niemals einen Polizeibeamten angreifen. Er glaubte an die Gerechtigkeit, und vielleicht war das sein Fehler. Er konnte Ungerechtigkeit nicht ertragen.« Sein Sohn habe in den USA Behinderte betreut und Sportler trainiert. Zu den ungeklärten Mordfällen habe sein Sohn nie etwas gesagt, und er glaube nicht, dass er damit oder mit den Boston-Anschlägen etwas zu tun hatte. »Es zeichnet sich klar ab, dass all dies fabriziert ist. Sie töteten meinen Sohn, und dann ließen sie sich etwas einfallen, um es zu erklären. Wenn es irgendwo ein Erdbeben gibt, dann beschuldigen sie Tschetschenen. Wenn es eine Flut in Afrika gibt, dann beschuldigen sie Tschetschenen.« Das FBI habe alles erfunden.

Pressekonferenz mit einer Leiche

Am 30. Mai 2013 gab Todaschews Vater in Moskau eine Pressekonferenz, bei der er eine Reihe von Fotos seines toten Sohnes präsentierte. Die Bilder waren in der Leichenhalle in Florida aufgenommen und ihm aus den USA gemailt worden. Tatsächlich zeigten die Bilder die Person, die auch in den Medien als Todaschew präsentiert worden war. Auf den Fotos war der Leichnam eines athletischen jungen Mannes mit dunklen kurzen Haaren zu sehen. Über seinen behaarten Oberkörper zog sich ein sogenannter Y-Schnitt, mit dem bei einer Obduktion der Leichnam geöffnet wird. Auf der linken Seite des Oberkörpers, einschließlich des linken Arms, waren etwa ein halbes Dutzend Schusswunden zu sehen. Offenbar war bei dem Schusswaffengebrauch auf seine linke Brustseite gezielt worden. Ein vom Kopfende des Tisches aufgenommenes Bild zeigte einen Einschuss in der Schädeldecke. »Ich möchte sagen, diese Fotos zu sehen ist wie ein Film«, sagte Todaschew senior: »So etwas habe ich bisher nur in Filmen gesehen, wenn jemand angeschossen wird und dann einen letzten Schuss in den Kopf bekommt. Es gab sechs Schüsse in den Körper und einen in den Kopf« (YouTube: Chechen father demands trial for FBI agents, 30.5.2013).

Allein dieses Spurenbild lässt eigentlich kaum einen Zweifel daran, dass Todaschew gezielt hingerichtet wurde. Und dieser Meinung ist denn auch Todaschews Vater: »Heute verlange ich Gerechtigkeit«, sagte er vor der Presse in Moskau. »Ich verlange eine Untersuchung, damit diese Leute nach US-Gesetzen verfolgt werden. Dies sind keine FBI-Agenten. Dies sind Banditen, und sie müssen sich vor Gericht verantworten« (*The Guardian*, online, 30.5.2013).

Eine internationale Affäre

Der Fall beschäftigte die Angehörigen genauso wie Bürgerrechtsorganisationen und Rechtsanwälte in den USA und in Russland. So forderten Menschenrechtler zusammen mit der Witwe Ibragim Todaschews eine unabhängige Untersuchung des Todesfalls. Der Rat für Amerikanisch-Islamische Beziehungen rief das Justizministerium auf zu untersuchen, wie und warum »ein unbewaffneter Mann, dem nichts vorgeworfen wurde, mit sieben Schüssen, einem davon in den Kopf, getötet wurde«. Ein gewisser Saurbek Sadachanow von der Moskauer Anwaltskammer erklärte auf einer Pressekonferenz in Moskau, »er sei überzeugt, dass es sich hierbei um eine außergerichtliche Hinrichtung handelte, und drängte Todaschews Freund, der die Fotos im Leichenschauhaus gemacht hatte, nach Russland zurückzukehren. Er sagte: ›Als Zeuge lebt man in den USA nicht sicher.‹ (…) Die Ermordung von Todaschew und der schnelle Zusammenbruch der offiziellen

Erklärung der Regierung – er sei erschossen worden, nachdem er mit einem Messer auf die Vernehmungsbeamten losgegangen sei – sind ein außergewöhnliches Ereignis. Es wirft weitere Zweifel auf an allem, was bisher über die Anschläge auf den Bostoner Marathon gesagt wurde« (Quelle für diesen Abschnitt: *WSWS*, 1.6.2013).

Tote Beschuldigte sind besser als lebende

Die Spuren am Körper Todaschews ergeben zusammen mit der Schilderung des FBI ein plausibles Bild des Ablaufs. Ermittlern zufolge hatte Todaschew bereits seine Verstrickung in die erwähnten ungeklärten Mordfälle zugegeben. Gerade als er das Geständnis schriftlich unterzeichnen sollte, habe er die Fahnder jedoch angegriffen, woraufhin es zu dem Schusswaffengebrauch gekommen sei. Daraus ergibt sich, worum es an diesem Abend wirklich ging. Offenbar wollten die FBI-Agenten Todaschew zu einem Geständnis in einem Mordfall überreden bzw. es aus ihm herauspressen. Als dieser jedoch nicht nachgab, erschossen sie ihn und erfanden die Geschichte von dem mündlichen und dem schriftlichen Geständnis sowie dem angeblichen tätlichen Angriff. Nur so war Todaschew als Beschuldigter in dem Fall zu retten und der Fall gleichzeitig »aufzuklären«. Auf diese Weise werden hausgemachte Verbrechen immer öfter toten Beschuldigten in die Schuhe geschoben, egal ob in den USA oder in Deutschland (zum Beispiel im Fall NSU). Die internationalen Sicherheitsbehörden entpuppen sich dadurch immer mehr als skrupellose Verbrecherorganisationen, die sich zunehmend weniger Mühe geben, ihre Taten zu vertuschen.

25. Mai
Antigonen gegen Femen: die Wahrheit über die Krawall-Nackedeis

So können Frauen also auch aussehen! Fast hätte man's vergessen: lange Haare, fließende weiße Kleider und hübsche Gesichter. Sie kreischen und schreien auch nicht, wie die allgegenwärtigen »Femen«, jene »Damen«, die sich neuerdings bei jeder Gelegenheit die Bluse herunterreißen, um mit entblößter, aber beschmierter Brust gegen alles Mögliche zu demonstrieren. Stattdessen sind die Mädchen, von denen hier die Rede ist, adrett frisiert und lächeln. Etwa 30 junge Frauen haben sich zum Gruppenbild versammelt – hinten stehend, vorne sitzend. Die Knie bleiben dabei sorgsam geschlossen. Zwischen den jungen Damen prangt ein Transparent mit der französischen Aufschrift »Antigones«. Ein Kulturschock. Gerade hatte man sich doch an die Vermännlichung der Frau gewöhnt – mit Jeans, kurzen Haaren, dicken Brillen und natürlich einem rotzfrechen Auftreten. Die junge Frau als Karikatur des männlichen Lümmels, und der Mann als Buggy-Schieber, sprich: als Karikatur der weiblichen Mutter. Oder an die »It-Girls« mit ihrer wiederum total überzogenen Weiblichkeit. Normal ist jedenfalls gar nichts mehr.
Am 25. Mai 2013 haben die »Antigonen«, wie sich die jungen Damen nennen, ihr »Manifest« auf Video aufgenommen – ein Video für ein »altes neues« Selbstverständnis der Frau und vor allem gegen eine vermeintliche Frauenbewegung, die vor allem auf Pornografie und Krawall setzt: die sogenannten Femen (YouTube: »The Antigones send a message to the Femen«, 31.5.2013).

Wider die Protestluder

Bekanntlich ist in Frankreich 2013 ein heftiger Kampf um sexuelle Lebensstile und Orientierungen entbrannt. Zuletzt entzündete sich der Volkszorn an der sogenannten Homo-Ehe. Aber auch andere Formen des modernen Umgangs mit Sexualität und den Geschlechtern stoßen auf Ablehnung. Dazu gehören auch die enthemmten Nackedeis der »Femen«, die ihre Brüste in jede Kamera halten. Dagegen ist das Foto der »Antigonen« bereits Programm. Die jungen Damen haben die Nase voll vom neuen Frauenbild, sei es das der vermännlichten Göre oder das der beschmierten »Schlampe«. Die Frau als nacktes, kreischendes Protestluder entspricht nicht dem weiblichen Empfinden der »Antigonen«. Letztere, die sich in Paris gründeten, wollen die Weiblichkeit nicht länger den lautstarken Femen überlassen und stattdessen zeigen, dass es auch noch andere Frauen gibt, die sich selbst und ihre Weiblichkeit nicht mit Füßen treten, sondern sie leben. Den Protestludern setzen sie bewusst eine andere Ikonographie entgegen: klassisch, weiblich, sittsam. Ihren Namen haben sie von der griechischen Heldin Antigone entlehnt, einem »Sinnbild für Menschlichkeit, Liebe und weibliche Kraft«, so eine Buchbeschreibung (Georg Steiner: *Die Antigonen*, München 1988).

Am 25. Mai wollten sich die jungen, weiß gekleideten Frauen aufmachen, um vor dem alternativen Kulturzentrum »Théâtre du Lavoir Moderne Parisien« zu demonstrieren, wo die Krawalltruppe »Femen« seit August 2012 ihren Sitz hat. Doch »leider erwarteten uns bereits eindrucksvolle Polizeikräfte, um uns davon abzuhalten, ein kurzes Wort mit ihnen zu reden«, sagte eine Sprecherin der Antigonen in dem Video. Also »werden wir die einzige Möglichkeit nutzen, die uns bleibt, um uns auszudrücken, und das ist das Internet«.

Die Erklärung der Antigonen

»Femen, ihr behauptet, Frauen müssten mit Hilfe des Feminismus kämpfen. Wir antworten, dass Frauen mit Weiblichkeit kämpfen müssen«, erklären die Antigonen in dem Video. »Ihr meint, Frauen müssen sich halb nackt für ihre Sache einsetzen. Wir antworten, dass Respekt nur aus Würde erwachsen kann.« Weiter heißt es:

»Ihr erklärt, dass Machismo unsere Gesellschaft dominiert und dass ihr Männer bekämpfen wollt. Wir antworten, dass wir nur mit Männern im eigentlichen Sinn des Wortes Frauen sein können. Ihr verlangt die Gleichheit der Geschlechter, wir antworten, dass die sich ergänzenden Eigenschaften von Mann und Frau eine Quelle des Wohlergehens für unsere Gesellschaft darstellen. Ihr werdet bezahlt, um eure Forderungen aufzustellen, wir antworten, dass die Sache der Frauen unbezahlbar ist. Ihr drückt euch durch Aufruhr und Gewalt aus. Wir halten zusammen mit Gelassenheit und Entschlossenheit. Und wir zitieren Antigone: ›Mitzulieben und nicht mitzuhassen ist mein Teil!‹ So haben wir uns entschlossen aufzustehen, denn die Rettung unserer Welt erwächst nicht aus euren feministischen Behauptungen, sondern aus einer Gesellschaft, die eine Frau als Ganzes respektiert: als Geliebte, Frau, Mutter und Kämpferin für ihre Sache!«

Die Femen hätten die Straßen, Zeitungen und TV-Bildschirme erobert, und man habe ruhig dabei zugesehen. Aber durch den »entwürdigenden Ansatz« der Femen werde man lediglich skandalisiert. »Ich war sieben Wochen lang unter euch«, sagt die Sprecherin, »um euch zu verstehen. Ich wollte euch nur besuchen und das alles aussprechen, weil wir keine Angst haben, offen zu reden. Aber wir wurden nur mit einer Mauer konfrontiert.« Nun befinde sie sich unter den Antigonen, die empört seien ob der entwürdigenden Methoden der Femen, die Frauen auf ihre Körper reduzierten und das weibliche Monopol an sich gerissen hätten. Ihr täten aber auch die jungen französischen Frauen leid, die manipuliert worden seien, einer Ideologie zu dienen, die sie nicht verstünden. »Ihr sagt, ihr kämpft für die Frauen. In Wirklichkeit kämpft ihr gegen sie. Schaut auf diese echten Frauen, die hier vor euch stehen. Würdevoll, lächelnd, anmutig. Die Instrumentalisierung von Frauen ist vorüber.«

Femen: eine Form von Missbrauch

Übertreiben die jungen Frauen da nicht ein bisschen? Keineswegs. Vielmehr ist es wirklich an der Zeit, sich einmal genauer mit den sogenannten Femen zu befassen und mit dem, was sie eigentlich darstellen. Leider haben unsere Medien es bisher versäumt, sich einmal ausführlich mit dieser Erscheinung von beschmierten, kreischenden und halb bis ganz nackten Frauen auseinanderzusetzen. Sie haben den Nacktkrawall lediglich transportiert, aber nicht analysiert. Tatsächlich stammt der beschmierte, nackte Körper der Frau aus der Pornografie, und zwar aus einem bestimmten Genre, nämlich der Gewalt- oder SM-Pornografie. Angetan mit Hitlerbärtchen und Plastikdildo scheinen manche Femen direkt der Folterkammer eines Bordells entsprungen zu sein. Die Frau als entblößtes, beschmiertes und entwürdigtes Objekt, zur nackten Litfaßsäule degradiert. Der beschmierte, nackte Körper steht dabei für die Benutzung des Körpers als Sache, ohne jede Rücksicht auf seine Besitzerin, kurz: für Frauenmissbrauch in seiner reinsten Form. Aus den Zoten, die dabei auf Frauenkörper geschmiert werden, wurden bei den »Femen« lediglich politische Parolen. Dennoch ist die Ikonographie der »Femen« nichts weiter als Pornografie. Nicht nur ihre Bildsprache, sondern auch ihr kreischendes und schimpfendes Verhalten entspricht eigentlich dem Gekeife von Straßenprostituierten.

Die Femen präsentieren sich damit in Wirklichkeit als Speerspitze der Frauen- und Männerfeindlichkeit. Besonders interessant sind in diesem Kontext auch die symbolischen Vergewaltigungen, zu denen es regelmäßig kommt, wenn die Krawalltussen von – gerne auch uniformierten – Sicherheitskräften überwältigt werden. Jede Sex-Performance hätte ihre Freude dran. In Wirklichkeit handelt es sich dabei erstens schon wieder um symbolische Pornografie und zweitens um massivste sexuelle Belästigung und Entwürdigung von Männern, die nicht nur ungefragt mit nackten Brüsten konfrontiert werden, sondern auch noch zur schlüpfrigen Interaktion gezwungen und so hinterher in den Medien gezeigt werden. Bezeichnenderweise war die Würde dieser Männer in den Medien nie ein Thema. Und schließlich stellt sich auch die Frage nach den Straftatbeständen, die in derartigen Zusammenhängen entstehen. In Deutschland zum Beispiel »Belästigung der Allgemeinheit« (§ 118 Ordnungswidrigkeitengesetz, Geldbuße bis zu 1000 Euro). Wer öffentlich sexuelle Handlungen vornimmt (z. B. symbolische oder dargestellte Vergewaltigungen), kann auch nach Paragraf 183a (Erregung öffentlichen Ärgernisses) bis zu einem Jahr Haft oder eine Geldstrafe erhalten. Exhibitionistische Handlungen (§ 183 StGB, bis zu ein Jahr Haft oder Geldstrafe) kommen interessanterweise laut Strafgesetzbuch nur für Männer in Frage – nach herrschender Gender-Ideologie kann das nur verfassungswidrig sein. Auch eine Anzeige nach dieser Bestimmung wäre also möglich.

Politik ist gleich Pornografie und umgekehrt

Aber Sex sells – auch in der Politik. Bei den Veranstaltern solcher Auftritte mag daher die Erwartung dahinterstehen, dass die Öffentlichkeit mit den nackten Brüsten auch die politischen Parolen konsumiert – und mit den politischen Parolen auch die nackten Brüste. Doch was heißt »politisch«: Eines der häufigsten Wörter auf Femenbrüsten ist immer noch die unumwundene Aufforderung »FUCK!«. Denn schließlich geht es um beides: um Politik und Pornografie. Denn auch Pornografie ist letztlich eine erwünschte Politik, und zwar der Zersetzung von Beziehungen und Familien. Pornografie suggeriert die allgegenwärtige Verfügbarkeit von Sex und Sexpartnern und denunziert daher eigene Beziehungen als unbefriedigend und altmodisch. Bei den (Medien-)Konsumenten geht es um Politik als Vorwand für Pornografie. Bei den Darstellern geht es wohl eher um eine groteske Kombination aus Geilheit, Geltungsbedürfnis, Exhibitionismus und der Hoffnung, für 15 Minuten berühmt zu werden – egal wie. Und was das Erstaunlichste ist: Tatsächlich geht es auch um Geld (siehe unten).

Aber die Femen seien doch nur eine Randerscheinung des Feminismus, meinen Sie? Mitnichten: Vielmehr sehen sie sich als dessen Speerspitze. Im wahrsten Sinne des Wortes brüsten sich die Femen auf ihrer Website damit, den Feminismus übernommen zu haben. So weisen sie darauf hin, dass bei Google inzwischen häufiger nach »Femen« als nach »Feminismus« gesucht werde. Klar, weil man mit diesem Suchbegriff, ohne aufzufallen, nach Sex und »Titten« suchen kann – ein cleveres Marketing. Zu Beginn des Jahres 2013 könne man bestätigen, dass die »mutigen Frauen« die Feministinnen übernommen hätten, prahlt die Femen-Website (http://femen.info/femen-took-over-femenism/). Ja, mehr noch: In Wahrheit habe der Titten-Feminismus den Feminismus gerettet. Denn der habe Hilfe dringend nötig gehabt: »Der Feminismus war lange Zeit im Abstieg begriffen«, heißt es bei den Femen, »insbesondere in den letzten zehn Jahren. Ökonomische Turbulenzen zogen die Aufmerksamkeit der Aktivisten auf drängendere Probleme. Mit der jüngsten Welle von Femen-Aktionen kann man auch eine Wiederbelebung des Feminismus feststellen, wie der [Google-]Trend signalisiert.«

Tja, wer hätte das gedacht: die Wiederauferstehung des Feminismus als groteskes Tittentheater – mit einer Ausbeutung des weiblichen Körpers, wie es sich die Mainstream-Medien nie hätten träumen lassen. Auch sie profitieren schließlich davon, denn Berichte über die nackten Aktivistinnen beleben das Geschäft. Deswegen ist der Ausdruck »Schlampe« in diesem Zusammenhang auch nicht polemisch oder feindlich gemeint, sondern steht für das, was »Femen« nun mal ikonografisch darstellen. Der weibliche Körper wird dabei auf eine Weise ausgebeutet, die die ärgsten Befürchtungen des Feminismus übertrifft. Wenn dies seine neuen Vertreterinnen sind, kann das nur heißen, dass der Feminismus tot war und inzwischen als politisches Straßenbordell wiederauferstanden ist.

Marianne ist eine ausländische Nacktnudel

Die Femenbewegung stammt aus der Ukraine. Laut einer Presseerklärung der französischen Antigonen-Gruppe war insbesondere die Aufnahme der ukrainischen Krawallnudel Inna Schewtschenko in Frankreich 2013 der konkrete Anlass, sich zusammenzutun und zu einer anderen Weiblichkeit zu bekennen. Schewtschenko hatte sich durch so richtungweisende kulturelle Leistungen hervorgetan, wie in Kiew mit einer Motorsäge ein Holzkreuz durchzusägen – natürlich mit nackten Brüsten. Die Aufnahme dieser Frau als »politischer Flüchtling« in Frankreich war für viele eine Provokation.

Dabei war das noch gar nichts gegen das, was dann folgen sollte, nämlich die Gestaltung einer Marianne-Briefmarke nach ihrem Konterfei. Marianne als mythische Figur verkörpert dabei nicht weniger als Frankreich, das im Französischen bekanntlich weiblich (»La France«) ist: Marianne ist Frankreich und Frankreich ist Marianne. Marianne-Figuren und -Büsten sind in in unserem Nachbarland allgegenwärtig und zieren Rathäuser ebenso wie öffentliche Plätze, beispielsweise die Place de la Nation und die Place de la République. Ja, selbst das Logo der französischen Regierung ziert ein Scherenschnitt der Marianne. Die Vorstellung einer neuen Marianne-Briefmarke ist daher ein hochoffizieller Akt, zelebriert am Nationalfeiertag (14. Juli) vom Präsidenten persönlich.

Und siehe da: Im Jahr 2013 glich die Marianne auf der Briefmarke verdächtig dem Konterfei der Femen-»Schlampe« Schewtschenko. Eine ausländische Nacktnudel als Personifizierung Frankreichs – ein Eklat. Bis dahin hatten nämlich erstens Französinnen und zweitens sich weiblich verhaltende Frauen als Inspiration der Briefmarkenkünstler gedient, wie etwa Mireille Mathieu, Catherine Deneuve oder Sophie Marceau.

Die christdemokratische Partei Frankreichs war denn auch der Ansicht, die neue Briefmarke verletze die Würde der Frau und die Souveränität Frankreichs. Denn es ist nicht einmal sicher, ob »Monsieur le Président« überhaupt wusste, was er da enthüllen würde oder ob er hier zum Narren gehalten wurde. »Mehrere junge Menschen« hätten das Bild für die Briefmarke ausgewählt, formulierte ein Palastsprecher nebulös.

Interessant ist der Entstehungshintergrund der Briefmarke. Einer ihrer beiden Schöpfer ist ein gewisser David Kawena, ein Zeichner, der bereits andere globale Propagandafiguren verherrlichte, wie etwa den US-Präsidenten Barack Obama, von dem er ein T-Shirt-Motiv im Big-Brother-Stil anfertigte. Der andere, der Fotograf Olivier Ciappa, ist ebenfalls agitationserfahren. Gerade erst fiel auch er durch Propagandasujets auf, nämlich durch eine Fotoausstellung mit dem Titel »The Imaginary Couple«, für die er Prominente gebeten hatte, sich als homosexuelle Paare ablichten zu lassen – was ebenfalls prompt zu Protesten führte. Offenbar will Frankreich partout weder schwul noch pornografisch werden.

Mode oder Massenhysterie?

Aber nun mal eine grundsätzliche Frage: Was sind eigentlich die wirklichen Hintergründe der Femen? Warum werden junge Frauen plötzlich von dem Drang befallen, ihren nackten Oberkörper mit Parolen zu beschmieren und damit schreiend hausieren zu gehen? Ist das so etwas wie ein neues Virus, eine Mode oder eine Massenhysterie? Wie gesagt, haben die Medien den Nacktkrawall jahrelang lediglich transportiert, aber nicht analysiert. Monatelang stand ich mit einem ersten Hintergrundartikel im Internet über Femen und Antigonen allein auf weiter Flur. Erst mit dem Dokumentarfilm *Die Ukraine ist kein Bordell* der australischen Filmemacherin Kathy Green begann Ende September/Anfang

Oktober 2013 eine Diskussion über die Hintergründe der Femen. Skandalthema und Aufhänger der Dokumentation: Die schrille Mädchentruppe werde von einem männlichen Macho namens Wiktor Swjazki kontrolliert, der die Mädchen drille, ausbeute und beschimpfe. Da war die Aufregung natürlich groß. Heraus kam jedoch nur eine Scheinaufklärung. Denn wer der geheimnisvolle Wiktor Swjazki überhaupt ist und wie *seine* Hintergründe aussehen, erfuhr die Öffentlichkeit dabei nicht.

Deswegen wollen wir die Sache hier einmal kurz aufrollen. Laut eigener Website wurden die Femen 2008 von einer gewissen Anna Huzol in der Ukraine gegründet, also in der Heimat der »Orangenen Revolution«, bei der 2004 durch inszenierte Volksaufstände ein westlich orientierter Präsident eingesetzt wurde. Angeblich ging es Huzol um die Bekämpfung des Sex-Business in der Ukraine, in jedem Fall ein skandalträchtiges Medienthema. »Die Bewegung begann damit, dass Anna die Horrorgeschichten von ukrainischen Frauen hörte, denen tolle Jobs im Ausland angeboten wurden, nur damit sie – nachdem sie das Land verlassen hatten – in Sexsklaven verwandelt werden konnten.« »Anna machte es zur ihrer vornehmen Pflicht sicherzustellen, dass die Ukraine Prostitution niemals erlauben würde, und hat seitdem mit Zähnen und Klauen dagegen gekämpft« (femen.info: »A brief history of FEMEN's origins«, 6.8.2012).

Merkwürdigerweise bekämpfte Huzol damit ursprünglich ausgerechnet jenes Business, das sie mit den Femen unter einem politischen Deckmantel wiederbegründen sollte, nämlich die Vermarktung nackter weiblicher Körper, ob nun auf eigene oder fremde Rechnung.

Ein Harem junger Frauen

Vielleicht trafen sich aber auch politische mit persönlichen Aspekten. In kurzer Zeit versammelte die kurzhaarige burschikose Frau einen ganzen Harem blutjunger Frauen um sich herum, der auch noch bereit war, sich im Striptease »schulen« und sexuell benutzen zu lassen. So sieht man Huzol auf der Femen-Website in äußerst lasziven Situationen, umringt von einer Schar leicht bekleideter Mädchen, die wirken wie wartende Darstellerinnen im Hinterzimmer einer Peep-Show. Tatsächlich gewinnt man den Eindruck, dass die von ihr »befreiten« Jungprostituierten gleich bei den Femen angeheuert haben. Weil dabei auch noch Geld im Spiel ist (siehe unten), dürfte das nicht weiter schwierig gewesen sein. In der »Ausbildung« zeigt und fotografiert man sich dann gegenseitig die nackten Brüste und manchmal auch noch mehr und bemalt alles in trauten Malstunden gemeinsam mit pornografischen (»FUCK!«) und politischen (»FREE!«) Parolen. Das Ganze erinnert eher an einen Bodypainting-Abend im Swinger-Club als an eine politische Aktion.

Die globale Krawallindustrie

Während manche, wie Huzol, dabei vielleicht auch ihre privaten Bedürfnisse befriedigen, ist Femen, politisch gesehen, Teil einer aus dem Westen finanzierten, trainierten und gesteuerten globalen Krawall- und Revolutionsindustrie, zu der auch die künstlich erzeugten bunten Revolutionen in Jugoslawien (2000), Georgien (2003) und Kirgisien (2005) gehören. Und natürlich die »Orangene Revolution« in der Ukraine (2004). Ihren Ursprung verdankt sie der Tatsache, dass die Umgebung Russlands seit dem Zusammenbruch des Sowjetimperiums im Brennpunkt westlicher Umsturzbemühungen steht. Auch der sogenannte arabische Frühling, bei dem ganz Nordafrika politisch umgestaltet wurde, war das Werk professioneller Revolutionäre und ihrer westlichen Drahtzieher. Angeblich spontane Ausbrüche der Empörung und des Volkszorns sind das Vehikel, um nicht nur ganze Staaten, sondern auch Regionen umzukrempeln. So diente die Revolution in der Ukraine und anderen ehemaligen Ostblockstaaten nicht etwa dem Volk, sondern dem Bemühen, die früheren Sowjetstaaten aus dem

Machtbereich Russlands herauszubrechen und an den Westen anzuschließen – einschließlich NATO und EU.
Finanziert werden die Revolutionen von den Stiftungen westlicher Milliardäre wie etwa Rockefeller oder des Großinvestors George Soros. Der räumte unumwunden ein:

> »Meine Stiftungen trugen zu den Regimewechseln in der Slowakei (1998), Kroatien (1999) und Jugoslawien (2000) bei und mobilisierten die Zivilgesellschaft, um Wladimir Meciar, Franco Tudjman und Slobodan Milosevic aus ihren Ämtern zu vertreiben. Dies sind nur einige der wichtigsten Erfolge. Die Aufgabe meiner Stiftungen bestand darin, den Übergang von geschlossenen zu offenen Gesellschaften zu begleiten und zu fördern« (»Die Ukraine – Kettenglied der ›bunten Revolutionen‹ einer erträumten US-Weltherrschaft«, www.zeitenschrift.com, 2007).

Soros' »Open Society Foundations« gehören zu den führenden Akteuren, wenn es darum geht, fremde Regierungen mit Hilfe von Volksaufständen zu stürzen. Die »Stiftungen für eine Offene Gesellschaft« bekennen sich dabei unverhohlen zu ihrem Ziel, reihenweise Staaten und Regierungen umzuformen: »Die Open Society Stiftungen arbeiten an dem Aufbau lebendiger und toleranter Demokratien, deren Regierungen gegenüber ihren Bürgern verantwortlich sind.«
Was so schön klingt, beinhaltet die Anmaßung und das Bekenntnis, fremde Länder und deren Regierungsformen nach Gutdünken umzugestalten. Was die Amerikaner unter »lebendiger und toleranter Demokratie« verstehen, kann man seit einigen Jahren in ihrem eigenen Land und in Vasallenstaaten wie Deutschland beobachten, wo Bürger grenzenlos bespitzelt werden. Das Ziel ist denn auch weniger Offenheit nach innen als vielmehr nach außen – für westliche Einflüsse. Die innere Offenheit ist dabei nur eine notwendige

Voraussetzung, damit vom Ausland finanzierte und gesteuerte Organisationen überhaupt tätig werden und Einfluss auf die Politik nehmen können. Insofern ist »Offenheit« durchaus ehrlich gemeint, allerdings anders, als der gemeine Bürger glaubt.
Zu den Freunden der Stiftungen von Soros gehören aktuelle oder frühere Mitglieder der US-Regierung, beispielsweise die frühere Außenministerin und Vorsitzende des National Democratic Institute, Madeleine Albright. Die hatte laut dem erwähnten Bericht des kritischen Magazins *Zeitenschrift* am 17. Februar 2002 bei einer Veranstaltung der Soros-Stiftungen in Kiew »die in der Ukraine tätigen zahlreichen NGOs aufgefordert, gegen die herrschende Regierung Front zu machen, weil diese zu sehr mit Russland zusammenarbeitet und auch die Privatisierung nicht hinreichend zugunsten westlicher Investoren betreiben«. So seien »Unsummen von Geldern« in die sogenannte Orangene Revolution geflossen, die Ende 2004 »die Marionette der USA, Juschtschenko«, an die Macht gebracht habe. »Allein von Seiten der Regierung der USA« seien bis 2005 3,3 Milliarden US-Dollar in die »Orangene Revolution« gesteckt worden.

Das Nest der Revolutionäre

Die internationalen Revolutionäre sind also alles andere als Volks- oder Graswurzelbewegungen. In Wirklichkeit kommen sie von ganz oben, aus der Sphäre des »Strato-Kapitals«, das den Globus lenkt. Denn Revolutionen müssen nun mal organisiert und bezahlt werden. Schon Lenin stieg nicht in irgendwelchen Fabrikhallen zum Revolutionär auf, sondern reiste 1917 bequem im Sonderzug von der Schweiz aus nach Russland – ausgestattet mit Millionen aus dubiosen Quellen – angeblich vom deutschen Geheimdienst, der hoffte, den Kriegsgegner Russland zu destabilisieren. Und auch heute sind Revolutionen im Wesentlichen Operationen ausländischer Staaten, die hoffen, auf diesem Wege andere Länder beeinflussen zu können.

Das Nest ausländischer Einflussorganisationen in der Ukraine ist Kiew. Tonangebend sind hier die Stiftungen des »Großen Bruders« USA, wie etwa die U.S.-Ukraine Foundation (USUF). Ihr Slogan lautet »Frieden und Wohlstand aufbauen durch gemeinsame demokratische Werte«. »Die U.S.-Ukraine Foundation«, heißt es auf der Website, »ist eine gemeinnützige, nichtstaatliche Organisation, im Jahr 1991 gegründet, um die Demokratie, eine freie Marktwirtschaft und Menschenrechte für die Ukraine zu unterstützen. Die Stiftung schafft und erhält einen Informationsaustausch zwischen den Vereinigten Staaten und der Ukraine, um Frieden und Wohlstand aufzubauen.«
Und noch einmal: So schön die »demokratischen Werte« auch sind, so nützlich sind sie auch. Denn schließlich gehören dazu auch freie Meinungsäußerung, Demonstrations- und Versammlungsrechte, die man nutzen kann, um die Gesellschaft von außen zu beeinflussen. Führende Finanziers der USUF sind eine Reihe amerikanischer Großkonzerne, Organisationen und Stiftungen wie Coca-Cola, ExxonMobil, Raytheon sowie ultrarechte Vereine wie die Heritage Foundation oder die *Washington Times* der Moon-Sekte. Des Weiteren sind in Kiew unter anderem vertreten die International Renaissance Foundation (Open Society Foundations / Soros), die Eurasia Foundation (Spender: Open Society Institute, Chevron, Western Union, APCO, ExxonMobil, Microsoft, Coca-Cola, Philip Morris u.a.), die East Europe Foundation (Spender: American Chamber of Commerce, US-Botschaft in der Ukraine, US Agency for International Development u.a.), die Foundation for Effective Governance (Partner: American Chamber of Commerce, McKinsey & Co., PricewaterhouseCoopers u.a.). Diese Stiftungen sind es, die hinter vielen angeblichen »Nicht-Regierungsorganisationen« stecken, die inzwischen die internationale Politik fast so stark mitbestimmen wie die Regierungen selbst. Vertreten sind in Kiew auch deutsche Einflussorganisationen wie die Konrad-Adenauer-Stiftung, die Friedrich-Nau-

mann-Stiftung, die Friedrich-Ebert-Stiftung und andere. Exakt diese Unterwanderung ist übrigens der Grund dafür, warum Russland 2012 neue Gesetze für sogenannte »Nicht-Regierungsorganisationen« erließ, wonach diese Vereine künftig ihre Geldquellen offenlegen müssen.

Spaß und Spesen müssen sein

Die »gemeinsamen demokratischen Werte« und die angeblichen Volksrevolutionen sind schon seit der Französischen Revolution keine Werte an sich, sondern lediglich Mittel zum Zweck, um »im Namen des Volkes« die herrschenden Machtstrukturen zu eliminieren. In den letzten Jahrhunderten waren das die durch »Blut und Boden« verbundenen Monarchien, heute sind es nicht genehme Regime anderer Staaten. In modernen Schulungszentren und mit zeitgemäßen Kommunikationsmitteln werden die Revoluzzer trainiert, vernetzt und dann auf den öffentlichen Plätzen zwischen Moskau und Kairo losgelassen. Zum Teil werden auch nur mit wenigen Leuten Video- oder TV-Bilder produziert und so Potemkinsche Dörfer aufgebaut. Das Volk wird dabei zum Ziel von Agitation und als Legitimationsgrundlage für Revolutionen benutzt, die ganz anderen Interessen dienen.

Die gleichfalls in Kiew gegründeten Femen gehören ebenso zum Genre der professionellen Revoluzzer-Organisationen wie Otpor, das inzwischen Revolutionen in rund 40 Staaten der Welt angeschoben bzw. unterstützt haben soll. Und auch bei den Femen lautet die oberste Devise: »Follow the money«. Denn mal ehrlich: Den ganzen schönen Nacktklamauk und die leckeren »Aktivistinnen« gibt's natürlich nicht »für lau«. Und spontan sind die Aktionen natürlich auch nicht. Das alles kostet vielmehr einen Haufen Geld, das für Training, Reisekosten und auch Gehälter der Polit-Stripperinnen draufgeht. Ja, Sie haben richtig gehört: Gehälter. Nach Recherchen der italienischen Tageszeitung *Il Foglio* bekommt jede Aktivistin 1000 Euro pro Monat. Anderen Quellen zufolge sind es 1000 Dollar – immer noch ein stattliches Salär in der Ukraine. Plus üppige Spesen, versteht sich. Denn Spaß bzw. Spesen müssen nun mal sein. Außer aus Liebe gibt's einen nackten Frauenkörper auch in der Politik nun mal nicht umsonst. Laut einer Journalistin des ukrainischen TV-Senders 1+1, die sich 2012 bei den Femen einschlich, werden bei Aktionen aus 1000 Dollar bzw. Euro im Monat schnell 1000 Euro pro Tag und Person.

Ein weiblicher Maulwurf

Die Website von Radio Stimme Russlands berichtete über die Undercover-Aktion der ukrainischen Journalistin:

> »Die junge Frau trat in die Reihen dieser Bewegung ein, nachdem sie angeblich von ihren Ideen begeistert worden ist. Sie beteiligte sich persönlich an Topless-Aktionen und nahm das Geschehen mit einer verdeckten Kamera auf. Es erwies sich, dass sich die Aktivität der Teilnehmerinnen auf die PR-Aktionen und auf das Geld, das aus Westeuropa und aus den USA kommt, zurückführt« (Bericht auf der Website vom 22. September 2012, Übersetzung stilistisch leicht korrigiert).

Im Laufe von einigen Wochen habe man ihr »professionelle PR«, aggressives Benehmen und die Fähigkeit beigebracht, »die Aufmerksamkeit von Journalisten auf sich zu ziehen, und dabei ein unschuldiges Geschöpf darzustellen. (…) Und was besonders wichtig war, sie musste ihre nackte Brust vor Objektiven zeigen.« Das »Debüt« des weiblichen Maulwurfs fand demnach in Paris statt, »wo die Teilnehmerinnen von Femen vor kurzem ihr neues Büro eröffnet haben. Dort führten die Frauen eine Aktion in üblicher Weise durch und entblößten ihre Brüste vor dem islamischen Kultur-Zentrum.« Was vermutlich unter Völkerverständigung fällt. Wie die Journalistin berichtete, »konnte sie den Hass der Menschen, deren religiöse Gefühle absichtlich verletzt wurden, regelrecht mit der Haut spüren«. – »Die Reise nach Paris wurde von Femen bezahlt. Ein Flugzeugticket, ein Hotelzimmer, Taxifahrten und die Verpflegung pro Teilnehmerin betragen allein 1000 Euro pro Tag, ohne Einkauf von Anzügen und Dienstleistungen von Visagisten und Stilisten« (Radio Stimme Russlands, 22.9.2012). Woraus man schließen kann, dass die Nackedeis auch noch professionell geschminkt werden.

Kein Wort über die Finanzen

Wer zahlt das alles bzw. wer finanziert eigentlich den ganzen pornografischen Wanderzirkus? Eine Frage, die hiesige Zeitungen und Fernsehsender merkwürdigerweise nicht stellen, obwohl sich die Frage nach den Geldquellen einer derart spektakulären und teuren Organisation geradezu aufdrängt. Und auch die angebliche Enthüllung um den »Sklaventreiber« der Femen, Wiktor Swjazki, war gar keine. Denn erstens erfuhr man nichts über seine Hintergründe, und zweitens wurde der eigentliche Spiritus Rector und Geldgeber ausgespart. Denn vermutlich handelt es sich bei Swjazki nur um den Beauftragten einer weit interessanteren Person.
Die Wahrheit ist: Die Femen wurden von einem der Hechte im Karpfenteich der ausländischen Einflussagenten in der Ukraine finanziert, dem ausländischen Millionär und Zeitungsbesitzer Jed Sunden: »Jed war die allererste einflussreiche Person, die uns zur Kenntnis nahm, uns mit allen seinen zur Verfügung stehenden Mitteln half, uns gute Ratschläge gab, großzügig spendete und sagte, dass wir etwas ganz Besonderes sind«, wird Femen-Gründerin Huzol in der *Kyiv Post* vom 29.4.2010 zitiert. »Jed war der erste, der uns bei der Werbung für die Organisation und der Einrichtung unserer Website half.«
Sunden, Gründer und Eigentümer der *Kyiv Post,* unterstützte die weibliche Krawalltruppe so intensiv, dass die Zeitung bei den Femen den Spitznamen »Femen Post« bekam. Und das ist nicht

übertrieben. Tatsächlich rührt das Blatt seit Jahren die Werbetrommel für die weibliche Skandaltruppe. Wenn man in die Website der Zeitung den Begriff »Femen« eintippt, erhält man nicht weniger als 18 Seiten mit Suchergebnissen. Es sind immer Erfolgsmeldungen, als sei dies keine Zeitung, sondern die Pressestelle der Protesttruppe: »Femen offiziell in Frankreich angemeldet«, »Femen planen Filiale in Deutschland«, »Femen wieder in Aktion« usw.

Sundens *Kyiv Post* dürfte überhaupt das erste Medium gewesen sein, das für die Femen auf die Pauke haute und sie damit medial aus der Taufe hob. Und umgekehrt. Denn schließlich dürften die nackten weiblichen Oberkörper auch erheblich zum Erfolg der *Kyiv Post* beigetragen haben. Mit anderen Worten, Femen und *Kyiv Post* halfen sich von Anfang an gegenseitig bei der Vermarktung. »Ich gebe zu, dass ich den Femen Geld gebe«, bekannte Sunden: »Den Betrag werde ich nicht nennen« (*Kyiv Post*, 29.4.2010).

Der geheimnisvolle Mädchenfreund

Sunden ist ganz rührig in der Ukraine; die Femen sind keineswegs sein einziges Projekt: »2004 unterstützte er die orangene Revolution«, hieß es am 3. Juni 2013 in dem Blog des Autors Jürgen Elsässer. »Ein weiteres Anliegen von Sunden ist der Kampf gegen die Annäherung an Russland: Er tritt für die Zerstörung sowjetischer Denkmäler ein und betont die Gefahren, die angeblich von Moskau für die Unabhängigkeit der Ukraine ausgehen.«

Damit ist das Bild des geheimnisvollen Mädchenfreundes aber noch nicht ganz rund. Sunden ist auch Teil der israelischen Lobby in der Ukraine und »Freund und Sponsor« einer »Reihe von Bildungsprojekten« in einer jüdischen Gemeinde. Und das ist nicht etwa eine antisemitische These, sondern ein Zitat von der Website der jüdischen Gemeinde von Kriwoi Rog, einer weiteren Großstadt in der Ukraine. Laut der Website ist die jüdische Gemeinde von Kriwoi Rog eine Gründung von Rabbi Liron Ederi, einem

»Schluchim« (Emissär) der orthodoxen Chabad-Lubawitscher Sekte. 2011 wurde Sunden in Kriwoi Rog wie ein VIP empfangen. Der Besuch begann mit einer Besichtigung der Gemeindeeinrichtungen und der Beis-Stern-Shulman-Synagoge. Das besondere Interesse des Gastes erregten auch das Mikhail-Marmer-Museum des Judentums und eine Ausstellung mit dem Titel »Steine erinnern sich an alles ...«. Während Sunden ukrainische Mädchen zu Schlampen erzieht, widmete er sich mit besonderer Aufmerksamkeit der Grundschule der jüdischen Gemeinde. Ob Sundens sonstige «Bildungsprogramme« dort wohl bekannt sind? Kaum anzunehmen. Denn natürlich würde die Gemeinde ihrem eigenen Nachwuchs nie erlauben, sich so aufzuführen – und zwar zu Recht.

Vom US-Außenministerium geschult

Die Femen von amerikanischen oder gar israelischen Geldgebern finanziert? Reine Verschwörungstheorie. Das heißt: Als sich die amerikanische Wissenschaftlerin Jessica Zychowicz von der University of Michigan 2011 aufmachte, um sich in der Ukraine auf die Spuren der Femen zu begeben, erlebte auch sie ein paar Überraschungen. So stellte sich heraus, dass die Femengründerin Anna Huzol vor einigen Jahren in einem Führungsseminar des US-Außenministeriums geschult worden war. Des Weiteren erkannte Zychowicz, dass Huzol sich zwar bestens in elektronischer Kommunikation und sozialen Medien auskannte, von Feminismus aber nicht viel Ahnung hatte:

> »Trotz ihrer hochmodernen Kombination aus Kreativität und neuen Medien zur Lösung beunruhigender sozialer Fragen räumte sie während meiner Unterhaltung mit ihr ein, sich nicht mit feministischer Theorie, Geschichte und kulturellen Studien beschäftigt zu haben – all das assoziiert sie mit ›Gelehrsamkeit‹. Es sieht so aus, als sei die Prägung des Begriffs

05

›Feministin‹ für die Femen weniger eine Frage der Beschäftigung mit der Gender-Differenzierung und -Gleichheit als eine Maskerade ohne systematisches Vokabular« (Jessica Zychowicz: »Two Bad Words: FEMEN & Feminism in Independent Ukraine«, *Anthropology of East Europe Review* 29(2), Herbst 2011).

Donnerwetter: Der Feminismus der Femen eine bloße Maskerade? »Ein Grund zur Besorgnis könnte darin liegen«, fährt Zychowicz fort, »dass Huzols Weigerung, Sexualität und Gender-Fragen offen mit Experten auf diesem Gebiet zu diskutieren, ihre Beiträge zu der intellektuellen Arbeit auf diesem Gebiet untergräbt.« Vom Feminismus hat die Femen-Gründerin also keine Ahnung. »Was Feminismus betrifft, so denke ich, dass dies ein Thema für Wissenschaftler und Historiker ist«, meldet sich Huzol aus diesem Diskurs ab. Während sich die Ober-Feme also um Diskussionen mit Experten drückt und mit Feminismus nicht viel am Hut hat, seien ihr praktisches Engagement und ihre »Führerschaft« jedoch zu bewundern, so Zychowicz, nach dem Motto: Geh schon mal voraus, egal wohin. Eine Bankrotterklärung. Denn »Praxis« ohne theoretische Grundlage ist natürlich überhaupt nichts wert, jedenfalls nicht im Sinne der vorgegebenen Ziele, sondern nichts als hohler und gefährlicher Aktionismus, sprich: maximaler Krawall und minimale Analyse. Und genau diesen Eindruck hat man ja auch von den Femen.

Eine Frauenbewegung, welche die Welt braucht

Sollten Sie die Femen nach alledem für schrill und hemmungslos halten, dann kann ich Sie nur warnen: Der nächste Irrsinn ist schon in den Startlöchern, zum Beispiel die Bewegung »Labia Pride«, zu Deutsch »Schamlippenstolz«. Auftreten und Logo sind natürlich, wie gehabt, rotzfrech: eine weibliche Hand mit hochgerecktem Mittelfinger und einem unten eingezeichneten weibli-

chen Geschlechtsteil. Wobei man sich natürlich fragt, was, um Himmels willen, es bei diesem Thema zu diskutieren und zu demonstrieren gibt.
Wer so denkt, lebt jedoch völlig an der Realität vorbei und hat in Wirklichkeit keine Ahnung von den politischen Dimensionen der weiblichen Schamlippen. In Wirklichkeit ist »Labia Pride« eine Frauenbewegung, die der Welt noch gefehlt hat. Die Schamlippen gehören nämlich endlich ans Licht gezerrt und zum Gegenstand öffentlicher Erörterungen gemacht, möglichst auch in Schulen. Endlich soll auch die Problematik oder Nichtproblematik der weiblichen Genitalien ausführlich betrachtet und diskutiert werden. »Die Schamlippenstolz-Bewegung wurde von Mädchen initiiert, die sich der Formen, Farbe und Größe ihrer Schamlippen bewusst wurden«, klärt uns der gurl-blog auf (19.2.2013).

Ich heiße Emma und habe Schamlippen

Wahrscheinlich habe es mit der Verbreitung der Pornografie zu tun, dass einige Mädchen anfingen, sich verstärkt Gedanken über ihre Schamlippen zu machen, vermutet der Blog. Und so gibt es auch bereits verschiedene Ableger dieser »Bewegung«, beispielsweise das »Large Labia Project« von einer gewissen »Emma«: »Ich bin Emma«, stellt sie sich in ihrem Large-Labia-Blog vor. »Ich habe mittelgroße Schamlippen. Ich habe fleischige äußere Lippen und asymmetrische innere, wobei eine länger ist als die andere. Eine ist weich, die andere ist ein bisschen runzelig.« Trotzdem, so Emmas beruhigende Botschaft, »liebe ich meine Schamlippen«. Na, bitte. Solche Bekenntnisse braucht die Welt.
Und natürlich zeigt »Emma« nicht nur bereitwillig ihre Vulva bzw. Labien, sondern fordert ihr Publikum auch dazu auf, gefälligst Fotos von ihren eigenen Labien einzusenden: »submit your labia« heißt ein Link auf der Website. Ergebnis ist eine reichlich unappetitliche Galerie gynäkologischer Detailaufnahmen. Wobei: Wer »Emma« überhaupt ist und ob es sie wirklich gibt, weiß

natürlich kein Mensch. Außer dem Vornamen wird auf der Website nichts mitgeteilt. Auffällig sind nur die professionellen und orthografisch fehlerfreien Texte. Sogar die Kommasetzung stimmt – heutzutage äußerst ungewöhnlich für einen Jugendlichen. Dabei klingen die ersten Zeilen von »Emmas« Selbstvorstellung wie die typische Personenbeschreibung aus einem Drehbuch. Demnach ist Emma ein »ganz normales Mädchen, Australierin mit italienischen Vorfahren, sehr sexuell, manchmal ungewöhnlich, aber meistens ziemlich normal«. Genauso würde man auch eine fiktive Figur in einem Drehbuch skizzieren. Weder verfügt »Emma« über irgendwelche Konturen oder eine lebendige Individualität, noch erschließt sich aus dem Blog ein besonderes Anliegen – außer dem, möglichst viele Fotos abzugreifen und die Schamlippen an die Öffentlichkeit zu zerren.

Die »Mutigen Mösen«

Und schließlich wäre da noch die militantere Gruppe »Courageous Cunts« (»Mutige Mösen«), die sich als »Grassroot Vulva Activism« versteht. Auch diese Gruppe benutzt das Logo mit dem Mittelfinger, aber darüber hinaus auch die professionell gestaltete Comic-Figur einer weiblichen Gestalt. Die »Mutigen Mösen« geben vor, sich gegen die zunehmenden Schönheitsoperationen an den Schamlippen zu wenden. In Wirklichkeit geht es auch hier nur darum, das Geheimste zu veröffentlichen, zum Thema zu machen und zu trivialisieren. Wobei übrigens interessant ist, dass die Schamlippen keinerlei sexuelle Signalfunktion besitzen wie etwa Brüste oder Hinterteil, wo es vielleicht die einen oder anderen Vorlieben geben kann (siehe *8. März:* »Tattoo-Messe: Totaler Krieg gegen die Geschlechter«). Die Schamlippen sind dagegen lediglich anatomische »Funktionsteile«, für die sich die meisten Männer wohl nur am Rande interessieren. Mit anderen Worten, hier wird ein exhibitionistisches und pornografisches Phantomthema kreiert, das vermutlich als Vorwand dient, die Öffentlichkeit demnächst mit Bildern und Nachrichten von und über Schamlippen zu behelligen. Genauso gut könnte man demnächst über Größe und Form der Eierstöcke diskutieren – was zweifellos kommen wird, bis Mann und Frau in ihre letzten Einzelteile zerlegt und sämtlicher Geheimnisse beraubt sein werden.

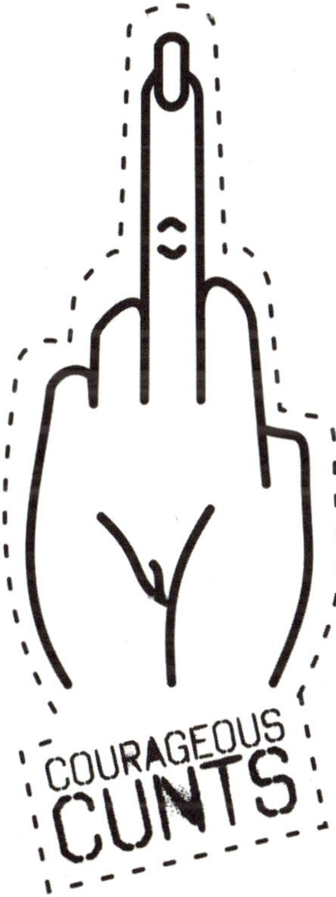

Werbung für neue Frauenbewegung »Courageous Cunts«

Aber lassen wir das. Wir waren ursprünglich bei der Dichotomie der jungen »Antigonen« und der sogenannten Femen. Wobei eine »Gegenbewegung« gegen die Skandal-Femen eigentlich nur eine halbwegs gute Nachricht ist, da auch diese Bewegung nur auf das Phänomen reagiert und sich zu einem eigenen »Branding« gezwungen sieht. Die Frau darf also immer weniger einfach Frau sein, sondern wird dauernd genötigt, Stellung zu beziehen und sich einem eigenen Branding zu unterziehen. Die weibliche Existenz wird damit bestimmt von Glaubensbekenntnissen und »Marken« wie Feme, Lesbe, Emanze, Antigone usw. sowie dem Zwang, sich auf dem Markt der Lebensstile zu positionieren. Das einfache Sein muss zum Bekenntnis werden. Und selbst wenn eine Frau einfach nur leben und sich nicht zu irgendetwas bekennen will, wird sie durch die anderen Marken auf dem »Markt« dazu gezwungen.

Trotzdem darf man gespannt sein, wie die Sache in Frankreich ausgeht. Einstweilen bleibt der Streit um das Bildnis der Oberfeme Schewtschenko auf der Marianne-Briefmarke und das politische Asyl für die Skandalnudel politischer Sprengstoff. Das Asyl für Schewtschenko deute darauf hin, dass, wann immer Femen in Italien, im Vatikan, in Russland oder Tunesien protestierten, dies mit Billigung der französischen Behörden geschehe, so die Antigonen in ihrer Pressemitteilung. Dies und die Anerkennung der Ukrainerin als politischer Flüchtling schade den guten Beziehungen Frankreichs, das damit zu erkennen gebe, dass die Ukraine kein Rechtsstaat sei. Seine Nachbarn zu belehren sei inakzeptabel. Überdies sei die Ähnlichkeit der Marianne-Briefmarke mit Schewtschenko eine Schande für Frankreich. Die Femen zu einem nationalen Symbol zu erheben bedeute ein Bekenntnis zum kulturellen Imperialismus.

Als Zeichen der Freundschaft zu Russland, der Ukraine, Tunesien und anderen Ländern überreichten Antigonen Brot und Salz an

Vertreter dieser Länder – verbunden mit der Botschaft, dass viele Franzosen mit den Maßnahmen ihrer Regierung nicht einverstanden seien. Schewtschenko antwortete auf die Kritik nach Schlampenart. Bezogen auf die erwähnte Briefmarke, sagte sie: »Jetzt müssen mich alle Homophoben, Extremisten und Faschisten am Arsch lecken, wenn sie einen Brief absenden wollen!«

Juni 2013

Thema des Monats *7.6.:*
Nepper, Schlepper, Bauernfänger: Wie Schulkinder zu Spendendrückern umfunktioniert werden

1.6. Bayern München gewinnt den DFB-Pokal **2.6.** Hochwasser in Deutschland: Mehrere Städte geben Katastrophenalarm ***7.6. Sponsorenläufe: Wie ganze Schulklassen in Drückerkolonnen verwandelt werden*** **11.6.** Die russische Duma stellt »Werbung für nichttraditionelle sexuelle Beziehungen« unter Strafe **15.6.** Der Verhaltensforscher Irenäus Eibl-Eibesfeldt wird 85 ***18.6. Schriften von Karl Marx werden in das Weltdokumentenerbe der UNESCO aufgenommen. 20.6. Klima-Panikmache und ein Fälschungsskandal bei*** **Wikipedia** ***21.6. Dem bayerischen Ex-Ministerpräsidenten Günther Beckstein wird Verstrickung in den NSU-Terror vorgeworfen*** **24.6.** In Mailand wird Ex-Ministerpräsident Silvio Berlusconi u. a. wegen der Förderung der Prostitution Minderjähriger zu sieben Jahren Haft verurteilt.

7. Juni

Nepper, Schlepper, Bauernfänger? »Sponsorenläufe in der Schule«

Heute fühle ich mich richtig gut – das Gute auf der Welt ist doch noch nicht ausgestorben. »Danke!«, heißt es zum Beispiel hocherfreut auf einer Internetseite der Stefan-Zweig-Realschule in Endingen: »Der Spendenlauf war ein riesiger Erfolg! Am 7. Juni 2013 trafen sich Schülerinnen und Schüler, um für einen guten Zweck zu laufen. Jeder bewaffnet mit einer Laufkarte, auf der sich Sponsoren zum Geldspenden verpflichtet hatten, liefen sie von dem Schulgebäude bis zum Marienbrünnle und zurück.« Insgesamt seien 108 Schülerinnen und Schüler an den Start der knapp vier Kilometer langen Strecke vom Schulhof bis zum »Marienbrünnle« gegangen. Im Schnitt sei jeder zweieinhalb Kilometer gelaufen, einige Läuferinnen und Läufer hätten »vier oder fünf Runden« geschafft, zwei Schüler aus der Klasse 6a »sogar sagenhafte sechs Runden, was einer Laufleistung von fast 24 Kilometern entspricht«. Ja, die Kleinen rannten sich die Seele aus dem Leib, um Geld für einen »Traumakindergarten« im 3500 Kilometer entfernten Jordanien zu sammeln. Bei 230 Runden kamen schließlich stattliche 3000 Euro heraus.
Ein schöner Spaß. Dabei steht der Spaß nicht unbedingt im Vordergrund. Alle Jahre wieder sind Sponsorenläufe eine sprudelnde Geldquelle für Schulen und Hilfsorganisationen. Denn jede gelaufene Runde eines Kindes ist bares Geld wert. Wie das geht, erläuterte zum Beispiel eine Einladung der Paul-Klee-Grundschule in Berlin zum Sponsorenlauf: Demnach sollte jeder Schüler »einen oder mehrere Sponsoren finden, die sich verpflichten, pro gelaufener Runde einen Geldbetrag z. B. 50 Cent oder 1 € zu spenden«. Und: »Sponsor kann jeder werden: Mama, Papa, Oma, Opa, Onkel, Tante, Nachbarn und wen es sonst noch alles im Bekanntenkreis gibt. Am Ende werden die Runden addiert und im

Anschluss wird der Betrag gleich beim Kassenwart bezahlt« (Rechtschreibung beibehalten). Und wenn bei einem solchen Sportfest auch noch Kaffee und Kuchen gereicht werden (natürlich ebenfalls von der Elternschaft gespendet), klingelt es erst so richtig in der Kasse. Die oben genannte Realschule in Endingen firmiert da eher unter »ferner liefen«. Denn bei einem ordentlichen Sponsorenlauf können schon mal um die 10 000 Euro herausspringen. So nahm beispielsweise die Berliner Paul-Klee-Grundschule vor einigen Jahren 7600 Euro durch den Spendenlauf und weitere 1700 Euro durch das Drumherum ein – macht zusammen 9300 Euro.

Das Schulkind: der ideale Spendendrücker

So ein »Sponsorenlauf« ist auch deshalb eine tolle Sache, weil das Schulkind schließlich der beste Spendendrücker ist: Denn welcher Erwachsene wollte da schon nein sagen? Welche Oma, Tante oder Nachbar wäre wohl so schofel, den kleinen Racker abblitzen zu lassen, wenn der um eine Spende für seinen Sponsorenlauf bittet? Und welcher Schüler wollte sich beim Sponsorenlauf schon für geizige Verwandte schämen? Also machen bei dem Umsatzspielchen alle mit. Es tut ja auch gar nicht weh, denn es geht ja nur um ein paar Cent oder einen Euro. Mancher ist vielleicht so großzügig, gleich fünf Euro springen zu lassen – doch Vorsicht: Der Betrag gilt, wie oben gesagt, pro gelaufener Runde! Manche Oma oder mancher Opa hat schon nicht schlecht gestaunt, wenn aus seinen zugesagten fünf Euro plötzlich 50 wurden!

Nepper, Schlepper, Bauernfänger?

Ein Rückzieher ist nicht drin, denn wohlweislich werden die Kinder dazu gebracht, die »Spender« per Vertrag zu verpflichten, das »erlaufene« Vielfache des zugesagten Betrags auch zu bezahlen. »Wenn ihr einen Sponsor gefunden habt, gebt ihm den unteren

Abschnitt dieses Zettels«, heißt es beispielsweise in einem Schreiben der Berliner Blumen-Grundschule an die Schüler. Der »Zettel« ist der Sponsorenvertrag. Hier sollen Eltern, Verwandte und Nachbarn eintragen, wie viel Geld sie pro gelaufener Runde zahlen wollen: »Wenn der Zettel ausgefüllt wurde, gebt ihn bitte bei eurer Klassenleiterin oder im Sekretariat der Schule ab.« Natürlich sollen die Kinder »so viele Sponsoren wie möglich« suchen: »Deshalb müsst ihr den Zettel so oft kopieren, wie ihr ihn braucht, oder bittet eure Klassenleiterin darum.«

Je nachdem, wie der jeweilige »Sponsorenvertrag« gestaltet ist, kann es durchaus mal zu Missverständnissen über die letztlich zu zahlenden Beträge kommen – etwa wenn man den Vertrag nicht richtig gelesen hat. Außerdem wirkt natürlich auch der Charme des niedrigen Betrags (pro gelaufener Runde). Dass der einzelne Sponsor dabei am Ende ordentlich zur Kasse gebeten werden kann, erschließt sich – wenn überhaupt – erst auf den zweiten Blick. Dass solche »Missverständnisse« leicht passieren, ergibt sich aus einem Schreiben der Realschule Adenau an die Eltern: »Aus den Erfahrungen der letzten Veranstaltung«, steht da zu lesen, »möchten wir den Höchstspendenbetrag auf 20 € beschränken und damit die freiwilligen Geldgeber vor ›bösen Überraschungen‹ bewahren.« So freundlich sind jedoch nur wenige Schulen. 2013 freute man sich in Adenau trotzdem über »sensationelle Ergebnisse beim Sponsorenlauf«: »Ihr habt mit eurem gemeinsamen Engagement im Laufe des Vormittags die Gesamtsumme von rund 10 500 Euro erlaufen.« Kneifen gilt nicht, denn »der Sponsorenlauf ist eine verpflichtende Schulveranstaltung«, mahnt die Paul-Klee-Grundschule die Eltern: »Wir möchten Sie daher bitten, die Teilnahme Ihres Kindes zu ermöglichen, damit alle Kinder ihren Beitrag leisten können.« Und nicht vergessen: »Es sollte schon gejoggt werden und kein Spaziergang sein.«

Unterrichtsfach Geldsammeln

Kein Zweifel: Geldeintreiben will gelernt sein. In den Schulen wird keine (Geschäfts-)Idee ausgelassen, um Angehörigen und Kindern Geld aus der Tasche zu ziehen. Natürlich gehen für Sponsorenläufe häufig auch Unterrichtsstunden drauf. In der Freizeit müssen die Schülerinnen und Schüler dagegen den unvermeidlichen Holzengel für den Weihnachtsbasar zusammenkleben, dessen Erlös angeblich einem »guten Zweck« zugute kommt, beispielsweise Hungernden in Afrika, Fukushima- oder Tsunami-Opfern.

Schulen und Kinder werden von karitativen Großorganisationen eingespannt, wie etwa von der UNO-Flüchtlingshilfe, die gleich die Materialien für den Sponsorenlauf liefert, einschließlich rechtlich verbindlicher Spendenerklärungen. Besonders clever ist die Hilfsorganisation »Choose Life«, die Materialien für Sponsorenläufe an Schulen bereithält. Anders als in anderen Sponsorenverträgen sieht man hier nur den Betrag pro gelaufener Runde. Daneben gibt es noch ein Feld, in dem jeder Sponsor unterschreibt, dass er die »unten stehenden Hinweise gelesen« hat. Dort erfährt der Sponsor im Kleingedruckten, dass »die von Ihnen zugesagten Spendenbeträge an den Veranstalter zu bezahlen« sind, und zwar »in Abhängigkeit von der Zahl der Runden, welche die von Ihnen unterstützten Laufteilnehmer erlaufen haben«. Manchmal wird das eingetriebene Geld aber auch für die Renovierung oder den Ausbau der Schule verwendet, wie in den anfangs genannten Beispielen. Also für eigentlich staatliche Aufgaben. Aber die Kassiermethoden sind dieselben.

»Just send your cash!«

So oder so geht es um Geld: Mitleid und Geldströme werden durch Medien und Marketing geweckt und gelenkt. Wer Geld an Institutionen zahlt, hat ein gutes Gewissen – ganz so wie beim mittelalterlichen Ablasshandel. Resultat: Hilfe ist nicht mehr an Beziehungen geknüpft. »Jeden Tag eine gute Tat!« – dieses Pfadfindermotto ist von gestern. Heute bringt nur Bares gute »Emos« (Emotionen). Der Gutmensch von heute drückt sein Mitgefühl ausschließlich in Geld aus. Wo Kinder angeblich soziale Verantwortung lernen sollen, steht in Wirklichkeit soziale Verwahrlosung auf dem Programm. Dieselben Kinder lassen alte Damen mit schweren Taschen ungerührt die Treppen hochkeuchen und bleiben in der U-Bahn sitzen, wenn sich direkt daneben ein Senior an die Haltestange klammert. Die natürliche Hilfsbereitschaft wird aus den direkten Zusammenhängen und Nachbarschaften abgezogen, in Geld umgemünzt und anschließend von nationalen oder internationalen Institutionen abgeschöpft. Gefragt ist ausschließlich »Cash«: Wie sagte doch der ehemalige US-Präsident George W. Bush 2010 grinsend nach dem Erdbeben von Haiti: »Ich weiß, eine Menge Leute wollen Decken schicken oder Wasser. Schickt einfach euer Geld!«

18. Juni
Marx und die Juden: das unheimliche Geheimnis

Na endlich: Spät kommt sie, doch sie kommt: die Ehrung für Karl Marx! Am 18. Juni 2013 werden seine mit Friedrich Engels verfasste Schrift »Das Kommunistische Manifest« und der erste Band seines *Kapitals* in das Weltdokumentenerbe der UNESCO aufgenommen – und zwar gemeinsam mit der Sammlung von Holocaust-Zeugenaussagen der Holocaust-Gedenkstätte Yad Vashem. Das heißt, ob diese Nachricht wirklich so gut ist, ist noch die Frage. Denn anlässlich dieser Ehrung wurden einige eher zweifelhafte »Verdienste« von Karl Marx sträflich vernachlässigt. Dass »die Grundlagen einer Ideologie, die für den Tod von Millionen von Menschen, für die Ermordung, Erniedrigung, Vertreibung und Vergewaltigung« verantwortlich sei, »in das Register des Weltdokumentenerbes aufgenommen wurde, ist mehr als bizarr«, fand zum Beispiel der Internet-Nachrichtendienst *blu-news am* 25. Juni 2013. »Marx' geistige

Vorlagen« für das Leid von Abermillionen Menschen gehörten von nun an »zu den schutzwürdigen Schriften der Menschheit«. Auf der Seite der German Commission for Unesco werde »in blumigen Worten die Schutzwürdigkeit der marxschen Pamphlete verargumentiert«. Mit keinem Wort finde dort »das millionenfache Leid Erwähnung, das bis heute in sozialistischen Regimen auf diesem geistigen Erbe fußt. Keine kritische Stellungnahme zu den verbrecherischen Auswirkungen dieses ›geistigen Gutes‹.« Dabei ist das noch nicht einmal das eigentlich Skandalöse.

Besonders brisant ist vielmehr die gemeinsame Ehrung mit Holocaust-Zeugenaussagen aus Yad Vashem. Denn auch über die Juden kann man bei Marx gar Befremdliches lesen: Der »weltliche Grund« des Judentums sei »das praktische Bedürfnis, der Eigennutz«, der »weltliche Kultus« der »Schacher«, der weltliche Gott das Geld, schrieb Marx in seiner Schrift »Zur Judenfrage« aus dem Jahr 1843. »Eine Organisation der Gesellschaft, welche die Voraussetzungen des Schachers, also die Möglichkeit des Schachers aufhöbe, hätte den Juden unmöglich gemacht«, meinte Marx.

Das verrannte Genie

Aus heutiger Sicht sind Karl Marx und Friedrich Engels zu Recht zwiespältige Figuren – keine verkannten, sondern verrannte Genies, auf deren Theorien ein unmenschliches System basierte: der Sowjetkommunismus und sein globaler Anhang. In ihren Schriften findet sich Genialität neben Irrtum, Scharfsinn neben Fehlschlüssen. Vor allem vermochten sie sich nicht aus ihrer Zeit zu lösen und über den Tellerrand des Frühkapitalismus hinauszublicken. Mit ihrer pauschalen Verdammung von »Kapital« und Privateigentum verkannten sie die menschliche Natur, die nicht zuletzt auf einem gesunden Egoismus beruht. Kapital und Privateigentum erfüllen dabei die Funktion von Anreizen, bei deren Umsetzung auch etwas entsteht – zum Beispiel Arbeitsplätze, Güter und Werte. Wobei dem Staat die Aufgabe zufällt, dem individuellen Egoismus Grenzen zu ziehen und ihn so zu organisieren, dass er allen nützt und möglichst wenigen schadet. Wird der Egoismus zu wenig reguliert, landen wir in einer Raubtiergesellschaft und enden bei offener Kriminalität. Was man am Beispiel der jüngsten Finanzkrise bereits besichtigen kann.

Eine schädliche Medizin

Marx und Engels aber verschrieben eine äußerst schädliche Medizin, nämlich die Abschaffung von privatem Kapital und Privateigentum und damit auch die Negierung wesentlicher menschlicher Triebkräfte, ebendes Egoismus und der daraus erwachsenden Motivation. Und dabei meinten sie keineswegs nur die »großen privaten Produktionsmittel« wie Fabriken und Maschinen: »Man hat uns Kommunisten vorgeworfen«, greift Marx zusammen mit Engels im »Kommunistischen Manifest« eine gängige Kritik auf, »wir wollten das persönlich erworbene, selbsterarbeitete Eigentum abschaffen; das Eigentum, welches die Grundlage aller persönlichen Freiheit, Tätigkeit und Selbständigkeit bilde«. Um verächtlich zu fragen: »Sprecht ihr von dem kleinbürgerlichen, kleinbäuerlichen Eigentum, welches dem bürgerlichen Eigentum vorherging? Wir brauchen es nicht abzuschaffen, die Entwicklung der Industrie hat es abgeschafft und schafft es täglich ab.« Marx und Engels interessierten sich den berühmten feuchten Kehricht für das bescheidene, selbst geschaffene Eigentum von Bauern oder Arbeitern. Das bürgerliche Privateigentum war ihnen ohnehin verhasst, da es immer nur neue »Lohnarbeit« erzeuge, »um sie von neuem auszubeuten«. Allerdings war »Lohnarbeit» auch damals schon besser als Arbeitslosigkeit und Hunger. Wenn sie auch oft unter unwürdigen Bedingungen stattfand.
Wohin diese Ideologie in der Praxis führte, konnten wir am Beispiel des Ostblocks besichtigen: Die Folge der Abschaffung von privatem Kapital und Eigentum war in weiten Bereichen Verwahrlosung, in anderen Korruption und Kriminalität sowie der

Aufbau daraus resultierender Vermögen. Mit anderen Worten, die kommunistische Katastrophen-Theorie war geradezu ein Anschlag und ein tödliches Gift für jede Wirtschaft und Gesellschaft.

Totgeschwiegen: Marx' Sprüche über die Juden

Wie zu Beginn bereits erwähnt, hielten Marx und Engels überhaupt nichts von den Juden. Nur wird das gerne totgeschwiegen. Wie ebenfalls gesagt, hat Marx sogar eine eigene Schrift »Zur Judenfrage« verfasst, in der es um die politische »Emanzipation« der Juden geht. Die Frage nach der Emanzipationsfähigkeit der Juden verwandelt sich bei Marx »in die Frage, welches besondere gesellschaftliche Element zu überwinden sei, um das Judentum aufzuheben?« Dessen Aufhebung wird als Ziel also von vornherein vorausgesetzt.

Um diese Frage zu beantworten, so Marx, müsse man den weltlichen, nicht den »Sabbatsjuden« betrachten. Man erkenne »im Judentum ein allgemeines gegenwärtiges antisoziales Element« und »die Judenemanzipation in ihrer letzten Bedeutung ist die Emanzipation der Menschheit vom Judentum«. Sprüche, die man wohl eher aus einer ganz anderen politischen Richtung erwarten würde. Der Jude habe sich »auf jüdische Weise emanzipiert, nicht nur, indem er sich die Geldmacht angeeignet, sondern indem durch ihn und ohne ihn das Geld zur Weltmacht und der praktische Judengeist zum praktischen Geist der christlichen Völker geworden ist«.

Religion ist Opium des Volkes

Waren Marx und Engels demnach also wirklich spezifische Judenfeinde? Wohl kaum. Denn schließlich gibt es da noch etwas, das so gut wie nie erwähnt wird, nämlich dass Marx selbst jüdischer Abstammung war. Sein Vater Heinrich (Heschel) Marx stammte aus »einer traditionsreichen jüdischen Rabbinerfamilie«, heißt es auf einer Website zur rheinischen Geschichte über den geborenen Trierer Marx.

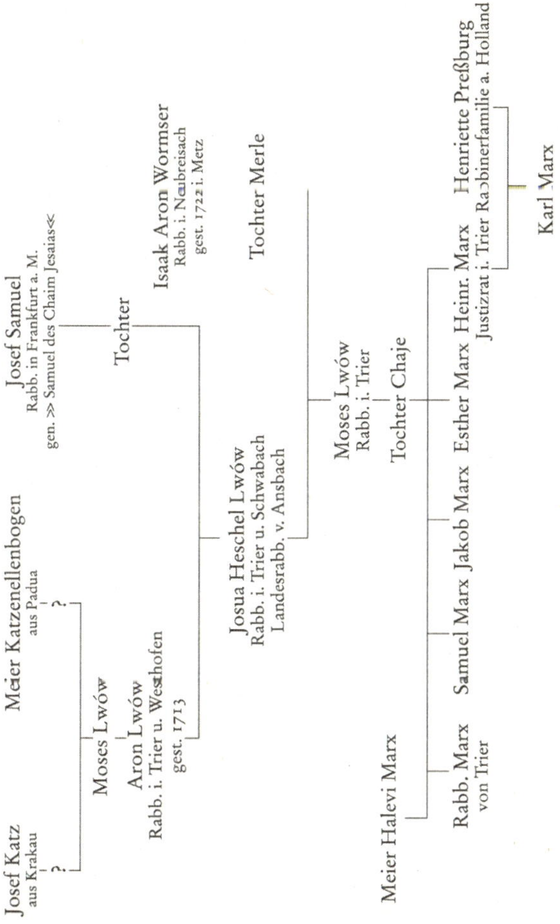

Die jüdische Familie Marx
Quelle: Wikipedia

In Wirklichkeit waren Marx und Engels keine Feinde der Gläubigen, welcher Couleur auch immer, sondern Feinde des Glaubens, der ihrem materialistischen Gesellschaftskonzept im Wege stand. »Der Kampf gegen die Religion« sei »der Kampf gegen jene Welt, deren geistiges Aroma die Religion ist«, schrieb Marx in seinem Text »Religion als Opium des Volkes«. Religion ist für Marx gleichbedeutend mit »religiösem Elend«. Dieses sei einerseits »Ausdruck des wirklichen Elendes« und andererseits ein Protest »gegen das wirkliche Elend«. Und: »Die Religion ist der Seufzer der bedrängten Kreatur, das Gemüth einer herzlosen Welt, wie sie der Geist geistloser Zustände ist. Sie ist das Opium des Volks.«

Um die total materialistische Gesellschaft zu verwirklichen, musste die Religion weg, und zwar jede: »Die Kritik der Religion endet mit der Lehre, dass der Mensch das höchste Wesen für den Menschen sei, also mit dem kategorischen Imperativ, alle Verhältnisse umzuwerfen, in denen der Mensch ein erniedrigtes, ein geknechtetes, ein verlassenes, ein verächtliches Wesen ist …« In Wirklichkeit schufen Marx und Engels die theoretische Grundlage dafür, dass derartige Verhältnisse unter anderen Vorzeichen neu erfunden und auf die Spitze getrieben wurden. Womit bewiesen wäre, dass Marx weder in der einen noch in der anderen Hinsicht als Kronzeuge taugt: weder als Spiritus Rector neuer Gesellschaftssysteme noch als Experte für Juden, Christen oder auch Muslime. Und seine Werke eignen sich nicht unbedingt für das Weltdokumentenerbe der UNESCO …

20. Juni
Klima-Panik: Connolley – der Mann, der unser Weltbild umschrieb

Finster war's, der Mond schien helle – apokalyptische Stimmung kommt auf. »Weltbank-Chef warnt vor Ernährungskatastrophen durch Klimawandel«, melden am 20. Juni 2013 landauf, landab die Zeitungen. »In 20 oder 30 Jahren werden wir Dinge sehen, die wir uns heute noch gar nicht vorstellen können«, unkte Weltbank-Präsident Jim Yong Kim demnach im Hinblick auf eine neue Studie: »Dem Bericht zufolge wird etwa in Afrika südlich der Sahara bis zum Jahr 2030 rund 40 Prozent der Fläche, auf der heute noch Mais angebaut wird, durch Trockenheit unbrauchbar werden. In Südasien seien mehr Fluten zu befürchten, in Südostasien seien Megastädte vom steigenden Meeresspiegel bedroht.« Das Ganze natürlich begleitet von den obligatorischen Dürrebildern.
Auweia! Das Klima und seine angebliche Rettung sind nach wie vor in aller Munde. Dem Klima zuliebe sollen wir weniger Auto fahren – und wenn, dann das richtige. Außerdem weniger Fleisch essen, weniger heizen, weniger Strom verbrauchen, kurz: komplett anders leben. Doch genau wie die »Euro-Rettung« ist auch die »Klima-Rettung« glatter Betrug. Beweise? Bitte sehr. Nehmen wir beispielsweise den längst vergessenen britischen Klimafälscher William Connolley. Die heute herrschende Klimapanik geht zu großen Teilen auf ihn zurück. Wohl kaum jemand gewann in Sachen Klima einen solchen Einfluss auf die digitalisierte Meinung wie er und missbrauchte ihn gleichzeitig so schamlos.

Manipulationsskandal bei *Wikipedia*

Sein Eintrag bei *Wikipedia* ist auffallend dünn, und das ist auch schon Teil des Problems. William Michael Connolley (* 12. April 1964) sei ein britischer Informatiker, Autor und Blogger. Bis 2007 sei er beim British Antarctic Survey als Klimamodellierer beschäftigt gewesen. Er habe in Oxford studiert »und im Bereich Numerische Analyse abgeschlossen«. Bis Mai 2007 sei der Mann mit der winzigen Brille und den kleinen Zähnen als Gemeinderat tätig und für die Grünen aktiv gewesen. Im Bereich Klimaforschung habe er unter anderem behauptet, »dass bereits in den 70er Jahren die meisten Klimavorhersagen eine globale Erwärmung und keine neue Eiszeit vorhersagten. Bis 2007 war er aktiver Mitarbeiter beim RealClimate Blog.« Sonst noch was? Ach ja: Der Mann hatte bei *Wikipedia* mitgearbeitet, und zwar als »Klimaexperte«. Seine Mitarbeit sei »lobend erwähnt worden«, unter anderem in der renommierten Wissenschaftszeitschrift *Nature*.

Selbstreinigung sieht anders aus

Erst ganz am Rande ist da auch noch nebulös von »Frustrationen« und »vorhandenen Konflikten« die Rede, die nicht ausgeblieben seien. Und auch von ihm auferlegten Einschränkungen wie dem »Entzug seiner Adminfunktion« bei *Wikipedia* und »zeitweisen Editierauflagen«. Erst hier merkt der aufmerksame Leser, dass es um den trefflichen Klimaaktivisten Connolley massiven Ärger gegeben haben muss. Am Ende des dürren Beitrags ist schließlich in einem einzigen Satz auch von »harscher Kritik« die Rede, »einschließlich der Behauptung, Connolley sei wesentlich für Meinungsmanipulationen bei klimabezogenen Artikeln der englischsprachigen Wikipedia verantwortlich«.

Das war's dann aber auch schon. Selbstreinigung sieht anders aus. Über das wahre Ausmaß des Manipulationsskandals rund um Connolley verliert das deutsche *Wikipedia* nämlich kein Wort. Dabei ist der Name Connolley nicht nur mit einem der größten Fälschungs- und Desinformationsskandale in der Klimaforschung verbunden, sondern auch mit einem der größten Propagandaskandale bei *Wikipedia*. Über Jahre trieb Connolley bei dem Onlinelexikon sein Unwesen, schrieb es im großen Stil im Sinne der etablierten »Klimaforschung« bzw. Klimalüge um und richtete dabei in dem weltweit wichtigsten Lexikon einen gewaltigen Flurschaden an.

Erst verschwand die Eiszeit, dann das Klimaoptimum

Kaum hatte die Klimaforschung weitgehend erfolgreich den sogenannten »Climategate«-Skandal totgeschwiegen, bei dem Ende 2009 Hunderte von E-Mails aufgeflogen waren, in denen sich Klimaforscher über ihre Manipulationen austauschten, da flog auch Connolley selbst auf. Seine Arbeit an der *Wikipedia*-Seite habe er bereits 2003 begonnen, schrieb der kanadische Umweltjournalist Lawrence Solomon, der Connolleys Manipulationen erstmals in größerem Rahmen publik machte:

> »Connolley übernahm die Kontrolle über alle Klimathemen in der weltweit meistgenutzten Informationsquelle aller Zeiten – Wikipedia. Er schrieb Wikipedia-Artikel über globale Erwärmung, den Treibhauseffekt, die gemessenen Temperaturen, urbane Hitzeinseln, Klimamodelle und globale Abkühlung neu. Am 14. Februar begann er, die Kleine Eiszeit auszulöschen, am 11. August das Mittelalterliche Klimaoptimum. Im Oktober wandte er seine Aufmerksamkeit der Hockeystick-Graphik zu [eine Temperaturkurve, die inzwischen ebenfalls als Schwindel entlarvt wurde]. (…) Er schrieb Artikel über die Politik bezüglich globaler Erwärmung und über die Wissenschaftler, [die der etablierten Klimaforschung] skeptisch gegenüberstanden« (zit. nach: klimaskeptiker.info).

Über 5000 Artikel umgeschrieben

Kurz: Bei *Wikipedia* blieb in Sachen Klima kein Stein auf dem anderen. In welchem Ausmaß Connolley das Weltbild von Bürgern, Politikern und allen, die sich bei *Wikipedia* informieren, umschrieb, wird erst an den Zahlen deutlich. Alles in allem soll

Connolley demnach nicht weniger als 5428 *Wikipedia*-Artikel umgeschrieben oder verändert haben. 5428 Artikel, die von Politkern genauso gelesen wurden wie von Wissenschaftlern, von Schülern genauso wie von Studenten, Lehrern und normalen Bürgern.
Er veränderte also praktisch die gesamte Klima-Berichterstattung bei *Wikipedia*. Ab 2006 stieg Connolley auch noch zum Administrator des Lexikons auf, so dass er hemmungslos schalten und walten konnte: »Wenn Connolley das Thema eines Artikels nicht gefiel, hat er ihn einfach gelöscht – über 500 Artikel mit verschiedenen Beschreibungen verschwanden durch seine Hand«, zählte Solomon zusammen.

> »Wenn er mit den Argumenten anderer nicht einverstanden war, hat er sie oft sperren lassen – über 2000 Wikipedia-Mitwirkende, die mit ihm aneinandergerieten, fanden sich plötzlich von weiteren Wikipedia-Beiträgen ausgeschlossen. Willfährige, deren Texte mit Connolleys Ansichten über die globale Erwärmung übereinstimmten, wurden mit Wikipedia-Segnungen belohnt. Auf diese Weise hat Connolley Wikipedia in die missionarische Abteilung der Globale-Erwärmung-Bewegung verwandelt.«

Die Frage, woher der Mann die Zeit dafür hernahm und wer das alles bezahlte, bleibt einstweilen unbeantwortet.

Connolley ist überall

Dass man *Wikipedia* nicht einfach unbesehen glauben kann, ist keine neue Erkenntnis. Dies gilt auch für das Thema Klima. Tatsächlich sei die gesamte *Wikipedia*-Berichterstattung über den sogenannten menschengemachten Triebhauseffekt von nackter Voreingenommenheit und Korruption infiziert worden, konstatierte der britische Journalist James Delingpole (im *Telegraph*-Blog, 22.12.2009). Zwar wurde Connolley bei *Wikipedia* inzwischen aus dem Verkehr gezogen, das Problem ist nur, dass die Connolleys überall sind.

Denn erstens ist diese Kampagne wohl kaum allein auf Connolleys Mist gewachsen. Zweitens geht die Propaganda gegen die Klimaskeptiker munter weiter: »Man erkennt gut, wie die öko-ideologisch voreingenommenen Wikipedia-Sichter arbeiten, wenn man sich die Zeit nimmt, die begleitenden Auseinandersetzungen zum Wikipedia-Artikel über das [klimakritische] Europäische Institut für Klima und Energie (EIKE) einzusehen (http://tinyurl.com/25uabgy)«, meint dessen Sprecher Professor Horst-Joachim Lüdecke. »Was sich hier zwischen den Wikipedia-Sichtern und den freien Autoren und Kommentatoren – auf die Wikipedia schließlich angewiesen ist – abgespielt hat, hat mit einer Erfüllung der Aufgaben von Wikipedia-Sichtern gemäß den eigentlich verbindlichen Wikipedia-Regeln (neutral, sachgemäß, unvoreingenommen) nichts mehr zu tun«, so Lüdecke weiter. Nach einer kurzen »Pseudo-Diskussion« sei das EIKE von *Wikipedia* sogar auf die Blacklist gesetzt worden. Damit sei es nicht mehr möglich, irgendeinen *Wikipedia*-Artikel mit einem EIKE-Beitrag zu verlinken. Die gesamte EIKE-Seite werde von *Wikipedia* als »Spam« behandelt.

Drittens steht zu befürchten, dass derartige Praktiken auch bei anderen hochpolitischen Fragen verbreitet sind, wie etwa in Sachen Euro und Europäische Union, US-Politik und weltweite Krisenherde, Amokläufe und Waffengesetzgebung und anderes mehr. Tatsächlich muss man befürchten, dass *Wikipedia* inzwischen große Teile unseres gesamten Weltbildes verzerrt, nicht nur auf dem Gebiet der Klimaforschung. Die äußerst dürftige Aufarbeitung des Manipulationsskandals auf den eigenen Seiten spricht eine deutliche Sprache. Schließlich ist kaum anzunehmen, dass die von Connolley manipulierten mehr als 5000 Artikel inzwischen sachgerecht überarbeitet wurden …

21. Juni
CSU = NSU? Ex-Ministerpräsident Beckstein im Zentrum von Terrorvorwürfen

Es ist schon ein Kreuz: Dauernd gehen bei der bayerischen Justiz wirre Strafanzeigen ein. Die berühmtesten stammen wohl von dem ehemaligen Kfz-Tuner Gustl Mollath, der seit etwa zehn Jahren behauptet, seine Frau habe ein Schwarzgeldkartell betrieben und Unsummen Schwarzgelder vermögender Bürger in die Schweiz verschoben. Was laut bayerischer Justiz natürlich nur völliger Irrsinn sein kann. Ja, diese Anzeigen waren so wirr, dass man den armen Herrn Mollath in die Psychiatrie stecken musste.

Aber was soll man sagen: Die wirren Anzeigeerstatter sterben einfach nicht aus. Nun hat schon wieder einer einen konfusen Schriftsatz an die bayerische Justiz geschickt. Laut einem Bericht des Internetportals der *Nürnberger Nachrichten* (NN), *nordbayern.de*, vom 21. Juni 2013 versteigt sich der Verfasser darin »zu der Behauptung, Beckstein und Wolfgang Geier, heute Kripochef der Würzburger Polizei und vor etlichen Jahren Chef der erfolglosen Soko ›Bosporus‹, hätten sich der Bildung einer terroristischen Vereinigung schuldig gemacht«. Und das ist natürlich – genau: wirr. Ja, der Mann ist so durcheinander, dass es sich eigentlich gar nicht lohnt, darüber zu berichten.

Die Wirren und die Irren sterben nicht aus

Was natürlich alle anderen Medien auch fanden. Anders als auf der fränkischen Lokalebene tauchte nirgends auch nur ein Sterbenswörtchen über die Sache auf. Wobei der Anzeigeerstatter eigentlich gar nicht so leicht abzutun ist. Immerhin war er selbst Richter und damit ein Insider der bayerischen Justiz. Es ist der Richter im Ruhestand Rudolf Heindl aus dem bayerischen Lauf. Also quasi Fleisch vom Fleische der bayerischen Gerichtsbarkeit.

Und nicht nur das: Heindl ist nach eigenen Angaben auch noch ein ehemaliger Studienkollege Becksteins. Und dieser Herr Heindl »hat jetzt bei der Staatsanwaltschaft ein 190 Seiten langes Schriftstück eingereicht«, so *nordbayern.de*, in dem er sich zu der oben zitierten Behauptung versteigt.
Da haben wir's. Die Wirren und die Irren sterben eben einfach nicht aus. Und sperrt man einen weg, taucht gleich ein neuer auf, der der Öffentlichkeit einreden will, die christlich-soziale Staatsführung sei nur ein Sumpf aus Verbrechen und Korruption und in Wirklichkeit in etwa so ehrenwert wie die Mafia. Und wie der Teufel es will, finden sich auch noch Medien, die solchen Unsinn willfährig verbreiten, in diesem Fall die türkische Zeitung *Sabah*. Wie die Website des *Frankenfernsehens* berichtete, griff *Sabah* Heindls Strafanzeige auf und dichtete die unschöne Überschrift: »NSU-Vorwurf gegen Beckstein – dem deutschen Politiker wird vorgeworfen, den NSU gegründet und geleitet zu haben«. In dem Artikel beziehe sich *Sabah* auf die Anzeige des Richters.

Beckstein will nicht in NSU-Morde verstrickt sein

Beckstein als Drahtzieher des »Nationalsozialistischen Untergrundes«? CSU = NSU? Das ist natürlicher ein totaler Schmarrn bzw. wirr. Aber irgendwie muss man die Armee der Wirren in den Griff kriegen, die da gegen die Bayerische Staatsregierung marschiert. Dass man sich wehren muss, ist doch klar. Dabei hatte der Ex-Innenminister und -Ministerpräsident Beckstein laut dem Sender *Franken Fernsehen* schon vor einem halben Jahr eine Einstweilige Verfügung gegen »gleichartige Äußerungen« des aufmüpfigen Ex-Richters Heindl erwirkt. Und am 11. Juli 2013 berichtete die *Nordbayerische Zeitung* über eine weitere einstweilige Verfügung, die Beckstein vor dem Nürnberger Landgericht erwirkt habe: »In dem Beschluss der 14. Zivilkammer werden dem umstrittenen Juristen [Heindl] bei Strafandrohung Behauptungen untersagt, wonach der ehemalige Ministerpräsident in die NSU-Morde verstrickt sei.«

Ein bayerischer Löwe winselt nicht

Und nun will Beckstein auch *Sabah* einen Maulkorb umhängen. Inzwischen hat der Ex-Ministerpräsident auch rechtliche Schritte gegen die türkische Zeitung angekündigt. Den Vorwurf einer Verstrickung in den NSU lasse er nicht auf sich sitzen, sagte er Medienberichten zufolge. Na bitte: Ein bayerischer Löwe winselt nicht, er brüllt. Laut *Nordbayerischer Zeitung* hatte *Sabah* sogar von Vorermittlungen der Nürnberger Staatsanwaltschaft gegen Beckstein und den ehemaligen Leiter der SOKO »Bosporus«, Geier, berichtet. Behördensprecher Alfred Huber habe das umgehend dementiert: Für die erhobenen Vorwürfe bestünden »keinerlei Anhaltspunkte«, und ein Ermittlungsverfahren gebe es auch nicht. Aber da die Fäden der Staatsanwaltschaften in der Bayerischen Staatsregierung zusammenlaufen, genauer: seinerzeit im Justizministerium einer gewissen Frau Merk, hieß dieses Dementi noch nicht viel. Denn die Staatsanwaltschaften sind gegenüber der Staatsregierung nun mal weisungsgebunden. Bei *Sabah* sehe man der Klage gelassen entgegen, hieß es auf der Website von *Franken Fernsehen:* »Sie hätten lediglich darüber berichtet, dass es die Akte gibt und dass die Nürnberger Staatsanwaltschaft Vorermittlungen wegen der Bildung einer terroristischen Vereinigung führt. Dies wäre ihnen auch bestätigt worden.« – »Ob die Vorwürfe letztendlich stimmen, können wir nicht beurteilen. Das ist Aufgabe der Staatsanwaltschaft«, zitierte *Franken Fernsehen* den stellvertretender Chefredakteur der türkischen Zeitung.

Wie auch immer, bei der CSU war offenbar Feuer auf dem Dach. Oder brannte den Schwarzen lediglich der Hut? Man weiß es nicht so genau. Nur wenige Monate vor der Landtagswahl lief der Partei jedenfalls nicht nur die Mollath-Affäre aus dem Ruder, sondern nun schwelte unter der Oberfläche auch noch eine Auseinandersetzung um ungeheuerliche Vorwürfe gegen einen Ex-Ministerpräsidenten. Das breite Publikum erfuhr freilich nie etwas davon, sondern wählte bei der bayerischen Landtagswahl am 15. September 2013 brav CSU.

Thema des Monats *16.7.:*
Klimakiller Mann

1.7. Amtsantritt des neuen WDR-Intendanten Tom Buhrow / Kroatien wird Mitglied *der* Europäischen Union ***3.7. Putsch in Ägypten gegen Präsident Mohammed Mursi*** **6.7.** In Kanada explodiert ein mit Erdölprodukten beladener Güterzug mitten in der Ortschaft Lac-Mégantic 10.7. Nach einer Spionageaffäre kündigt der luxemburgische Premierminister Jean-Claude Juncker seinen Rücktritt an ***16.7. An bayerischen Schulen werden Männer als Klimakiller denunziert*** **18.7.** In den USA meldet die Autostadt Detroit Insolvenz an **22.7.** In London kommt das erste Kind von Prinz William und seiner Gattin Catherine zur Welt.

1. Juli
Neuer WDR-Intendant Buhrow: Aufstieg eines Liftboys

Hurra! Der Westdeutsche Rundfunk hat einen neuen Intendanten! Am 1. Juli 2013 wird der vormalige *Tagesthemen*-Moderator Tom Buhrow Chef des größten deutschen Senders. Wurde auch Zeit. Denn die alte Intendantin Monika Piel galt als journalistische Fehlbesetzung. Die 62-jährige Vorzeigefrau selbst gab »gesundheitliche Gründe« für ihren Rückzug an, ohne diese auf Personalversammlungen des WDR jedoch zu präzisieren. Auf der einen Seite ist das natürlich ihr gutes Recht; auf der anderen Seite rücken so aber auch andere Faktoren in den Blickpunkt.

»Schleichende Boulevardisierung«

Kritiker beklagten den Verfall der journalistischen Qualität des größten deutschen Senders: »Im WDR gärt es, und zwar seit langem«, schrieb zum Beispiel der Ex-Staatssekretär und Ex-Regierungssprecher von Nordrhein-Westfalen, Wolfgang Lieb, auf den *NachDenkSeiten* (21.2.2012). »Ob es um die schleichende Boulevardisierung« oder den »Abbau von lokaler Berichterstattung im Hörfunk« gehe: »Vor allem die Mitarbeiter des Senders, die ihre Aufgabe als kritische Wächter in Nordrhein-Westfalen noch ernst nehmen wollen, fragen sich, ob sie den richtigen Beruf gewählt haben.« Die größte ARD-Anstalt verliere unter der Leitung ihrer Intendantin Monika Piel »immer mehr an Anspruch und journalistischem Profil«: »Nicht mehr das, was die Redakteure und Autoren für wichtig halten, hat im Quotendenken von Monika Piel eine Chance«, entscheidend seien vielmehr Stromlinienförmigkeit »und das Vermeiden von allem, was sperrig oder gar anspruchsvoll sein könnte«.

Für solche Themen habe man nur »kleine (Programm-)Inseln« geschaffen, »auf die die Hausspitze dann bei etwaiger Kritik als Alibi verweisen kann«. »Der Fisch stinkt vom Kopf her«, zitieren die *NachDenkSeiten* einen WDR-Mitarbeiter, der jedoch »auf gar keinen Fall« namentlich genannt werden wolle. Denn »die WDR-Chefin gilt als äußerst nachtragend, humorfrei und zutiefst intellektuellenfeindlich: ›Sie ist gegen alles, was sie einfach nicht versteht, und das ist viel‹.« WDR-Autoren müssten ihre Beiträge »den schon vorab geäußerten Wünschen der Redaktion anpassen«. »Ergebnisoffene Recherche« gelte in manchen WDR-Kreisen »inzwischen als Fremdwort«: »Die Wirklichkeit hat sich den Vorstellungen von einzelnen Redakteuren anzupassen und nicht umgekehrt – entsprechend müssen Beiträge geschönt (›Wo bleibt das Positive?‹) oder aber alarmistisch aufgeheizt werden.«

Von dem Journalistenblog *Ruhrbarone* wurde zu Recht die Frage gestellt, was man mit dem 1,1 Milliarden-Etat des WDR nicht alles hätte anfangen können – wenn man gewollt hätte: »Will der WDR aber nicht. (…) Wenn der WDR seine Zwangsfinanzierung begründen will, sollte er es mit Qualität und nicht durch das Kopieren von privaten Formaten machen« (22.2.2012).

Erfolgreich war Monika Piel vor allem beim Einsacken. Neben ihrem Jahresgehalt von 341 500 Euro kassierte sie 2012 laut *FOCUS Online* (4.8.2013) auch noch 59 000 Euro aus Aufsichtsratsmandaten bei WDR-Tochterfirmen – das wäre der höchste Nebenverdienst eines öffentlich-rechtlichen Senderchefs überhaupt. Am 30. April 2013 war damit Schluss. An diesem Tag endete die Amtszeit von Monika Piel. »35 Jahre keine Langeweile!«, verabschiedete sich die ungeliebte WDR-Intendantin in den wohlverdienten Ruhestand. Nun – wenigstens einen Menschen hat der WDR offenbar gut unterhalten. Das ist ja auch schon was. Wobei »wohlverdient« durchaus wörtlich zu nehmen ist: »Ich habe mein Soll für die Rentenkasse erfüllt«, soll Piel anlässlich ihres Abschieds gesagt haben. Das Soll für die eigene Kasse dürfte sie wohl übererfüllt haben. Medien bezifferten ihre Pensionsansprüche auf 3,1 Millionen Euro. Laut *Bild.de* (19.9.2013) erhält Piel im Ruhestand zwischen 12 500 und 14 500 Euro pro Monat.

Ein Kerl wie Samt und Seide ...

Doch nun wird bestimmt alles ganz anders: Am 1. Juli 2013 erhob eine neue Lichtgestalt des öffentlich-rechtlichen Fernsehens ihr Haupt: Journalist und *Tagesthemen*-Moderator Tom Buhrow – »ein Kerl wie Samt und Seide, nur schade, dass er soff«. Das ist natürlich Quatsch. Aber »Samt und Seide stimmt«: immer geschmeidig und anschmiegsam zugleich, immer ein sanftes Lächeln auf den Lippen. Am 29. Mai zum neuen Intendanten des WDR gewählt, trat er am 1. Juli sein Amt an. »Ich will ein Intendant zum Anfassen sein«, versprach Buhrow.

Bis zu 20 000 Euro für einen Auftritt

Ob mit Buhrow allerdings ein neuer Geist in die größte ARD-Anstalt einzieht, darf bezweifelt werden. Denn genau wie Piel ist Buhrow einer vom »Stamme Nimm«. Und während 2013 der Kanzlerkandidat Peer Steinbrück wegen seiner üppigen Nebenverdienste scharf kritisiert wurde, schlüpfte Buhrow glatt unter dem Medienradar hindurch. Genau wie Steinbrück hatte auch der *Tagesthemen*-Moderator Buhrow für Auftritte bei Unternehmen große Summen eingestrichen. Vier Jahre ist es her, dass Medienberichte die Runde machten, wonach Buhrow bis zu 20 000 Euro pro Auftritt gezahlt worden seien.
Nun ja – vier Jahre sind in unserer modernen Mediengesellschaft ja auch eine halbe Ewigkeit. Die Nachrichten zucken nur noch wie Blitze durch unser Gehirn, überschreiben sich dauernd gegenseitig und sorgen im Ergebnis für fortschreitende Amnesie

und Apathie. »Jeder, der wie ich hier vor der Kamera steht, bekommt Angebote, Fachtagungen, Preisverleihungen oder Firmenveranstaltungen zu moderieren«, bekannte im Juni 2009 eine NDR-Moderatorin in der Sendung *ZAPP* vor laufender Kamera. »Einkaufen können Unternehmer, Banken und Verbände die prominenten Fernsehgesichter bei Agenturen«, hieß es in dem folgenden Beitrag: »Einige haben sich auf die Vermittlung und Vermarktung von prominenten Journalisten spezialisiert.« Journalisten wie Buhrow oder auch Claus Kleber.

Buhrow: Made im Gebührenspeck

Sieh an: Claus Kleber – Amerika-Kumpel, RIAS-Preisträger (siehe unten) und Kuratoriumsmitglied der Atlantik-Brücke, der hochkarätigsten US-Lobby in Deutschland. So lassen sich also unsere Nachrichtensprecher ihre mit Gebührengeldern aufgebaute Prominenz vergolden. Laut *gehaltsreport.de* verdiente Buhrow als *Tagesthemen*-Moderator schon 180 000 Euro im Jahr, als WDR-Intendant ist es glatt das Doppelte, nämlich »prächtige 367 232 Euro« (*Hamburger Morgenpost,* online, 5.8.2013). Und wer erst einmal einem Millionenpublikum bekannt ist, dem winken natürlich auch bezahlte Auftritte und Buchverträge.

Demzufolge verdienen also die Journalisten, die vom Publikum mit Zwangsabgaben gefüttert werden, nebenher womöglich Hunderttausende von Euro. *ZAPP* zufolge, dessen Bericht bis heute im Netz steht, generierte Buhrow »außerhalb seiner Tagesthemen etliche Honorare«. »Er füllt mit seinen Vorträgen die Hallen, wird eingeladen von Sparkassen oder Handwerksmessen. Gelegentlich interviewt er auch Politiker – finanziert von bekannten Markenartiklern.« Mehr als 10 000 Euro soll er allein von den Sektimperien Henkell und Söhnlein kassiert haben: »für einen Plausch mit dem rheinland-pfälzischen Ministerpräsidenten Kurt Beck.« Auch im »noblen Schloss-Hotel Grunewald« sollte Buhrow bei einer Veranstaltung der Deutschen Bank zum Thema »Die US-Wahlen und die Weltwirtschaft« reden – eine halbe Stunde lang, wieder für 20 000 Euro. Zwar sei der Termin wegen der Finanzkrise abgesagt worden, aber die Agentur habe dennoch auf dem gesamten Honorar bestanden. Und: »Es wurde gezahlt.«

»Tagesthema Gier«: Die Ich-AG Tom Buhrow

»Tom Buhrow und die Gier« titelte damals die *Süddeutsche Zeitung* (online, 17.5.2010):

> »Es gilt offenbar das Prinzip: Nimm, solange du kriegen kannst. (…) Mal in Erlangen, mal in Wiesbaden, mal bei Sparkassen und dann wieder bei der ›52. Nordbau in Neumünster‹ – Buhrow setzt als Handlungsreisender in eigener Sache außergewöhnliche Maßstäbe. Angesichts dieses Erwerbsfleißes stellt sich die Frage, ob die Ich-AG der Prominentenvermarktung wohl sehr gut mit den Redaktionspflichten in der ARD zu vereinbaren ist.«

Und noch eine andere Frage stellt sich: wie das heute in die politische Landschaft passen soll. Denn wie zu Beginn dieses Buches berichtet, versuchen die öffentlich-rechtlichen Sender zurzeit, ihr Feudalsystem auszubauen und Millionen von Menschen nun über eine »Haushaltsabgabe« zwangsweise zur Kasse zu bitten. Anders als andere Medien, die am Markt um Abo-Gelder konkurrieren müssen, zwingen die Öffentlich-Rechtlichen dem Publikum auf diese Weise Zwangs-Abos auf, bei denen jeder Drücker an der Haustür vor Neid erblassen würde. Wie ebenfalls gezeigt, schreiben sich die öffentlich-rechtlichen Anstalten ihre Gesetze dabei quasi selbst – über eigens in Auftrag gegebene Gutachten. Die Berufung Buhrows zum WDR-Intendanten ist da nur ein weiteres i-Tüpfelchen.

Teil des Problems statt Teil der Lösung?

Wie auch immer: 2013 war dies alles vergessen. Niemand verlor auch nur ein Sterbenswörtchen über die Abzockermentalität des neuen Großen WDR-Vorsitzenden. Allerdings gibt es auch noch eine wichtigere Frage, nämlich die nach der journalistischen Qualität des neuen WDR-Chefs, sprich: ob der WDR mit Buhrow aus seinem journalistischen Tief herauskommen kann, oder ob die Politik der Anpassung mit dem ehemaligen *Tagesthemen*-Moderator etwa zielstrebig fortgesetzt wird.
Glaubt man einigen Kritikern, scheint Buhrow eher Teil des Problems statt Teil der Lösung zu sein. So hieß es auf der Website *diefreiemeinung.com:*

> »Nie in seiner bisherigen Karriere ist der 55-jährige Buhrow durch einen halbwegs kritischen Journalismus aufgefallen. Ob als Redakteur und Reporter bei der Aktuellen Stunde des WDR, als Fernsehkorrespondent im ARD-Studio Paris oder als Fernsehkorrespondent und späterer Leiter und Fernsehchef des ARD-Studios in Washington. Und schon gar nicht als Anchorman und Nachfolger von Ulrich Wickert bei den Tagesthemen, wo er ab 2006 die aktuellen Ereignisse in Deutschland und der Welt moderiert.«

Aber auch in etablierten Medien gab es ganz vereinzelt kritische Töne: »Man tut Tom Buhrow nicht unrecht, wenn man seine bisherige Position als Nachrichtenfilmansager beschreibt«, schrieb der Kolumnist Stefan Niggemeier in der *Frankfurter Allgemeinen Sonntagszeitung:* »Die einfachsten Gedanken waren ihm gerade gut genug für seine Überleitungen. (…) Nun wird er also WDR-Intendant. Vielleicht wäre es unfreundlich, ihm hinterherzurufen, dass er als ›Tagesthemen‹-Moderator nicht fehlen wird. Es ist nur so: Man müsste sein Fehlen überhaupt erst einmal bemerken« (zit. nach *taz.de*, 14.6.2013).

Noch gemeiner äußerten sich andere Kritiker, die meinten, Buhrow verfüge über die »Management-Kenntnisse eines Praktikanten« und das »Lächeln eines Liftboys« (*wz-newsline.de*, 29.5.2013). Na und, mag man da antworten: Gehören ein schleimiges Lächeln und eine aufgehaltene Hand nicht geradezu zu den Kernkompetenzen eines öffentlich-rechtlichen Intendanten? Und ob. Apropos »Boy«: Schließlich verdiente sich Buhrow, genau wie sein ZDF-Kollege Claus Kleber, seine Sporen ja in den USA. Insgesamt zehn Jahre berichtete er als Korrespondent aus Washington. Und das ist nur was für politisch ganz zuverlässige Typen. Zumindest hinterher dürften sie politisch zuverlässig sein (Buhrow: »Washington war das Paradies«). Die ausländische Nachrichtensendung, die er am liebsten sieht, ist nach eigenem Bekunden *World News* von ABC (*stern.de*, 14.6.2013).
Dass bei seiner Amerika-Begeisterung vielleicht der eine oder andere Preis nachhalf, zum Beispiel der 1. Preis der RIAS-Kommission für seine ARD-Reportage *Oh Gott, Amerika – 24 Stunden Los Angeles*, ist natürlich nichts weiter als eine Unterstellung. Wahrscheinlich ist es eher ein Geben und Nehmen, über das niemand groß nachdenkt. Wir glauben Tom Buhrow, dass er jederzeit seine journalistische Unabhängigkeit bewahrt hat – oder nicht?
RIAS heißt übrigens »Rundfunk im amerikanischen Sektor« und ist der Name eines US-Propagandasenders aus dem Kalten Krieg. Und die RIAS-Kommission »ist eine zwischenstaatliche Organisation zur Förderung der deutsch-amerikanischen Verständigung im Rundfunkwesen«. Die Kommission fördert »den Austausch von Personen und Informationen im Bereich des Rundfunkjournalismus zwischen beiden Ländern«, kann man auf ihrer Website lesen. In dieser Kommission sitzt zum Beispiel der amerikanische Botschafter, und um Botschaften, die verbreitet werden sollen, geht es ja schließlich auch. Bei der Gründung 1992 war alles dabei, was in der deutsch-amerikanischen Propaganda einen Namen

hat, zum Beispiel der Direktor der Propaganda-Agentur USIA und der Direktor des Propagandasenders Voice of America. Die Preise der RIAS-Kommission sind denn auch so etwas wie »der Kuss des Großen Bruders«. Kaum ein USA-Korrespondent, deutscher Nachrichten-»Anchor« oder »Experte«, der nicht durch den RIAS-Preis die »höheren Weihen« empfangen hätte, neben Tom Buhrow auch Claus Kleber (mehrfach), Peter Kloeppel, Klaus-Peter Siegloch, Elmar Theveßen (»Terrorismusexperte«), Clemens Verenkotte, Johannes Hano, Christoph Lütgert, Klaus Prömpers und Christoph Röckerath. 2009 erhielt Buhrow auch den Medienpreis der deutsch-amerikanischen Steuben-Schurz-Gesellschaft. Abzeichen: eine deutsche und eine amerikanische Flagge. An Buhrows Loyalität dürften somit kaum Zweifel bestehen. In seinem Büro stellte er einem längst vergessenen Bericht der *Welt* zufolge (online, 3.3.2007) lebensgroße Pappfiguren von Bill Clinton und George W. Bush auf. Ein spektakuläre Geste des wichtigsten deutschen Nachrichten-»Anchors« und späteren WDR-Chefs. Den Großen Bruder USA wird das alles gefreut haben. Buhrows Impetus als Journalist bestand ohnehin nicht darin, »die Welt zu verbessern«, wie er 2006 dem *Hamburger Abendblatt* (online, 2.9.2006) gegenüber freimütig einräumte.

Es lohnt sich, einen Moment bei diesem Interview zu verweilen, um den journalistischen Ansatz des neuen WDR-Intendanten und anderer Nachrichten-»Anchors« herauszuarbeiten. Auf die Frage, warum er eigentlich Journalist geworden sei, antwortete Tom Buhrow damals: »Aus Abenteuerlust und Neugier.« Hanns Joachim Friedrichs (verstorbener Nachrichtenmoderator) habe einmal erzählt, »er sei Journalist geworden, weil er einen Film gesehen hatte, in dem ein Journalist schnelle Autos fuhr, Zigaretten im Mundwinkel hatte und sehr cool wirkte. Ich bin Hajo Friedrichs für diese Erklärung sehr dankbar, weil man seither eben sagen darf, dass man sich aus beinahe egoistischen Motiven für diesen Job entschieden hat.« Der Film *Die Unbestechlichen* über die

Enthüller der Watergate-Affäre habe ihn zwar »sehr beeindruckt«, aber »die Welt zu verbessern« sei seine Sache nicht. »Eher war es eine Mischung aus der Faszination, was Journalisten erreichen können, und der Aussicht auf einen abwechslungsreichen Beruf.« Und mit »Erreichen« ist demnach wohl eher nichts Inhaltliches gemeint.

Erst Buhrow, dann Bomben

Wie auch immer: Der »Liftboy« machte sich schon auf dem Stuhl des *Tagesthemen*-Moderators verdient. Mochte es in Washington kriseln wie es wollte, Tom Buhrow verstand es, alles in einfühlsame Worte zu kleiden. Und natürlich stellten die *Tagesthemen* besonders gern die Washingtoner Sicht der Dinge dar, insbesondere wenn es um einen der neuen Feldzüge des US-Imperiums ging. Jedenfalls, wenn man den Kritikern glaubt: »Die ARD-Nachrichtenredaktionen sorgen in ihrer Auslandsberichterstattung mit ihren angeblichen unabhängigen Kriegsreportern und Auslandskorrespondenten zunehmend für Missvergnügen«, hieß es am 22. Juli 2012 auf der unabhängigen Beobachter-Seite *kriegsberichterstattung.com*: »Das war schon im Libyen-Krieg der NATO der Fall, in dem die ARD zum hörigen Sprachrohr des westlichen Kriegsbündnisses NATO sowie der deutschen Bundesregierung mutierte, und es ist auch im Krieg in Syrien wieder so.« Längst würden die ARD-*Tagesschau* oder die ARD-*Tagesthemen* »fast täglich irgendwelche dubiosen Wackelbilder« senden, die »von angeblichen Opfern des syrischen Regimes aufgenommen« worden seien, wo niemand mehr wisse: »Ist das nun einmal mehr betrügerisches Schauspielermaterial oder die Wahrheit?« Schätzungen zufolge seien gut 90 Prozent aller YouTube-Videos aus Kriegsgebieten »reines zusammengelogenes Kriegs-Propaganda-Material«. Die ARD-*Tagesschau* sei im Jahr 2011 »zu einem unkritischen Sprachrohr des westlichen Kriegsbündnisses NATO mutiert«.

Hoppla – trifft etwa, was ich einst über die *Bild*-Zeitung sagte, inzwischen auch auf die großen Nachrichtensendungen zu: »Erst kommt die *Bild*-Zeitung, dann kommt die NATO«? Muss es jetzt etwa heißen: Erst kommt Tom Buhrow, dann fliegen die Bomben? Denn schließlich: Ohne den richtigen Rückenwind durch die Medien kann heutzutage niemand mehr Krieg führen – oder sollte man sagen: »ohne die richtige Propaganda«?
Bei der sogenannten arabischen Rebellion hätten uns die *Tagesthemen* und Buhrow »nahezu ausschließlich über die vom Westen ausgerüsteten Rebellenbewegungen« informiert, hieß es auch auf *diefreiemeinung.com* (21.6.2013). »Dass sich die ARD-Tagesthemen und die Heute-Sendung des ZDF [»Anchorman«: Claus Kleber] da fast wie ein Ei dem anderen gleichen, macht den Skandal und das Informationsdefizit der Zuschauer nur noch größer.« Dass Tom Buhrow »diesen angepassten, staatshörigen Journalismus« als Nachfolger von Claus Kleber in der Leitung des ARD-Studios Washington »jahrelang fleißig praktiziert hat, qualifiziert ihn jetzt wohl als Intendant des WDR. Da können wir uns lebhaft vorstellen, was aus dessen Restbeständen kritischer Berichterstattung in den nächsten Jahren werden könnte: angepasster, staatstragender Verlautbarungsjournalismus erster Güte.«

Thomas mit den Scherenhänden

Tatsächlich muss man das Stühlerücken beim WDR und bei den ARD-*Tagesthemen* aber im Gesamtzusammenhang sehen, um zu erkennen, dass es nicht um Personen geht. Dass zum Beispiel Monika Piel kein »Ausreißer«, sondern politische Absicht war. Personen sind nur die Vehikel dieser Politik. Wichtig ist zum Beispiel nicht nur, wer auf die WDR-Intendantin Piel folgte, sondern auch, wer Buhrows Nachfolger bei den *Tagesthemen* wurde. Die ARD holte dafür eines ihrer ganz alten Propagandagespenster aus dem Keller: Thomas »mit den Scherenhänden« Roth. Diesen Spitznamen bekam der TV-Journalist, als er 2008 ein Interview mit Wladi-

mir Putin verstümmelte. Genau der falsche Mann für die *Tagesthemen*, sollte man meinen – oder etwa genau der richtige?
Doch der Reihe nach. Es begann mit einem Versuchsballon. Am 13. Juni 2013 ließ ihn *Spiegel Online* steigen. Der derzeitige ARD-Studioleiter in New York, Thomas Roth, könnte vielleicht schon bald zusammen mit Caren Miosga und Ingo Zamperoni die *Tagesthemen* moderieren, hieß es da: »Der 61-Jährige könnte auf diesem Posten seine Karriere ausklingen lassen.« Wie schön für ihn. Und darauf kommt es ja schließlich an – und nicht darauf, ob das zwangsweise zahlende Publikum vollständig und damit auch wahrheitsgemäß informiert wird. Denn damit hat es Roth ja nicht so – schon vergessen?

Schwindel in Onkel Toms Medienhütte

Vor mehreren Jahren berichtete *Das andere Jahrbuch* unter dem Titel »Schwindel in Onkel Toms Medienhütte« (= *Tagesthemen*) darüber (siehe *verheimlicht – vertuscht – vergessen. Was 2008 nicht in der Zeitung stand*, München 2009, S. 184 ff.). Tom Buhrow und Thomas Roth hatten dabei kongenial zusammengearbeitet. Es war nach der sogenannten Georgien-Krise beziehungsweise dem Kaukasus-Krieg im Sommer 2008, als Russland einen Angriff des westlich gesteuerten Georgien auf Südossetien zurückschlug und in Georgien einmarschierte. Vor diesem Hintergrund hatte Thomas Roth mit dem russischen Regierungschef ein Interview geführt. Am 29. August 2008 kündigte Buhrow in den *Tagesthemen* an, dass die Zuschauer gleich »das ganze Interview« sehen würden. Davon konnte jedoch gar keine Rede sein. Die Fassung der ARD war in Wirklichkeit nur ein Drittel so lang wie die Langfassung auf *YouTube*: knapp neun statt knapp 30 Minuten.
Nachdem herausgekommen war, dass Roth das Interview mit Putin so dreist geschnitten hatte, dass von wesentlichen Aussagen des russischen Regierungschefs nicht mehr viel übrig geblieben war, gab es einen Skandal. Na und? Es gab eben nicht mehr Sendezeit, wird

mancher sich jetzt denken. Nichts da. Erstens würde es die Bedeutung des russischen Regierungschefs durchaus rechtfertigen, ihn im deutschen Fernsehen einmal ausreden zu lassen. Und zweitens fiel die sorgfältige Auswahl der Schnitte auf. Gekürzt wurde häufig da, wo es für den Westen unangenehm wurde. Ausgerechnet kritische Äußerungen Putins fielen Roths »Scherenhänden« zum Opfer. So beschwerte sich ARD-Mann Roth bei Putin, dieser habe noch nicht auf die Frage geantwortet, warum er durch das Einschreiten im Kaukasus die Isolation seines ganzes Landes riskiert habe.

> **Antwort Putin:** *Ich dachte, geantwortet zu haben, aber wenn Sie zusätzliche Erklärungen brauchen, das mache ich. Unser Land, das die Würde und den Stolz unserer Bürger verteidigen kann und die außenpolitischen Verpflichtungen im Rahmen der Friedensstiftung erfüllen kann, wird nicht in Isolation geraten.*

Schnitt. Nächste Frage. – Stopp! Nicht so schnell! Denn es ging ja noch weiter (von der ARD geschnittene Stellen hervorgehoben):

> **Antwort Putin:** *Ich dachte, geantwortet zu haben, aber wenn Sie zusätzliche Erklärungen brauchen, das mache ich. Unser Land, das die Würde und den Stolz unserer Bürger verteidigen kann und die außenpolitischen Verpflichtungen im Rahmen der Friedensstiftung erfüllen kann, wird nicht in Isolation geraten,* (Schnitt) ***ungeachtet dessen, was unsere Partner in Europa und USA im Rahmen ihres Blockdenkens sagen. Mit Europa und den USA endet die Welt nicht. Und im Gegenteil, ich möchte es noch mal betonen: Wenn Staaten ihre eigenen nationalen Interessen vernachlässigen, um außenpolitische Interessen anderer Staaten zu bedienen, dann wird die Autorität dieser Länder – unabhängig davon, wie sie das auch erklären mögen – nach und nach sinken. Das heißt, wenn die europäischen Staaten die außenpolitischen Interessen***

der USA bedienen wollen, dann werden sie, aus meiner Sicht, nichts dabei gewinnen.
Jetzt reden wir mal über unsere internationalen rechtlichen Verpflichtungen. Nach internationalen Verträgen haben die russischen Friedenstifter die Pflicht, die zivile Bevölkerung von Südossetien zu verteidigen. Und jetzt denken wir mal an 1995 (Bosnien). Und wie ich und Sie gut wissen, haben sich die europäischen Friedensstifter, in dem Fall repräsentiert durch niederländische Streitkräfte, nicht in den Konflikt eingemischt und haben einer Seite damit erlaubt, einen ganzen Ort zu vernichten. Hunderte wurden getötet und verletzt. Das Problem und die Tragödie von Srebrenica ist in Europa sehr bekannt. Wollten Sie, dass wir auch so verfahren? Dass wir uns zurückgezogen hätten und den georgischen Streitkräften erlaubt hätten, die in Zchinwali lebende Bevölkerung zu vernichten?

Da wurde ja eine ganze Menge unterschlagen:

1. Was die USA und die Europäer im »Rahmen ihres Blockdenkens sagen«, ist nicht so wichtig.
2. Europa und die USA sind nicht die (ganze) Welt.
3. Wenn Staaten wie Deutschland (das er nicht nennt, aber meint) und andere europäische Länder ihre eigenen nationalen Interessen vernachlässigen, um anderen Staaten wie den USA in den Hintern zu kriechen (was er auch nicht sagt, aber ebenfalls meint), »dann wird die Autorität dieser Länder – unabhängig davon, wie sie das auch erklären mögen – nach und nach sinken«.
4. Durch unterlassene Hilfeleistung der Europäer wurden aus Putins Sicht in Bosnien 1995 ein ganzer Ort vernichtet und Hunderte von Menschen getötet. Dessen wollte sich Russland im Falle Südossetiens nicht schuldig machen.

All das wurde weggeschnitten!
Dabei ist dies nur ein Beispiel für die Eingriffe in das Interview. Bei der ARD sitzt man demnach zwar in der ersten Reihe. Allerdings nicht, um besser zu sehen, sondern um über den Löffel barbiert zu werden.

Banane ist doch gelb, oder?

Im Internet brach nach Ausstrahlung des verstümmelten Gesprächs ein Proteststurm los, in dessen Verlauf Zuschauer Roths Kopf forderten. Der WDR-Journalist musste sich auch im *Tagesschau*-Chat rechtfertigen – wobei er prompt durchfiel: »Im Chat wird nach wie vor um den heißen Brei geredet. Man versucht nun möglichst glimpflich aus der Situation zu kommen. Selbst Putin hat auf sehr viel schwierigere Fragen besser geantwortet«, fanden Chatter. Teilnehmer persiflierten Roths Ausweichversuche (Rechtschreibung beibehalten):

> **Frage:** *Banane ist doch gelb? Finden Sie das nicht?*
> **Antwort von Herr Roth:** *Natürlich kann es Zuschauern auf ersten Blick scheinen, dass die Banane gelb ist, aber wenn man die Einzelheiten betrachten und sich mit dem Thema mehr beschäftigt, dann sieht man, dass in der Realität sieht Banane rot aus. Meine Kollegen teilen auch diese Meinung, und das ist gut so ...* (*Tagesschau*-Blog, 4.9.2008).

Obwohl: Die etablierten Medien sahen selbstverständlich überhaupt keinen Skandal. Als Roth im Dezember 2008 von Moskau nach New York wechselte, überschüttete man den verdienten Kämpfer für die Sache des Westens zum Abschied mit Lob. Der Wechsel wurde Roth noch durch den einen oder anderen einen Preis versüßt, unter anderem den Liberty Award von Reemtsma.

Preise bleiben in der Familie

Laut eigener Darstellung würdigt der Liberty Award »im Ausland tätige Korrespondenten und Reporter, die Außergewöhnliches für die Freiheit leisten – die Freiheit der Medien, der Gesellschaft und damit für die Freiheit eines jeden Einzelnen« (*Wikipedia*). Vor allem wahrscheinlich für die Freiheit des Westens, seine Wahrheiten auf dem Globus zu verbreiten. In der Jury saßen seinerzeit praktischerweise gleich alte ARD-Größen, wie beispielsweise deren früherer Chefredakteur für Politik, Kultur und Gesellschaft, Hartmann von der Tann. Die öffentlich-rechtliche Nomenklatura verleiht sich Preise offenbar gern gegenseitig. 2013 glaubt man bei der ARD offenbar, dass über die Sache mit dem Putin-Interview nun genügend Gras gewachsen sei. Der ehemalige Moskau- und New-York-Korrespondent Roth wurde als *Tagesthemen*-Moderator recycelt. Was Mitte Juni noch ein Versuchsballon war, wurde später zur Gewissheit. »Thomas Roth übernimmt ›Tagesthemen‹«, titelte etwa das Medienblatt *Werben & Verkaufen* am 24. Juni 2013. Am 5. August moderierte Roth die erste Sendung. Für die Glaubwürdigkeit der »Qualitätsmedien« bestimmt kein Fortschritt …

3. Juli
Ägypten: Einmal Militär, immer Militär!

Überraschung: Der Militärputsch vom 3. Juli 2013 in Ägypten war gar keiner! Das kann man jedenfalls *Wikipedia* entnehmen. Rief man dort am Tag darauf (4.7.) den Artikel über den vom Militär abgesetzten Präsidenten Mohammed Mursi auf, gab es da zwar noch einen Link namens »Militärputsch in Ägypten 2013«. Wenn man die Seite jedoch abspeicherte und wenige Wochen später auf den gespeicherten Link klickte, landete man plötzlich nicht mehr bei einem Artikel über den »Militärputsch«, sondern auf einer Weiterleitungsseite mit dem Titel »Umsturz in Ägypten 2013«. Das Militär war hier also bereits getilgt worden. Damit aber noch nicht genug, brachte diese Weiterleitungsseite einen nun zu einem Artikel mit dem Titel »Staatskrise in Ägypten 2013«. Das ist freilich ganz neutral: Staatskrisen kommen und gehen, von wem sie ausgelöst werden, weiß kein Mensch; ein Staat holt sie sich im Prinzip wie einen Schnupfen. Aus einem Anschlag auf den Staat wurde auf diese Weise so etwas wie eine unerklärliche Erkrankung. So funktionieren Geschichtsklitterung und Manipulation auf *Wikipedia* (siehe dazu auch *20. Juni* »Klima-Panik: Connolley – der Mann, der unser Weltbild umschrieb«).

Umleitung zur Staatskrise:
Bei Wikipedia führt ein alter Link zum »Militärputsch« in Ägypten nun zu einem Artikel über die »Staatskrise«

Das Volk ist wie ein schwerer, zäher Sirup

Doch zurück zu dem ägyptischen Präsidenten Mohammed Mursi: Wie kam es denn nun wirklich zu seinem Sturz? Warum musste er wirklich weg? Schon bald nach seiner Wahl zum Präsidenten und seiner Vereidigung am 30. Juni 2012 erwuchs ihm eine stattliche Opposition. Ganz so, als hätte Ägypten keinen demokratischen Präsidenten, sondern eine neue Hassfigur gewählt, wie den am 11. Februar 2011 zurückgetretenen langjährigen »Diktator« und Luftmarschall Husni Mubarak. Als seien die wahrscheinlich freiesten Präsidentschaftswahlen der ägyptischen Geschichte nicht Teil der Lösung, sondern Teil des Problems gewesen. Kaum war Mursi ein halbes Jahr im Amt, marschierten angeblich schon wieder die Massen. Was war nur los?

Die Antwort: Mursi machte alles falsch, was man nur falsch machen kann. Vielleicht nicht in den Augen des Volkes, aber in den Augen derjenigen, die das Volk mobilisieren können. Und das ist ein kleiner, aber wichtiger Unterschied. Denn der eigentliche Konflikt schwelte weniger zwischen Mursi und dem Volk – das ihn ja gerade noch gewählt hatte –, sondern zwischen Mursi und den Militärs. Das Volk selbst ist ja eine träge Masse, so etwas wie ein Becken voller Sirup, der sich gar nicht selbst mobilisieren kann. Der Sirup selbst ist viel zu zähflüssig, um sich selbst in Schwingung zu versetzen. Diese Zähflüssigkeit entsteht nicht durch die Trägheit oder Dummheit der einzelnen Individuen, sondern vor allem dadurch, dass sich die Bewegungsimpulse der Einzelnen gegenseitig neutralisieren. Erst wenn man genügend Individuen in die eine oder andere Richtung ausrichtet, kann eine »Bewegung« entstehen. Man kann den Sirup durch die eine oder andere Schwingung »von außen« in Wallung versetzen und in die eine oder andere Richtung lenken. Und wenn man den Sirup lange genug aufwühlt, dann kann er auch mal hohe Wellen schlagen und überschwappen. Dazu bedarf es aber erheblicher psychologischer und publizistischer Energie. Die Gleichrichtung einer genügend großen Zahl von Individuen kann nur durch Medien gelingen, die die Bevölkerung beeinflussen oder »aufhetzen«. Die eigenen Interessen der Menschen spielen dabei eine geringe bis gar keine Rolle. Eine aufgehetzte Bevölkerung ist jederzeit in der Lage, die eigenen Interessen mit Füßen zu treten, denn sie dient den Interessen derjenigen, von denen sie aufgehetzt wurde. Schon aus diesem Grund ist jede »Revolution« (= Volksbewegung) mit größtem Misstrauen zu betrachten.

Putsche als Regierungsform

Zusätzlich muss man wissen, dass Putsche in Ägypten keine Überraschung, sondern seit 60 Jahren eine Regierungsform sind – oder zumindest eine gängige Form der Regierungsübernahme. Seit dem Sturz von König Faruk 1952 durch Gamal Abdel Nassers Geheimbund Freier Offiziere wurde Ägypten von Putschisten regiert. Und alle Präsidenten gingen aus diesem Geheimbund oder zumindest aus dem Militär hervor. Der erste Präsident nach Faruk war (zum Zeitpunkt des Putsches) ein Generalmajor (Ali Muhammad Nagib), der zweite und der dritte ein Oberstleutnant (Gamal Abdel Nasser bzw. Anwar as-Sadat). Der vierte war Sadats Vizepräsident, ein General und Luftmarschall, der nach der Ermordung Anwar as-Sadats 1981 an die Macht kam: Husni Mubarak. Bis zu seiner Absetzung durch die »Revolution« und seinem Rücktritt am 11. Februar 2011 regierte Mubarak Ägypten 30 Jahre lang im Ausnahmezustand. Anschließend legte er die Macht in die Hände des Obersten Militärrats, und da sollte sie natürlich auch bleiben – beziehungsweise bei dessen Kandidaten. Angesichts der Tatsache, dass Mubarak zu diesem Zeitpunkt bereits fast 83 Jahre alt war, musste der Machtwechsel ohnehin vollzogen werden.

Ein »unabhängiger Kandidat«

»Für ägyptische Verhältnisse« war die Wahl Mursis 2012 »frei und fair, was auch vom überwiegenden Teil der Opposition akzeptiert wird«, schrieb die *Zeit* am 30. Januar 2013 (online). Wobei die Betonung auf »für ägyptische Verhältnisse« liegt. Da der Ausnahmezustand als Regierungsform nicht mehr in die internationale politische Landschaft passte, sollte die Militärherrschaft lediglich demokratisch bemäntelt werden. Das Militär war nämlich keineswegs bereit, die Macht nunmehr in »freien, demokratischen Wahlen« abzugeben. Das Volk sollte lediglich dazu gebracht werden, einen Kandidaten des Militärs auf den Schild zu heben und zu wählen. Zu diesem Zweck stellten die Generäle für die Präsidentschaftswahlen 2012, bei denen auch Muslimbruder Mohammed Mursi kandidierte, einen eigenen »unabhängigen« Kandidaten auf: Ahmad Muhammad Schafiq.

Ein guter Witz, denn der »unabhängige« Gegenkandidat Mursis war nichts weiter als ein guter Luftwaffenkamerad von Husni Mubarak. Genau wie dieser hatte Schafiq sich nach oben gedient und es vom Kampfpiloten zum Stabschef (1991) und Luftmarschall gebracht. Genau wie vor ihm Mubarak gehörte der spätere Wahlverlierer Schafiq von 1996 bis 2002 als Oberbefehlshaber zur obersten Führung der Luftstreitkräfte. Unter Mubarak diente er als Luftfahrt- und zuletzt als von ihm ernannter Premierminister. Mit anderen Worten, Schafiq war nichts weiter als Mubaraks militärischer Ziehsohn aus dem »Stall« der Luftwaffe. Laut *Al Jazeera* (online, 12.2.2011) gehört oder gehörte Schafiq sogar selbst zum Obersten Rat der Streitkräfte – kurz zu jenem Militärrat, dem Mubarak 2011 die Macht zurückgab.

Dieser Mann war es also, der bei den Präsidentschaftswahlen 2012 als »unabhängiger Kandidat« gegen den Muslimbruder Mohammed Mursi antrat. »Ahmed Schafiq, Mubaraks letzter Premierminister, ist der Überraschungsanwärter in Ägyptens Präsidentschaftsrennen«, schrieb der amerikanische Internetdienst *McClatchy* (17.5.2012).

Militär und Muslimbrüder

Die Muslimbrüder, denen der erste frei gewählte Präsident Ägyptens, Mursi, angehörte, hatten es sich dagegen schon früh mit den Militärs verscherzt. Während einige der Putschoffiziere von 1952 noch Muslimbrüder waren, verstärkten sich später die Spannungen. Zum endgültigen Bruch zwischen dem Militär und der islamistischen Bewegung kam es durch einen Anschlag auf Oberst Gamal Abdel Nasser im Oktober 1954, der der Muslimbruderschaft zugeschrieben wurde. Spätestens ab da war die Feindschaft besiegelt. Fortan wurde die islamische Bewegung in Ägypten unterdrückt. Erst die ägyptische Revolution von 2011 ermöglichte ihre Wiederauferstehung als Partei und ihre Teilnahme an demokratischen Wahlen. Ein Präsident der Muslimbrüder dürfte allerdings das Letzte gewesen sein, was sich das Militär gewünscht hatte – das bisher übrigens zu mehr als 50 Prozent von den USA finanziert wurde. Und nicht nur das: Ägypten war nach Israel gar der zweitgrößte Empfänger amerikanischer Militärhilfe, was die enge Bindung an die Vereinigten Staaten zeigt.

Mursi klaut dem Militär die Macht

Bei den Präsidentschaftswahlen 2012 lieferten sich Schafiq und Mursi dann ein Kopf-an-Kopf-Rennen. Wie es aussah, taten die Militärs alles, um ihren Kandidaten »auf demokratischem Wege« durchzubekommen. Besser ist jedoch der Ausdruck »auf zivilem Wege« – also ohne Anwendung von Waffengewalt. Bereits während der Wahlen hatte sich der linke Kandidat Hamdeen Sabahi über Foul Play des Militärkandidaten Schafiq beklagt und dessen Disqualifizierung gefordert. Dabei ging es um die Vorwürfe eines Polizeioffiziers, das Innenministerium habe Schafiq illegal 900 000 Stimmen zugeschanzt (*Al Arabiya*, online, 26.5.2012). Zwar habe das Militär offiziell keinen der Präsidentschaftskandidaten unterstützt, so der Internetdienst *McClatchy*, aber aus Schafiqs Bemerkungen und der auffälligen Präsenz wohlwollender Sicherheitskräfte bei seinen Wahlkampfauftritten gehe hervor, dass er genau mit jenen Generälen eine vertraute Beziehung pflege, die er als Herrscher Ägyptens ablösen sollte: »Vielleicht ist das keine Überraschung, angesichts der Tatsache, dass er ein pensionierter General ist, der einst die Luftwaffe des Landes kommandierte.«

Geburt oder Fehlgeburt?

Doch das alles nützte nichts: Bei den Präsidentschaftswahlen 2012 beraubte Muslimbruder Mohammed Mursi die Militärs der Macht. Im ersten Wahlgang erhielt Mursi 24,78 Prozent der Stimmen, Schafiq 23,66 Prozent. Im zweiten Wahlgang (Stichwahl) stand es 51,73 zu 48,27 für Mursi. Eine böse Überraschung für die Militärs. Die Geburt des ersten demokratisch gewählten Präsidenten Ägyptens war aus ihrer Sicht eine Fehlgeburt. In ihren Augen hatte Mursi ihnen die Macht gestohlen. Aus ihrer Sicht war der Muslimbruder Mohammed Mursi ein politischer Unfall, der alsbald wieder korrigiert werden musste.

Mursi – ein Antisemit?

Eingedenk der alten Feindschaft zwischen Militär und Muslimbrüdern gab Mursi nach seiner Wahl die Mitgliedschaft bei den Islamisten auf. Angeblich, weil er der Präsident aller Ägypter sein wollte, sollte heißen: »auch der Präsident des Militärs«. Aber neben den US-finanzierten Streitkräften gab es noch jemanden, der überhaupt nicht mit einem ägyptischen Präsidenten Mursi einverstanden sein konnte, nämlich Israel. Zusammengenommen sind das Feinde, die man politisch nicht überleben kann. »Als Mohammed Mursi im vergangenen Jahr ägyptischer Präsident wurde, äußerte Israel große Vorbehalte gegen den Vertreter der islamistischen Muslimbrüder«, schrieb die *Süddeutsche Zeitung* (online, 15.1.2013). Klar, denn zum einen war Mursi nicht der Kandidat des Militärs, zum anderen angeblich auch noch »ein Antisemit«, wie die *Zeit* herausgefunden hatte (online, 30.1.2013). Tatsächlich sei Mohammed Mursi in der Vergangenheit »durch antisemitische Äußerungen« aufgefallen. Der Beweis: Ein »Institut für Medienforschung des Nahen Ostens (Memri-TV)« habe ein Video aus dem Jahr 2010 ausgegraben, das den damaligen Muslimbruder zeige, »wie er Juden aufs Gröbste beschimpft«, berichtete die *Süddeutsche Zeitung* (a. a. O.). Darin soll Mursi Juden und Israelis als »Blutsauger«, »Kriegstreiber« und »Nachkommen von Affen und Schweinen« beschimpft haben. Auch laut der österreichischen Zeitung *Der Standard* »bezeichnete Ägyptens aktueller Präsident die Israelis als ›Nachkommen von Affen und Schweinen‹« (online, 15.1.2013). Dasselbe berichteten der *Spiegel* (5/2013), *stern.de* (16.1.2013), *N24* (online, 16.1.2013), *EuropeNews* (14.1.2013) und viele andere auch. Fertig war der Casus Belli zwischen Israel und Ägypten – beziehungsweise zwischen Israel und Mohammed Mursi.

Juden = »Nachfahren von Affen und Schweinen«?

Das ist natürlich dumm gelaufen. Aber wie bereits früher erwähnt, lügt bzw. »irrt« es sich nirgends so leicht wie bei hohen Sprachbarrieren, insbesondere wenn auch noch Schriftbarrieren dazukommen, wie zwischen dem Arabischen und dem Englischen oder dem Deutschen. So spricht Mursi in dem Video in Wirklichkeit weder von Juden noch von Israelis, sondern von Zionisten, also den Angehörigen der jüdischen Nationalbewegung zur Gründung eines jüdischen Staates in Palästina. Also von jenen Menschen, die den Palästinensern tatsächlich Land wegnahmen und wegnehmen, um einen jüdischen Staat zu gründen bzw. auszubauen. Zwar nehmen die Zionisten gern den »Opferschutz« für sich in Anspruch, den die Juden weltweit genießen, aber die Zionisten sind eben nicht einfach mit Juden (»Religionsangehörigen«) oder Israelis (Staatsbürgern) gleichzusetzen, schließlich gibt es auch Juden, die einen jüdischen Staat und die Landnahme in Palästina strikt ablehnen. Mit anderen Worten, praktisch alle Zionisten sind zwar Juden, aber nicht alle Juden Zionisten. Wörtlich hat Mursi in dem Video also gesagt: »Entweder man akzeptiert die Zionisten und das, was sie wollen, oder es gibt Krieg. Und das wissen die Zionisten, diese Besetzer Palästinas, diese Blutsauger und Kriegstreiber, diese Nachfahren von Affen und Schweinen.« Was zwar ebenfalls nicht gerade nett, aber rein semantisch eben nicht mit »Anti-Semitismus« bzw. »Anti-Judaismus« gleichzusetzen ist.

In dem drei Jahre alten Video bezeichnete Mursi Amerikaner und die Zionisten als »Feinde«, gegen die »mit allen Formen des Widerstands« vorzugehen sei. Dazu gehörten sowohl »militärischer Widerstand in Palästina«, die Unterstützung von Widerstandskämpfern (also in westlicher Lesart »Terroristen«) als auch politischer und ökonomischer Widerstand in Form von Boykotten durch Muslime und Araber außerhalb von Palästina – also in der gesamten arabischen und islamischen Welt. Widerstand sei die einzige Möglichkeit, Palästina zu befreien. Für Mursi sind die Zionisten schlicht »Kriminelle«, die sich Palästina widerrechtlich angeeignet haben. Die sogenannte Zweistaatenlösung (aus einem israelischen und einem palästinensischen Staat) sei nichts weiter als eine Illusion und ein Betrug an den Palästinensern. Hob da etwa ein neuer Nasser (ägyptischer Präsident und Vater der arabischen Nationalbewegung) den Kopf?

Wer steckt hinter dem Memri-Institut?

Die interessante Frage lautet natürlich, wer ein Interesse daran hatte, das drei Jahre alte Video auszugraben und an die Weltöffentlichkeit zu bringen, nachdem Mursi ägyptischer Präsident geworden und bei den Muslimbrüdern ausgetreten war: Was verbirgt sich also hinter diesem »Institut für Medienforschung des Nahen Ostens (Memri-TV)«, das die Medien als Quelle des Videos nannten? Darüber verlor die *Süddeutsche Zeitung* nämlich kein Wort. Dabei hätten schon ein paar Klicks weitergeholfen und interessante Informationen zutage gefördert. Wer die Website des »Middle East Media Research Institute TV Monitor Project« aufruft, wird zwar mit arabischer Optik konfrontiert: Das Logo »MEMRI TV« ziert ein arabischer Schriftzug, und die vielen Videoclips zeigen offenbar lauter Fernsehauftritte arabischer Persönlichkeiten. »Das Institut für Medienforschung des Nahen Ostens (Memri) erschließt den Nahen Osten und Südostasien mit Hilfe ihrer Medien«, heißt es auf der Website. Und: »Memri ist eine unabhängige, überparteiliche Nonprofit-Organisation.« Aber erst wer sich tiefer in die Seite klickt, erlebt eine Überraschung: Sitz des Instituts ist nämlich Washington, D.C.

»Memri überbrückt die Sprachbarriere zwischen dem Westen, dem Nahen Osten und Südostasien, indem es zeitnahe Übersetzungen von arabischen, iranischen, paschtunischen und darischen Medien zur Verfügung stellt«, heißt es da. Was irgendwie nach Völkerverständigung klingt, ist das genaue Gegenteil: Unverblümt bekennt sich das Institut dazu, »die US-Regierung und das US-Militär zu unterstützen« und ein Teil des amerikanischen »Krieges gegen den Terror« zu sein. Unterstützt wird also jene US-Regierung, die wiederum auch zu mehr als 50 Prozent das ägyptische Militär finanziert. »Memris Arbeit kommt direkt dem amerikanischen Krieg gegen den Terror zugute«, kann man auf der Website lesen. »Hochqualifiziertes Personal übersetzt und analysiert gründlich öffentliche Materialien wie Fernsehprogramme, Radio, Zeitungen, Lehrbücher und Internetseiten. Jeden Tag erhält Memri Anfragen von Mitgliedern der US-Regierung, des Militärs und der Legislative.« Von der Memri-Seite aus kann man sich direkt auf eine weitere Seite des Instituts klicken, auf der das MEMRI-Logo plötzlich nicht mehr von einem arabischen Schriftzug begleitet wird, sondern mit einer wehenden amerikanischen Flagge hinterlegt ist. Hier kann man auch eine »Videopräsentation« sehen, »wie Memri die US-Regierung unterstützt«.

Kampfansage an Amerikaner und Zionisten

Mit anderen Worten, das Institut durchsucht arabische Medien nach Propaganda-Munition, um den US-Apparat und die internationalen Medien zu füttern und die Weltöffentlichkeit gegen die arabische Welt aufzuhetzen. Das Spannendste an den skandalisierten Äußerungen Mohammed Mursis ist jedoch, dass sie in Ägypten selbst kaum Widerspruch gefunden haben dürften. In diesem Punkt könne Mursi »sogar mit der Unterstützung weiter Teile der nicht-islamistischen Opposition rechnen«, erkannte sogar die *Zeit*.

Das heißt, das Video konnte dazu führen, dass nicht nur die Muslimbrüder, sondern ganz Ägypten wie ein Mann hinter Mohammed Mursi stand. Als Spaltpilz konnte das Video dagegen nur zwischen »der westlichen Welt« und Mursi wirken. Und zwar nicht nur wegen der Rhetorik, sondern auch aufgrund der Tatsache, dass sich Mursi darin explizit als Feind der Zionisten positioniert hatte, also jener Kraft, die nicht nur den Staat Israel gegründet hat, unterhält und weiter ausbaut, sondern auch in den USA über eine mächtige Lobby verfügt. Und in dem Video sagte Mursi nicht nur diesen mächtigen Zionisten, sondern auch den Amerikanern den Kampf an.

Mursi redet sich um Kopf und Kragen

Mursi redete sich in diesen vom Memri-Institut ausgegrabenen TV-Auftritten als ägyptischer Präsident also um Kopf und Kragen. Nicht gegenüber dem Volk, aber gegenüber seinen Feinden. Falls es bei den israelischen Eliten dieses Videos überhaupt bedurft hätte, denn sie waren über Mursi mit Sicherheit ohnehin im Bilde.

Mindestens genauso schlimm wie Mursis antizionistische Rhetorik waren jedoch seine konkreten politischen Initiativen. Tatsächlich beschwor Mursi einen weiteren Alptraum der zionistischen und amerikanischen Eliten herauf, nämlich eine Annäherung zwischen Ägypten und Iran. Nachdem beide Länder seit Jahrzehnten zerstritten waren, reiste Mursi gleich nach seinem Amtsantritt im August 2012 nach Teheran. Am 5. Februar 2013 besuchte mit Mahmud Ahmadinedschad sogar ein iranischer Präsident Ägypten – zum ersten Mal seit 30 Jahren. Eine Zeitenwende; es drohten geopolitische Machtverschiebungen zugunsten der Achse Teheran–Moskau–Peking. Am Flughafen begrüßten sich die beiden Staatschefs herzlich mit dem Bruderkuss. Und tatsächlich ähnelte Mursis Rhetorik ja auch verdächtig der Rhetorik des iranischen Präsidenten, der gefordert hatte, das zionistische Regime müsse »von der Landkarte verschwinden«. »Ein solcher Besuch wäre während der Herrschaft von Husni Mubarak [der Militär- und US-Marionette] völlig undenkbar gewesen«, hieß es bei *Reuters Deutschland* (5.2.2013). Nachdem der Westen gerade einen iranischen Verbündeten in der Region bekämpfte (den syrischen Präsidenten Assad), war eine Verbindung Teheran-Kairo nun wirklich das Letzte, was man sich als Ergebnis der ägyptischen »Revolution« wünschte. Jemand wie Mursi konnte und durfte überhaupt nicht ägyptischer Präsident werden – und wenn doch, dann musste er schnellstens wieder aus dem Amt verschwinden.

Ein absehbarer Konflikt

Und so begann denn auch bald nach Mursis Wahl Ende Juni 2012 ein absehbarer Konflikt, dessen Ende vorprogrammiert war. Es fing an mit seinem Amtseid. Schon den konnte er nicht dort leisten, wo er wollte, nämlich vor dem Parlament, weil dies nämlich zuvor vom Militärrat aufgelöst worden war. Um dem Militär die Stirn zu bieten, leistete Mursi den Amtseid am 29. Juni 2012 (quasi informell) nun vor Tausenden von Anhängern auf dem Kairoer Tahrir-Platz und erst am Tag darauf, am 30. Juni, vor dem Ägyptischen Verfassungsgericht – wie vom Militär gewünscht. Kurz darauf – am 8. Juli – forderte Mursi das von den Militärs aufgelöste Parlament auf, wieder zusammenzutreten, was am 10. Juli auch geschah. Der Militärrat reagierte mit einer Dringlichkeitssitzung. Als Nächstes – am 19. Juli 2012 – ließ Mursi knapp 600 vom Militärrat verurteilte Gefangene frei; anschließend feuerte er seinen Vizepräsidenten Muhammad Tantawi, den Vorsitzenden des Militärrats. Verschiedene Ergänzungen der Verfassung, welche die Militärs beschlossen hatten, um die Macht des Präsidenten zu beschneiden, erklärte Mursi für unwirksam. Und so ging es immer weiter.

Deutet man die Ereignisse richtig, zeigte Mursi wenig diplomatisches Geschick und Fingerspitzengefühl, sondern ging umgehend auf Konfrontationskurs mit den Streitkräften – und natürlich mit den USA und Israel. Er schien daher weniger auf lange Sicht zu denken, sondern den Militärs sofort zeigen zu wollen, wer Herr im Hause ist. Auf der anderen Seite versuchte Mursi aber möglicherweise auch nur, die Gelegenheit zu nutzen, um sich im Amt zu stabilisieren, solange es ging. Ein Vabanquespiel nach dem Motto: Er hatte keine Chance, aber er nutzte sie. Im Prinzip konnte er es nur falsch machen. Als authentischer muslimischer Präsident würde er von den Militärs umgehend »kassiert« werden, als nicht authentischer Präsident hätte er es auch gleich lassen können. Ein dritter Weg hätte darin bestanden, erst einmal gute Miene zum bösen Spiel zu machen, um dann ganz behutsam das eine oder andere Projekt im Sinne der eigenen Überzeugungen zu verwirklichen. Aber wahrscheinlich wäre ein solches Versteckspiel ebenso wenig erfolgreich gewesen.

Die Massen gegen Mursi?

So gingen ab Frühjahr 2013 also die Massen gegen Mursi auf die Straße – jedenfalls sah es auf westlichen Bildschirmen so aus. In Wirklichkeit wurde die angebliche Volksbewegung gegen Mursi zu großen Teilen vom Militär gesteuert. Die Militärs wollten ursprünglich nicht direkt putschen, sondern nur »den Willen des Volkes« vollstrecken – oder zumindest diesen Eindruck erwecken.

Wahrscheinlich auch, um ihre amerikanischen Geldgeber nicht zu kompromittieren. Deshalb unterstützte die Armee die erst am 28. April 2013 gegründete »Tamarod«-Bewegung (Tamarod = Rebellion, Aufstand), die angetreten war, bis zum 30. Juni 2013, dem Jahrestag der Vereidigung Mursis, 15 Millionen Unterschriften gegen ihn zu sammeln. Mit diesen 15 Millionen Unterschriften sollten die 13 Millionen Stimmen für Mursi bei der Stichwahl von 2012 übertroffen werden, um so quasi eine neue »Mehrheit« gegen den gewählten Präsidenten vorzutäuschen. Auf diese Weise sollten die Präsidentschaftswahlen sozusagen doch noch »gewonnen« werden. Schon das Gründungsdatum der »Tamarod«-Bewegung (28.4.) und der Stichtag 30. Juni 2013 für die Sammlung der 15 Millionen Unterschriften zeigen, dass man sich genau zwei Monate Zeit nehmen wollte, um die Proteste eskalieren zu lassen und Mursi aus dem Amt zu jagen. Wer schon einmal Unterschriften gesammelt hat, der weiß, wie mühsam ein solches Unterfangen ist. 15 Millionen Unterschriften in zwei Monaten (Mai–Juni) sind ein unglaublich hochgestecktes Ziel, das angeblich sogar noch übertroffen wurde. Am Ende wollte man insgesamt 22 Millionen Unterschriften gesammelt haben. Wenn man sich das einmal genauer überlegt, kann das wohl kaum stimmen. Nur, um einmal die Verhältnisse klarzustellen: Mit etwa 83 Millionen Einwohnern hat Ägypten genauso viele Einwohner wie Deutschland. Von diesen 83 Millionen sind 28 Millionen 15 Jahre alt oder jünger, bleiben also nur 55 Millionen Erwachsene übrig. Da etwa 39 Prozent der Erwachsenen Analphabeten sind, kamen nur rund 21 Millionen für eine Unterschrift in Frage – zufällig fast genau jene Zahl, die auch wirklich gegen Mursi unterschrieben haben soll.

Die »Tamarod«-Bewegung organisierte zum ersten Jahrestag der Mursi-Präsidentschaft am 30. Juni 2013 Massendemonstrationen und stellte Mursi schließlich ein Ultimatum bis zum 2. Juli 2013, 17 Uhr, um zurückzutreten und den Weg für Neuwahlen frei zu machen. Andernfalls wolle man zum zivilen Ungehorsam übergehen.

Die Koordination mit dem Militär zeigt, dass man hier von Anfang an zusammenarbeitete. Um den Schein zu wahren, hofften die Militärs bis zum letzten Moment auf Mursis »zivile Demission«. So warteten sie erst einmal ab, ob Mursi dem »Tamarod«-Ultimatum nachkommen würde, und gaben ihm Zeit bis zum 3. Juli 2013, seinen Stuhl zu räumen.

Doch Mursi tat ihnen den Gefallen nicht, ließ beide Ultimaten verstreichen und zwang das Militär damit, die Maske fallen zu lassen. Nach dem letzten Ultimatum wurde er festgenommen und unter Arrest gestellt – ein mit dem Volkswillen »parfümierter« Militärputsch sozusagen. Denn da niemand die Rechtmäßigkeit der Wahlen von 2012 ernsthaft angezweifelt hatte, war Mursi nun mal der rechtmäßig gewählte Präsident Ägyptens und seine Absetzung nichts weiter als Hochverrat. Ob man Muslime nun mag oder nicht, spielt dabei keine Rolle. Entscheidend ist, ob man für die Demokratie ist oder nicht.

»Wer steht dahinter? Israel«

Während sich der deutsche Außenminister Guido Westerwelle noch über den Umsturz erregte, schien sein amerikanischer Kollege John Kerry zunächst seinen Frieden mit dem Putsch zu machen: »US-Außenminister Kerry hat den Sturz der demokratisch gewählten Regierung Ägyptens durch die Armee gerechtfertigt«, hieß es alsbald in den Medien. Millionen Menschen hätten das Militär »gebeten« einzuschreiten, habe Kerry dem pakistanischen Fernsehsender Geo gesagt. Durch die (von den Militärs eingesetzte) zivile Übergangsregierung sei »die Demokratie wiederhergestellt worden« (*tagesschau.de,* 2.8.2013). Genau das Gegenteil war der Fall, denn mit der sogenannten zivilen Übergangsregierung war die Demokratie endgültig abgeschafft worden. Trotzdem zeigte Mursis Strategie, den Militärputsch herauszufordern, Wirkung. Denn nun entwickelten sich die USA zum »Wackelkandidaten«. Nachdem die verlogene Taktik der »zivilen Demission«

gescheitert war, wollten sie nicht als derjenige dastehen, der Putschisten finanziert. Schon am 9. Juli 2013 berichtete die Nachrichtenagentur *RIA Novosti* deshalb über zahlreiche Telefonate zwischen dem israelischen Premierminister Benjamin Netanjahu und US-Außenminister Kerry. Darin zeigten sich die Israelis besorgt, dass die USA nach dem Putsch die Militärhilfe für Ägypten streichen könnten. Das heißt also, dass Israel sich um die US-Militärhilfe für die ägyptische Armee sorgte. Eine seltsame Allianz. Oder ist sie umgekehrt logisch? Ist es nicht sogar naheliegend, dass sich Israel um jene Armee sorgt, die soeben einen strammen Antizionisten und Iran-Freund aus dem Amt gejagt hat?

Die letzte Runde ging an Mursi

Dass Israel hinter dem letztlich »harten Militärputsch« in Ägypten stand, meinte auch der türkische Ministerpräsident Tayyip Erdogan. »Wer steht dahinter? Israel«, sagte Erdogan *RIA Novosti* zufolge am 20. August 2013 bei einer Sitzung seiner »Partei für Gerechtigkeit und Entwicklung«: »Wir haben diesbezügliche Dokumente«, versicherte er. »Erdogan verurteilte den Umsturz in Ägypten und die Handlungen des ägyptischen Militärs gegen die Anhänger des gestürzten Präsidenten scharf«, berichtete *RIA Novosti:* »In der Vorwoche hatten die Türkei und Ägypten ihre Botschafter für Konsultationen einbestellt. (…) Eine Rückkehr des türkischen Botschafters nach Ägypten sei vorläufig nicht in Aussicht.«

Kein Wunder, denn natürlich hat Erdogan gemerkt, dass er längst selbst auf der Speisekarte der globalen Führungsmächte steht, wie die gegen ihn entfachten Proteste der letzten Monate zeigten. Gerade mit Israel ist Erdogan spätestens seit der Kaperung eines türkischen Hilfsschiffs für den Gazastreifen 2010 durch die israelische Marine, wobei neun Türken erschossen wurden, über Kreuz. Wegen des offenen Staatsstreichs schränkten die USA die Militärhilfe für Ägypten trotz des israelischen Widerspruchs ein. »Die

Wiederaufnahme der Hilfen hänge von einem ›glaubwürdigen Prozess hin zu einer demokratisch gewählten zivilen Regierung‹« ab, zitierte die Website der *Deutschen Welle* (10.10.2013) US-Außenamtssprecherin Jen Psaki. Damit ging diese vorerst letzte Runde wohl an Mursi.

16. Juli
Klimakiller Mann: Volksverhetzung an den Schulen?

»Steaks und Autos, beides so groß wie möglich. Das ist – genau: Das ist typisch männlich. ›Daher ist der Klimawandel ein Mann‹.« Donnerwetter! Soll wohl heißen: Fette Autos und die Herstellung von großen, tief gelegten Steaks erzeugen CO_2, und deshalb ist der Mann für den angeblich menschengemachten Klimawandel verantwortlich. Hut ab! Wenn das keine überzeugende wissenschaftliche Beweisführung ist: Der Mann ist eigentlich der Klimakiller unserer Tage! Er ist eigentlich dafür verantwortlich, dass in Grönland das Eis schmilzt, angeblich die Meeresspiegel steigen und ganze Inseln absaufen!
Spaß beiseite: Diese mehr als schlichte Logik entstammt nicht etwa dem Positionspapier einer lesbischen Umweltgruppe aus Berlin-Kreuzberg. Vielmehr wird dieser Text am 16. Juli 2013 allen Ernstes den Schülern eines Münchner Gymnasiums mitgegeben – als Übungstext für einen sogenannten Jahrgangsstufentest im Fach Deutsch.

Wissenschaftlich verbrämte Pöbelei

Es handelt sich um einen Artikel der österreichischen Journalistin Barbara Morawec. Bei dessen Lektüre gehen einem die Augen über, welche Art von menschenfeindlicher Hetze an Schulen verbreitet wird. Da wird zum Beispiel eine Studie von Ines Weller zitiert, einer Bremer Professorin. Wobei »Studie« vielleicht etwas übertrieben ist. Eher handelt es sich um eine wissenschaftlich verbrämte Pöbelei: »Männer essen im Durchschnitt mehr Fleisch und fahren protzige, spritfressende Autos, am liebsten schnell. Beides erhöht letztendlich den weltweiten CO_2-Ausstoß«, zitiert der Artikel die »Argumente« der Bremer Professorin am Zentrum für Gender Studies (ZGS) und Mitglied in der Zentralen Kommission für Frauenfragen (ZKFF, übrigens alles Einrichtungen in der Tradition der zurückgetretenen »Bildungsministerin« Annette Schavan). Man fragt sich, seit wann »protzig« und »spritfressend« wissenschaftlichen Kategorien sind. »Erschwerend kommt laut Weller hinzu, dass Männer ihr Verhalten oft auch nicht ändern wollen. Also tragen sie, so die Professorin, mehr zum globalen Klimawandel bei als Frauen. Diese essen mehr Obst und Gemüse und fahren zumeist das kleinere, Benzin sparende Auto und weniger Kilometer im Jahr. Sie benützen nämlich, so Weller, öffentliche Verkehrsmittel deutlich häufiger.«

Klimakiller Mann

Hier die bösen Männer, da die guten Frauen – damit sind die Rollen klar verteilt und ist der Tatbestand der Denunziation erfüllt. Mit anderen Worten, die Kinder lernen dabei, dass die Welt ohne Männer viel besser wäre.

Aber der Propagandaaufsatz zitiert noch weitere wissenschaftliche Leuchten. Zum Beispiel habe auch die »Umweltexpertin« Gotelind Alber (von »Women for Climate Justice«) den Mann als Umweltproblem erkannt. Sie bestätige Wellers Studie »weitgehend«, um hinzuzufügen: »Zudem könne man sagen, dass Frauen, obwohl sie weniger zum Klimawandel beitragen würden, oft von dessen Folgen stärker betroffen seien. Das gelte in erster Linie für Frauen in ärmeren Ländern, die mit der Versorgung der Familie beschäftigt sind. Und das werde angesichts verschärfter Umweltbedingungen beschwerlicher.«

Männer machen mit ihrem rücksichtslosen Klimaverhalten also auch Frauen in der Dritten Welt das Leben schwer. »In Männerhaushalten entsteht im Durchschnitt mehr CO_2 als in Frauenhaushalten«, zitiert der Artikel die »Wissenschaftlerin«. In Schweden betrage »das Plus« 30 Prozent. »Schwedische Männer fahren nämlich so gut wie immer das dickere Auto«, weiß die Expertin dem Bericht zufolge. Und: »Das gelte mehr oder weniger für alle europäischen Länder.«
Dicke Autos sind aber keineswegs der einzige männliche »Klimakiller«, lernen die Schulkinder in dem Text. Untersuchungen eines österreichischen Umweltinstituts hätten ergeben, »dass mehr als 20 Prozent des weltweiten CO_2-Ausstoßes bei Herstellung und Transport von Lebensmitteln erzeugt werden. Den Hauptanteil daran trägt eindeutig die Fleischproduktion.« Und wer isst besonders viel Fleisch – na, liebe Kinder? Richtig – der Mann: »Allein die Herstellung eines Kilogramms Steak verursacht 36,4 Kilogramm CO_2. Also auch in diesem Bereich scheint der Mann der Klimasünder zu sein.«

Die lässlichen Klimasünden der Frauen

Ein kleiner Schlenker zu den »Klimasünden« der Frauen dient in dem Aufsatz nur als Feigenblatt. So würden Frauen beispielsweise mehr Milchprodukte konsumieren, und weil Milch nun mal von Kühen stamme, trügen »auch Frauen ihr Scherflein zum Klimawandel bei«. Und »die Frage ist auch, welchen Anteil Kosmetika, bei deren Herstellung viele Rohstoffe verbraucht werden, am Klimawandel haben«.
Aber damit ist das Thema Frau auch schon erledigt, und Autorin Morawec kommt zum eigentlichen Objekt ihrer Propaganda zurück: »Dennoch scheint die Klimarechnung zugunsten der Frau aufzugehen. Und außerdem«, so die nächste Denunziation, »Frauen denken anders über den Klimawandel als Männer, sie sind eher bereit, etwas für das Gemeinwohl zu tun.« Männer sind dagegen

die reinsten Schädlinge. »Frauen, die meist mehr für die Familie da sind als Männer, sind es gewohnt, für andere mitzudenken«, zitiert der Artikel die »Expertin« Alber. »Männer hingegen seien offensichtlich nur dann umweltbewusst, wenn es nichts kostet.«

Purer Geschlechtsfaschismus

Das Ganze ist der reinste Geschlechtsfaschismus, jedenfalls in der für die Schulen benutzten Fassung des Artikels. Dahinter steckt eine Form der aggressiven Denunziation, wie man sie vor allem aus der DDR und aus dem Dritten Reich kennt. Und wer meint, dass man das nicht vergleichen könne, der sollte daran denken, dass man nur durch Vergleiche aus der Geschichte lernen kann. Zwar wurde in der Geschichte der Menschheit schon gegen andere Nationen, Rassen und gesellschaftliche Gruppen gehetzt – so irrsinnig, gegen die andere Hälfte der Menschheit zu hetzen, war bis zum Erscheinen der »Gender Studies« allerdings noch niemand. Man tausche in dem Text nur einmal das Wort »Klimawandel« durch irgendein anderes gesellschaftliches Problem aus und ersetze die Wörter »Mann« oder »Männer« durch »Ausländer«, »Frauen«, »Schwarze« oder gar »Juden«, und die Verantwortlichen würden sofort ihren Job verlieren.

Nicht so an unseren Schulen und Bildungsstätten. Denn der Mann ist zum Abschuss freigegeben. Klimapropaganda und männerfeindliche Hetze gehören hier zum Programm. Unsere staatlichen »Bildungseinrichtungen« schrecken nicht davor zurück, gleich die Hälfte der Menschheit zu denunzieren und zu verleumden.

Besonders bizarr ist, dass die Schulen solche menschen- und männerverachtenden Texte auch männlichen Schülern, Lehrern und Eltern vorsetzen. Und nirgends regt sich Widerstand. Dabei sollte eigentlich bekannt sein, dass schon an dem »menschengemachten Klimawandel« überhaupt nichts dran ist, sondern dass viele sogenannte Klimaforscher seit Jahren tricksen, fälschen und manipulieren, um einen solchen Zusammenhang zu konstruieren.

Die These vom menschengemachten Klimawandel ist unhaltbar, und die vom »männergemachten Klimawandel« erst recht, weil CO_2 erstens keinen nennenswerten Treibhauseffekt verursacht und zweitens nur zu einem sehr geringen Teil von Menschen erzeugt wird. Und wenn man schon mit »menschlichem CO_2« argumentiert, dann sollte einem eigentlich auffallen, dass das meiste CO_2 bei geschlechtsunspezifischen Prozessen anfällt, wie bei der Energieerzeugung, Heizung, Warmwasserbereitung, beim Wäschewaschen, Essenkochen etc. Der viel größere Teil des CO_2 in der Atmosphäre stammt aber ohnehin aus natürlichen Quellen und gehört zur natürlichen Ausstattung der Atmosphäre.
Die beschriebenen Zusammenhänge zwischen menschlichem bzw. männlichem Verhalten und dem »Klimawandel« gibt es so also überhaupt nicht. Wenn auf dieser Grundlage trotzdem Hetzartikel gegen ein ganzes Geschlecht geschrieben werden, ist das ein Problem. Das größere Problem besteht jedoch darin, dass solche Hetzartikel als Lernmaterialien an Schulen verteilt werden. Das Papier, aus dem ich eingangs zitiert habe, stammt ausgerechnet vom Staatsinstitut für Schulqualität und Bildungsforschung (ISB) in München (http://www.isb.bayern.de/).

Volksverhetzung an den Schulen?

Nun könnte man nichts dagegen einwenden, wenn dieser Text zum Gegenstand einer kritischen Analyse hätte gemacht werden sollen. Stattdessen wurde er im Juli 2013 als Vorbereitungstext für einen Jahrgangsstufentest im Fach Deutsch verteilt. Denn 2011 war er selbst Gegenstand eines Jahrgangsstufentests zum Textverständnis gewesen, bei dem die Schüler die erwähnten Inhalte nicht etwa kritisch erörtern, sondern verinnerlichen mussten. Die Wirksamkeit der Indoktrination wurde gleich geprüft. Dabei mussten die Schüler unter Beweis stellen, dass sie auch alle Aussagen des Textes verstanden hatten und Fragen mit »richtig«, »falsch« oder »nicht enthalten« beantworten. Zum Beispiel:

»Frauen sind umweltbewusster, auch wenn sie mehr Milchprodukte verzehren als Männer.« An den Haaren herbeigezogene Aussagen wurden also nicht nur zum Lerninhalt gemacht, sondern mussten von den Schülern auch noch als »richtig« erkannt werden. Weitere Fragen betrafen den Zusammenhang zwischen Fleischproduktion und CO_2-Ausstoß sowie typisch männliche und typisch weibliche Verhaltensweisen.

Nun ist es strafrechtlich verboten, die Menschenwürde anderer dadurch anzugreifen, dass sie beschimpft, böswillig verächtlich gemacht oder verleumdet werden (Paragraf 130 StGB). Im Allgemeinen nennt man das »Volksverhetzung«, ein Straftatbestand, der mit einer Freiheitsstrafe von drei Monaten bis zu fünf Jahren geahndet wird. Allerdings nur, wenn die Hetze in einer Weise erfolgt, »die geeignet ist, den öffentlichen Frieden zu stören«. Und da es an unseren Schulen sehr wahrscheinlich auch weiterhin ruhig bleiben wird, können die Verantwortlichen auch ebenso ruhig weiter hetzen …

August 2013

Thema des Monats *21.8.:*
Angeblicher Giftgasangriff in Syrien

1.8. Der Rechtsanspruch auf einen Kindergartenplatz bzw. auf Betreuungsgeld tritt in Deutschland in Kraft ***5.8. Doping-Diskussion in Deutschland klammert Extrembergsteiger aus /*** In Staufen / Breisgau wird das erste der durch Erdwärme-Bohrungen beschädigten Gebäude abgerissen **6.8.** In Berlin wird das Insolvenzverfahren gegen den Suhrkamp-Verlag eröffnet / Das Oberlandesgericht Nürnberg ordnet die Wiederaufnahme des Verfahrens gegen Gustl Mollath an ***21.8. Bei einem angeblichen Giftgasangriff sollen in der Nähe von Damaskus 1400 Menschen gestorben sein 27.8. Aus Indien dringen Berichte über »egg freezing« nach Deutschland – das Einfrieren weiblicher Eizellen für spätere Schwangerschaften 29.8. Ein Nahostberater enthüllt, dass die Syrien-Revolution schon vor Jahren in London geplant wurde***

5. August
Extrembergsteiger: Wo eine Pille ist, ist auch ein Weg

Sie genehmigen sich den Nanga Parbat als Hauptgang und den K2 zum Nachtisch. Sie brauchen kaum Sauerstoff, Nahrung und Wasser. Trotzdem entfalten sie tagelang übermenschliche Kräfte und steigen auf die gewaltigsten Berge der Welt. Sie sind die Superhelden unserer Zeit: unsere Extrembergsteiger. Die Frage ist nur: Wie schaffen die das? Geht es dabei wirklich mit rechten Dingen zu?

Eine längst überfällige Diskussion. Seit am 5. August 2013 eine brisante Studie zum Thema Doping in Deutschland veröffentlicht wurde, ist das Doping wieder in aller Munde, wenn man so sagen darf. Kam dabei doch heraus, dass nicht nur die DDR, sondern auch die Bundesrepublik Deutschland in den siebziger Jahren systematische Doping-Forschung betrieb. Ob Radfahren, Schwimmen oder sogar Fußball – alle stehen seitdem unter Generalverdacht. Und dass bei der Tour de France auf Teufel komm raus gedopt wird, ist ja inzwischen auch allgemein bekannt. Anders wären die übermenschlichen Leistungen der Radfahrer gar nicht möglich. Es gibt aber mehrere Ausnahmen in der öffentlichen Wahrnehmung – zum Beispiel das Extrembergsteigen. Im Zusammenhang mit dem neuen Doping-Hype Anfang August 2013 war davon nicht die Rede. Dabei wäre das doch eine gute Gelegenheit gewesen, die Frage zu stellen: Können Menschen wirklich auf Dauer die biologischen Naturgesetze außer Kraft setzen und tagelang unter Nahrungs-, Wasser- und Sauerstoffmangel Höchstleistungen vollbringen? Können Menschen wirklich »einfach so« in »eisigen Höhen« überleben, in denen andere längst sterben würden, und dabei auch noch übermenschliche Kräfte mobilisieren? Können Menschen sich dabei unter Schmerzen einfach Finger und Zehen abfrieren lassen, ohne ihren Gipfelsturm aufzugeben?

Während die Antwort im Allgemeinen natürlich nein lauten muss, weil nun mal kein Mensch die Naturgesetze außer Kraft setzen kann, antworten unsere Extrembergsteiger dauernd mit Ja: Ja, man kann ohne Extrasauerstoff auf einen Achttausender steigen. Ja, man kann sogar auf alle 14 Achttausender hintereinander steigen. Und: Ja, man kann dabei zudem noch auf Nahrung und Wasser verzichten und sogar ignorieren, dass einem Finger und Zehen abfrieren.

Supermänner und Wichte

Es gibt eben Supermänner, die sich, Göttern gleich, in ungeahnte Höhen aufschwingen, und kleine Wichte, die schon auf dem nächstbesten Klettersteig von Unterzucker und Zähneklappern geplagt werden. Alles klar? Nichts ist klar. Denn es spricht vieles dafür, dass wir eben doch alle »Fleisch vom selben Fleische« sind und den menschlichen Körper nicht einfach neu erfinden können – dass es eben nicht Götter und Menschen, sondern letztlich doch nur Menschen gibt. Wobei sich dann allerdings die Frage stellt, woher die göttlichen Leistungen kommen. Ja, es regt sich der Verdacht, dass die Bezwingung der Achttausender überhaupt nur unter Einsatz von Drogen möglich war. Erst recht wenn es sich um »Göttinnen« handelte – denn Frauen sind nun mal noch anfälliger für die Höhenkrankheit als Männer. Sind Drogen also das kleine schmutzige Geheimnis des Extrembergsteigens?

Wo eine Pille ist, ist auch ein Weg

Schon die Ersten, die 1950 einen Achttausender bezwangen, die Franzosen Maurice Herzog und Louis Lachenal, stiegen »im Rausch« auf den Gipfel des Annapurna im Himalaja (*Die Welt*, online, 14.12.2012): In der Nacht zum 3. Juni 1950 steckten Herzog und sein Bergkamerad Lachenal demnach ohne künstlichen Sauerstoff »oberhalb der sogenannten ›Todeszone‹« erschöpft und dehydriert in einer Eiswand namens »Sichel« fest, als sie gleich »mehrere Aufputschmittel« einwarfen. Und siehe da: »Vor allem Herzog war nun aufgeputscht. Er wollte unbedingt zum Gipfel.« Und wo eine Pille ist, ist auch ein Weg: Wenig später standen sie oben.

Eine zentrale Rolle spielt dabei natürlich der jeweilige Expeditionsarzt. Zuständig »für den umfangreichen Medikationsplan der Seilschaft« sei der Expeditionsarzt Jacques Oudot gewesen (*FAZ.NET*, 22.10.2006). Demnach gehörten »Vitamintabletten, Schlafmittel, Aspirin und Aufputschmittel« zu seiner Bergsteiger-Apotheke.

Die Schlüsselfigur im deutschsprachigen Raum war der Arzt Dr. Karl Maria Herrligkoffer (1916–1991). Wer zwischen 1953 und 1986 als Deutscher auf einen Achttausender steigen wollte, kam an ihm kaum vorbei. Der Weg auf einen der höchsten Berge der Welt führte fast immer über Herrligkoffer und seinen Medikamentenkoffer: »Es ist Juni 1953, und wieder baut eine deutsch-österreichische Expedition ihre Zelte auf der Märchenwiese auf«, hieß es zum 50. Jahrestag der Erstbesteigung des Nanga Parbat durch Hermann Buhl am 1. Juli 2013 im *FOCUS Magazin*. Die »Märchenwiese« ist der wichtigste Ausgangspunkt für Expeditionen auf den »Nanga«:

> »Expeditionsleiter Karl Maria Herrligkoffer nimmt den Bergsteigern ein Gelübde ab: ›Wir geloben‹, schwören sie markig, ›in dem Ringen um einen der höchsten Gipfel unserer Erde ehrenhafte Kämpfer zu sein – zur Ehre unseres Vaterlandes.‹ Noch hier unten fragt Herrligkoffer, im zivilen Leben Arzt, die Bergsteiger, ob sie auch ihr Pervitin bei sich hätten. Es war die Wunderpille der Wehrmacht, ein ›Wachhaltemittel‹ laut Packungsangabe. Arzt Herrligkoffer fragt vor laufender Filmkamera. Doping ist Ehrensache.«

Allein zum Nanga Parbat stellte der Mediziner nicht weniger als acht Expeditionen auf die Beine. Er organisierte wohl die meisten Exkursionen in den Himalaja, kümmerte sich um Geldgeber, Ausrüstung und die besten Routen: »Man muss sich die ungeheuren Erfolge Herrligkoffers ins Gedächtnis rufen, um zu begreifen, was dieser Mann auf seiner Habenseite verbuchen konnte«, heißt es im Begleittext zu einem Buch über Herrligkoffer (Horst Höfler / Reinhold Messner: *Karl Maria Herrligkoffer. Besessen, sieghaft, umstritten*, Zürich 2001). »Die Erstersteigung des Nanga Parbat, die erste Zweitroute an diesem Berg, die erste Durchkletterung der höchsten Steilwand der Erde, der Nanga-Rupalwand, der erste Deutsche ohne Sauerstoff aus der Flasche auf dem Mount Everest, die erste Ersteigung des Nanga-Parbat-Ostpfeilers, eine Neuroute an der Südwand des K 2, all dies ist auch Herrligkoffers Werk.«

Ohne Sauerstoff, aber nicht ohne Drogen

Und natürlich das Werk der Drogen. Denn tagelange Höchstleistungen in »eisigen Höhen« sind – bis auf sagenhafte Ausnahmen vielleicht – ohne Drogen einfach nicht drin. Wer das Gegenteil glaubt, der glaubt vielleicht auch, dass man bei der Tour de France mit Apfelsaft ganz vorne mitfahren könne. Jahrzehntelang war Herrligkoffer der Impresario des Achttausender-Zirkus, alle Wege zu Ruhm und Geld führten über ihn. Auch was die anschließende Verwertung der Bergabenteuer anging: »Autoritär teilte er ein, wer wo und wann Vorträge zu halten habe und vor allem sicherte er sich selbst das Recht für den offiziellen Expeditionsbericht«, heißt es in dem Begleittext zu dem erwähnten Buch weiter. Und natürlich sorgte Herrligkoffer für die Drogen: In seinem längst vergessenen Buch *Nanga Parbat 1953* (Berlin 1954) schreibe Herrligkoffer »unverkrampft über den pharmazeutischen Höhenschub«, berichtete die *Neue Züricher Zeitung* (online, 16.12.2011). »Er propagierte damals Pervitin als Grundausstattung für die persönliche Apotheke eines jeden Alpinisten.«

N-Methylamphetamin (so der chemische Name von Pervitin) hat es in sich und ist im Grunde genau das, was Extrembergsteiger brauchen. Denn die Einnahme »führt zu einer vollständigen Hemmung von Durst, Hunger, Schmerzen und Müdigkeit« *(DocCheck Flexikon)*. Außerdem erreicht der Konsument einen Zustand der Euphorie und hat für einen bestimmten Zeitraum »ein Gefühl von übernatürlicher Stärke und nicht zu trübendem Selbstbewusstsein« (ebda.). Denn neben körperlicher Kraft und Belastbarkeit braucht man schließlich auch eine ordentliche Portion Größenwahn, um es mit einem der furchterregenden Gipfel aufzunehmen. Nebenwirkungen wie »totale körperliche Erschöpfung sowie starke Depressionen« fallen nach so einer Bergtour schließlich nicht weiter auf. Andere Begleiterscheinungen wie Halluzinationen, Paranoia, extremer Narzissmus, Egozentrik, Aggressivität und ein gesteigertes Mitteilungsbedürfnis dagegen schon.

»Messners großes Vorbild«

Herrligkoffer organisierte 1953, wie gesagt, auch die Erstbesteigung des Nanga Parbat durch den Österreicher Hermann Buhl. Wer bisher der Meinung war, Reinhold Messner hätte 1970 den Nanga Parbat als Erster ohne künstlichen Sauerstoff bezwungen, sieht sich durch einen Blick in die Literatur eines Besseren belehrt. In Wirklichkeit war es Buhl, »Messners großes Vorbild« (*Alpenmagazin*, online, ohne Datum), der den Himalaja-Riesen (8125 m) als Erster bezwang, und zwar ebenfalls ohne Sauerstoffflasche.

Messners Aufstieg von 1970 glich dem von Buhl 1953 in wesentlichen Punkten. So brach schon Buhl am 3. Juli 1953 zwischen zwei und drei Uhr morgens vom Lager V in rund 6900 Meter Höhe zum Gipfel auf und erbrachte dabei übermenschliche Leistungen. Während kurze Zeit später gestartete Bergkameraden schlappmachten, überwand Buhl bis zur Gipfelankunft um

19 Uhr abends sagenhafte 1300 Höhenmeter, gut 300 Meter davon in der sogenannten Todeszone (ab 7800 m). Danach überlebte er ohne Biwak-Ausrüstung eine Übernachtung in 8000 Meter Höhe, wobei ihm mehrere Zehen abfroren. Geplagt von extremer Erschöpfung und Sinnestäuschungen, schaffte er es trotzdem nach über 40 Stunden total dehydriert aus eigener Kraft zurück zum Lager V.

Koks in der Kletterapotheke

Buhls »Kletterapotheke« war nicht von Pappe und enthielt nicht nur Kopfschmerztabletten, sondern bestand auch aus Aufputschmitteln wie Cocatee und Pervitin sowie Padutin (gegen Erfrierungen). In seinem damaligen Expeditionsbericht schrieb Buhl noch freimütig über die Drogen. Da die heutige »Doping-Moral« seinerzeit in der Form noch nicht existierte, gab es nichts zu verbergen und keinen Grund, den Gipfelsturm drogenfrei anzutreten. Gegen zwei Uhr am Nachmittag des 3. Juli 1953 erinnerte sich Buhl »des Pervitins, nahm zwei Tabletten, damit ich wieder neue Kraft bekäme und stärkeren Auftrieb«, wurde der Bergsteiger in Karl Maria Herrligkoffers *Nanga Parbat* zitiert: »Ich wusste, dass die Wirkung nur 6–7 Stunden anhalten würde und dass ich bis dahin einen Rastplatz erreicht haben musste« (a. a. O., S. 187). Um sechs Uhr abends »stand ich endlich droben auf der Schulter auf ungefähr 8000 Meter Höhe«. Aber: »Ich fühlte mich am Ende meiner Kräfte. (…) Ich nahm noch einen letzten Schluck Cocatee, der mir für kurze Zeit zum Labsal wurde« (S. 189 f.).

Halluzinationen am Berg

Bei *bergfieber.de* wurde der Aufstieg so beschrieben:

> »Gegen 7 Uhr [am 3. Juli] befindet sich Buhl am Silbersattel und quert das Plateau dahinter. Er lässt seinen Rucksack zurück, trägt nur, was seine Taschen ermöglichen. Hermann Buhl

> bekommt nun, in der Hitze des Tages, Probleme mit der Hitze und fängt an zu dehydrieren. Er umgeht den Vorgipfel und erreicht die Bazhin-Scharte. Dort nimmt er das Aufputschmittel Pervitin. (…) Hermann Buhl erklettert in schwieriger Kletterei die Schulter des Nanga Parbat und erreicht endlich, gegen 19 Uhr, im beinahe letzten Licht des Tages, den Gipfel des Nanga Parbat! (…) Hier macht er unter anderem das berühmte Gipfelfoto mit seinem Pickel und hält sich etwa 30 Minuten bei besten Wetterverhältnissen auf dem Gipfel auf.«

Nachdem er die Nacht stehend an einer Wand verbracht hatte, setzte Buhl bei Tagesanbruch des 4. Juli 1953,

> »schon völlig ausgezehrt, seinen noch langen Abstieg fort. Mehr wankend als gehend gelangt er zum Silbersattel, beginnt zu halluzinieren, ist dehydriert, friert, hat Hunger. Weitere Pervitin-Tabletten reaktivieren allerletzte Kraftreserven. Um etwa 17.30 Uhr sieht Buhl endlich die rettenden Zelte, wo Aschenbrenner und Ertl auf ihn warteten. Gegen 19 Uhr erreicht er, nach über 40 Stunden Kletterei, das Lager V« (*bergfieber.de*: »Willy Merkl-Gedächtnisexpedition«, 1953, ohne Datum).

Ein geheimnisvoller Begleiter

Nicht erst Reinhold Messner – schon Hermann Buhl hatte am nächsten Tag beim Abstieg vom Nanga Parbat einen eingebildeten Begleiter:

> »Ich hatte nun an diesem Tage fortwährend das Gefühl, dass mich jemand begleitete, und öfters wollte ich mich umdrehen, um mit meinem Begleiter zu sprechen. So auch, als ich meine Handschuhe suchte, worauf mir der Begleiter die Antwort gab, ich hätte diese verloren. Erst als ich mich umdrehte, merkte ich, dass ich allein war« (Herrligkoffer, a. a. O., S. 194).

Später hörte er Stimmen. »Jetzt musste ich abermals zum Pervitin greifen, alle noch vorhandenen Reservekräfte mussten mobilisiert werden, sonst hätte ichs nicht mehr geschafft.« Bei seiner Rückkehr, berichteten Bergkameraden, habe Buhl »immerfort« geredet:

> »Während Hans sofort Nescaffee und Cocatee bereitete und ihm Sauerstoff anbot, berichtete Hermann fortwährend Einzelheiten. Er hatte noch auf dem Hochfirn über dem Silbersattel drei Pervitin-Tabletten genommen. Dadurch war er noch heil und verhältnismäßig rasch den Grat herabgekommen, aber deshalb auch so aufgezogen. Er wirkte etwas unheimlich auf uns« (ebda.).

Nach einer Weile überwand »Hermanns total erschöpfter Körper … schließlich doch alle künstlichen Aufputschungsmittel, und er schlief ein« (ebda., S. 202 f.). Allen diesen Zitaten kann man entnehmen, dass der Gipfelsturm und anschließende Abstieg ohne Cocatee und Amphetamin niemals gelungen wären. Und genau wie man bei der Tour de France wirklich nicht mit Apfelsaft mithalten kann, kann man ohne Aufputschmittel auch am Berg nicht mithalten. Beispielsweise wäre es auch nicht möglich, eine Seilschaft aus »Dopern« und »Nicht-Dopern« zusammenzustellen. Während die einen unerschrocken und wie aufgezogen die furchterregenden Wände und Abhänge hinaufstürmen würden, würden die anderen schon bald körperlich und seelisch schlappmachen.

Mit Siebenmeilenstiefeln und ohne Zehen

Genau wie Buhl wählte 1970 auch Reinhold Messner den Nanga Parbat als seinen ersten Achttausender aus. Genau wie Buhl verließ auch Messner nachts zwischen zwei und drei Uhr allein das Zelt. Wie inzwischen hinreichend bekannt, folgte ihm sein Bruder Günther kurze Zeit später hinterher. Nachdem beide den Gipfel erreicht hatten, starb Günther Messner unter nicht genau geklärten Umständen. Reinhold Messner aber setzte auf Buhls übermenschliche Leistung sogar noch eins drauf, indem er, anders als Buhl, auf der anderen Seite des Berges hinunterkraxelte und damit die erste »Überschreitung« des Himalaja-Riesen vollbrachte. Ein Kerl mit Siebenmeilenstiefeln – aber inzwischen ohne Zehen, wie man überall im Internet besichtigen kann.

Beim Abstieg vom Nanga Parbat halluzinierte auch Messner eine geheimnisvolle Gestalt, die ihm vorausging. »Der Hermann Buhl hat nicht nur mich inspiriert, sondern viele andere auch, mich besonders, ich gebe das gerne zu«, wurde Messner vor Jahren zitiert (*Der Standard,* online, 23.7.2007). »Am Nanga Parbat war er am meisten unter ›Drive‹, ich sage nicht unter Druck, sondern unter Drive, und deshalb in der Lage, diese Besteigung zu machen.«

Tatsache ist, dass Drogen der Schlüssel zum Verständnis vielleicht nicht aller, aber vieler übermenschlicher Leistungen sind, auch in der Bergsteigerei. Denn erleichternd kommt hinzu, dass es hier kaum reglementierte Wettkämpfe und deshalb auch keine Dopingkontrollen gibt. Überdies fehlen in den entlegenen Himalaja-Gegenden von Indien, Nepal, Pakistan und China die strengen europäischen Drogengesetze. Im Gegenteil: Diese Länder sind teils wahre Drogen-Eldorados.

Der berühmteste Cocktail des »Spritzen-Bergsports«

Wurden in den fünfziger Jahren des vorigen Jahrhunderts Pervitin und Cocatee benutzt, kam noch früher das Psychostimulans Nikethamid bei den Himalaja-Expeditionen zum Einsatz. Nachdem wiederum Pervitin »aus der Mode« gekommen war, liefen »die Diskussionen über andere Möglichkeiten« aber weiter, schrieb vor einigen Jahren die *Neue Zürcher Zeitung* aus dem Bergsteigerland Schweiz (online, 16.12.2011), wo man offener mit dem Problem umgeht.

»Das Wundermittel aus den Labors der 1970er Jahre« hieß demnach Diamox. Es habe nicht nur gegen »Symptome eines Hirnödems« geholfen, sondern »zusammen mit Dexamethason und Dexedrin, einem Amphetamin, also reinem ›Speed‹, wurde daraus der berühmteste Cocktail der Alpingeschichte gemixt – der 3D-Cocktail«. »Hast du auch das 3D dabei«, sei damals »die wohl gängigste Frage in den Basislagern der Achttausender« gewesen.

Während das Gemisch bei der »Elite« immer schon verpönt gewesen sei, erfreue es sich bei Everest-Touristen ungebrochener Beliebtheit. Seit damals habe Diamox eine wahren Siegeszug angetreten. Während es 1986 nur von rund zwei Prozent aller Bergamateure konsumiert worden sei, hätten es 1998 bereits 12 Prozent und 2010 sogar 44 Prozent genommen.

Inzwischen soll im »Spritzen-Bergsport« alles zum Einsatz kommen, was Pharmazie und Medizin zu bieten haben: von dem Blutdrucksenker Nifedipin über EPO bis hin zu Sildenafil – besser bekannt als Viagra. »Hallo«, konnte man beispielsweise am 28. Juli 2006 im Trekkingforum lesen (Rechtschreibung beibehalten),

> »wollen im Oktober die Annapurnarunde gehen. Ich möchte mir in Kathmandu, nur für den NOTFALL, Diamox, Nifidipin und Dexamethason besorgen. In welcher Stärke ist das Dex zu nehmen? Ich meine da mal was von 8mg gelesen zu haben? Was gibt es für einen Zusammenhang zwischen der Einnahme von Aspirin und Netzhautschädigung? Hat da jemand ein paar Hinweise? Danke schon mal fabian.«

»Dosierung: Initial 8 mg, dann alle 6 Stunden 4 mg in Tablettenform«, antwortete ein »Soshin«, wobei die Unterhaltung verdächtig an ein Stationszimmer im Krankenhaus erinnerte: »Das übliche Nebenwirkungsrisiko von Kortikosteroiden ist in Anbetracht der vitalen Bedrohung vernachlässigbar.«

Plemplem auf dem Gipfel?

Bei seiner Überschreitung des Nanga Parbat 1970 hatte Reinhold Messner denselben Expeditionsleiter und -arzt wie Hermann Buhl: den unvermeidlichen Dr. Karl Maria Herrligkoffer. Der, schrieb die *FAZ* am 22.10.2006, »stand in dem Ruf, alles dafür zu tun, dass seine Leute den Gipfel erreichen«. Hat also auch der Gott der Götter, der Supermann der Berge schlechthin, Reinhold Messner, bei seinen übermenschlichen Bergtouren, bei denen er unter anderem dem sagenhaften Yeti begegnet sein will, gedopt? Keineswegs, versichert der.

Stattdessen schwang Messner sich am Ende seiner Karriere, nachdem er selbst quasi alle Achttausender in der Tasche hatte, verstärkt zum obersten Drogenbeauftragten der Extrembergsteigerei auf – wobei er das weitverbreitete Doping in dem Sport erstens bestätigte und zweitens anprangerte. Die beiden Annapurna-Bezwinger Herzog und Lachenal beispielsweise hätten 1950 »mehr oder weniger plemplem« auf dem Gipfel gestanden, höhnte er über die Bergsteiger-Kollegen. »Dass sie nach unten gekommen sind, kommt einem Wunder gleich.« Zum 60. Jahrestag der Erstbesteigung des Mount Everest am 29. Mai 2013 wollte Messner gar alle Bergsteiger im Basislager zum Pinkeln bitten: »Was glauben Sie, wie viel dort gedopt wird?«, fragte er einen Reporter (*n-tv*-Website, 29.5.2013). Ihn selbst muss man dagegen nicht nach Doping fragen, denn die Antwort hat er längst gegeben. Die *FAZ* (a. a. O.) zitierte ihn, er habe »nie etwas genommen außer einem Aspirin zur Blutverdünnung«.

21. August
Giftgasangriff: Erster-Klasse-Ticket nach Syrien

Was für ein Jubiläum: Genau vor einem Jahr, am 20. August 2012, verkündete US-Präsident Barack Obama, mit dem Einsatz von Chemiewaffen in Syrien würde eine »rote Linie« überschritten. Und praktisch auf den Tag genau ein Jahr später tut ihm der syrische »Diktator« Baschar al-Assad prompt den Gefallen! Und nicht nur das: Er wartet auch noch, bis ein UN-Chemiewaffenteam vor Ort ist, um das Kriegsverbrechen zu dokumentieren (siehe unten). Der Mann weiß eben, was sich gehört – und was sich der Große Bruder in Washington wünscht, nämlich ein Erster-Klasse-Ticket nach Syrien.
Wie immer beginnt nun der Krieg der Bilder. Und nicht nur uns wurden die Bilder der Opfer des angeblichen Giftgasangriffs gezeigt, sondern auch Abgeordneten des US-Kongresses, und zwar Anfang September 2013. Während vor über 20 Jahren die lügnerische Nichte des kuwaitischen Botschafters in den USA ihren großen Auftritt vor dem US-Kongress hatte, um über angebliche Massaker an Babys durch die irakische Armee in Kuwait zu berichten, wurden den Abgeordneten diesmal die Grausamkeiten eines schrecklichen Diktators per Video gezeigt. Aber damals wie heute ging es darum, die USA in einen Krieg gegen einen anderes Land zu führen.

Der Krieg der Bilder

»Oppositionelle berichten, dass Regierungstruppen Vororte von Damaskus mit Nervengas angegriffen haben«, erzählte Marietta Slomka im *heute journal* des ZDF am 21. August 2013 – in der üblichen Betroffenheitspose, die immer dann bemüht wird, wenn wieder einmal »finstere Diktatoren« irgendwo auf der Welt »Verbrechen gegen die Menschlichkeit« begangen haben. Die natürlich nie von den USA oder ihren Verbündeten ausgehen können.

Vielmehr sind die USA stets der »good guy«, der wider Willen Ordnung schaffen muss, denn ohne ihn geht es nun mal nicht. »Es habe mehr als 1000 Tote gegeben, darunter viele Kinder«, sagt Slomka. »Eine unabhängige Bestätigung für den Einsatz von Nervengift« gebe es bislang zwar nicht, »doch über das Internet werden zahlreiche Bilder verbreitet.« Nach dem Motto: Wir wissen zwar nicht, ob und was passiert ist, aber die Bilder senden wir schon mal. Reporter Bernhard Lichte habe eine Auswahl getroffen. In dem anschließenden Film sieht man Männer, Frauen und Kinder in einer Halle durcheinanderlaufen. Dass man sich im Syrien des August 2013 befindet, muss man schon glauben. Zwar sind die Frauen mit Hidschab und Manto bekleidet – aber das sind sie in anderen muslimischen Ländern schließlich auch. Dazwischen laufen mit Mundschutz und Wasserflaschen bewaffnete Männer herum. In einem nackten, grell beleuchteten Raum sitzen drei bekleidete Personen an einem Pfeiler. Einer der Männer mit den Wasserflaschen schüttet einem davon kurz Wasser über die Augen. Das Ganze macht einen flüchtigen, symbolischen Eindruck. Augen-Auswaschen sieht anders aus.

Bilder sind alles, und ohne Bilder ist alles nichts

Danach sieht man leblose Männer auf einem Gang liegen, ebenfalls bekleidet. Sodann kommt ein Mann in Zivil und mit Mundschutz ins Bild, angeblich ein Arzt, der eine maßgeschneiderte Propagandanachricht von sich gibt: »Eine feige Tat, die die Welt erst möglich mache, weil sie zusehe in Syrien«, übersetzt der ZDF-Reporter den Mediziner, »der Elend und Tod nur noch verwalten kann«. Nach ihm kommt »ein verzweifelter Kollege« ins Bild. Er sei »beinahe unfähig zu sprechen«, so der ZDF-Beitrag, »er habe nicht genug Medikamente, um zu helfen«. Das Gesicht des Mannes ist vom Weinen verzerrt – Tränen erkennt man allerdings nicht. Anschließend sieht man von weißen Tüchern bedeckte Körper aufgereiht in einer Halle liegen. An der Nase eines Opfers erkennt man so etwas wie weißen Schaum – ein Symptom für Giftgas? Vielleicht. Ertrunkene zeigen allerdings denselben »Schaumpilz« vor dem Gesicht. Davon abgesehen, dass es sich auch um Rasier- oder Seifenschaum handeln könnte – wer mag das anhand eines Videos schon unterscheiden; ausgeschlossen ist gar nichts. Denn die Aussagekraft von Bildern und Videos steht im umgekehrten Verhältnis zu ihrer Bedeutung. Bilder sind in einem solchen Krieg schließlich alles, und ohne Bilder ist alles nichts. Unsere TV-Gesellschaft hat es nun mal an sich, dass sie nicht auf Ereignisse, sondern auf Medienereignisse reagiert.

Die Frage ist natürlich auch: Wie können Bilder von einem Giftgasangriff in Syrien am Morgen des 21. August 2013 bereits am selben Abend im *heute journal* auftauchen? Natürlich ist das bei den heutigen Kommunikationsmöglichkeiten kein Problem, doch darum geht es gar nicht. Vielmehr müssten die Bilder, bevor man damit die Menschheit aufpeitscht, zunächst einmal auf ihre Echtheit geprüft werden. Personen und Örtlichkeiten müssten untersucht und eindeutig dem genannten Ort und Datum zugeordnet werden. Sodann müssten Mediziner anhand der Videos eine Giftgasvergiftung diagnostizieren – was natürlich gar nicht geht. Das alles würde also viele Tage, wenn nicht Wochen dauern und letztlich dennoch scheitern. Nur Journalisten wie Marietta Slomka sind so genial, die Bilder als vertrauenswürdig genug zu beurteilen, um damit globale Empörung und Kriegsstimmung zu entfachen.
Sofort tauchten denn auch Zweifel an den Aufnahmen von dem angeblichen Giftgasangriff auf. Bei *Euronews* meldete sich Stephen Johnson zu Wort, ein britischer Chemiewaffenexperte, der die Echtheit der Situationen bezweifelte:

> »Es gibt unter den Videos einige, die allzu real wirken, fast so, als wären sie gestellt. Bei einigen Menschen sieht man Schaum vor dem Mund, doch dieser scheint zu weiß, zu rein. Er ent-

spricht nicht der Art der inneren Verletzungen, die man zu sehen meint. Man erwartet da blutigeren Schaum oder gelberen« (zit. nach *Medien-Lügen,* online, 23.8.2013).

Auf einem weiteren Bild breitet ein Mann eine Decke über einem wie schlafend daliegenden anderen Mann aus. Andere Zivilisten in kurzärmeligen T-Shirts schleppen einen leblosen, bekleideten Körper auf einer Trage heran.

Auffällig saubere Leichen

Viele der Bilder, hatte Slomka in der Anmoderation gesagt, seien so unerträglich, dass man sie in der Halbzeitpause eines Fußballspiels (Champions-League-Qualifikationsspiel Schalke 04 gegen PAOK Saloniki), in der »üblicherweise auch viele Kinder zuschauen«, nicht zeigen wolle. Gab es sie dann überhaupt? Oder waren es vielleicht Bilder wie die aus einem YouTube-Beitrag mit dem Titel »Ein Massaker in Syrien mit Chemiewaffen 21,8,2013«. Mit Hilfe der Hisbollah habe Baschar al-Assad Zivilisten in der Nähe von Damaskus im Schlaf angegriffen, heißt es im Vorspann des Films. Untermalt von feierlicher arabischer Musik, sieht man bekleidete Menschen, hauptsächlich Kinder, in einem Raum liegen. Auch sie wirken, als würden sie schlafen. Vielleicht sind sie wirklich tot, vielleicht auch nicht – wer mag das schon beurteilen? Eine Leichenschau per Video ist ziemlich schwierig, aber trotzdem sollen Millionen Fernsehzuschauer genau dieses Wunder vollbringen. Körper, Gesichter und Kleider der Opfer sind jedenfalls auffällig sauber. Dabei sollte man durchaus etwas sehen. Unter Einwirkung von Sarin gibt der Mensch praktisch sämtliche Körperflüssigkeiten und -inhalte von sich, wie in der gesamten Literatur übereinstimmend beschrieben wird:

- Nasensekret
- Speichel

- Erbrochenes
- Urin
- Stuhl

Das ist einerseits logisch, denn es könnte bedeuten, dass der Körper mit allen Mitteln etwas loswerden will und buchstäblich sämtliche Kanäle benutzt, um das Gift zu entsorgen. Auf der anderen Seite könnte es auch ein spezifisches Symptom von Nervenkampfstoffen sein, die über eine unterbrochene Reizleitung Inkontinenz verursachen könnten. Speziell bei den Leichen oder schwer Vergifteten, die hohe Dosen des Gifts abbekommen haben müssen, sollte man die Folgen dieser Reaktionen also sehen können. Bei den Toten sieht man aber Spuren weder von Speichel noch von Erbrochenem, Urin oder Kot – alles menschliche Hinterlassenschaften bei einem echten Angriff mit dem Nervengift Sarin (siehe Eidgenössisches Departement für Verteidigung, Bevölkerungsschutz und Sport VBS: 2013 – »Factsheet Sarin«, Spiez 2013). Wurden diese Toten vielleicht schon gewaschen? So sauber, wie sie daliegen, müssten sie einer regulären Leichenwäsche in unbekleidetem Zustand unterzogen worden sein, während die Kleidung entweder gereinigt oder ausgetauscht wurde. Denn auch sie wirkt sauber und trocken. In der gegebenen Situation ergibt das natürlich gar keinen Sinn.

Ernstfall oder Katastrophenübung?

In anderen Räumen liegen sorgfältig aufgereihte Körper. Keine der Leichen hat die Augen geöffnet. Jemand hält ein Baby hoch, das sehr blass aussieht und die Augen geschlossen hält. Da ist es wieder, das Medienereignis: Dass man sich im August 2013 und in der Nähe von Damaskus befindet, muss man, wie gesagt, schon glauben. Aus den Bildern geht das nicht hervor. Die Aufnahmen könnten von irgendeinem Massaker der letzten 20 Jahre stammen. Oder auch schlicht von einer Katastrophenübung. Ein anderes

Kind mit nacktem Oberkörper und braunem Teint sieht aus wie ein gesunder, schlafender Junge. Das Gesicht ist entspannt. Keine Spur von quälenden Krämpfen, Speichel oder Erbrochenem. Ein weiterer, etwa fünfjähriger Junge wirkt äußerlich ebenfalls sauber und gesund. Ausnahmsweise hat er die Augen offen. Sein starrer Blick kann aber auch Folge der Momentaufnahme sein. Danach sieht man etwa ein Dutzend Kinder in einer Reihe liegen. Auch ihre Gesichter wirken wie die gesunder, schlafender Kinder. Aber immerhin scheinen die Körper mit Eis bedeckt zu sein. Handelt es sich also wirklich um Leichen? Und stammen die Aufnahmen überhaupt aus demselben Kontext? Befindet man sich bei all diesen Bildern am selben Schauplatz? Wer weiß das schon. Der Teint dieser Kinder ist hell bis blass. Es könnten auch Kinder aus dem NATO-Krieg in Jugoslawien sein.

Was beweisen solche Bilder?

Die Umgebung lässt jedenfalls keine Rückschlüsse auf den Ort oder Zusammenhang zu. Die Aufnahmen tragen auch keine Orts-, Zeit- oder Datumsangaben. Brutal gesagt, fördert jede Google-Bildsuche unter dem Stichwort »dead children« schlimmere Aufnahmen zutage. Auf diese Weise ließe sich mit ein paar Klicks jeder gewünschte »Giftgasangriff« und jeder Krieg der Welt bebildern. Die Beweiskraft ist gleich null.
Schließlich fällt auf den Aufnahmen auch der sorglose Umgang mit den angeblich durch das Giftgas Sarin Getöteten und Verletzten auf. Die Opfer werden von sommerlich gekleideten Zivilisten getragen und versorgt. Wenn es sich wirklich um einen Giftgasangriff handelte, dann müssten die Helfer eigentlich längst selbst Symptome zeigen. Von den Ausscheidungen der Opfer einmal ganz abgesehen, ist der gesamte Bereich eines solchen Giftgasangriffs danach für geraume Zeit kontaminiert und kann nur mit Schutzkleidung und Atemmaske betreten werden. Und damit ist kein einfacher Mundschutz gemeint, wie man ihn auch in dem

TV-Beitrag sieht und wie ihn beispielsweise Ärzte tragen. Sondern eine absolut dichte, ABC-taugliche Atemschutzmaske mit Luftfilter. Da auch der Boden, sämtliche Gegenstände und natürlich die Opfer und ihre Kleidung mit dem Gift kontaminiert sind, müssten die Helfer Ganzkörperanzüge tragen. Tun sie das nicht, müssten sie selbst Symptome aufweisen.

20. oder 21. August?

Und in der Tat wurden an der Authentizität der Bilder und Videos von dem angeblichen Giftgasangriff Zweifel angemeldet – allerdings nicht von unseren Medien. So trugen einige »Leichenvideos« auf YouTube das Datum des 20. August 2013 – einen Tag vor dem angeblichen Giftgaszwischenfall. »Unglaublich, aber wahr«, schrieb der Blog *Medien-Lügen* am 23. August 2013: »Die angeblichen Beweisvideos wurden schon veröffentlicht, bevor das eigentliche Ereignis stattfand.«

Verdacht erregte zum Beispiel ein Video, wie es auch von Fernsehanstalten gern benutzt wird, mit dem Titel: »In der ländlichen Umgebung von Damaskus, in Kafr Batna am 21.8.2013: Dutzende von Märtyrern, die meisten davon Kinder, aufgrund des Angriffs mit Giftgasgeschützen. Warnung vor dem Video, es ist sehr, sehr hart.« Dazu hört man arabische Stimmen, die ständig die Worte »Allah genügt mir« und »Er ist der beste Sachwalter« wiederholen – ein Koranvers, der bei schrecklichen Ereignissen oft zitiert wird. In der Beschreibung des Videos heißt es: »In der Gegend von Kafr Batna / Damaskus: Dutzende von Märtyrern durch Giftgas Bombardement, die meisten von ihnen Kinder. Achtung: Video sehr, sehr, sehr hart, mit schmerzhaften Szenen. Der Zweck des Videos ist, die Verbrechen der Ordnungskräfte zu dokumentieren und nicht, den Betrachter zu schocken.«

Gut – die Behauptung steht: Dieses Video soll also Opfer des Giftgasangriffs vom 21. August 2013 zeigen. Tatsächlich trägt es aber das Veröffentlichungsdatum 20. August. Das allein ist allerdings noch kein Fälschungsbeweis, solange sich das alles in der Bandbreite der in Frage kommenden Zeitzonen bewegt. So schrieb denn auch ein Nutzer unter das Video:

> »Das Veröffentlichungsdatum wird durch die Zeit des YouTube-Hauptquartiers bestimmt, wobei es sich um US Pazifik Zeit handelt (bei Sommerzeit Greenwich Mean Time minus acht Stunden). Da dieses Video während des Tages hochgeladen wurde, muss es vor 10 Uhr morgens syrischer Zeit aufgenommen und hochgeladen worden sein, was sehr gut möglich ist.«

Schlafend oder tot?

Nun wäre das ja auch ein allzu dummer Fehler, auf den man bei einem Fälschungsbeweis gar nicht angewiesen ist. Während aus Krisengebieten oft nur unscharfe Bilder zu sehen sind, die alles oder nichts beweisen, ist das hier nicht der Fall. Das Video ist von guter technischer Qualität und zeigt einen Raum voller Leichen. Nur noch mal zur Erinnerung: Sarin führt zu einem äußerst qualvollen Erstickungstod mit Krampfanfällen. Die restlichen Symptome habe ich ja schon geschildert. Der Boden hier ist aber hell und sauber; kein Blut, Erbrochenes oder sonstige Verschmutzungen. Als Erstes sieht man zwei am Boden liegende Männer mit nacktem Oberkörper, deren Oberbekleidung hochgeschoben wurde. Die Hosen wurden geöffnet und einige Zentimeter heruntergezogen. Körper, Gesicht und Kleidung sind absolut trocken und sauber. Die sichtbare Unterhose des einen Opfers ist sauber und trocken. Weder Blut noch äußere Verletzungen sind sichtbar. Die Hände wurden über dem Oberkörper locker zusammengebunden, wahrscheinlich zu Transportzwecken. Die Kamera schwenkt nach links, zu einigen zum Teil mit einem weißen Tuch bedeckten Kindern. Der weiße Stoff ist makellos sauber. Besonders interessant sind die sauberen, friedlichen und entspannten Gesichter. Die Kinder liegen da wie schlafend. Die Kleidung ist ebenfalls trocken und sauber. Von einem qualvollen Erstickungstod ist hier nichts zu sehen. Die Kinder sehen überhaupt nicht aus, als hätten sie apokalyptische Szenen aus Blut, Schweiß und Tränen hinter sich. Auch getrocknete Flecken sind nicht vorhanden. Das gilt für sämtliche Textilien, ob Kleidung oder Decken und Tücher.

Geheimnisvolle Injektionen

Zwischen den Kindern hockt eine Frau mit einem einfachen Mundschutz, weißem Manto und Hidschab und macht sich an ihnen zu schaffen. Sie führt eine Injektionsspritze in die Beckengegend eines daliegenden Kindes und scheint etwas zu injizieren. Die Injektionen sind wohl auch der Grund für die heruntergezogen Hosen bei den Opfern. Nur: Was wird den Leichen hier gespritzt und warum? Etwa ein Einbalsamierungsmittel? Wohl kaum, denn eine Einbalsamierung ist ein aufwendiger Prozess. Eine flüchtige Injektion kann dafür nicht reichen. Das Einbalsamierungsmittel müsste mittels Infusion in den gesamten Blutkreislauf gepumpt werden. Das Volumen einer Spritze (z. B. 30 ml) würde dafür nicht ausreichen. Warum wird die Injektion im Beckenbereich also verabreicht? Um die Wahrheit zu sagen: Injektionen ergeben nur bei einem lebenden Menschen einen Sinn, der über einen funktionierenden Blutkreislauf verfügt. Aber was sollte eine Spritze bei einem Toten bewirken?

»Ihr Muslime, ihr Araber, wo seid ihr?«

Dann geht es weiter zu einigen älteren Männern. Wieder keinerlei Spuren von irgendwelchen Ausscheidungen. Auch hier wurde bei einigen die Oberbekleidung hochgeschoben, der Oberkörper entblößt, der Hosenbund geöffnet und die Hose etwas herabgezogen. Hier hockt ein Mann über einem vielleicht zwölfjährigen Jungen und spritzt ihm etwas in den Unterleib oder in die Leistengegend. Hose und Unterhose hat er offenbar zu diesem Zweck heruntergezogen. Anschließend schwenkt die Kamera über weitere männliche Leichen und dann über eine Gruppe von Menschen, die komplett in Tücher gehüllt sind – wahrscheinlich Frauen. Daraufhin bewegt sich die Kamera wieder zu den Männern zurück. Der Mann mit dem karierten Hemd hockt nun neben einem männlichen Toten, um dessen Kopf herum sich etwas Blut auf dem Boden befindet, wie von einer Platzwunde am Hinterkopf. Der hockende Mann hantiert mit Verpackungsmaterial, offenbar von einer Injektionsspritze. Im oberen linken Eck des Videos prangt das Logo der sogenannten Freien Syrischen Armee (FSA). Des Weiteren sagen die Hintergrundstimmen, dass die Verletzungen von einem Angriff mit Chemiewaffen stammen würden, und am Schluss heißt es: »Ihr Muslime, ihr Araber, wo seid ihr?« Mit anderen Worten, das Video hat appellativen Charakter – wurde es gar produziert, um die Außenwelt zum Eingreifen zu bewegen? Auch nach dem Urteil einer arabisch sprechenden Bekannten, die mir die Texte übersetzt hat, soll das »ein Ruf nach militärischem Eingreifen sein. Möge Gott das verhüten.«

Ich hab's doch im Fernsehen gesehen

Einmal mehr geht es bei der Analyse solcher Videos um die Problematik der Verbindung von Bildern mit Sprache. Die Bilder erwecken den Eindruck, man habe das Gesagte gesehen. Und das Gesagte erweckt den Eindruck, dass es durch die Bilder belegt worden sei. Oder gar, dass man den Giftgasangriff bzw. seine Folgen »gesehen« habe. Das heißt, Bild und Text, beides aus dem Zusammenhang gerissen bzw. künstlich, gehen in unserem Gehirn eine fatale Verbindung ein. Die menschliche Wahrnehmung ist gegenüber bewegten Bildern wehrlos. Sie kann sie im Grunde nicht von der Realität unterscheiden. Deswegen ist es auch so schwer, dagegen anzukämpfen, dass man immer und immer wieder manipuliert wird.

Zwischen Sehen, Glauben und Wissen gibt es von Natur aus gar keinen Unterschied, ganz einfach, weil es nie nötig war, einen

Unterschied zu machen. Bis auf die letzten 100 Jahre waren bewegte Bilder und die Realität in der Geschichte der Menschheit noch nie zwei verschiedene Dinge, ganz einfach, weil nur die Realität bewegte Bilder »produzieren« konnte. Und das macht Videos und Fernsehen zu den idealen Propagandamitteln, die ständig mit der Realität verwechselt werden. Seriös wirkende Kommentatoren und Moderatoren tun das Ihre.
Im Grunde schreibt man gegen einen unglaublich starken Mechanismus im Bereich der menschlichen Realitätsverarbeitung (Kognition) an, der alles, was er sieht, für »wahr« hält. Die Produktion von bewegten Bildern und ihre Kombination mit Sprache (und ggf. auch mit Musik etc.) ist ein enormer Eingriff in die Informationsverarbeitung und Steuerungsfähigkeit des Menschen. Mit solchen Gaukelbildern (zu denen ja auch »echte« Aufnahmen gehören, da sie ja nun mal nicht real auf dem TV-Schirm vorhanden sind) wird dem einzelnen Menschen das kognitive Steuer direkt aus der Hand genommen.
Die Unfähigkeit, bewegte Bilder von der Realität zu unterscheiden, ist der zentrale wunde Punkt im Auffassungsvermögen des Menschen. Wenn wir über einzelne Aufnahmen bewusst nachdenken, können wir uns zwar manchmal distanzieren – aber natürlich nicht bei der ganzen Bilderflut, die Tag für Tag auf uns einstürmt. Das heißt, Homo sapiens (der »weise Mensch«) ist gegenüber jeglicher Lüge wehrlos, solange sie nur bebildert wird – und damit letztlich auch wehrlos gegenüber jeder Tyrannei. Womit übrigens nicht gesagt werden soll, dass es den erwähnten Giftgasangriff vom 21. August 2013 bei Damaskus nicht gegeben habe, sondern nur, dass die oben geschilderten Bilder keinen Beweis dafür darstellen.

Papier ist geduldig

Zum Glück gibt es neben den Bildern von dem Giftgasangriff in Syrien bzw. seinen Folgen auch noch andere Quellen, zum Beispiel den seinerzeit sehnlichst erwarteten »Bericht über den angeblichen Gebrauch von Chemiewaffen im Gebiet von Ghuta, Damaskus, am 21. August 2013« der UN. Just als US-Präsident Obama zum Schlag gegen Syrien ausholen wollte, um nach den Giftgasopfern noch viele tausend weitere Menschen ins Jenseits zu schicken, wurde er durch die Umstände zum Warten auf diesen UN-Bericht gezwungen. Dummerweise ist Papier zwar genauso geduldig wie Video- und Fernsehbilder, aber nicht so eindrucksvoll. Es muss ein paar Gehirnwindungen mehr durchlaufen als ein Bild.

Doch zur Sache: Zu dem UN-Bericht habe ich einen »Experten« befragt. Ich setze das Wort in Anführungszeichen, weil Experten normalerweise nicht unbedingt den objektiven Fakten, sondern bestimmten Interessen gehorchen. Zum Beispiel wollen sie in ihrem Fachgebiet nicht aus der Reihe tanzen; und/oder sie wollen auch künftig lukrative Aufträge als Gutachter bekommen. Und da viele von ihnen Universitätslehrer sind, werden sie ohnehin vom Staat bezahlt. Experten sind also keineswegs der Weisheit letzter Schluss, wie unsere Medien uns ständig glauben machen wollen. Um das eigene Denken kommt man nicht herum. Die Antwort des Chemiewaffenexperten Ralf Trapp ist ein gutes Beispiel dafür.

Denn was soll ich sagen: Der Mann war einfach begeistert von dem Papier. In seiner Antwort schwärmte er von »großer Sorgfalt«, »robuster Analytik« und einer hohen »Kohärenz der verschiedenen Datensätze«, zum Beispiel von Zeugenaussagen, medizinischen Befunden und analytischen Ergebnissen. Die Gesamtheit der Befunde und die große Datenmenge seien ausreichend, um schlüssig davon ausgehen zu können, dass hier tatsächlich ein Sarin-Einsatz mit Boden-Boden-Raketen durchgeführt worden sei – auch wenn der Bericht zugestehe, dass zum Beispiel die Munitionsfundorte vor und während der Anwesenheit des UN-Teams »stark frequentiert« gewesen seien. Schließlich seien die klinischen Daten (also die Symptome bei den Opfern) »mit einem Nervengaseinsatz konsistent«, auch wenn die »Symptomatologie« nicht »zu einhundert Prozent dem Textbuch« folge.

Die Frage nach dem/n Schuldigen beantworte der Bericht auf sich allein gestellt allerdings nicht. Kein Wunder, denn das war auch gar nicht der Auftrag. Verschiedene Indizien, so Trapp trotzdem, seien jedoch »konsistent mit einem Einsatz durch Regierungstruppen«, man könne aber »nicht völlig ausschließen, dass eine andere Gruppe sich nicht irgendwie Zugang zu chemischen Waffen der syrischen Armee verschafft hat und diese eingesetzt hat«.

Ein »spitzenmäßiger« Bericht

Einfach »spitzenmäßig« dieser Bericht, sozusagen. Eigentlich seltsam. Denn derselbe Experte wollte bisher an einen Giftgaseinsatz durch die Regierung Assad nicht glauben: »Militärisch ergibt es kaum einen Sinn, warum die syrische Armee solche Kampfstoffe verwenden sollte«, hatte er beispielsweise am 26. April 2013 *Zeit Online* erzählt:

> »Chemiewaffen mischen sich nicht mit einem Bürgerkrieg. In Syrien wird in bewohnten Gebieten gekämpft. Wer hier Sarin einsetzt, trifft mit Sicherheit auch die Zivilbevölkerung. Zudem ist man von Wind und Wetter abhängig, weil sich die Giftwolke bewegt. In Ortschaften kann die Armee nicht ausschließen, auch eigene eroberte Stellungen zu treffen. Chemiewaffen sind Flächenwaffen.«

Und noch am 24. August 2013 sagte Trapp in einem Interview mit den *Oberösterreichischen Nachrichten:* »Der Einsatz einer solchen Waffe sorgt für eine massive Panik und große Verunsicherung unter der Bevölkerung. Es ist eine Waffe, mit der man Angst erzeugt. Militärisch gibt der Einsatz überhaupt keinen Sinn.« Eben. Eine solche Waffe in Wohngebieten einzusetzen ist kein militärischer Einsatz, sondern reiner Terrorismus. Was bereits auf die eigentlich Verantwortlichen verweist.

Also sehen wir uns das UN-Dokument selbst an. Der eigentliche Bericht über die Untersuchung des Giftgasangriffs vom 21. August 2013 ist auffallend dünn. Von dem 41-seitigen Schriftstück beansprucht er nur fünf Seiten. Der Rest besteht aus Briefen und Anhängen.

Die erste Überraschung: Die meisten Menschen würden sich, wenn man sie fragte, wohl daran erinnern, dass nach dem Giftgasangriff vom 21. August 2013 eine UN-Kommission nach Damaskus geschickt wurde, um den Fall zu untersuchen. Dem ist aber nicht so; die Untersuchungskommission der UN traf vielmehr schon drei Tage vorher in Syrien ein, nämlich am 18. August. Just am 21. August befand sich die Kommission in Damaskus, um Vor-Ort-Inspektionen vorzubereiten. Angeblich, um frühere Behauptungen über den Einsatz chemischer Kampfstoffe zu untersuchen. Trotzdem bleibt das ein seltsamer Zufall: Da reist eine UN-Kommission zwei Tage vor dem Jahrestag von Barack Obamas »Roter-Linie«-Erklärung nach Syrien, um Giftgasangriffe zu untersuchen, am 21. August befindet sie sich in Damaskus, und am selben Tag werden tatsächlich chemische Kampfstoffe verschossen! Also einen Tag *nach* dem Jahrestag von Obamas Erklärung. Da muss man nicht einmal ein arger Schelm sein, um sich etwas dabei zu denken.

Zweitens lassen sich hier bereits Rückschlüsse auf die mutmaßlichen Täter ziehen – vorausgesetzt, es wurden wirklich chemische Kampfstoffe eingesetzt. Denn zu glauben, das Assad-Regime würde direkt nach der Ankunft einer UN-Untersuchungskommission chemische Kampfstoffe einsetzen – und das auch noch in der Nähe der Hauptstadt –, ist schon ein bisschen viel verlangt. Warum nicht gleich vor dem Hotel der UN-Kommission? Nützen kann dieses Timing ausschließlich den »Rebellen«, um vor den Augen der Vereinten Nationen die Grausamkeit der Assad-Regierung unter Beweis zu stellen.

Giftgas – ja oder nein?

Zunächst einmal lobt sich die UN-Kommission in ihrem Bericht vom 13. September 2013 selbst über den grünen Klee. So habe die Mission »die strengsten verfügbaren Protokolle für eine derartige Untersuchung benutzt«. Die Methoden für Interviews, Probennahme und Dokumentation »folgen fest etablierten Standardverfahren«. Die Mitglieder des Teams seien für ihre jeweiligen Aufgaben angemessen trainiert und fortgebildet worden, »einschließlich Risikoabschätzung, Epidemiologie, Probennahme, Lagebeurteilung, Entnahme und Bearbeitung von biomedizinischen Proben, Durchführung von Interviews« usw.

Und: Wurde der Giftgasangriff denn nun bewiesen oder nicht? Antwort: nach Meinung der UN-Kommission ja. Und wir können an dieser Stelle die chemischen und biomedizinischen Proben (z. B. Blut von Überlebenden) natürlich nicht noch einmal untersuchen. Aber wir können einen Blick auf die Symptome der durch den Giftgasangriff Verletzten und Getöteten werfen, wie sie in dem UN-Bericht geschildert werden. Und da heißt es auf Seite 3: »Überlebende berichteten von einem Granatenbeschuss, nach dem ein verbreitetes Muster von Symptomen einsetzte, einschließlich Atemnot, Desorientierung, laufender Nase, Augenreizung, Sehstörungen, Übelkeit, Erbrechen, allgemeiner Schwäche und Bewusstlosigkeit.« Nun ist das zwar schlimm und soll hier auf keinen Fall verharmlost werden, doch wenn es, wie behauptet, Tote gab, dann müssten wir im Sinne einer aufsteigenden Symptomenreihe auch extremste Symptome beobachten können.

Allgemeine Schwäche und Zittern

Und tatsächlich finden sich in dem UN-Bericht auch Aussagen über die Todesopfer. Und zwar stammen sie angeblich von Überlebenden, die anderen Opfern zu Hilfe eilten: »Diejenigen, die anderen zu Hilfe eilten, beschrieben eine große Anzahl von Menschen auf dem Boden, von denen viele tot oder bewusstlos waren.« Also

Menschen, die eine größere Dosis des Giftes abbekommen haben müssen. »Diese Individuen [die zu Hilfe kamen] berichteten von Atemnot und erheblichem Speichelfluss bei einem großen Teil der Überlebenden. Mehrere von diesen Helfern wurden ebenfalls krank, wobei einer davon Sehstörungen, allgemeine Schwäche, Zittern, Endzeitstimmung und Schwindel beschrieb.«
Nun werden sie mir zustimmen, dass all diese Symptome zwar eine erhebliche Gesundheitsstörung darstellen, aber trotzdem relativ milde sind. Außer mit solchen Überlebenden hat die Kommission auch noch mit neun Krankenschwestern und sieben behandelnden Ärzten gesprochen: »Die meisten waren um die Zeit des Vorfalls zu Hause, wobei einige sofort zum Ort des Geschehens eilten, um den Betroffenen zu helfen.«
Gut – und was haben diese medizinisch geschulten Helfer gesehen? »Die Mediziner, die vor Ort tätig wurden, beschrieben eine große Zahl von kranken oder verstorbenen Personen ohne äußere Verletzungen in den Straßen.« »Ohne äußere Verletzungen« soll heißen, dass hier mit Giftgas »gearbeitet« wurde. »Die meisten Überlebenden wurden als bewusstlos beschrieben, wobei viele Atemnot zeigten.« Wieder kein Wort über die viel schwerwiegenderen, »letzten« Symptome bei einem Sarin-Angriff.
Um es kurz zu machen: Klinisch (also hinsichtlich der Symptome) war dies kein Sarin-Angriff, sondern höchstens ein Angriff mit »Tränengas«. Die Retter versuchten anschließend, »den Überlebenden im Rahmen der Ersten Hilfe beizustehen, wenn möglich durch Dekontaminierung mit Wasser und Transport zum nächsten Krankenhaus, auf welche Weise auch immer – meistens in Privatautos.«

Übelkeit kommt vor dem Erbrechen

In den Anhängen des Berichts findet sich eine genaue Aufschlüsselung der Symptome nach Häufigkeit. Logischerweise wäre hier, wie bei praktisch jedem größeren medizinischen Zwischenfall, zu

erwarten, dass die leichten Symptome häufiger vorkommen als die schweren. So ist jemandem, der durch Giftgas bewusstlos wird, vorher höchstwahrscheinlich übel geworden, während nicht jeder, dem übel wird, auch bewusstlos wird. Das ist ein ganz einfaches medizinisches Gesetz. Seltsamerweise wird es hier auf den Kopf gestellt. So war eines der schwersten Symptome (Bewusstlosigkeit) unter den 36 befragten Personen am häufigsten vertreten (78 Prozent), während eines der leichtesten Symptome (Übelkeit) am seltensten vorkam. Ja, noch merkwürdiger: Während sich 22 Prozent der Befragten erbrechen mussten, wurde nur drei Prozent überhaupt übel.
Seltsam, nicht? Dachte man nicht bisher, dass Übelkeit dem Erbrechen vorausgeht? Unter den gegebenen Umständen (Intoxikation mit giftigen Stoffen) sehr wahrscheinlich schon. Während 78 Prozent der Befragten bewusstlos wurden, berichteten nur 39 Prozent über Desorientierung, 11 Prozent über Husten und 22 Prozent über Augenreizung. Ja, bis auf Bewusstlosigkeit (und natürlich Tod) waren bei dem angeblichen Chemiewaffenangriff von Damaskus nur Anfangssymptome einer Giftgasvergiftung zu beobachten. Laut einem Papier des Eidgenössischen Bundesamtes für Bevölkerungsschutz der Schweiz (»Factsheet Sarin«, siehe oben) sind das:

- Pupillenverengung (Miosis), Sehstörungen und Augenschmerzen
- verstärkte Sekretion (Nasen-, Tränen-, Speichelfluss, Schweißausbrüche)
- Atembeschwerden, starke Kopfschmerzen

Die Hauptsymptome bzw. der schwere »Mittelbau« der Symptomatik fehlt fast vollständig. Das heißt, diese Symptombeschreibungen sind in sich nicht konsistent. Das Verhältnis »aufeinander aufbauender« Symptome (Übelkeit, Erbrechen) ist auf den Kopf gestellt. Die schwersten Symptome kommen häufiger vor als die leichten, während mittlere bis schwere Symptome wie Urin- oder Stuhlabgang überhaupt nicht vorkommen. Mit anderen Worten, man hat das Gefühl, dass man hier gar kein medizinisches Geschehen vor sich hat, sondern lediglich Erzählungen von Menschen, die sich einen Giftgasangriff vorstellen und dabei die schwersten Krankheitszeichen schildern (Bewusstlosigkeit, Tod), die mittelschweren Symptome aber auslassen.

Eine Lichtquelle im Auge

Auch die weitere Dokumentation der klinischen Symptome erregt Verdacht, zum Beispiel die Miosis, also die Pupillenverengung – ein typisches Merkmal einer solchen Vergiftung. Während 78 Prozent der Befragten bewusstlos geworden sein wollen, trat selbst nach UN-Erhebungen eine solche Pupillenverengung aber nur bei 14 Prozent der Betroffenen auf.

Dieses Thema ist überhaupt ein besonderes Rätsel in den klinischen Befunden. So wird als Beweis für die beobachtete Miosis das Foto eines Auges mit einer verengten Pupille präsentiert. Ob das Auge überhaupt einem Opfer der Angriffe gehört, geht aus der Abbildung selbst nicht hervor, nur im Text wird das behauptet. Die Farben wirken jedoch blass und die ganze Optik antiquiert, als wäre das Foto nicht mit einer Digital-, sondern mit einer alten Analogkamera gemacht worden und als stammte es aus einem alten medizinischen Lehrbuch.

Gerade das Auge ist bekanntlich ein Organ, dem man jeden Stress sofort ansieht, wie jeder aus dem Alltag bestätigen kann. Zum Beispiel psychischen Stress, wie etwa den Horror eines Giftgasmassakers, aber natürlich auch »chemischen Stress« wie Reizungen durch Gifte oder Allergene. Nicht nur fängt das Auge selbst dabei an, rot zu werden und zu tränen, auch die Umgebung des Auges ist verkrampft und eben »gestresst«. Das von den UN präsentierte Patientenauge wirkt jedoch völlig entspannt. »Das Wei-

ße« in diesem Auge eines angeblichen Giftgasopfers ist absolut weiß – keine Spur einer Reizung. Auch um das Auge herum zeigen sich keine Rötungen oder Verzerrungen, kurz: Es sieht aus wie das Auge eines absolut gesunden, wachen und entspannten Menschen. Die Pupille ist zwar verengt, allerdings wird das Auge von einer hellen Lichtquelle angestrahlt, die sich sogar im Auge spiegelt. Der Pupille bleibt also gar nichts anderes übrig, als sich zu verengen. Eigentlich ein unfassbares Dokument in einem angeblich seriösen UN-Bericht. Spätestens hier verliert das Dokument erheblich an Glaubwürdigkeit.
Direkt darunter befindet sich zwar das Bild eines entzündeten Auges mit geröteter Lederhaut. Aber so etwas kommt bekanntlich auch aus trivialen Gründen (Reiben, Heuschnupfen etc.) vor. Und nochmals: Wer diese Patienten sind und woher die Bilder stammen, kann sowieso kein Mensch sagen.

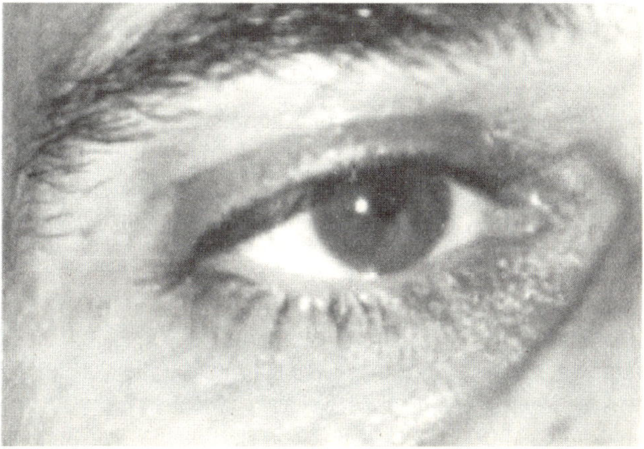

Angebliche Pupillenverengung durch Giftgas in Syrien, August 2013
Quelle: UN-Bericht

Wo sind die Interviews?

Wie gesagt, umfasst der eigentliche Bericht nur fünf Seiten, die restlichen 36 Seiten bestehen aus verschiedenen Schreiben und Anhängen. Da in ihnen das forensische Beweismaterial zusammengetragen wird, müsste man hier auch die mit Zeugen und Helfern geführten Interviews finden, zumindest einige. Solche Zeugenaussagen sucht man in den Anhängen jedoch vergeblich. Der voluminös und fundiert wirkende Bericht weist dadurch eine entscheidende Lücke auf.

Während sich ein schwerer Sarin-Angriff (in dem von der UN gesammelten Material) klinisch nicht darstellen lässt (worauf auch der befragte Experte Trapp Bezug nahm), soll das in den genommenen biomedizinischen Proben sehr wohl der Fall sein – also in Blut-, Urin- und Haarproben. Insgesamt sollen 34 Blutproben untersucht worden sein, wovon (je nach Labor) 85 bis 91 Prozent »Sarin-positiv« gewesen sein sollen. Diese Resultate, heißt es in dem UN-Bericht, würden durch die klinischen Beurteilungen der Patienten unterstützt, »die Symptome und Anzeichen dokumentierten, die zu einem Kontakt mit einem Nervengas passen, einschließlich Atemnot, Augenreizung, erhöhter Speichelfluss, Zuckungen, Verwirrtheit/Desorientierung und Pupillenverengung«.

Eben nicht. Denn es fehlen schwere Symptome wie Urin- und Stuhlabgang. Was bedeutet, dass »Klinik« und Laborbefunde hier eben nicht richtig zueinander passen. Dass die »Symptomatologie nicht zu einhundert Prozent dem Textbuch« folge, wie der Chemiewaffenexperte Trapp in seiner Antwort auf meine Anfrage schrieb, ist da sehr freundlich formuliert. Denn die charakteristischen Symptome, anhand deren man einen Sarin-Angriff beispielsweise von einem »Tränengas«-Angriff unterscheiden kann, fehlen.

Widersprüchliche Resultate

Schaut man sich in diesem Zusammenhang auch die Testresultate der Bodenproben in Anhang 7 an, fällt als Erstes auf, dass es keine objektive und verlässliche Methode zu geben scheint, Sarin und seine Abbauprodukte überhaupt zu identifizieren. So weichen die Testresultate je nach beauftragtem Labor zum Teil erheblich voneinander ab. Während das eine Labor in einzelnen Proben Sarin feststellte, fand das andere den Kampfstoff nicht oder nur seine Abbauprodukte und umgekehrt. Nur bei wenigen Testresultaten stimmen beide Labors genau überein. Mit anderen Worten, der Krieg hängt also auch davon ab, welches Labor man beauftragt. Des Weiteren wurde da, wo bei den Opfern Sarin und seine Überbleibsel gefunden wurden, bei den Bodenproben so gut wie nichts gefunden, zum Beispiel in der Ortschaft Moadamiyah. Man wird mir wohl zustimmen, dass man mit solchen Testergebnissen nicht allen Ernstes einen Krieg begründen kann.

Auch die von der UN-Kommission gefundenen Geschossteile sind mit größter Vorsicht zu genießen. Die UN-Beobachter trafen zwar schon vor dem angeblichen Giftgasbeschuss in Damaskus ein. Zu den eigentlichen Orten des Geschehens gelangten sie jedoch erst Tage nach dem angeblichen Giftgaseinsatz vom 21. August. Was man ihnen natürlich nicht vorwerfen kann. Aber es liegt in der Natur der Sache, dass von »sauberen Tatorten« dann natürlich keine Rede mehr sein kann. Es liegt eigentlich auf der Hand, dass unter diesen Umständen eine seriöse Untersuchung mit Beweischarakter grundsätzlich nicht mehr möglich ist. Die Inspektoren selbst räumten denn auch in ihrem Bericht nicht nur ein, dass sie für ihre Untersuchungen nur wenig Zeit hatten, sondern auch, dass die fraglichen Tatorte vor und während ihres Besuchs »stark frequentiert« waren. Nicht nur das: Sie hätten darüber hinaus auch mitbekommen, dass »während des Aufenthalts an den Orten des Geschehens« Personen mit »anderer verdächtiger Munition ankamen, was nahelegt, dass derartige potenzielle Beweis-

mittel bewegt und möglicherweise manipuliert wurden«. Auf gut Deutsch: plaziert wurden.
Von diesen Beobachtungen der UN-Inspektoren haben Sie wahrscheinlich noch nie etwas gehört. Das UN-Team sagt also selbst, dass an den angeblichen Tatorten tatsächlich Manipulationen vorgenommen wurden und »verdächtige Munition« herangeschafft wurde. Die Untersuchungen der UN kann man deshalb keinesfalls mit der kriminaltechnischen Untersuchung eines frischen Tatorts vergleichen. Die einzig seriöse Aussage wäre vielmehr gewesen: Eigentlich gab es aufgrund dieser Tatsachen keine Möglichkeit mehr, die Wahrheit festzustellen. So kurz hätte der UN-Bericht eigentlich ausfallen können und müssen. Während die Assad-Regierung als Schuldige präsentiert wurde, lenkte das davon ab, dass sich das fragliche Gebiet die meiste Zeit unter der Kontrolle der Rebellen befand, also derjenigen, die das größte Interesse an einem amerikanischen Einschreiten hatten. Auf der anderen Seite wird die Frage, *woher* die angeblichen Geschosse sonst gekommen sei sollen, auch in dem UN-Bericht nicht beantwortet, wobei es deutliche Indizien dafür gibt, dass die (wie auch immer beschaffene) Giftgasfreisetzung von den »Rebellen« ausging. Assad müsste, wie gesagt, verrückt gewesen sein, im Angesicht der amerikanischen Kriegsdrohung und vor den Augen einer UN-Kommission Giftgas einzusetzen.
Bleibt eigentlich nur noch die Frage, wie man diesen Bericht dann derart über den grünen Klee loben kann, wie es der oben genannte Giftgasexperte getan hat. Vielleicht liegt die Erklärung darin, dass Dr. Ralf Trapp Mitglied einer erzimperialen britischen Denkfabrik ist, nämlich des International Institute for Strategic Studies (IISS) mit Sitz in der britischen Hauptstadt London. Wie wir im übernächsten Kapitel noch sehen werden, wurde genau hier die Intervention in Syrien schon Jahre vor dem Ausbruch der angeblichen »Revolution« und des »Bürgerkriegs« geplant. Die Anschubfinanzierung für das 1958 gegründete Strategie-Institut kam

laut Sourcewatch.com von der amerikanischen Ford Foundation. Obwohl sich die Denkfabrik international gibt, seien alle Gründungsmitglieder Briten gewesen, so Sourcewatch, darunter zahlreiche Ordensträger und Soldaten. Kurz gesagt, das IISS ist eine mit amerikanischem Geld vollzogene Gründung des Militärs und der britischen Geheimdienste. Mit Strategie ist dabei ausschließlich die imperiale Strategie Großbritanniens und der anderen westlichen Alliierten gemeint (USA, Frankreich) und mit »Abrüstung« (die ebenfalls als Ziel genannt wird) ausschließlich die Abrüstung der anderen.

Was geschah wirklich?

Wie war es nun wirklich? Das Ganze ist wieder einmal ein auf typische Weise konstruierter Kriegsmechanismus, um nicht zu sagen: Automatismus.

- Am 20. August 2012 trifft US-Präsident Obama die Aussage, nach der mit dem Einsatz von Giftgas durch die syrische Armee eine »rote Linie« überschritten würde. Damit wurden die Spielregeln quasi vor aller Welt bekanntgegeben – damit Assad und die Welt wissen, woran sie sind. Umso besser würde man den »Diktator« vorführen können, wenn er diese Spielregeln brechen sollte. Gleichzeitig handelte es sich aber auch um eine amerikanische Selbstverpflichtung, hinter die Obama schlecht zurück konnte.
- Am 18. August 2013 reist eine UN-Chemiewaffenkommission zur Untersuchung von Giftgaseinsätzen nach Damaskus.
- Am 20. August 2013 ist der Jahrestag von Obamas »Roter-Linie«-Zitat.
- Am 21. August 2013 kommt es bei Damaskus zu einem Giftgas-Zwischenfall, der den syrischen Truppen in die Schuhe geschoben wird und das Eingreifen der USA bewirken soll.

Unter falscher Flagge?

»Bei dem Chemiewaffenangriff auf den Außenbezirk Ost-Ghuta der syrischen Hauptstadt Damaskus am 21. August 2013 könnte es sich um die bisher schrecklichste Operation unter falscher Flagge in der Geschichte handeln«, schrieb der bekannte kanadische Wirtschaftswissenschaftler Professor Michel Chossudovsky am 26. September 2013 auf *KOPP Online*. Die Frage ist nur: Wie wurde sie inszeniert? Wo kamen all die Bilder von den toten Kindern und Erwachsenen her? »Aus den bis heute verfügbaren Beweisen geht hervor«, so Chossudovsky, »dass zahlreiche Kinder von ›oppositionellen Rebellen‹ zunächst getötet und ihre Leichen dann manipuliert, arrangiert und gefilmt wurden, um die syrische Regierung für die Angriffe verantwortlich zu machen.«
Genau diesen Eindruck erwecken die »appellativen« Videos denn auch. Der Sinn habe darin bestanden, »in der weltweiten Öffentlichkeit Empörung auszulösen und Zustimmung für einen weiteren blutigen, imperialen von den USA angeführten Krieg hervorzurufen«. Chossudovsky bezieht sich bei seiner Behauptung auf eine andere Studie, nämlich einen Bericht der Internationalen Unterstützungsgruppe für Mussalaha in Syrien (ISTEAMS), geleitet von der Ordensschwester Mutter Agnes Mariam de La Croix, Titel: »Die Chemiewaffen-Angriffe in Ost-Ghuta werden benutzt, um eine Militärintervention in Syrien zu rechtfertigen«.

Die kleinen Engelchen von Ghuta

Während sich auf unseren TV-Bildschirmen Figuren wie Barack Obama, John Kerry und UN-Chef Ban Ki-Moon spreizten, war von Mutter Agnes Mariam natürlich nirgends die Rede. Sie und ihre Gruppe hatten keine Labors und Experten zur Verfügung, sondern nur Augen, Ohren und gesunden Menschenverstand. So hielten sie einerseits in der Gegend um Damaskus Augen und Ohren offen und verglichen das, was sie dort hörten und sahen, mit den im Fernsehen gezeigten Videos von dem »Giftgasangriff«.

Sie taten also das, was eigentlich unsere »Korrespondenten« tun sollten, nämlich sich vor Ort umsehen und Informationen auf ihre Plausibilität prüfen – statt von den Balkonen ihrer Luxushotels ihre Texte aufzusagen.
Und dabei stellte sich heraus, dass zahlreiche Frauen und Familien darüber klagten, dass ihre Kinder entführt worden seien und sie sie später als Opfer des Giftgasangriffs in diversen Videos wiedergesehen hätten: »Seit dem Moment, als uns einige Familien entführter Kinder kontaktierten, um uns zu informieren, dass sie ihre Kinder in den Videos von der Chemiewaffenangriff in Ost-Ghuta wiedererkannt haben, beschlossen wir, die Videos gründlich zu analysieren«, heißt es in dem Bericht.

Giftgas oder Anästhesie?

Unglaublich, aber offenbar wahr: Die sogenannten Rebellen entführten Kinder und setzten sie später als »Darsteller« in den angeblichen Giftgasvideos ein. Eine Namensliste der Entführten findet sich am Ende des Berichts. Die Internationale Unterstützungsgruppe für Mussalaha in Syrien (ISTEAMS) machte sich eine enorme Arbeit, sichtete mindestens 35 auf YouTube hochgeladene Videos, schnitt Szenen heraus und stellte sie in ihrem 50-seitigen Bericht zu Vergleichszwecken einander gegenüber:

> »Unsere erste Sorge galt dem Schicksal der Kinder in den Aufnahmen. Diese kleinen Engelchen befinden sich immer alleine in den Händen von erwachsenen Männern, die Mitglieder von bewaffneten Banden zu sein scheinen. Die Kinder befinden sich ohne ihre Familien dort und bleiben die ganze Zeit ohne Namen, bis sie für das Begräbnis in weiße Tücher gehüllt werden.«

Tatsächlich ist interessant, dass die Erwachsenen und vor allem die Kinder dort in improvisierten Leichenhallen liegen, ohne dass sich irgendwelche Angehörigen bzw. Trauernden zeigen. »Darüber hinaus bringt unsere Studie ohne jeden Zweifel ans Licht, dass ihre kleinen Körper manipuliert und theatralisch angeordnet wurden, um als Darsteller in den Aufnahmen zu dienen.« Auch ISTEAMS kann nicht eindeutig entscheiden, ob die angeblichen Toten nun wirklich tot sind oder aber nur schlafen. Zu friedlich und entspannt sind die Gesichter, zu sauber und »normal« wirkt die Kleidung – ohne irgendwelche Spuren eines Todeskampfes oder einer schrecklichen Vergiftung. Auch ISTEAMS kommt deshalb auf die Idee, dass diese Menschen anästhesiert worden sein könnten.

Dabei erregt dasselbe Video Verdacht, das auch zu Anfang dieses Kapitels beschrieben wurde, in dem eine weißgekleidete Frau und ein Mann den »Toten« Injektionen in die Becken- oder Bauchgegend verabreichen. Und eine Injektion ist, wie oben gesagt, eigentlich ein eindeutiges »Lebenszeichen«. Und wie, wenn nicht durch eine Betäubung, sollte man auch sonst »Opfer eines Giftgasangriffs« darstellen? Etwa, indem man sie erschießt? Wohl kaum. Schusswunden und Blutlachen würden sich auf den Videos wohl »schlecht machen«. Oder indem man ihnen befiehlt, sich tot zu stellen? Insbesondere bei ein bis zwei Dutzend Kindern dürfte das für die Dauer von mehrminütigen Videos wohl ebenfalls nicht überzeugend funktionieren. Nein, die Opfer dürfen erstens keine äußeren Verletzungen aufweisen und müssen zweitens absolut reglos, also »tot«, erscheinen. Aber wie – außer durch Giftgas – konnte man das »hinkriegen«? Natürlich gar nicht. Denn ein »Haufen echte Leichen« ohne irgendwelche Verletzungen ist nun mal schwer vorstellbar. An irgendetwas müssen die Leute ja gestorben sein. Und wenn es Giftgas aufgrund der fehlenden Spuren nicht gewesen sein kann, dann kann es sich nur um Anästhesien handeln.

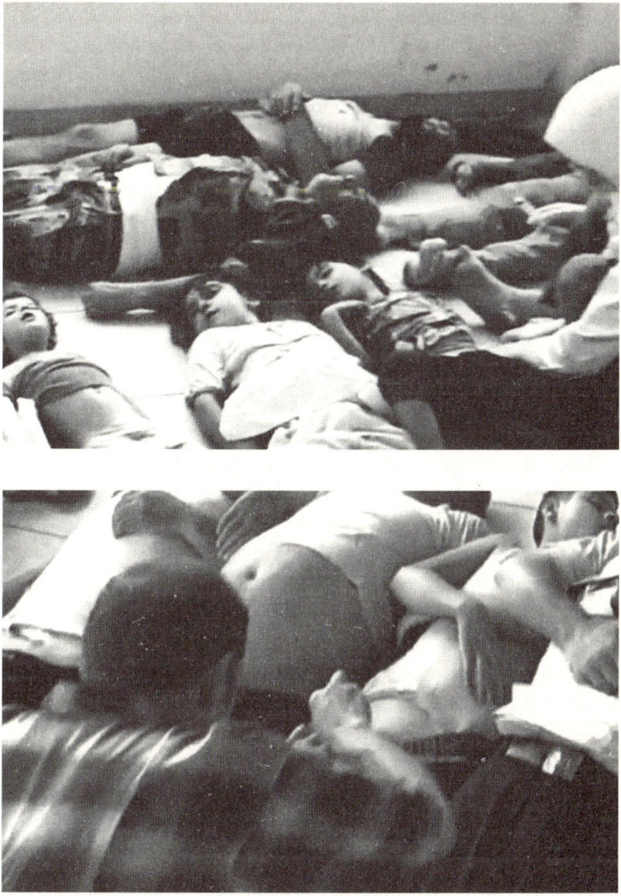

Syrien: Angeblichen Giftgastoten werden Injektionen verabreicht

»Deshalb beschuldigen wir die Macher der Videos der künstlichen szenischen Gestaltung dessen, was eigentlich ehrliche Berichterstattung sein sollte«, heißt es in dem ISTEAMS-Bericht weiter. »Die zynische Manipulation der kleinen reglosen Körper, die sich unter Anästhesie zu befinden scheinen, brachte das Leben der Kinder in Gefahr und stellt in unseren Augen die Frage nach ihrer Sicherheit und dem wirklichen Grund für ihren Tod.« Was sich zwar wie ein Widerspruch anhört, aber der Ambivalenz der Videoszenen geschuldet ist. Außerdem ist das Schicksal der Kinder danach unbekannt. Gut möglich, dass sie nach ihrem »Auftritt« in den Videos mit einem Genickschuss »entsorgt« wurden. Noch wahrscheinlicher ist, dass man die Betäubungsmittel überdosierte und diese Menschen einfach »einschläferte«. Genau so sehen die entsprechenden Szenen nämlich aus. Schließlich sollen die Kinder genauso wenig wie die beteiligten Erwachsenen hinterher darüber reden, wie sie einmal zum »Giftgasopfer« wurden. Fazit: Dass am 21. August 2013 von den syrischen Regierungstruppen wirklich Sarin eingesetzt wurde, ist äußerst unwahrscheinlich. Zu dubios sind die »Beweise« und zu groß der Schaden im Lager Assads. Deshalb handelte es sich, wenn überhaupt, um eine gezielte Inszenierung und Provokation der syrischen »Rebellen« und ihrer Hintermänner im westlichen und arabischen Ausland. Möglicherweise auch unter Zuhilfenahme bestimmter Mengen giftiger Gase, sei es Sarin oder aber irgendein Reizgas.

Geheimdienstler für die Vernunft

Alles Verschwörungstheorie? Keineswegs. Denn diese Meinung ist sogar äußerst weit verbreitet – nur nicht bei unseren herrschenden Medien. Diese verloren nämlich kein Sterbenswörtchen darüber, dass sogar amerikanische Geheimdienstveteranen der Meinung sind, das es sich bei dem angeblichen Giftgasangriff um eine Provokation handelte. Oder suchen Sie mal bei *Google News* in unseren Medien nach der Organisation »Veteran Intelligence

Professionals for Sanity«, ein Zusammenschluss von US-Geheimdienstveteranen. Die machten bereits 2003 von sich reden, als sie vor dem Irak-Krieg warnten. Der (frei übersetzte) Name »Ehemalige Geheimdienstler für die Vernunft« ist Programm und erlaubt den Umkehrschluss, dass es aus Sicht dieser Gruppe in der US-Politik zurzeit eher nicht vernünftig zugeht.

Am 6. September 2013, also etwa 14 Tage nach dem angeblichen Giftgasangriff, meldeten sich die ehemaligen Geheimdienstmitarbeiter erneut zu Wort, indem sie ein offizielles Memorandum an Präsident Barack Obama verschickten. Betreff: »Ist Syrien eine Falle?« Vorlage: »Sofort«. In dem Text heißt es:

> »Wir bedauern, Sie darüber informieren zu müssen, dass wir von ehemaligen Mitarbeitern mit Bestimmtheit informiert wurden, dass im Gegensatz zu den Behauptungen Ihrer Regierung die verlässlichsten Informationen zeigen, dass Baschar al-Assad NICHT für den Giftgas-Zwischenfall verantwortlich war, bei dem am 21. August syrische Zivilisten getötet wurden; auch dem britischen Geheimdienst ist das bekannt. Wir verfassen diesen kurzen Bericht in der Annahme, dass Sie nicht vollständig informiert wurden, weil Ihre Berater Ihnen ein ›plausibles Dementi‹ ermöglichen wollen. Wir waren schon einmal an diesem Punkt angekommen, als wir sofort nach Colin Powells Rede vor den Vereinten Nationen am 5. Februar 2003, in der er mit gefälschten ›Erkenntnissen‹ hausieren ging, um einen Angriff auf den Irak zu unterstützen, unser erstes VIPS-Memorandum an Präsident George W. Bush geschickt haben. Damals haben wir zugunsten Präsident Bushs angenommen, dass er in die Irre geführt worden war – oder zumindest sehr schlecht beraten wurde. Der betrügerische Charakter von Powells Rede war jedoch durchsichtig, und so haben wir Ihren Vorgänger noch am selben Nachmittag dazu gedrängt, ›die Diskussion auch außerhalb des Kreises jener

Berater zu führen, die sich bereits eindeutig auf einen Krieg festgelegt hatten, für den wir keinen zwingenden Grund sehen und von dem wir annehmen, dass die unbeabsichtigten Folgen wahrscheinlich katastrophal sein werden‹. Heute bieten wir Ihnen denselben Rat an.«

Das Paradigma der Tyrannei

Was ja noch freundlich formuliert ist. Denn andere Kritiker sind der Meinung, dass die Zerstörung und das Chaos im Irak und in arabischen Ländern kein Zufall waren, sondern genau das, was die amerikanischen Militärinterventionen bezweckten. »Unsere Quellen bestätigen, dass ein irgendwie gearteter chemischer Zwischenfall in einem Vorort von Damaskus am 21. August Tote und Verletzte forderte«, fahren die Geheimdienstveteranen fort, wobei sie darauf bestehen, dass der Zwischenfall nicht auf einen Angriff der syrischen Armee mit militärischen Kampfstoffen aus ihrem Arsenal zurückgehe: »Laut CIA-Beamten, die mit der Syrien-Frage befasst sind, ist dies die offensichtlichste Tatsache. Ihnen zufolge begeht CIA-Direktor John Brennan nach dem Muster des Irak-Kriegs einen Betrug an den Mitgliedern des Kongresses, den Medien, der Öffentlichkeit – und möglicherweise sogar an Ihnen.« CIA-Direktor Brennan besitze »keinerlei Glaubwürdigkeit«, schreiben die ehemaligen Geheimdienstler weiter und vermuten einen »Déjà Fraud« – einen schon einmal da gewesenen Betrug. Sie erinnern an einen berüchtigten Ausspruch des damaligen britischen Geheimdienstchefs Richard Dearlove, der 2003 sinngemäß sagte: »Die Erkenntnisse und Fakten haben sich nach der Politik zu richten.«

Genau das ist das Paradigma der Tyrannei, die auch hierzulande immer deutlicher zutage tritt: Die Wirklichkeit hat sich nach den Ideologien und der Politik zu richten und nicht umgekehrt.

Sarin-Anschlag nach dem Muster von Tokio

Es gebe eine zunehmende Zahl von Beweisen aus zahlreichen Quellen im Nahen Osten, »dass der chemische Zwischenfall vom 21. August eine geplante Provokation der syrischen Opposition und ihrer saudischen und türkischen Unterstützer war« – beides Verbündete der USA. »Ziel sei es angeblich gewesen, genau jene Art von Zwischenfall zu inszenieren, der die USA in einen Krieg führen würde.« Und, so fahren die Geheimdienstler fort: »Gemäß einigen Berichten wurden Kanister mit chemischen Stoffen in einen Vorort von Damaskus gebracht und geöffnet, wobei einige Menschen in der unmittelbaren Umgebung starben und andere verletzt wurden.«

Mit anderen Worten, es handelte sich demnach nicht um einen militärischen Angriff, sondern um einen Terroranschlag nach dem Muster des Sarin-Angriffs in Tokio 1995. Dabei waren in Tokioter U-Bahn-Stationen elf Plastikbeutel mit Sarin geöffnet worden, wobei es »nur« 13 Tote gab. Deshalb war man wohl auch in Syrien auf zusätzliche »Darsteller« angewiesen, um die improvisierten »Leichenhallen« zu füllen und zu filmen. Die relativ wenigen, eindeutig Sarin-positiven Bodenproben sprechen ebenfalls für diese Version. »Uns ist kein verlässlicher Beweis bekannt, dass eine syrische Rakete mit chemischen Stoffen in diesen Bereich abgefeuert wurde«, schreiben die amerikanischen Ex-Geheimdienstler weiter an ihren Präsidenten.

Bombardierung bereits vor dem Giftgasanschlag geplant

Demgegenüber habe man erfahren, dass etwa am 13. und 14. August (also eine Woche vor dem »Giftgaseinsatz«) westlich finanzierte Oppositionelle in der Türkei Vorbereitungen für eine »irreguläre Offensive« getroffen hätten. Die Treffen sollen in der türkischen Militärgarnison von Antakya stattgefunden haben,

> »die nun als das Kommandozentrum und Hauptquartier für die Freie Syrische Armee und ihre ausländischen Unterstützer dient. Obere Kommandeure der Opposition, die aus Istanbul kamen, informierten die regionalen Befehlshaber über eine bevorstehende Eskalation aufgrund ›einer kriegsverändernden Entwicklung‹, die zu einer Bombardierung Syriens unter der Führung der USA führen werde.«

Alles sollte offenbar, wie die Rädchen eines Uhrwerks, ineinandergreifen: erst der Giftgasanschlag, dann die US-Intervention. Bei den Einsatzbesprechungen in Antakya, an denen Geheimdienstler sowohl aus der Türkei und Katar als auch von der syrischen Opposition und aus den USA teilgenommen haben sollen, sei den oppositionellen Syrern gesagt worden, »dass die Bombardierung in ein paar Tagen beginnen würde. Die Führer der Opposition wurden angewiesen, ihre Kräfte darauf vorzubereiten, das US-Bombardement schnell auszunutzen, in Damaskus einzumarschieren und die Assad-Regierung zu beseitigen«. Daraufhin seien nie da gewesene Waffenlieferungen an die syrische Opposition erfolgt.

Die Frage nach dem »Cui bono?« (Wem nützt es?) des ganzen Szenarios beantworteten die Ex-Geheimdienstoffiziere auch: der syrischen Opposition natürlich. Bis jetzt sei aber noch nicht so klar gewesen, dass auch die Israelis ein Interesse daran hätten, die USA tiefer in einen regionalen Krieg zu verwickeln: »Aber mit dem offenen Drängeln Israels und der israelischen Lobby in den USA wurde diese israelische Top-Priorität kristallklar.« In einem Artikel in der *New York Times* sei ein ehemaliger israelischer Generalkonsul in New York mit den Worten zitiert worden: Der syrische Bürgerkrieg sei »ein Entscheidungsspiel, bei dem beide Seiten verlieren oder zumindest keiner gewinnen soll«. Denn wie man sich vielleicht erinnert, war Assad gerade dabei, die syrischen Aufstandskräfte zurückzudrängen. »Lasst sie beide zu Tode

bluten: So sieht das strategische Denken hier aus. Solange das andauert, geht von Syrien keine reale Gefahr aus.« Interessant – fühlt man sich da nicht auch an andere Staaten in der Region erinnert, beispielsweise Irak, Libyen oder Ägypten? Sie alle sind seit ihren »Revolutionen«, inneren Kämpfen und dem teilweise offenen Eingreifen der USA nicht mehr auf die Beine gekommen und versinken im Chaos eines nicht enden wollenden Bürgerkriegs.
Aus Sicht dieser Geheimdienstveteranen könnte es noch schlimmer kommen. Möglich sei auch ein Angriff »einer interessierten Partei« unter »falscher Flagge« – bei dem einer der fünf US-Zerstörer sänke, »die zurzeit westlich von Syrien patrouillieren«. »Unsere Mainstream-Medien könnten das bis zum letzten Tropfen ausbeuten, und Sie würden sich noch mehr unter Druck sehen, das US-Engagement in Syrien weiter auszuweiten – vielleicht auch in Richtung Iran.«
Fazit: Eine Zeitlang war der angebliche Giftgasangriff von Ghuta der Dreh- und Angelpunkt im Diadochenkampf der Großmächte, die interessanterweise gleichzeitig die Siegermächte des Zweiten Weltkriegs sind: Russland, Frankreich, Großbritannien und die USA. Die Frage, ob Giftgas verschossen wurde oder nicht, entschied eine ganze Weile über das Schicksal Syriens und der ganzen Welt. Denn sooft US-Präsident Obama auch von seiner »roten Linie« in Syrien schwadronierte: In Wirklichkeit ging es hier um die rote Linie Russlands und Chinas in Bezug auf den Vormarsch des Westens nach Osten. Ein Überschreiten dieser Linie unter dem Vorwand eines syrischen Giftgasangriffs hätte zum Dritten Weltkrieg führen können. Und diese Gefahr dürfte auch am Ende des Jahres 2013 nicht restlos gebannt sein.

27. August
Egg Freezing – besteht die Menschheit bald nur noch aus »Frozen Angels«?

Ach, wie gern würde »frau» doch so richtig Karriere machen – wenn da nur die lästige »biologische Uhr« nicht wäre. Mit Ende dreißig, Mitte vierzig ist nun mal Schluss mit der Fruchtbarkeit. Zum Glück gibt es jetzt eine neue Möglichkeit, Kinder auf die ganz lange Bank zu schieben: Egg Freezing. Frieren Sie doch mal ein Ei ein und tauen Sie es erst in zwanzig Jahren wieder auf. Mal sehen, was herauskommt! Vielleicht könnte man bzw. frau dem Kind ja noch eine gute Oma sein.
Tatsache ist: Wenn »frau« sich allmählich zum Mann wandelt und die Geschicke der Welt in die Hand nimmt, stört die eigene biologische Ausstattung immer mehr. Noch immer läuft frau schließlich mit diesem merkwürdigen Geburtsfehler herum, der sie dazu zwingt, Kinder auszutragen und zu gebären. Und zwar mitten im Studium! Oder in der Karriere! Ist das nicht furchtbar? Und ob. Zwar kann man die lästigen Racker in die Krippe und in den Hort abschieben. Aber trotzdem bleibt Nachwuchs zum »falschen Zeitpunkt« natürlich eine große Plackerei. Ganz darauf verzichten kann man allerdings auch nicht, denn schließlich sind die »Blagen« ja auch eine unverzichtbare Zutat für die Vita einer »starken Frau«. Zwei bis drei Kinder gehören zum Doktortitel einfach dazu.

Das »reproduktionsmedizinische Dilemma der Frau«

Das sei eben das »reproduktionsmedizinische Dilemma der Frau«, so der österreichische Mediziner Leonhard Loimer:

> »Zusammen mit dem immer späteren Kinderwunsch in westlichen Industrienationen (längere Ausbildungswege, Karriereplanung, Neuorientierung in der Partnerschaft …) ergibt sich

für viele Frauen ein reproduktionstechnisches Dilemma. In den Jahren der höchsten Fruchtbarkeit (zwischen 25 und 27 Jahren) wird heute in den meisten Fällen nicht der richtige Zeitpunkt für Familienplanung gesehen. Zu einem späteren – nun für die Frau optimal angesehenen Zeitpunkt – ergeben sich aber reproduktionsbiologische Probleme.«

In Taiwan ist man da schon weiter, konnte man am 27. August 2013 bei *Reuters* lesen: »Taiwanesische Frauen legen ihre Eier auf Eis!«, hieß es da. Donnerwetter – wie das? Ein Trend, der bei uns noch nicht angekommen ist. Durchforstet man das Internet nach Artikeln mit dem Begriff »egg freezing«, wird man in deutschen Medien kaum fündig. Und wenn, dann wird mit dem Thema nicht kritisch umgegangen. Dabei geht's für die moderne Frau angeblich über kurz oder lang gar nicht mehr ohne. »Ich war mir nicht sicher, wann meine Eierstöcke degenerieren würden, aber ich war mir sicher, dass ich spät heiraten würde und Mutter werden wollte«, wurde bei *Reuters* beispielsweise eine Linn Kuo, 34, zitiert. »Kuo, Managerin bei Cisco Systems Taiwan hat einen gut bezahlten Job, der es ihr erlaubt, von zu Hause aus zu arbeiten. Während sie in ihrer Karriere langsam, aber stetig vorankam, bedauert sie, dass sie in ihrem Privatleben bisher nicht so viel Glück hatte.« Ihre Eier ließ Linn schon vor drei Jahren einfrieren.

Auftauen wie ein Fertiggericht

Aber auch wenn das Thema hierzulande in den Medien noch nicht richtig angekommen ist, hocken die Ärzte schon in den Startlöchern. Der Egg-Freezing-Trend kommt immer näher und macht den erwähnten Reproduktionsmediziner Dr. Loimer laut seiner Website schon ganz »euphorisch«: Der Mann betreibt in Wien und Wels (Österreich) zwei Kinderwunsch- oder auch IVF-Kliniken. IVF steht für In-vitro-Fertilisation, also »Reagenzglasbefruchtung«. Schon jetzt sei jedes achte Paar in Europa zur Erfül-

lung seines Kinderwunsches auf »die Unterstützung eines IVF-Spezialisten« angewiesen, heißt es da. Das ist das eine.
Das andere: Die Befruchtungskünstler haben jetzt eine ganz neue Klientel entdeckt. Neben den Spätberufenen, die nach Karriere und Eigenheim zur Fortpflanzung nun medizinische Hilfe brauchen, sollen jetzt auch die jung-dynamischen Frauen in die Klinik kommen, die im Moment einfach keine Zeit haben, eine Familie zu gründen. Oder die noch keinen passenden Partner haben, um (im Reagenzglas) schon mal ein Kind zu zeugen und es erst mal für ein bis zwei Jahrzehnte einzufrieren, bis es in die Lebensplanung passt. Embryonen lassen sich nämlich leichter auf Eis legen: »In der Reproduktionsmedizin ist es seit vielen Jahren möglich, Embryonen für nahezu unbegrenzte Zeit in flüssigem Stickstoff zu frieren und zu lagern«, heißt es auf der Loimer-Website. Unbefruchtete menschliche Eizellen konnten bis dato dagegen »nicht eingefroren werden, ohne ihr reproduktions-medizinisches Potential zu verlieren«. Laut *extend fertility* (»Verlängere die Fruchtbarkeit«), einer anderen »Egg Freezing«-Firma, lag das unter anderem daran, dass die unbefruchteten Eier dazu neigten, beim Einfrieren Eiskristalle zu bilden, wodurch das Ei zerstört wurde. Zum anderen führte das Einfrieren zur Verhärtung der Eimembran, was die spätere Befruchtung natürlich erschwerte. Kurz: Nach der ganzen Tortur funktionierten unbefruchtete Eizellen bislang einfach nicht mehr.

Die »eisige Reserve«

Erst jetzt können Eizellen auch unbefruchtet eingefroren – und vor allem erfolgreich wieder aufgetaut – werden. Und genau das ist es, was Dr. Loimer so »euphorisch« macht:

> »Dank eines wissenschaftlichen Durchbruchs in der Kryobiologie ist es nun gelungen, unbefruchtete Eizellen zu frieren, welche nach dem Auftauen die gleiche Qualität aufweisen wie

frische Eizellen. Dies ermöglicht vielen Frauen, die ›das Kinderkriegen‹ auf spätere Jahre verschieben wollen, Eizellen in jungen Jahren einfrieren zu lassen und diese dann für spätere Lebensphasen reproduktions-medizinisch zur Verfügung zu haben.«

Bei *extend fertility* heißt die Methode der Wahl »Gefriertrocknen«, ähnlich wie beim Instantkaffee. Während des Einfrierens werden die Eier dehydriert und beim Auftauen wieder rehydriert. Man gebe Wasser und Wärme hinzu, und schon ist das Ei wie neu.

Gefährliches Produktdenken

In der Fortpflanzung greift auf diese Weise ein gefährliches Produktdenken um sich: »Wir schaffen die Wechseljahre der Frau ab«, Mutter werden, »solange man möchte«, prahlen laut einem der seltenen Presseberichte die Ärzte im »Kinderwunsch Zentrum« an der Münchner Oper (*tz* München, 18.6.2013). Die biologische Uhr ist demnach nichts Natürliches, sondern ein Feind, der »ausgetrickst« werden muss. Und das gilt inzwischen eigentlich für die Natur an sich. »Die Frau sollte sich in möglichst jungen Jahren mindestens 30, besser bis zu 50 Eizellen entnehmen und einfrieren lassen. Wenn die Frau dann reif ist fürs Baby, es auf natürlichem Weg aber nicht mehr klappt, kann sie auf ihre eisige Reserve zurückgreifen.« Slogans wie »eine 100-prozentige Baby-Take-Home-Rate« fördern das Produktdenken in Sachen Kind und degradieren das Baby zur Pizza. Produkte aber sind erstens Sachen, die man zweitens nicht nur bestellen, sondern drittens auch wieder wegwerfen kann. Statt im Mutterschoß verbringen die Eizellen Jahre oder Jahrzehnte in einem Kryotank bei wenig kuscheligen minus 196 Grad. Der Rest ist Wahrscheinlichkeitsrechnung: »Frieren wir beispielsweise 12 Eizellen einer 27-jährigen Frau ein, kann die Frau später mit einer Schwangerschaftschance von fast 60 % rechnen«, rechnet Dr. Martin Swoboda,

Reproduktionsmediziner an den Loimer-Kliniken, vor: »Bei 10 Eizellen sind es immer noch über 40 %!«

Am Ende ein böses Erwachen?

Was im Umkehrschluss bedeutet, dass es für ein späteres Funktionieren der aufgetauten Eizellen keine Garantie gibt. Und damit kommen wir zu dem eigentlichen Schwindel an der Sache. Was Frauen hier als Fruchtbarkeitsprogramm verkauft wird, ist womöglich das genaue Gegenteil. Frauen könnten durch die neue Methode unter dem Strich nicht etwa fruchtbarer, sondern unfruchtbarer werden. Indem sie auf rechtzeitigen natürlichen Nachwuchs verzichten und stattdessen auf eine spätere Schwangerschaft mit Hilfe von gefrorenen Eizellen setzen. Wie häufig bei geplanten oder künstlichen Schwangerschaften könnte es dabei ein böses Erwachen geben. Denn wie die oben zitierten Zahlen zeigen, ist die natürliche Fortpflanzung wohl immer noch die zuverlässigste »Methode«.

Und schließlich: Wer weiß zum Beispiel schon, was mit den einschlägigen Firmen in einigen Jahrzehnten ist? Was passiert bei Stromausfall, Naturkatastrophen oder Insolvenz? Der Unterleib einer Frau dürfte deshalb immer noch der sicherste Ort für eine Eizelle sein. Überdies basiert eine Familie nach wie vor auf einer Beziehung, nicht auf Bestellung. Und daran wird auch die beste Reproduktionsmedizin nichts ändern …

29. August
Syrien-Krieg schon vor Jahren geplant

In der ARD ist Reinhold Beckmann mal wieder auf Sendung: »Der grausame Bürgerkrieg in Syrien«, kommentiert Beckmann einen Einspieler zu Beginn der Talkshow:

»Kein Ende in Sicht. Die Flut der Bilder, so schlimm sie auch sind: Die Welt hatte sich scheinbar daran gewöhnt und weitgehend tatenlos zugesehen, wie bislang Hunderttausende Menschen starben. Bringen diese Aufnahmen aus der vergangenen Woche nun die Wende: Giftgasopfer in einem Vorort von Damaskus – von bis zu 1400 Toten ist die Rede, darunter viele Kinder. UN-Inspekteure sind vor Ort, um Beweise für einen Chemiewaffeneinsatz zu sichern.«

Anhand der Logos der gezeigten Videos stellt sich heraus: Bei dem Einspieler handelt es sich um ein Potpourri aus Internetvideos, die von syrischen Oppositionsgruppen willkürlich zusammengeschnitten wurden: »»Islamic Uprisings« heißt zum Beispiel ein Logo. Und auch einen alten Bekannten treffen wir hier wieder: das Video aus der Leichenhalle mit den angeblich toten Kindern und Erwachsenen, denen seltsamerweise Injektionen verabreicht wurden. Diese Szenen fehlen bei Beckmann allerdings.

Kriegshetzer (fast) unter sich

Wer sich schon einmal ein paar Gedanken zu dem Thema gemacht hat, der weiß, wie fragwürdig solche Bilder sind: verwackelte, abgehackte Szenen mit nicht identifizierbaren zeitlichen und örtlichen Zusammenhängen, hochgeladen von irgendwem, mit irgendwelchen Fantasie-Logos. Eigentlich sollte so etwas im öffentlich-rechtlichen Fernsehen tabu sein.

Als Nächstes stellt Beckmann seine Gäste vor: Stefan Kornelius von der *Süddeutschen Zeitung* (Studium in London, Mitarbeit bei der BBC, später Korrespondent in Washington), ein Exilsyrer von den Grünen namens Ferhad Ahma (laut Kritikern ein »bei ARD und ZDF seit Monaten herumgereichter Kriegshetzer«), der ARD-Korrespondent Ulrich Leidholdt und Dr. Abir Mangels, Notärztin und Anästhesistin mit syrischen Wurzeln: »Im Juni war sie mit einer Hilfsorganisation in der syrischen Grenzregion

unterwegs und hat dort viele Flüchtlinge behandelt«, so Beckmann. Obwohl diese Hilfsorganisation von Spenden lebt, nennt Mangels den Namen der Organisation bei Beckmann merkwürdigerweise nicht. Dabei wäre das doch die Gelegenheit gewesen, noch mehr Spenden zu sammeln!
Tatsache ist: Wenn sie nicht gerade im Nahen Osten Menschen behandelt, tingelt die Anästhesistin durch deutsche Talkshows und betäubt das Publikum mit emotionalen Geschichten aus den Flüchtlingslagern rund um Syrien. Und rührt die Kriegstrommeln, wie aus den Websites der Sender hervorgeht. »Die Menschen in Syrien sind wütend auf den Westen und auf die Welt, weil alle zuschauen«, wird sie beispielsweise auf einer Website der *Münchner Runde* zitiert, einer Talkshow des Bayerischen Rundfunks: »Die Giftgaseinsätze müssen geahndet werden« – »Niemand hat das Recht, Menschen einfach zu töten, vor allem auf so grausame Weise.« – »Ihr ist klar«, so die BR-Seite: »Ein Militärschlag würde auf jeden Fall Opfer bedeuten.« Trotzdem fordere sie: »Es muss etwas getan werden, wir können nicht wegschauen« (*Münchner Runde*, 3.9.2013). Eigentlich ein unfassbarer Standpunkt für eine Ärztin, die sich angeblich um die Menschen dort sorgt. Einem Mediziner bleibt hier eigentlich nur der entschiedene Appell, die Krise auf diplomatischem Wege zu lösen. Denn ein Militärschlag würde nicht nur viele Tote und Verletzte fordern, sondern darüber hinaus auch das Flüchtlings- und Elendsproblem weiter verschlimmern. So würden zum Beispiel noch mehr Flüchtlinge in die von Frau Dr. Mangels angeblich betreuten Lager strömen. Selbst wenn diese Menschen nicht persönlich von einer Rakete getroffen würden, so wären sie ganz bestimmt von der humanitären Katastrophe eine solches Krieges betroffen. Und das gilt natürlich auch für die Verwandten, die Frau Mangels in Syrien angeblich hat, darunter ihre Mutter. Stellen Sie sich vor, Sie lebten im Exil und hätten Angehörige in Deutschland: Würden Sie dann für einen Militärschlag gegen

Berlin plädieren? Vielleicht werden Ihre Verwandten ja nicht direkt von den Cruise Missiles getroffen – sie werden aber auf jeden Fall fliehen müssen und von dem ganzen Chaos des Krieges in Mitleidenschaft gezogen werden!

Eine illustre Runde

Der Einzige, der bei Beckmann gegen diesen Wahnsinn anredet, ist der Nahostberater Michael Lüders. Aber der hat es nicht leicht. Enthüllt er besonders brisante Informationen, wird er unterbrochen und kommt nicht mehr zu Wort. Dabei hat er so einiges zu sagen: zum Beispiel, dass der Süden Iraks von radioaktiven US-Bomben verseucht wurde und dass dort weltweit die meisten missgebildeten Babys geboren werden. Möglicherweise spielten bei diesen Kriegen ja auch Dinge eine Rolle, »über die wir uns gar nicht so richtig Vorstellungen machen«, sagt er in Bezug auf Syrien. So habe der ehemalige französische Außenminister Roland Dumas im Juni 2013 im französischen Fernsehen ein Interview gegeben.

> »Da sagt er, dass er, Dumas, zwei Jahre bevor das in Syrien losging, in London bei einem Besuch angesprochen worden sei, von Topdiplomaten in Großbritannien, mit der folgenden Aussage: Man habe in Großbritannien vor, etwas zu machen in Syrien, das Regime zu stürzen, ob er sich vorstellen könnte, dass Frankreich sich daran beteiligt. In Frankreich, in Frankreich … [Unterbrechung durch den Exilsyrer Ahma] … in Großbritannien auch, auch die *New York Times* hat darüber berichtet, in Deutschland ging das sehr unter, aber nehmen wir mal an, dem wäre so … [Unterbrechung durch Beckmann, den Exilsyrer und andere; der O-Ton geht im Stimmengewirr unter].«

»Nehmen wir mal an, dem wäre so«? Dass also die syrische Revolution schon im Westen geplant wurde, bevor sich in der syrischen Bevölkerung überhaupt Protest gegen Assad regte? Weil natürlich auch ich Herrn Lüders kein Wort glaubte, machte ich mich auf die Suche nach dem angeblichen Dumas-Interview.
Und tatsächlich: »Ich werde Ihnen etwas sagen«, sagte Dumas am 10. Juni 2013 in der französischen Fernsehsendung *Ça vous regarde* (»Das betrifft Sie«): Vor etwa zwei Jahren, bevor die Feindseligkeiten in Syrien überhaupt begannen, sei er in Großbritannien gewesen. Schon damals habe man ihm gesagt, »dass sich in Syrien etwas zusammenbraue«:

> »England bereitete das Eindringen der Rebellen nach Syrien vor. Und man hat selbst mich gefragt, da ich ehemaliger Außenminister Frankreichs war, ob ich daran teilnehmen würde. (…) Damit will ich sagen, dass diese Operation einen langen Vorlauf hatte. Sie ist vorbereitet worden, entwickelt worden, organisiert worden … zu dem ganz einfachen Zweck, die syrische Regierung zu stürzen.«

Denn es sei wichtig zu wissen, dass die syrische Regierung »antiisraelische Äußerungen« von sich gebe. Schon vor langer Zeit habe der israelische Premierminister zu ihm gesagt: »Wir werden versuchen, uns mit den Staaten um uns herum zu verstehen. Diejenigen, mit denen wir uns nicht verständigen können, werden wir zerstören.« Also wahrscheinlich alle, darf man vermuten. Ist das der eigentliche Grund für die Welle von Revolutionen und Bürgerkriegen in Nordafrika?
Während Dumas' Äußerungen außerhalb Deutschlands rege diskutiert wurden, hörte man hierzulande kein Sterbenswort davon, dass der syrische Bürgerkrieg in den westlichen Hauptstädten geplant wurde. Bis auf Lüders' abgewürgte Ausführungen. Es blieb

aber nicht bei Dumas‘ kurzer Bemerkung in dem TV-Interview. Anders als deutsche Politiker, die sofort erschrocken zurückrudern, wenn ihnen einmal die Wahrheit entschlüpft, legte Dumas fröhlich nach. »Der ehemalige französische Außenminister Roland Dumas fuhr damit fort, westliche Kriegspläne gegen Syrien zu enthüllen, lange vor den ersten Protesten im Jahr 2011«, hieß es auf der dänischen Nachrichtenseite *nsnbc*: »Nachdem Dumas eine kurze Bemerkung in einem Interview im französischen Fernsehen gemacht hatte, enthüllte er nun schockierende Details in einem Interview mit der syrischen Nachrichtenagentur SANA.«

Ein illegaler Angriffskrieg

Die Aussage des ehemaligen französischen Außenministers zerstöre die Illusion, dass die sogenannte Krise in Syrien etwas anderes sei »als ein illegaler, irregulärer Angriffskrieg gegen eine souveräne Nation und ihre Menschen, unterstützt durch eine offenbar zentral organisierte Propaganda«, so *nsnbc* (3.7.2013). Auf die Frage nach seiner Einschätzung der syrischen Opposition habe Dumas gesagt, dass die Opposition vielfältig sei und »dass Länder wie Katar und Saudi-Arabien in die Kämpfe gegen die legitime Regierung in Syrien involviert sind«. »Eine friedliche Lösung besteht nicht darin, die Menschen kämpfen zu lassen«, zitiert *nsnbc* Dumas und stellt fest, »dass die Lieferung von Waffen an die Opposition die Probleme in Syrien nicht lösen würde«. Dumas habe betont, »dass Waffenlieferungen friedlichen Lösungen widersprechen, weil Waffen nun mal für den Krieg da sind«.
Zu Behauptungen über den Einsatz chemischer Waffen sagte der frühere französische Außenminister dem zufolge, »dass solche Behauptungen sehr gefährlich sind, weil sie die Diskussionen, die in der Vergangenheit über den Irak stattgefunden haben, ins Gedächtnis rufen, als die Vereinigten Staaten behaupteten, dass der Irak chemische Waffen besitze, die dann aber nicht gefunden wurden«. In dem Interview mit der syrischen Nachrichtenagentur

SANA (wiedergegeben von *nsnbc*) wiederholte Dumas auch das Zitat des israelischen Premierministers Benjamin Netanjahu: »Wenn keine Vereinbarung erreicht wird, wird Israel diejenigen Regierungen angreifen und zerstören, die gegen Israel sind.«
Dumas habe betont, dass es »eine enorme Menge an Propaganda über Syrien« gebe, die in allen Nachrichten, in Berichten und Bildern verbreitet werde. Er habe auch darauf hingewiesen, »dass diese Propaganda-Kampagne zentral verwaltet wird und dass ›alles aus einer Hand kommt‹«. In seinem Gespräch mit der syrischen Nachrichtenagentur SANA habe Dumas gesagt, »dass diese Propaganda in der französischen Öffentlichkeit, die diese Bilder jeden Tag sieht, den schrecklichen Eindruck erweckt, dass es ›bad guys‹ in Gestalt der syrischen Regierung gebe und auf der anderen Seite die ›good guys‹, die von den bewaffneten Gruppen repräsentiert werden – was zu der Schlussfolgerung führt, dass die bösen Jungs gehen und die Guten bleiben müssen. Er fügte hinzu: ›Eines Tages wird die Wahrheit herauskommen.‹«
Nun ja – der Mann hat vergleichsweise leicht reden. Schließlich ist er schon vor vielen Jahren aus Regierungsämtern ausgeschieden. Und die heutige französische Regierung unter Präsident François Hollande befindet sich in Nordafrika auf strammem Kriegskurs.

Veröffentlicht ist noch lange nicht »herausgekommen«

Aber was ist überhaupt »herauskommen«? Die Antwort lautet: »Herauskommen« ist relativ. Lesen kann man heutzutage schließlich fast alles im Internet, auch dass und wie die USA den Anschlag auf das World Trade Center inszenierten. Aber ist es damit schon »herausgekommen«? Denn herausgekommen ist nur etwas, das wirklich eine breite Öffentlichkeit erreicht und dort zum allgemeinen Konsens wird: »Ja – so und nicht anders ist es gelaufen.«
Ein Beispiel ist der Mord an dem schleswig-holsteinischen Minis-

terpräsidenten Uwe Barschel 1987. Wie damals ein Mossad-Kommando in sein Zimmer im Genfer Hotel »Beau Rivage« eindrang und den Ministerpräsidenten vergiftete, hat der ehemalige Mossad-Agent Victor Ostrovsky schließlich akribisch in seinem Buch *Geheimakte Mossad. Die schmutzigen Geschäfte des israelischen Geheimdienstes* (München 1994, S. 290–299) beschrieben. Demnach wurde Barschel von Mossad-Agenten während einer Besprechung mit einem Medikament im Wein betäubt. Anschließend habe man abgewartet, bis Barschel eingeschlafen sei, und ihn dann mit einer komplizierten Prozedur umgebracht (siehe auch Wolfram Baentsch: *Der Doppelmord an Uwe Barschel. Neue Fakten und Hintergründe zur größten Politaffäre der Bundesrepublik*, München 2006). Trotzdem hat sich die Tatsache des Mossad-Mordes an Barschel bis heute nicht »durchgesetzt« – und das ist denn wahrscheinlich auch die beste Definition von »herauskommen«: herausgekommen ist etwas erst, wenn es sich in der öffentlichen und veröffentlichten Meinung durchgesetzt hat. Insofern kann man noch lange darauf warten, dass die ganze Wahrheit über Syrien »herauskommt«. Und wenn wir diese Überlegungen jetzt auf die Äußerungen des Nahostberaters Michael Lüders bei Beckmann anwenden, dann müssen wir feststellen, dass diese Informationen zwar ebenfalls veröffentlicht, aber damit noch lange nicht »herausgekommen« sind …

September 2013

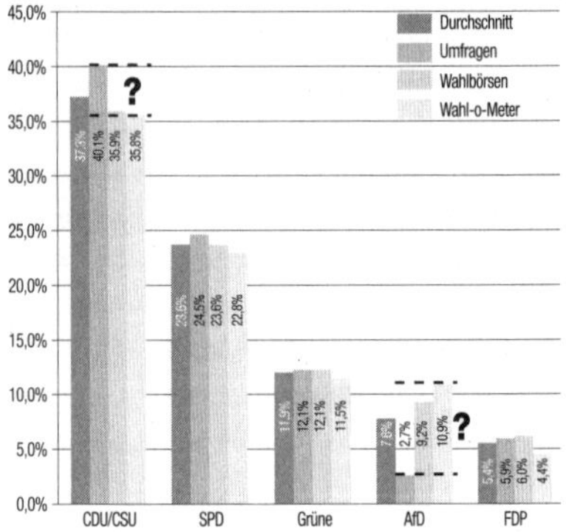

Thema des Monats *16.9.:*
Schwindel bei den Wahlumfragen?

1.9. Fernsehduell zwischen Bundeskanzlerin Angela Merkel und SPD-Kanzlerkandidat Peer Steinbrück **5.–6.9.** G20-Treffen in Strelna bei Sankt Petersburg ***10.9. Vor den Bundestagswahlen ziehen Medien Bilanz der Bundesregierung*** **12.9.** Der Hospital-Konzern Fresenius meldet die Übernahme von 43 Krankenhäusern der Rhön-Klinikum-Kette **15.9.** Bei den bayerischen Landtagswahlen gewinnt die CSU die absolute Mehrheit ***16.9. Unstimmigkeiten bei Wahlumfragen werden aufgedeckt*** / Im italienischen Giglio beginnt die Aufrichtung des Wracks der *Costa Concordia* **19.9.** Russische Sicherheitskräfte entern das Greenpeace-Schiff *Arctic Sunrise* **22.9.** Bei den Wahlen zum Deutschen Bundestag gewinnen Union und SPD hinzu, FDP und AfD scheitern an der Fünf-Prozent-Hürde ***29.9. Bei den Nationalratswahlen in Österreich erzielen die Altparteien das schlechteste Ergebnis seit dem Zweiten Weltkrieg***

10. September
Bundestagswahl: Bilanz des politischen Irrsinns

Hurra – die Bundestagswahl steht vor der Tür! Schon wieder ein Hurra? Hatten wir in diesem Buch nicht schon einige Hurra-Schreie? Schon, aber da man hierzulande sowieso bald nur noch hurra schreien darf, sollten wir uns schon mal daran gewöhnen.
Der Jahrbuch-September steht ganz im Zeichen der Wahl. Zum einen darf der Wähler nur alle vier Jahre einmal Bilanz ziehen, zum anderen trat diesmal eine neue Partei an – die Alternative für Deutschland (AfD) –, die bereits im Vorfeld für beträchtlichen Wirbel gesorgt hatte. Die Frage lautete, wie die etablierten Parteien mit der neuen Konkurrentin umgehen und wie weit diese kommen würde.

Zahme Nörgelei

Versuchen wir zunächst ein Fazit: Was haben wir der Bundesregierung aus Union und FDP – im Guten wie im Schlechten – zu verdanken? Na ja – um ehrlich zu sein: Einiges zu nörgeln gibt es durchaus. *Spiegel Online* zum Beispiel zieht am 10. September Bilanz und vergleicht dabei das Erreichte mit dem vor vier Jahren geschlossenen Koalitionsvertrag. Das Ergebnis fällt gar nicht so schlecht aus: Zwar hätten Angela Merkel und ihr schwarz-gelbes Bündnis »beim Amtsantritt vor vier Jahren vieles angekündigt, was sie nicht halten konnten«. Aus den Steuersenkungsplänen der FDP wurde beispielsweise nichts, genauso wenig wie aus den »geplanten Reformen der Gewerbe-, Unternehmen- und Mehrwertsteuer«. Aber auf anderen Gebieten habe die Regierung durchaus punkten können. So sei die Neuverschuldung erheblich zurückgegangen und die offizielle Arbeitslosenzahl unter drei Millionen geblieben.
Eine etwas deutlichere Kritik klingt bei der *Stuttgarter Zeitung* an: Im Herbst 2010 habe Angela Merkel

»eine Umkehr des Atomausstiegs durchpeitschen [lassen], um wenige Monate nach der Reaktorkatastrophe von Fukushima prompt das Ruder wieder in die andere Richtung herumzureißen und einen beschleunigten Ausstieg zu beschließen. Wenig prinzipientreu verhielt sie sich auch in der Eurokrise. Zunächst wollte sie für die Schuldensünder in Griechenland keinen Cent deutsches Steuergeld riskieren. Später wurden es Milliarden. Erst wandte sie sich gegen einen Rettungsschirm, dann gegen einen dauerhaften – um sich letztlich exakt dafür zu verkämpfen« (23.6.2013).

Das ABC des politischen Irrsinns

Immerhin klingt das Regierungsdesaster der letzten Jahre hier etwas deutlicher an. Aber war da sonst noch was? Eigentlich nicht. Bei ihren Bilanzen blieben die Systemmedien brav im Rahmen des politisch Korrekten. Die wirklich großen Fragen und Probleme der Deutschen wurden fast allesamt ausgeklammert.
Richtig klar werden einem diese Denkverbote erst, wenn man sich die wirklichen Probleme und die reale Politik der letzten Bundesregierungen vor Augen führt. Darunter sind auch längerfristige Trends, die von den jeweiligen Bundesregierungen nur fortgeführt wurden, zuletzt unter Merkel. Es handelt sich um Themen, die entweder gar nicht, nur am Rande oder verschlüsselt und unter falscher Überschrift in der politischen Auseinandersetzung vorkommen. Wenn man sich dieses ABC des politischen Irrsinns einmal näher ansieht, bekommt man einen regelrechten Schock:

Abschaffung der Familie: Berufstätigkeit der Frauen, Verherrlichung berufstätiger Frauen gegenüber Müttern und »Hausfrauen«, Verstaatlichung und Indoktrination der Kinder in Kinderkrippen. → Gender Mainstreaming

Abschaffung sämtlicher Grenzen zwischen Finanz-, Wirtschafts-, Handels- und nationalen Räumen, Währungen, Geschlechtern (→ Gender Mainstreaming), Generationen, Ethnien, Kulturen, Kunstrichtungen, Begabungsniveaus (→ Inklusion), kurz: Abschaffung der sozialen, wirtschaftlichen, finanziellen und natürlichen Organisation.

Asylpolitik: allmählicher Ersatz der einheimischen Bevölkerung durch Zuwanderung.

Bildungskatastrophe: G8-Gymnasium, »Entrümpelung« (d. h. Verflachung) der Lehrpläne, Absenkung des schulischen und universitären Niveaus, Abschied vom Prinzip »Fördern und Fordern«, höchste Analphabeten-Quote seit 130 Jahren, Unterordnung der Wissenschaft unter die Ideologie (»Gender Studies«, »Klimakatastrophe«), »Rechtschreibreformen«, Abschaffung der Habilitation (»Juniorprofessor«) etc. Gefährdung der Konkurrenzfähigkeit und Zukunft der Deutschen u. v. a. m. → Inklusion

Dämmwahn: Enormer Aufwand und hohe Kosten für Hausbesitzer und Mieter durch den Zwang, Häuser mit zentimeterdicken Dämmplatten zu »dämmen«. Laut Studien ist die Energieeinsparung zu vernachlässigen und eine Amortisierung nicht zu erwarten. Im Gegenteil: Alle werden draufzahlen. Außerdem drohen Gefahren für Bausubstanz und Menschen, zum Beispiel Gesundheitsschäden durch Schimmel. → Klimapolitik

Demografie: Abbau und Austausch der abnehmenden deutschen Bevölkerung durch Zuwanderer (→ Asylpolitik; soziale Sterilisierung), keine wirksamen Programme zur Erhöhung der Geburtenrate.

Diskriminierung von Männern und Knaben → Gender Mainstreaming

Energiewende: Panik als politisches Konzept. Überstürzte Umstellung der gesamten Energiepolitik infolge der angeblichen »Atomkatastrophe« von Fukushima, die bis heute kein einziges Todesopfer durch Strahlung gefordert hat (siehe auch *11. März* »Atomkatastrophe von Fukushima war gar keine«). Enorme Kosten, explodierende Strompreise, Versorgungsrisiken, Naturzerstörung durch Speicherseen und Windräder.

Entwaffnung der Bevölkerung durch laufende Änderung der Waffengesetze nach »Amokläufen«.

Europa: Abtretung der nationalen Souveränität an einen demokratisch nicht legitimierten Superstaat ohne Volksabstimmung.

Euro-Rettungspolitik: Einführung von »Transferunion« und Finanzausgleich über die Köpfe der Bürger hinweg, Milliardenbürgschaften für »europäische Partner«, letztlich Verteilung des deutschen Volksvermögens unter Banken und europäischen »Partnerländer«, Überschuldung, mittel- und langfristig Verarmung der deutschen Restbevölkerung.

Geburtenraten, auf niedrigem Niveau stagnierende → Soziale Sterilisierung; Demografie

Gesinnungsdiktatur: Politische Korrektheit, Sprachsteuerung und -»hygiene« u. a.

Gender Mainstreaming (Abschaffung der natürlichen Geschlechter): das irrsinnige und menschenfeindliche Konzept, die natürlichen Geschlechter zur Fiktion zu erklären, Geschlechtsunterschiede zu leugnen und Mann und Frau für gleich zu erklären. Damit verbundene »Überförderung« von Frauen und Diskriminierung von Knaben und Männern.

Globalistische Propaganda und Verherrlichung der »One-World-Idee«, die letztlich auf eine Verschmelzung von allem mit allem und damit auf die Auflösung der »makrosozialen« und »mikrosozialen« menschlichen Organisation hinausläuft.

Indoktrination von politisch erwünschten Inhalten in Kindergärten, Schulen, Medien und Universitäten (siehe auch *16. Juli* »Klimakiller Mann«) → Bildungskatastrophe; Gender Mainstreaming; Klimapolitik; Zuwanderung; Asylpolitik)

»Inflation«: laufende Verteuerung zentraler Güter und Rohstoffe wie Strom, Gas, Lebensmittel, Benzin, Kfz-Unterhalt, Mieten etc.

Inklusion: Abriss des differenzierten Bildungssystems durch Zusammenführung sämtlicher Bildungs-, Begabungs- und Behinderungsniveaus in einer Schulform.

Klimapolitik: enorme volkswirtschaftliche Kosten durch Behauptung einer fiktiven »menschengemachten Klima-Katastrophe«. Verteufelung eines natürlichen Luftbestandteils (CO_2) als »Schadstoff«. Zunehmende Beschneidung sämtlicher Lebensäußerungen durch Einführung einer restriktiven Klima-Planwirtschaft in Gestalt immer neuer »Klimaauflagen« und von »Klimaschutz«. Belastung der volkswirtschaftlich essenziellen deutschen Autoindustrie durch immer neue Auflagen. Eingriff in jeden Lebensbereich, da durch jede Lebensäußerung CO_2 entsteht – sei es bei der Fleischproduktion oder beim Atmen. Ersatz der umweltfreundlichen Glühbirne durch die teure und umweltschädliche »Energiesparlampe« etc.

Massive Verschwendung von Steuergeldern durch Beteiligung an irrsinnigen Kriegen (Afghanistan), Rüstungsprojekten (Drohnen etc.), EU-Haushalten und -»Rettungsaktionen« u. a.

Nibelungentreue gegenüber den USA und anderen »Siegermächten« des Zweiten Weltkriegs wie Großbritannien und Frankreich. Keine unabhängige Außenpolitik.

Soziale Sterilisierung durch forcierte Berufstätigkeit der Frauen, Abwertung der Mütter, Verunsicherung der Männer, Skandalisierung männlicher Kontaktversuche (Stichwort Brüderle), aggressive Propagierung von Homosexualität und von Unfruchtbarkeitsprogrammen (künstliche Befruchtung, Aids) u. a. → Geburtenraten; Gender Mainstreaming

Staatsterrorismus und Geheimdienstskandale: Terrorinszenierungen durch Provokateure, Spitzel und V-Leute (»NSU«), Aktenvernichtung durch die Geheimdienste, Finanzierung und Steuerung der rechtsradikalen Szene etc.

Ständiger Friedensverrat durch fortgesetzte Propaganda der »Staatsmedien« gegen Länder wie Libyen, Syrien, Iran, Russland, China sowie durch dauernde Propagierung von Kriegslügen wie 9/11, »Massenvernichtungswaffen«, angebliche Giftgasmassaker etc.

Totale Überwachung der Bürger durch Geheimdienste, Abschaffung des Bankgeheimnisses, Überwachung des Zahlungsverkehrs, in Zukunft Einschränkung von Bargeldverkehr und -besitz.

Übertragung der nationalen Souveränität auf supranationale Organisationen wie EU, UN, NATO u. a.

Unterwerfung unter praktisch jedes irrsinnige UNO-Konzept → Inklusion; Übertragung der nationalen Souveränität

Verstaatlichung der Kinder: Der durch soziale Zwänge (forcierte Berufstätigkeit der Frauen, Vernichtung der Familie) geschaffene Betreuungsnotstand soll durch Verstaatlichung der Kinder in kommunalen und staatlichen Betreuungseinrichtungen »behoben« werden. Gesellschaftlicher Druck zur Ablieferung selbst kleinster Kinder in staatlichen Einrichtungen. Verpflichtung der Kinder nicht mehr auf Eltern, Heimat und Individualität, sondern auf den Staat und seine Ideologien. → Indoktrination; Abschaffung der Familie

Zuwanderung → Asylpolitik; Demografie

Zwangsabgabe für staatliches Propagandasystem (öffentlich-rechtlicher Rundfunk), Unterdrückung von abweichenden Meinungen (siehe auch *1. Januar* »GEZ-Gebühr und neue Rundfunkabgabe …«) → Indoktrination

Und was heißt das alles? Antwort: Anders, als unsere Politiker es darstellen, geht es ihnen nicht fortwährend darum, Deutschland voranzubringen. Genau wie in anderen europäischen Ländern sehen wir hier vielmehr einen Staat in Auflösung. Das ist das eigentliche, große Projekt der letzten Bundesregierungen: das Land, seine Menschen, seine Bevölkerung, seine Identität und seine Kompetenzen abzuwickeln. Die jeweiligen Bundesregierungen wirken dabei nicht etwa als unermüdliche Kämpfer für das Wohl der Deutschen, sondern als gut getarnte Sterbehelfer. Und das ist genau das, was verheimlicht und vertuscht wird.

16. September
Umfrageschwindel? Union zu hoch, AfD zu niedrig bewertet

Wurde kurz vor der Bundestagswahl am 22. September 2013 massiver Umfrageschwindel betrieben? Anhand der Auswertung einer namhaften Düsseldorfer Kommunikationsagentur vom 16. September 2013 konnte man glatt diesen Verdacht haben. Danach wurde die Union in den Vorhersagen deutlich zu hoch, die Alternative für Deutschland (AfD) deutlich zu niedrig bewertet. Letztere lag bei 3,4 Prozent gegenüber sieben bis elf Prozent bei alternativen Umfrageinstrumenten (Wahl-Radar 2013: »Die Meta-Prognose zur Bundestagwahl – Aktuelle Auswertung und Zusammenfassung aller Wahlprognosen auf einen Blick«, Ausgabe 16. September, osicom GmbH, Düsseldorf 2013).
Die zu niedrige Prognose betraf also ausgerechnet jene Partei, die mit ihrem europaskeptischen Kurs der Regierung und den etablierten Parteien gefährlich werden könnte. Und würde eine Partei tatsächlich künstlich unter fünf Prozent »gerechnet«, hieße das für potenzielle Wähler, dass ihre Stimmen hier verschwendet wären, da diese Partei wegen der Fünf-Prozent-Hürde nicht in den Bundestag käme.
Und Tatsache ist: Kurz vor der Wahlen schrien fast alle Umfrageinstitute in Sachen AfD ganz laut »Verschwendung!«. Und haben sie nicht auch recht behalten? Schließlich erhielt die AfD bei den Wahlen tatsächlich nur 4,7 Prozent der Stimmen. Schon – aber das könnte eben auch eine »sich selbst erfüllende Prophezeiung« gewesen sein.

Prognosen als Abschreckung?

Die 3,4-Prozent-Prognose für die AfD war merkwürdig, denn manche Medien hatten registriert, dass »die Euro-Kritiker die Menschen mehr mitreißen als die Etablierten«, so zum Beispiel die Website der *Wirtschaftswoche* vom 14. September 2013:

»In der Studentenstadt Münster etwa, eine Hochburg der Grünen, interessierten sich höchstens 500 Menschen für eine Rede von Spitzenkandidat Jürgen Trittin. Gerade einmal 350 Zuhörer lauschten dieser Tage den Worten der versammelten FDP-Spitze um Bundesaußenminister Guido Westerwelle, Spitzenkandidat Rainer Brüderle und Gesundheitsminister Daniel Bahr vor der Reinoldikirche in Dortmund. Und die AfD? Eine wenig überraschende Anti-Euro-Rede von Parteichef Bernd Lucke beklatschten und bejubelten in Düsseldorf zuletzt fast 1500 Menschen.«

Aber nicht nur das. Bei einer Abstimmung auf der Website der *Bild*-Zeitung kam die Alternative für Deutschland (AfD) sogar auf sagenhafte 16 Prozent. Während für herkömmliche Wahlprognosen 6000 bis 10 000 Personen befragt werden, nahmen an dem *Bild*-»Voting« rund 800 000 Menschen teil – eine riesige Datenbasis. Bei einem späteren »Online Voting« des Blattes erzielte die AfD sogar 24 Prozent (bei 110 000 Teilnehmern, Stand: Mitte September 2013).

Zwar sind diese Daten – anders als angeblich die Daten der Umfrageinstitute – »nicht repräsentativ«, dafür ist aber die Datenbasis viel breiter. Außerdem ist es wohl nicht ganz falsch zu behaupten, dass die *Bild*-Leser zu einem Gutteil durchaus Volkes Stimme repräsentieren. Sollten diese Abstimmungen also wirklich so wenig repräsentativ gewesen sein, dass sie um 11,3 bzw. 19,3 Prozentpunkte danebenlagen (16 bzw. 24 % gegenüber den 4,7 % des amtlichen Endergebnisses der AfD)?

Umfragen sind nicht der Weisheit letzter Schluss …

In den »herrschenden Umfragen« wollte sich diese Begeisterung für die AfD merkwürdigerweise nicht niederschlagen. Dabei ist es an der Zeit, die dominante Rolle dieser angeblich so seriösen Prognoseinstrumente einmal kritisch zu hinterfragen. Schließlich hatte sich bei der letzten Bundestagswahl 2009 herausgestellt, dass andere Vorhersageinstrumente tatsächlich genauer arbeiteten als die gute alte »Umfrage«. Bei einem Vergleich auf *Blick Log* (blicklog.com: »Hitliste der besten Prognosen zur Bundestagswahl«, 29.9.2009) hatten zwei sogenannte Wahlbörsen besser abgeschnitten (nämlich *Politikmarkt* und *Wahlstreet*).

Bei solchen Wahlbörsen werden keine Umfragen veranstaltet, vielmehr kann man dort »Wertpapiere« der verschiedenen Parteien kaufen. Auf diese Weise wird versucht, die Vorlieben der Wähler in einem Markt abzubilden und so die »Weisheit des Marktes« für die Prognose zu nutzen. Der jeweilige Kurs des Papiers soll dann das Wahlergebnis vorhersagen.

Aber auch soziale Medien wie Twitter kann man zur Prognose nutzen. Nach einer Studie der Indiana University in den USA hängt der Erfolg eines Kandidaten davon ab, wie oft er bei dem Kurznachrichtendienst Twitter erwähnt wird – und zwar unabhängig davon, ob in einem negativen oder einem positiven Zusammenhang. In Deutschland wurde daraus ein Prognoseinstrument entwickelt, das sogenannte Wahl-O-Meter (www.wahl-o-meter.com, nicht zu verwechseln mit »Wahl-O-Mat«). Es errechnet den jeweiligen Prozentwert »aus den Nennungen der Parteien und der Namen ihrer wichtigsten Politiker auf Twitter« (www.wahl-o-meter.com).

Noch genauer als die Wahlbörsen waren 2009 nur die 18-Uhr-Prognosen von ARD und ZDF, bei denen es sich jedoch nicht um »Vorhersagen« im eigentlichen Sinne handelt. Bei diesen sogenannten »exit polls« werden die Bürger vielmehr *nach* dem Verlassen des Wahllokals gefragt, was sie tatsächlich gewählt haben. Deswegen sind die 18-Uhr-Prognosen auch so genau und nicht zu vergleichen mit Umfragen, die Tage oder Wochen vor der Wahl durchgeführt wurden.

Aufgrund der Aussagekraft der »alternativen Prognoseinstrumente« entwickelte das oben genannte Kommunikationsunternehmen osicom ein weiteres Vorhersageinstrument. Auf der eigens eingerichteten Website wahl-radar2013.de wurden alle herkömmlichen Wahlprognosen mit den Prognosen aus sozialen Medien und sogenannten Wahlbörsen kombiniert und daraus eine sogenannte Meta-Prognose erstellt. Und bei der Meta-Prognose vom 16. September 2013 sah die AfD wesentlich besser aus, während die beiden großen Parteien deutlich schlechter abschnitten als in den gängigen Umfragen. Nach dieser Meta-Prognose lagen die Union bei etwa 37, die SPD bei 24, die Grünen bei elf, die FDP bei 5, die Linke bei 8 und die AfD bei 7 Prozent.

»Auffällige Anomalie«

Wie wir wissen, kam es jedoch anders. Das Wahlergebnis der AfD (4,7 %) wich drastisch von den Vorhersagen aller alternativen Umfrage- und Abstimmungsinstrumente ab. Lagen also all diese Instrumente falsch und die herkömmlichen Prognosen richtig? Oder war vielmehr das Wahlergebnis falsch und bildete es den Wählerwillen nicht korrekt ab? Überraschend dabei ist, dass herkömmliche Umfragen und alternative Prognosen (Wahlbörsen etc.) sich sonst eigentlich einig waren. So lagen SPD, Grüne und FDP mit Stand vom 1. September 2013 bei allen Umfrageinstrumenten in etwa gleichauf (siehe Grafik zu Beginn des September-Kapitels). Das heißt, Umfragen auf der einen und Wahlbörsen / Wahl-O-Meter auf der anderen Seite bestätigten sich gegenseitig ihre Gültigkeit.

Nur bei zwei Parteien gab es signifikante Abweichungen. Während die Union bei Wahlbörsen und »Wahl-O-Meter« übereinstimmend bei knapp 36 Prozent lag (35,9 bzw. 35,8), schnellte sie in den Umfragen auf 40,1 Prozent hoch – also ein Unterschied von vier Prozentpunkten. Und während die AfD bei Wahlbörsen und »Wahl-O-Meter« bei 9,2 bzw. 10,9 Prozent lag, kam sie in den Umfragen nur auf magere zwei Prozent (2,7 Prozentpunkte unter dem amtlichen Endergebnis von 4,7 %). Für diese enormen

Abweichungen gibt es einstweilen überhaupt keine Erklärung. Warum sollten Umfrageinstrumente, die ansonsten übereinstimmend messen, bei einzelnen Parteien plötzlich so weit auseinanderliegen? Entweder funktionieren die Instrumente oder nicht. Diese Abweichungen seien bei Union und AfD »so signifikant, dass sie mit einer normalen statistischen Fehlerquote nicht mehr zu erklären« seien, hieß es auf wahl-radar2013.de.

Partei	Zweitstimmenanteil (in %)
CDU/CSU)	41,5
SPD	25,7
FDP	4,8
Die Linke	8,6
Die Grünen	8,4
Piraten	2,2
AfD	4,7

Zur Orientierung: Das amtliche Endergebnis der Bundestagswahl 2013
Quelle: Bundeswahlleiter

Eine »sich selbst erfüllende Prophezeiung«

Wurde hier von einigen Umfrageinstituten also doch getrickst und sozusagen auf eine »sich selbst erfüllende Prophezeiung« gebaut? Denn wie gesagt: Je öfter der AfD ein Ergebnis von unter fünf Prozent vorhergesagt wurde, desto wahrscheinlicher wäre es, dass sie auch tatsächlich darunter läge. Oder wurde etwa bei den Meta-Prognosen von wahl-radar2013.de geschwindelt? Zwar handelte es sich um ein Projekt der osicom GmbH, einer renommierten Agentur für Unternehmenskommunikation aus Düssel-

dorf, aber Inhaber Wolfgang Osinski engagiert sich selbst im Vorstand der AfD Düsseldorf. Soll man also doch nur der Statistik glauben, die man selbst gefälscht hat, wie ein geflügeltes Wort besagt?
Ich glaube nicht. Denn im Gegensatz zu den Umfragen der etablierten Institute waren die Daten der osicom GmbH transparent. Das Geschehen auf Wahlbörsen und bei »Wahl-O-Meter« ließ sich leicht nachprüfen. Wie die Umfrageergebnisse der etablierten Institute entstanden waren, ließ sich hingegen nicht nachvollziehen. Erfahrungsberichte lassen nichts Gutes ahnen: »… neulich hat mich das Forsa Institut angerufen«, berichtete ein Björn Klapp auf der Website der AfD: »Als sie fragten, welche Partei ich wählen würde, wollte ich spontan AfD sagen. Sie sagten aber – bitte nur die Parteien, die wir vorlesen –, da stand keine AfD drauf. Dann wollten sie noch von mir wissen: Merkel oder Steinbrück. Da sagte ich Merkel (minimal kleineres Übel). Die haben mich bestimmt dann der CDU zugeordnet.« Auf der Website der AfD? Ob das dann überhaupt stimmt? Wahrscheinlich schon. Denn sonst könnte es hier unter Nennung der Institute nicht behauptet werden. »In meinem Umfeld nehme ich die Einstellung der Leute zur AfD ganz anders wahr, als in den Medien beschrieben«, berichtete ein Hasso Waldner:

> »Die ist überaus positiv. Warum die sogenannten offiziellen Umfragen anders aussehen, ist mir nach einem Anruf von Emnid klargeworden. Ich wurde gefragt, ob ich an der Sonntagsfrage zur Bundestagswahl teilnehmen würde. Da wurden alle bekannten Parteien aufgezählt, einschließlich der Piraten, eine AfD war allerdings nicht dabei. Ich sagte dann, dass ich die AfD wählen würde. Allerdings wollte die Dame mich irgendwie nicht verstehen können, ›wie bitte?‹, ›wen wollen Sie wählen?‹, ›ich kann Sie nicht verstehen …‹. Dass die AfD in der Umfrage von Emnid nur auf 2 % kommt, wundert mich dann nicht mehr.«

»Wählertäuschung ist Routine«

Herbe Kritik gab es aber auch aus berufenem Munde – nur ist das schon längst vergessen. Am härtesten ins Gericht mit den Demoskopen ging der Wuppertaler Mathematik-Professor Fritz Ulmer. Ulmer hatte 1994 eine ausführliche Kritik an den Meinungsumfragen veröffentlicht und war zu dem Schluss gekommen:

> »Meinungsforscher betreiben mit aktuellen Stimmungsbildern und Prognosen über den Ausgang der Bundestagswahl systematisch Wählertäuschung in wissenschaftlicher Verpackung. Die Praktiken der Meinungsforscher sind möglicherweise auch ein Fall für den Staatsanwalt. Wählertäuschung ist nämlich nach Paragraph 108a des Strafgesetzbuchs mit bis zu zwei Jahren Gefängnis strafbar« (Fritz Ulmer: *Der Dreh mit den Prozentzahlen*, Wuppertal 1994).

Getäuscht würden jene Wähler, »die ihre Wahlabsichten wegen Umfrageergebnissen ändern. Etwa weil sie nicht wählen gehen, in der Annahme, das Wahlergebnis stehe schon fest.« Solche Wähler würden mit »pseudoexakten Zahlen« irregeführt. Ja, mehr noch: »Der juristische Tatbestand der Täuschung – d.h. Erstellung oder Vorspiegelung falscher Tatsachen bzw. Unterdrückung wahrer Tatsachen – gehört zu den Routinetätigkeiten von Meinungsforschern.« Zum Beispiel sei der sogenannte repräsentative Querschnitt eben kein »Miniaturbild« der Bevölkerung. In Wirklichkeit würden die Befragten für den repräsentativen Querschnitt »per Lotterie ausgesucht«. Meist würden per Computer Telefonnummern ausgelost, die dann von Interviewern angerufen würden. Der Rückschluss vom ausgelosten »repräsentativen Querschnitt« auf alle Wahlberechtigten sei mit Fehlern und Risiken behaftet, die aus mathematisch statistischen Gründen unvermeidlich seien: »Man kann eben nicht ungestraft von 2000 auf 58 Millionen hochrechnen.« (Interessant – war demnach das »Voting« der *Bild*-Website doch aussagekräftiger als die Umfragen?)

Umfragen »für die Tonne«

Statt eindeutiger Umfrageergebnisse gebe es deshalb nur Bandbreiten. Diese Bandbreiten betrügen bei den großen Parteien acht Prozentpunkte, bei den kleinen vier bis fünf Prozentpunkte. Seriöserweise dürften als Umfrageergebnisse nur diese Bandbreiten angegeben werden. Es kommt aber noch toller: Aufgrund der enormen Unsicherheiten seien Demoskopen zu dem Schluss gekommen, dass Umfrageergebnisse überhaupt »keine brauchbare Basis für Wahlprognosen abgeben«.

Die ganze Befragerei wäre demnach »für die Tonne«. Und zwar weil die Rohergebnisse der Umfragen im Vergleich zum Ausgang einer Wahl regelmäßig total danebenlägen. Deshalb würden die Ergebnisse der vorherigen Wahl einfach »entlang der vermeintlichen politischen Windrichtung fortgeschrieben«. Das habe den Vorteil, dass man damit nicht so weit danebenliegen könne wie mit einer nicht repräsentativen Stichprobe. Wahlprognosen seien also »de facto eine Fortschreibung früherer Wahlresultate«. Nachdem zum Beispiel die Grünen 1987 mit 8,3 Prozent im Bundestag vertreten waren, »prophezeiten ihnen die Demoskopen ein ähnliches Resultat für 1990. Doch die Wähler spielten bei der Fortschreibung nicht mit und schnitten ihnen mit 4,8 % die Beine ab.« Die gemessene Volksmeinung werde »systematisch abgeändert«. »Die tatsächlichen Ergebnisse werden meist nicht veröffentlicht und wandern in den Müll.« Die veröffentlichten Prozentzahlen spiegelten »nicht aktuelle Umfrageergebnisse wider«. So habe das ZDF-Politbarometer »zwischen März 1986 und August 1994 die Umfrageergebnisse für die CDU/CSU, SPD, FDP und die Grünen in 85 % der Fälle durch geschönte Zahlen ersetzt«. Beim *Spiegel* werde »ähnlich verfahren«.

Ulmers Fazit: »Deutsche Demoskopen betreiben mit ihren Wahlprognosen eine Zahlenprostitution, die in ihrer Reinheit einmalig auf dieser Welt ist. Wähler – und auch Politiker – müssen lernen, wo die Aussagekraft der Zahlen endet und die Geschäftstüchtigkeit oder die Manipulation der Datenfabrikanten beginnt.«
Dem ist wohl nichts hinzuzufügen …

29. September
Nationalratswahlen Österreich: Einheitsparteien werden abgestraft

Nur sieben Tage nach der Bundestagswahl gab es im Nachbarland Österreich Nationalratswahlen. Und Österreich ist uns in vielerlei Hinsicht weit voraus. So gab es dort schon lange vor der deutschen AfD eine »blaue Partei«, nämlich Jörg Haiders FPÖ (Freiheitliche Partei Österreichs), die er später zugunsten des BZÖ (Bündnis Zukunft Österreich) verließ. Schon deshalb ist es interessant, sich einmal mit Österreich und dem Schicksal dieser »blauen Kräfte« zu beschäftigen.
Hinzu kommt, dass, während in Deutschland noch an einer großen Koalition gefeilt wird, dies in Österreich schon lange die herrschende Regierungsform ist. Seit 1945 regierten die beiden »Volksparteien« ÖVP und SPÖ insgesamt nicht weniger als 39 Jahre in einer großen Koalition, und dazwischen regierte meistens eine von beiden alleine (insgesamt 17 Jahre).
Seit 1945 lag die Macht in Österreich also 56 Jahre lang in den Händen von ÖVP, SPÖ oder von beiden. Die etablierten Parteien unseres Nachbarlandes haben es also schon viel besser gelernt, ein Blockparteiensystem zu errichten und sich den Staat zur Beute zu machen. Infolgedessen wird auch dort ein erbitterter Abwehrkampf gegen jeden Neuankömmling geführt, der sich nicht in die Einheitsfront integrieren lässt, also vor allem gegen konser-

vative und nationale Parteien, die dementsprechend das Etikett »rechtspopulistisch« bekommen.

Der Ritt auf einem toten Gaul

Und während hierzulande das Geschäft der etablierten Parteien mit Umfragen und anderen Mitteln betrieben wird, können unliebsame Mitbewerber um die Macht in Österreich durchaus mal unter die Räder kommen. Und zwar im wahrsten Sinne des Wortes. Just zu dem Zeitpunkt, als BZÖ-Chef Jörg Haider sich nach seinem überraschenden Wahlerfolg vom 28. September 2008 anschickte, eine Regierung aus ÖVP, FPÖ und BZÖ zu bilden, starb er am 10. Oktober 2008 in Lambichl bei Klagenfurt »plötzlich und unerwartet« bei einem dubiosen Autounfall (siehe Gerhard Wisnewski: *Jörg Haider – Unfall, Mord oder Attentat*, Rottenburg 2009). Die beiden EU-freundlichen Großparteien bedauerten – und schmiedeten im Dezember 2008 umgehend eine neue große Koalition. Und um die ging es nun bei den Nationalratswahlen 2013.

Eigentlich war dieses Regierungsmodell aber schon 2008 total am Ende gewesen. Deshalb hatte es ja überhaupt Neuwahlen gegeben – weil die ÖVP/SPÖ-Regierung sogar nach eigenem Eingeständnis total abgewirtschaftet hatte und die Neuwahlen ausschrieb. Selbst die herrschenden Parteien konnten also auf dem »toten Gaul« große Koalition nicht mehr weiterreiten, da dieser nämlich bereits zu verwesen begann. Der Gestank war denn auch überall wahrnehmbar: »Die letzten zwei Jahre unter Rot-Schwarz waren eine einzige Zumutung, auf dem Programm: politischer Dauerzoff, permanenter Politzirkus. Der Hass, die Abneigung zwischen Roten und Schwarzen war in dieser Zeit größer als die Verantwortung für das Land« (*Spiegel Online*, 29.9.2008). Soll heißen: Nicht einmal die beiden Großparteien konnten einander mehr ertragen. Am 7. Juli 2008 warf ÖVP-Vizekanzler Wilhelm Molterer mit den Worten »Es reicht!« das Handtuch und forderte Neuwahlen.

Die Nationalratswahl vom 28. September 2008 wurde anschließend zum Desaster für die beiden großen Altparteien. Beide verloren über sechs (SPÖ) bzw. acht Prozentpunkte (ÖVP). FPÖ (17,5 %; plus 6,5) und BZÖ (10,7 %; plus 6,6) feierten einen Triumph. Der Wählerauftrag war glasklar und lautete, nach dem SPÖ / ÖVP-Desaster eine neue Regierung unter Beteiligung der rechten Kräfte zu bilden. Ja, selbst die beiden »Volksparteien« wollten keine große Koalition mehr.

Die Rechten ante portas

»Jörg Haider ist wieder da«, schrieb *Die Presse:* »Für die Freiheitlichen [FPÖ] findet der BZÖ-Obmann versöhnliche Worte. Dafür will er eine weitere SPÖ-ÖVP-Koalition verhindern, was dem Bedürfnis der Mehrheit der Österreicher entsprechen dürfte.« Plötzlich waren es also die Rechten, die Bedingungen stellten. Dem SPÖ-Chef und -Bundeskanzler Werner Faymann signalisierten sie, keine Minderheitsregierung unterstützen zu wollen. »BZÖ und FPÖ bereit für Regierung«, hieß es in dem *Presse*-Artikel vom 8. Oktober 2008. Der Weg zur Bundesregierung schien damals frei. An einer Regierungsperiode mit den Rechten führte kein Weg mehr vorbei. Spätestens seit dem Einsetzen der Finanzkrise 2007 war die EU auch in Österreich angezählt, ihre Vasallenregierung bereits k. o.

Es ist aber nicht so, dass Österreich machen kann, was es will. Was der wankende EU-Riese nun am allerwenigsten brauchen konnte, war eine Wiederauflage jener Rechtsregierung in Österreich, die er bereits im Jahr 2000 mit außergewöhnlichen Mitteln bekämpft hatte. Nachdem Haiders damalige Partei FPÖ zusammen mit der ÖVP die Regierung Schüssel I gebildet hatte, kam es wegen »der Blauen« in Österreich zu einer regelrechten Staatskrise in der Europäischen Union. 14 europäische Mitgliedsstaaten verhängten damals Sanktionen gegen den Alpenstaat, Israel zog seinen Botschafter aus Wien ab. Hunderttausende Menschen wurden mobilisiert, um gegen die schwarz-blaue Regierung zu demonstrieren. Haider wurde zum Rückzug aus der Bundespolitik gezwungen und blieb fortan Landeshauptmann in Kärnten. Seine Rückkehr als Chef des BZÖ 2008 war daher der Super-GAU und zeigte, dass dem Mann politisch nicht mehr beizukommen war.

Das »Konzil der Gescheiterten«

Die neue große Koalition, die 2013 zur Wahl stand, war nur durch Haiders Tod am 10. Oktober 2008 möglich geworden. Plötzlich taten sich die damaligen Wahlverlierer wieder zusammen. Trotz »historischer Verluste« *(Spiegel Online)* und des »schlechtesten Ergebnisses in der Nachkriegsgeschichte« *(N24)* fühlten sich SPÖ und ÖVP 2008 plötzlich wieder berufen, das Land zu regieren. Ein Leitartikel in der Zeitung *Die Presse* sprach vom »Konzil der Gescheiterten«. Die Wahrheit ist: Ob es ihr nun passt oder nicht, die große Koalition von 2008 wurde auf dem Leichnam Jörg Haiders begründet – bzw. wiederbelebt. Durch Haiders Tod wurde einem abgewirtschafteten Zweiparteiensystem noch eine Gnadenfrist gewährt. Der Haider-Schock schweißte die Altparteien wieder zusammen und brachte die rechte Opposition aus dem Tritt – für vier Jahre.

Ein Todesfall ist noch kein Programm

Bis zum Herbst 2013. Am politischen Bankrott der großen Koalition hatte sich allerdings nichts geändert – wie auch. Schließlich ist der Tod eines politischen Widersachers ja noch kein Programm. Bei der Nationalratswahl vom 29. September 2013 mussten die beiden großen Parteien daher noch weitere Verluste und »das schlechteste Ergebnis seit dem Zweiten Weltkrieg einstecken«, so *Spiegel Online*. Gegenüber 2008 hatten sie noch weiter abgebaut und verloren zwei bzw. 2,4 Prozentpunkte. Auf der anderen Seite war die Rechte eben doch nicht so leicht »totzukriegen« – auch nicht durch einen Autounfall. Die »Rechtspopulisten« waren nämlich »die großen Gewinner der Wahl, allen voran die Freiheitliche Partei Österreichs (FPÖ) unter ihrem Vorsitzenden Heinz-Christian Strache«. Sie gewann 2013 drei Prozentpunkte hinzu und kam auf 20,5 Prozent der Stimmen, das »Team Stronach« des Industriellen Frank Stronach übersprang mit 5,7 Prozent die Vier-Prozent-Hürde. Haiders Rest-BZÖ verlor nach dem Tod des Parteichefs über sieben Prozentpunkte und landete bei 3,5 Prozent. Alles in allem kamen diese Parteien auf knapp 30 Prozent.

Weitere Konkursverschleppung

Trotzdem entschlossen sich die herrschenden Kräfte zur weiteren Konkursverschleppung und traten erneut in Verhandlungen über eine große Koalition ein. Der SPÖ-Vorsitzende und Bundeskanzler Werner Faymann freute sich, »dass sowohl Präsidium als auch SPÖ-Vorstand ein klares Votum für die Verhandlungen mit der ÖVP abgegeben haben«, hieß es auf dem Nachrichtenportal ots.at: »Weiters habe kein einziger Vertreter der SPÖ-Gremien sich für Koalitionsgespräche mit der FPÖ ausgesprochen.« Was man niemandem verdenken kann. Was aber auch heißt, dass die großen Koalitionen so lange gnadenlos weiterregieren werden, solange sie eine absolute Mehrheit haben. Ein Trend auch für Deutschland? »Die Altparteien brauchen die Große Koalition«, hatte Haider einst in seinem Buch *Die Freiheit, die ich meine* (Frankfurt am Main / Berlin 1993) geschrieben, »weil durch diese krankhafte Umklammerung die Millionen und Abermillionen Schilling [frühere österr. Währung] aus den Abhängigen herausgeholt werden können, um Parteiapparate und Parteisoldaten zu mästen«: »Unser Vorhaben ist mehr als Machtwechsel oder politische Korrektur. Wir wollen eine österreichische Kulturrevolution mit demokratischen Mitteln, wir wollen die herrschende politische Klasse und die intellektuelle Kaste stürzen.« Daraus wurde bekanntlich so schnell nichts, vielmehr stürzte die herrschende politische Klasse Jörg Haider.

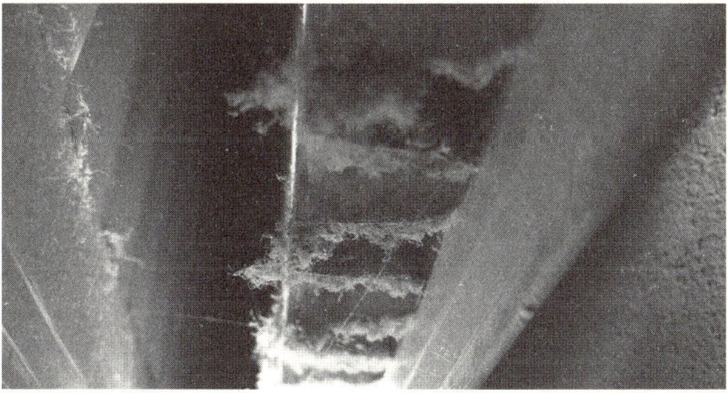

Thema des Monats *1.10.:*
Falsch geheizt ist halb gestorben –
Warum wir in der Heizperiode alle krank werden

1.10. Warum wir mit dem Beginn der Heizperiode alle krank werden/Wegen Zahlungsunfähigkeit werden im neuen Haushaltsjahr große Teile der US-Regierung lahmgelegt **3.10.** Bei einem Schiffbruch vor der italienischen Insel Lampedusa sterben schätzungsweise 390 Flüchtlinge aus Afrika **10.10.** Der Limburger Bischof Franz-Peter Tebartz-van Elst handelt sich einen Strafbefehl wegen einer falschen eidesstattlichen Erklärung ein ***12.10. Skandal um die Obduzentin des tödlich verunglückten Kärntner Landeshauptmanns Jörg Haider 16.10. Talkshow Anne Will: Lügt der Bischof oder lügt der Spiegel-Redakteur?*** **17.10.** Union und SPD beschließen die Aufnahme von Koalitionsverhandlungen **21.10.** Der Reemtsma-Entführer Thomas Drach kommt frei **31.10.** Die Organisation für das Verbot von Chemiewaffen (OPCW) gibt die Vernichtung aller C-Waffen-Produktionsanlagen in Syrien bekannt.

1. Oktober

Falsch geheizt ist halb gestorben

Puh – langsam werden die Tage wieder kürzer, und die Luft wird frisch. Die Heizperiode beginnt. Höchste Zeit, dass der Vermieter mal den Kessel anheizt. Dann muss man abends nur noch bequem zum Thermostat greifen und die Heizkörper aufdrehen. Schon hört man das heiße Wasser durch die »Radiatoren« rauschen, und wenig später ist es schön warm. Doch schon beginnt auch die Zeit der gereizten Atemwege, der Erkältungen und Niesanfälle. Die »trockene, warme Heizungsluft« reizt die Schleimhäute. Dann haben auch wieder Luftbefeuchter Hochkonjunktur – doch so richtig gut geht es einem damit auch nicht, und schon bald hat man sich den ersten Schnupfen gefangen. Für manche Menschen beginnt nun ein regelrechtes Martyrium aus Erkältungen, Asthmaanfällen und Allergien. Erkältungen und Asthmaanfälle können einen schweren Schlag für die Gesundheit bedeuten – von der Lebensqualität ganz zu schweigen.

Was ist nur los? Was stimmt nicht mit unserer Heizungsluft? Die Wahrheit ist: In unseren Heizkörpern verbirgt sich ein Umwelt- und Gesundheitsskandal, der sich gewaschen hat und von dem Millionen Menschen betroffen sind, ohne dass sie etwas davon ahnen. Daher die Frage: Haben Sie schon einmal in Ihren Heizkörper geguckt? In einen von diesen modernen, flachen Warmwasser-Heizkörpern, die oft elegant unter dem Fensterbrett verschwinden? So einer wie auf der folgenden Abbildung:

Heizkörper: Staubmotor und Dreckschleuder

Mein Tipp: Nehmen Sie einmal einen Spiegel und eine Taschenlampe und halten Sie beides unter den Heizkörper. Es funktioniert aber auch mit der Frontkamera eines Handys oder Tablet-Computers – dann kann man das Ganze gleichzeitig sehen und filmen. Spätestens jetzt wird Ihnen klarwerden, was ich meine. Wenn nicht, haben Sie Glück. Dann wohnen Sie vielleicht in einem Reinluftgebiet auf dem Land, und sie haben keine Haustiere; dann sind Ihre Heizkörper ganz neu, wenig in Betrieb oder werden regelmäßig innen gereinigt. Gerade Letzteres tut aber kaum jemand, und zwar, weil die meisten derartigen Heizkörper nicht einsehbar und/oder zugänglich sind und von außen immer sauber aussehen. Und weil bei den passgenau verbauten und geschlossenen Geräten niemand auf die Idee kommt, einmal einen Blick hineinzuwerfen. Wenn sie frei verbaut sind, wie beispielsweise in Badezimmern, werden sie oben mit einem hübschen optischen Blendgitter abgedeckt. Selbst bei Mieter- oder Eigentümerwechsel und Renovierungen werden die Heizkörper zwar oft außen neu gestrichen, aber innen nicht gereinigt. Das könnte sich aber lohnen, denn im Inneren könnte es aussehen wie auf der Abbildung zu Beginn des Kapitels.

25 Quadratmeter Staub

Das ist übrigens noch ein milderer Fall. Es gibt auch Heizkörper, die sich unten komplett zugesetzt haben. Aber es bedeutet, dass sich in Millionen Heizkörpern Jahre oder Jahrzehnte alter Staub angesammelt hat. Und das ist kein Spaß, denn so ein Heizkörper besteht aus mehreren Segmenten, und in diesen Segmenten befinden sich gebogene Bleche (»Lamellen« oder »Konvektorbleche«), die den Zweck haben, die Oberfläche des Heizkörpers zu vergrößern. So kann zwar einerseits mehr Luft erwärmt werden, andererseits kann aber auch eine größere Oberfläche verstauben. Ein etwa einen Meter breiter Heizkörper aus drei Segmenten bringt es so gut und gerne auf eine (verstaubte) Oberfläche von fünf Quadratmetern. Bei fünf Heizkörpern in Wohnung oder Haus macht das zusammen 25 Quadratmeter verstaubte Oberfläche, von denen weder Hausfrauen noch -männer etwas ahnen, weil die Heizkörper eingebaut oder verblendet sind und immer hübsch sauber aussehen, wenn man sie von außen putzt. Doch in Wirklichkeit bedeutet das in dem genannten Beispiel, dass die Atemluft permanent über eine 25 Quadratmeter große verstaubte Oberfläche streicht.

Mit anderen Worten, unsere Heizkörper gleichen riesigen »Lungen«, die jeden Tag viele Kubikmeter verschmutzte Luft umsetzen. Denn das ist ja gerade der Sinn eines solchen Heizkörpers: Er saugt unten die Luft vom Boden (!) an und spuckt sie oben wieder aus. Von dort steigt sie an die Zimmerdecke und sinkt langsam wieder herab. Der Fachmann nennt das dann auch eine »Staubwalze«. Und in dieser Staubwalze sitzen jeden Winter vor allem Millionen Großstadtmenschen, ohne dass sie etwas davon ahnen.

»Falsch geheizt ist halb gestorben«

Na, wenn schon: Ist das nicht nur ein Problem für Allergiker? Gegenfrage: Kennen Sie zufällig das Buch *Falsch geheizt ist halb gestorben** des Heizungsexperten Alfred Eisenschink? Nein? Das glaube ich. Man bekommt es zurzeit nämlich nur noch antiquarisch. Bei amazon muss man momentan 130 bis 150 Euro dafür hinblättern. In dem Buch heißt es:

> »Richtig ist zunächst die allgemeine Erfahrung, dass nach längerem Aufenthalt in zentralbeheizten Räumen … eine Reizung der Mund- und Rachenschleimhäute eintritt. (…) Empfindliche Menschen spüren es im Hals kratzen, die Lippen werden trocken und spröde. Getränke lindern zwar den Reiz, aber nur für kurze Zeit. Es lindert auch bisweilen … künstliche Befeuchtung der Raumluft« (S. 11).

Dabei ist die trockene Heizungsluft gar nicht das Problem. Sondern vielmehr die Tatsache, dass die Heizungsluft total verstaubt ist und dass die Heizkörper still und heimlich Staub ansaugen und an die Decke blasen, von wo aus er uns auf die Köpfe rieselt – und vor die Nase natürlich. Genau das ist auch der Grund, warum Luftbefeuchter helfen, nämlich weil sie den Staub »binden«, das heißt so stark anfeuchten, dass er sich nicht lange in der Luft halten kann und zu Boden sinkt – wo er trocknet und wieder von den Heizkörpern angesaugt wird. Denn diese Heizkörper wirken wie Motoren, welche die Staubwalze in Gang halten. Sie saugen den Staub unten an und spucken ihn oben aus.

10

* Alfred Eisenschink: *Falsch geheizt ist halb gestorben. Das Buch vom richtigen Heizen,* München 1975.

Lungenkrebs durch Heizung

Na und – kitzelt eben ein bisschen in der Nase, der Staub! Doch wer ihn verharmlost, der befindet sich in einem gefährlichen Irrtum, denn Hausstaub ist eine der schlimmsten Gesundheitsgefahren, die es überhaupt gibt. Nach einer Untersuchung des Österreichischen Umweltbundesamtes enthält Hausstaub zahlreiche Schadstoffe. Wir schleppen sie mit den Schuhen und der Kleidung in Wohnung oder Haus, sie flattern zum Fenster herein, und die Heizkörper verteilen sie dann. Zu diesen Schadstoffen zählen:

- Schwermetalle wie Zink, Blei oder Quecksilber,
- Brennstoffbestandteile wie Alkylphenole,
- Kunststoffbestandteile wie Phthalate (»Weichmacher«),
- Insektizide wie Pyrethroide,
- Flammschutzmittel wie polybromierte Diphenylether und Triphosphate,
- künstliche Östrogene wie Bisphenol A,
- polyzyklische aromatische Kohlenwasserstoffe (PAHs),
- Terpene (Harzstoffe),
- Trisphosphate,
- Milbenausscheidungen (hoch allergen),
- Organozinnverbindungen,
- Tenside, die dafür sorgen, dass all diese Substanzen noch leichter in Haut und Schleimhäute eindringen.

(Quelle: *Hausstaub – ein Indikator für Innenraumbelastung*, Umweltbundesamt GmbH, Wien 2004)

Dazu kommen natürlich auch noch die Hinterlassenschaften von Haustieren, wie Tierhaare und Hautschuppen, die sich ebenfalls in den Heizkörpern sammeln. Wenn einen diese Mischung nicht krank macht, dann ist man wahrlich unverwüstlich. »An den hohen Staubpegel denkt keiner«, schrieb Heizungsfachmann Eisenschink schon vor Jahrzehnten, »dabei ist er ausgesprochen lebensgefährlich für alle, die ihm dauernd ausgeliefert sind.« Was moderne Heizungen »an Staub in Schwebe halten«, sei »kaum vorstellbar«. Eine der jüngsten, kaum veröffentlichten Erkenntnisse sei »der Zusammenhang zwischen dem Staubgehalt der Luft … und der Häufigkeit von Lungenkarzinomen, vom Volksmund als ›Lungenkrebs‹ bezeichnet« (S. 24). Genau genommen »rauchen« wir den ganzen Dreck dauernd »auf Lunge«.

Die genannten Stoffe schädigen Haut, Schleimhaut, Nerven- und Hormonsystem. Sie setzen bei Männern die Spermienzahl herab (Bisphenol A) und führen bei weiblichen Organismen zur Vermännlichung (Organozinnverbindungen). Sie können aber auch die für die Heizperiode typischen Beschwerden wie Schleimhautreizungen, Niesen, Kopfschmerzen, Atemnot, allergische Reaktionen und Asthma auslösen. Außerdem wurden Zusammenhänge mit allen möglichen »Zivilisationskrankheiten« hergestellt, wie Krebs (z.B. Tributylphosphat), Diabetes, Fettleibigkeit sowie Herz-Kreislauf-Probleme (Bisphenol A). Sind viele dieser Zivilisationskrankheiten in Wirklichkeit »Staubkrankheiten«?

Fest steht nur, dass Staub eben nicht nur mechanisch »reizt«, indem er unsere Schleimhäute »kitzelt«, sondern dass er uns auch vergiftet. Des Weiteren fliegen mit ihm auch Hausstaubmilben und vor allem ihre Ausscheidungen durch die Luft, die ernste Beschwerden verursachen können: »Die Symptome können zu Augentränen oder -jucken, Husten, Fließschnupfen, Niesanfällen, Reaktionen an der Haut und in schwerwiegenden Fällen auch zu Atemnot und allergischem Asthma bronchiale führen«, heißt es auf der Allergieplattform allergie.de.

Und dieser ganze gefährliche Schmutz wird in unseren Heizkörpern gesammelt, deponiert und in die Raumluft geblasen. Staub ist eben nicht nur ein ästhetisches Problem. Es geht auch nicht nur um den Staub, der sich irgendwo auf den Möbeln ablagert, denn der ist nichts gegen die massiven Staubdepots in den Heizkörpern, durch die unsere Atemluft geleitet wird.

Die geheimen Staubschleudern

Nun ist zwar dauernd von Feinstaub in unseren Städten die Rede – nicht aber von den Staubbomben in unseren Wohnungen. Noch einmal: Man stelle sich Atemluft vor, die ständig über eine verstaubte Oberfläche von 25 Quadratmetern streicht! Da der Staub auch noch erwärmt wird, »gast« er die Schadstoffe besonders leicht aus und gibt sie an die Raumluft ab. Das heißt also, dass die Heizkörper nicht nur Staub abgeben, der uns chemisch und mechanisch reizt, sondern auch gasförmige Schadstoffe, die wir nicht einmal sehen oder »wegwischen« können.
Nun wird fast nirgends so viel gelogen und vertuscht wie im Bereich Wärme und Heizung. Das meiste, was hier verbreitet wird, ist reine Scharlatanerie. Die staatlich verordnete Wärmedämmung ist dafür das beste Beispiel. Sie kostet Milliarden, bringt nichts und schädigt auch noch die Bausubstanz und die Gesundheit der Bewohner (zum Beispiel durch Schimmelbildung).
Und eine dieser großen Lebenslügen ist eben auch die Vorstellung von der schädlichen »trockenen Heizungsluft«, die wir angeblich anfeuchten müssen. Dabei ist das Schädliche nicht in erster Linie die Heizungsluft, sondern schädlich sind vor allem die Unmengen an Staub und giftigen Gasen, die sie transportiert. Und anfeuchten müssen wir auch nicht die Luft, sondern den Staub und die Schadstoffe, damit diese gebunden werden und uns so Erleichterung verschafft wird. Statt das Übel zu erkennen und an der Wurzel zu packen, werden also nur die Symptome bekämpft. Dabei ist trockene Luft ohne Staub eigentlich überhaupt nicht schädlich, sondern gesund. Eigentlich käme kein Mensch auf die Idee, in seinem Wohnzimmer im Winter mit Hilfe seiner Heizung und eines Luftbefeuchters ein Tropenklima zu erzeugen, nur um seinen Atemwegen endlich Erleichterung zu verschaffen. Denn die

Frage ist ja: Wann atmet man eigentlich leichter: bei hoher Luftfeuchtigkeit oder bei geringer Luftfeuchtigkeit? Die Antwort kann sich wohl jeder selbst geben.

Es lebe der Hygieneheizkörper

Einem kleinen Kreis von Fachleuten ist diese Problematik übrigens durchaus bekannt. Nur leider nicht jenen Fachleuten, die Haus oder Wohnung von Otto Normalverbraucher bauen. Und wenn doch, dann ist es ihnen egal. Haben Sie beispielsweise schon einmal etwas von »Hygieneheizkörpern« gehört? Ihre Existenz beweist, dass sich einige Mediziner, Architekten und Heizungsbauer der Gefahren durchaus bewusst sind – für die breite Masse aber nichts unternehmen. Hygieneheizkörper werden zum Beispiel in Krankenhäusern oder in der Lebensmittelproduktion eingesetzt und sind völlig anders gebaut als das, was die meisten von uns unter den Fensterbrettern hängen haben. Im Wohnbereich finden sie angeblich nur bei Menschen mit der »MCS-Erkrankung«, also einer multiplen chemischen Unverträglichkeit, Verwendung. Dabei leiden wir in Wirklichkeit alle an dieser »multiplen chemischen Unverträglichkeit«. Die Bauweise der Heizkörper spricht Bände:

> »Diese Heizkörper sollen keine Konvektorbleche und Verkleidungen aufweisen, Hygieneheizkörper sollen auch auf der Heizkörper- und Wandrückseite eine Reinigung und Sichtkontrolle ermöglichen, ein entsprechend großer Abstand der Heizkörperrohre oder Glieder muss also gegeben sein. Ebenso ist eine möglichst glatte Oberfläche wünschenswert, die frei ist von Fugen und Spalten, in welchen sich Schmutz und Keime ansammeln könnten« (*Wikipedia*).

Kurz, am Hygieneheizkörper muss jeder Teil für die Reinigung leicht zugänglich sein. Was Millionen Menschen dagegen in ihren

Wohnungen haben, kann man dann nur als »Dreckheizkörper« bezeichnen. Wenn man überhaupt auf eine Warmwasser-Zentralheizung setzen will, dann sind aber Hygieneheizkörper genau die Heizkörper, die überall verbaut werden müssten! Zudem müssten sie aus rostfreiem Stahl gefertigt werden, weil Lackierungen bei Erwärmung natürlich ebenfalls Schadstoffe ausgasen.
Wenn man in diesem Zusammenhang an den Aufwand denkt, der betrieben wird, um sauberes Trinkwasser zu gewinnen, kann man kaum glauben, was falsch konstruierte Heizkörper mit unserer Atemluft anrichten. Es ist etwa so, als bekämen wir unser Trinkwasser aus der Kloake.

Vom Hölzchen aufs Stöckchen

Wenn man sich mit unseren Heizungssystemen beschäftigt, kommt man vom Hölzchen aufs Stöckchen. Wer kam zum Beispiel auf die irrsinnige Idee, Heizkörper an den Außenwänden in Wandnischen einzubauen, wo die Heizungsluft auch noch an dünnen und undichten Fenstern vorbeistreicht? Zur Erinnerung: Früher befand sich die Wärmequelle im Zentrum des Hauses, also möglichst weit weg von Fenstern und Außenwänden. So wurden Bauernhäuser von innen nach außen geheizt, zum Beispiel durch Kachelöfen, die vom Zentrum des Hauses aus in mehrere Räume hineinragten und diese so beheizten. Im Zentrum war es also warm, an der Peripherie kühl – übrigens ein zentrales Organisationsprinzip der Natur (Sonne, Erde, Körper etc.). So entstand ein Wärmegefälle von innen nach außen. Bevor sich die Wärme nach außen verabschiedete, hatte sie schon die ganze Familie »durchgewärmt«.
Heutzutage befinden sich die Wärmequellen jedoch an den Außenwänden, sodass ein großer Teil der Energie gleich nach draußen abfließt. Heute ist es an der Peripherie wärmer als im Zentrum. Die Wärmequelle gibt ihre Wärme nach beiden Seiten ab: nach innen und nach außen. Unter anderem deshalb ist man neuerdings auf die Idee verfallen, weiter an den Symptomen herum-

zudoktern und die Häuser mit Milliardenaufwand »wärmezudämmen« (was erstens nicht funktioniert und zweitens nur Symptombekämpfung darstellt, die zu weiteren Problemen führt). Kurz, unser ganzes Heizungssystem ist eine gigantische Fehlentwicklung und ein milliardenschwerer Reparaturbetrieb.

Eine weitere mit der Warmwasser-Zentralheizung verbundene »Innovation« bestand darin, nicht die Menschen und Gegenstände zu erwärmen, sondern die Luft, so dass wir seitdem warme und (vor allem in den Städten) zwangsläufig auch verstaubte Luft einatmen müssen. Wobei die Toxizität und Keimbelastung des Staubes nicht das einzige Problem ist. Das andere ist die Wärmedämmung, allerdings eine Wärmedämmung, die gar nicht erwünscht ist. Die mehr oder weniger dicken Staubbeläge in unseren Heizkörpern führen nämlich zu einer Leistungsminderung von teilweise bis zu 30 Prozent. Es ist, als würde man den Heizkörper in eine dicke Decke einpacken. Mit bis zu 30 Prozent der Energie wärmen wir also hauptsächlich den Staub auf, damit er seine Schadstoffe besser an die Umgebung abgeben kann. Und 30 Prozent vergeudete Energie können auch durch die teuerste Wärmedämmung an der Außenwand niemals hereingeholt werden. Umgekehrt beinhaltet dies (sollte das Problem gelöst werden) eine Energieersparnis, die mit Hilfe der »Wärmedämmung« niemals erzielt werden könnte.

Mit anderen Worten, die gängigen, in unsere Häuser und Wohnungen eingebauten Warmwasser-Zentralheizungen sind ein energetischer und gesundheitlicher Alptraum – jedenfalls in »Intensiv-Staubgebieten« wie Großstädten. Wenn man jemals vorgehabt hätte, große Teile der Bevölkerung gesundheitlich systematisch zu schädigen, hätte man es genau so anstellen müssen.

Strahlung statt heißer Luft

Die einzige natürliche und gesunde Wärme besteht demgegenüber aus Wärmestrahlung, zum Beispiel von der Sonne, einem

Kaminfeuer oder einem Kaminofen. Wer schon einmal im Herbst vor einem Lagerfeuer gesessen hat, der weiß auch, dass man für Wärme keine warme Luft benötigt – sondern dass es einem behaglich warm werden kann, obwohl die Temperatur der Luft um einen herum nur wenige Grad über Null beträgt! Das heißt, wir brauchen gar keine warme Luft, damit uns warm wird. Strahlungswärme wärmt uns auf, ohne dabei die Luft nennenswert aufzuheizen. Feuchte und warme Heizungsluft dagegen braucht kein Mensch, und der menschliche Organismus kennt sie aus seiner Geschichte auch gar nicht. Jedenfalls nicht in Mitteleuropa. Denn hier hat er sich schon immer durch Strahlung erwärmt – zum Beispiel von der Sonne oder einem Feuer.

Analyse und Abhilfe

Die einzige Abhilfe besteht zunächst in einer genauen Analyse der Lage, die jeder mit gesundem Menschenverstand selbst durchführen kann. Dabei geht es vor allem um zwei Punkte:

1. das Energieproblem (z. B. Position der Heizkörper)
2. das Hygieneproblem (Staub, Keime usw.)

Wobei wegen der »Staubdämmung« der Heizkörper beides zusammenhängt. Dabei stellen sich folgende Fragen:

1. Welche Art Heizung und welche Heizkörper sind bei mir eingebaut (z.B. Warmwasser-Zentralheizung)?
2. Wo befinden sich die Heizkörper (zentral oder peripher)?
3. Sind meine Heizkörper eingebaut und / oder verblendet oder einsehbar und leicht zugänglich?
4. Sind die Heizkörper innen verstaubt und verdreckt (Taschenlampe und Spiegel oder Handykamera nehmen und untersuchen)?

Wenn man zu den typischen »Opfern« gehört (Hochstaubgebiet, Warmwasser-Zentralheizung mit peripheren, nicht einsehbaren und/oder zugänglichen, innen verstaubten Heizkörpern), dann hilft wahrscheinlich nur eines, nämlich diese Heizkörper nicht mehr in Betrieb zu nehmen und zum Beispiel sofort auf eine andere Heizmethode umzusteigen. Denn solche Heizkörper innen zu reinigen ist schwierig. Zwar muss man es einmal machen, um den gesammelten Dreck herauszubekommen – am besten mit einem Dampfreiniger, Atemschutz und abgedecktem Boden –, aber jeden Monat oder jede Woche möchte man das sicherlich nicht wiederholen, zumal das Problem damit nur teilweise gelöst wird. Denn natürlich saugen die Heizkörper nun mal grundsätzlich in jeder Sekunde vom Boden Staub auf und blasen ihn oben heraus. *Da dieses Heizungssystem grundsätzlich nicht reparabel ist,* hilft in vielen Fällen nur die Stilllegung und der Ersatz durch gesündere und bessere Heizkörper.

Ausweg Infrarotheizung

Nun können natürlich nicht alle Menschen zu Hause ein behagliches Kaminfeuer oder einen Kaminofen anzünden und damit das ganze Haus heizen. Der Ausweg aus dem energetischen und gesundheitlichen Dilemma heißt daher »Infrarotheizung«. Das sind Heizkörper, die statt warmer, verstaubter Luft vorwiegend Wärmestrahlung an die Umgebung abgeben und auch sonst noch jede Menge spannende Eigenschaften besitzen. Zum Beispiel sind sie sehr flach, brauchen wenig Platz und lassen sich in jeder erdenklichen »Verkleidung« aufstellen oder an die Wand hängen – zum Beispiel als Bild, als Spiegel oder als Marmorplatte. Kurz, sie fallen überhaupt nicht als Heizung auf und beanspruchen auch so gut wie keinen Platz. Sie lassen sich aber auch frei beweglich im Raum aufstellen, je nachdem, wo man es gerne warm haben möchte – quasi wie ein mobiles Kaminfeuer. Der erste Vorteil besteht, wie gesagt, in der gesunden und natürlich

wirkenden Wärmestrahlung, die den Körper aufheizt wie ein Kaminfeuer. Der zweite in der Abwesenheit eines »Staubmotors«. Der dritte besteht darin, dass das Wärmezentrum der Wohnung von der Peripherie mehr nach innen verlagert wird – je nachdem, wo man die Heizkörper anbringt. So kann man sie an Innenwänden aufhängen oder einfach in der Mitte des Raumes oder vor dem Sofa aufstellen. Man kann sie aber auch an der Decke anbringen. Daher dürfte sich auch ein »Nachteil« dieser Heizkörper ausgleichen lassen, nämlich dass sie mit Strom betrieben werden. So hoch können die Mehrkosten kaum sein, dass sie die Energieverluste, die durch periphere und »wärmegedämmte« (= verstaubte) Warmwasserheizkörper auftreten, übertreffen. Von den Folgekosten durch Erkrankungen ganz zu schweigen. Worauf man auch hier achten muss, sind die Lackierungen der Heizgeräte und ob und wie sie bei Erwärmung »ausgasen«. Oft muss man neue Geräte daher erst einige Stunden bei offenem Fenster oder auf dem Balkon / der Terrasse laufen lassen.
Die Kosten für die Zentralheizung wird man als Mieter nur teilweise vermeiden können, da ein bestimmter Sockelbetrag (z.B. 30 %) immer berechnet wird, weil davon ausgegangen wird, dass ein Mieter auch von der Heizung der anderen Bewohner profitiert. Was darüber hinaus noch für die eingebaute Zentralheizung zu zahlen ist, hängt im Wesentlichen davon ab, was die Heizkostenverteiler nun noch registrieren. Sogenannte Verdunster können unter Umständen auch auf Zimmertemperatur reagieren und dabei Messflüssigkeit verdunsten, sodass auch für eine abgeschaltete Zentralheizung Verbrauchskosten anfallen können. Besser sind da elektronische Heizkostenverteiler, die erst ab höheren Temperaturen, zum Beispiel 29 Grad, ansprechen – eine Temperatur, die ein ausgeschalteter Heizkörper eigentlich nicht erreichen sollte. Auf der anderen Seite stehen die energetischen Vorteile von Infrarotheizkörpern:

- Sie verstauben nicht oder kaum bzw. lassen sich leicht einsehen und reinigen,
- sie lassen sich zentraler positionieren,
- und sie können bedarfsgerechter eingesetzt werden.

Infrarotheizkörper sind nur *eine* naheliegende und für jeden realisierbare Lösung, der eine Steckdose besitzt. Andere Lösungen (zum Beispiel offene Kamine, Kaminöfen etc.) können genauso gut oder sogar noch besser sein. Hauptsache, man kommt von den erwärmten Staubschleudern weg, die unser aller Gesundheit nachhaltig gefährden.

12. Oktober
Haider-Obduzentin: Zu dumm, um Blutalkoholwerte zu bestimmen?

Der schwere, schwarze VW Phaeton stand total zertrümmert auf der Loiblpass-Bundesstraße in Lambichl bei Klagenfurt. Die Haube war platt gedrückt, die Räder waren beiseitegequetscht und die Türen herausgerissen. Drinnen saß der Landeshauptmann von Kärnten, Jörg Haider. Tot. Die Obduktion wurde einen Tag später durchgeführt, am 12. Oktober 2008, also vor genau fünf Jahren, und zwar von der Leiterin des gerichtsmedizinischen Instituts der Universität Graz, Dr. Kathrin Yen. Zusammen mit einem Staatsanwalt und weiteren Beamten umstanden rund ein Dutzend Menschen den Leichnam.

Die Todesursache sei eindeutig gewesen, behauptete die Rechtsmedizinerin gegenüber der *Bild*-Zeitung (online, 30.10.2008). »Die todesursächliche Verletzung war eine Dissektion, ein Abriss des Hirnstamms – eine Verletzung, die zum sofortigen Tod führt«, räumte Yen laut *Bild*-Zeitung »mit Verschwörungstheorien« über ein Attentat auf. Außerdem habe der Landeshauptmann einen

Blutalkoholgehalt von 1,8 Promille gehabt. Kurz, laut Medien und Behörden war der Kärntner Landeshauptmann im Suff in den Tod gerast (siehe auch Gerhard Wisnewski: *Jörg Haider – Unfall, Mord oder Attentat?* Rottenburg 2009).

Skandal um Haider-Obduzentin

Doch wie bereits in dem Kapitel über die österreichischen Nationalratswahlen 2013 ausgeführt (*29. September* »Nationalratswahlen Österreich: Einheitsparteien werden abgestraft«), passte der Tod des umtriebigen Politikers den herrschenden politischen Eliten Österreichs, aber auch der Europäischen Union, damals nur allzu gut in den Kram. Denn so konnten sie 2008 trotz des triumphalen Wahlerfolgs von Haiders Bündnis Zukunft Österreich (BZÖ) wieder eine große Koalition schmieden. Mit einem lebenden Haider wäre das nicht möglich gewesen. Und wie ebenfalls bereits angedeutet, gab es am Alkoholunfall Haiders von Anfang an massive Zweifel. So pflegte der drahtige und körperbewusste Freizeitsportler kaum jemals Alkohol in nennenswerten Mengen zu trinken – auch nicht an dem fraglichen Abend.
Heute, fünf Jahre nach der damaligen Obduktion, ist es womöglich an der Zeit, den Fall neu aufzurollen. Inzwischen steht die damalige Haider-Obduzentin und Gerichtsmedizinerin Yen nämlich im Zentrum eines handfesten Skandals. An der Rechtstreue und Qualifikation der Ärztin sind mittlerweile erhebliche Zweifel aufgetaucht. So praktizierte sie seit 1. März 2011 als Ärztliche Direktorin am Institut für Rechtsmedizin der Uni Heidelberg, und zwar ohne in Deutschland als Facharzt für Rechtsmedizin zugelassen zu sein: »Die Leiterin der Heidelberger Rechtsmedizin hat über zwei Jahre ohne die vorgeschriebene Zulassung als Fachärztin in Deutschland gearbeitet« (*morgenweb*, 12.10.2013). »Die derzeitige Amtsinhaberin besaß nach Erkenntnissen der CDU-Landtagsfraktion zum Amtsantritt nicht die rechtliche Qualifikation zum Führen des Titels Fachärztin für Rechtsmedizin in

Deutschland«, teilte auch der baden-württembergische Landtagsabgeordnete Karl Klein (CDU) mit.
Aber nicht nur das: Des Weiteren wurden von Yen demzufolge in Heidelberg auch junge Ärzte ausgebildet, obwohl sie auch dafür nicht die erforderliche Erlaubnis besaß – nämlich die sogenannte »Weiterbildungsbefugnis«. Diese wurde vielmehr erst Jahre später »im Nachhinein« ausgestellt. Nach Meinung des CDU-Abgeordneten Klein kann die Weiterbildungsbefugnis aber »nicht rückwirkend erteilt werden«. Klingt logisch – denn schließlich kann jemand, der beim Fahren ohne Führerschein erwischt worden ist, dies ja auch nicht dadurch »heilen«, dass er die Fahrerlaubnis rückwirkend erwirbt.

Ungültige Gutachten und Urteile?

Nun ist es offensichtlich so, dass Yen, genau wie einst in Österreich, als Gerichtsmedizinerin auch Gutachten für Ermittlungsverfahren erstellte, auf deren Grundlage Gerichte oder Behörden Entscheidungen trafen. »Wie kann es sein, dass jemand über zwei Jahre lang das Institut für Rechtsmedizin des Universitätsklinikums Heidelberg leitet, ohne überhaupt als Facharzt für Rechtsmedizin in Deutschland anerkannt zu sein?«, fragt Klein. Ferner stelle sich die Frage: »Welche Auswirkungen hat dies auf die Gutachten, welche die Institutsleiterin unterzeichnet hat und die beispielsweise für Gerichte und Staatsanwaltschaften von großer Wichtigkeit sind?« Wenn Yen tatsächlich ohne den erforderlichen Titel als Gerichtsmedizinerin arbeitete, »habe dies konkrete Auswirkungen auf erstellte Gutachten, die bis zur Anerkennung als Fachärztin für Rechtsmedizin in Deutschland erstellt wurden und die beispielsweise auch als Grundlage für Urteile dienen. Davon wären dann die Gerichte und die Staatsanwaltschaften zu informieren.« Im Klartext heißt das, dass Urteile, Strafbefehle und andere Entscheidungen, die auf Gutachten der nicht qualifizierten Gerichtsmedizinerin beruhen, wahrscheinlich ungültig wären. Das ist aber noch nicht alles.

Ermittlungen unter alten Bekannten

Noch mehr Fragen wirft das Ganze auf, wenn man die Umstände von Yens Einstellung in Heidelberg betrachtet: Weil zur Zeit von Yens Berufung auch noch ein Ermittlungsverfahren gegen die Gerichtsmedizinerin anhängig gewesen sei, »hätte sie nach den Richtlinien der Ruperto Carola« (Ruprecht-Karls-Universität) gar »nicht zur Ärztlichen Direktorin berufen werden dürfen«, zitiert eine Lokalzeitung den CDU-Abgeordneten Klein (*Rhein-Neckar-Zeitung*, 12.10.2013). Dabei ging es um ein dubioses Gutachten, das die Gerichtsmedizinerin in Österreich erstellt hatte. Einem Bericht der Zeitung *Österreich* zufolge wanderten aufgrund dieser Expertise vier Personen wegen angeblichen sexuellen Missbrauchs hinter Gitter, weil sie sich an einem 17-jährigen Mädchen namens Barbara Y. vergangen haben sollten. »Die Beschuldigten wurden in U-Haft gesteckt, weil ein Gutachten Barbaras Angaben untermauert hatte. Dieses Gutachten stammte von Prof. Dr. Kathrin Yen«, so *Österreich* (12.10.2011): »Im Fall von Barbara Y. bestätigte Gutachterin Yen den Missbrauch.« Was später jedoch »durch eine weitere Expertise widerlegt« wurde, woraufhin die Beschuldigten aus der Haft entlassen wurden. Einer davon, ein pensionierter Richter, erstattete daraufhin Anzeige wegen Verleumdung gegen Yen und löste damit ein Ermittlungsverfahren aus, das sich zum Zeitpunkt ihrer Berufung nach Heidelberg noch in der Schwebe befand. Zwar war die Verleumdungsanzeige in Graz erstattet worden (wo Yen praktizierte), das Oberlandesgericht Graz beauftragte jedoch die Staatsanwaltschaft Klagenfurt mit den Ermittlungen, angeblich »um nicht den Eindruck der Befangenheit zu erwecken«, so Gerichtssprecher Helmut Jamnig. Das war der reine Hohn, denn in Wirklichkeit sind die Klagenfurter Staatsanwälte und Kathrin Yen alte Bekannte. 2008 hatte die Klagenfurter Staatsanwaltschaft Yen mit der Obduktion des toten Jörg Haider beauftragt, wobei sie dessen »Unfalltod« feststellte. Tatsächlich wurde so also erst eine massive Befangenheit geschaffen. Und *sollte* (!) es sich bei Yens Haider-Gutachten um ein politisch erwünschtes Gefälligkeitsgutachten gehandelt haben, würde die Staatsanwaltschaft Klagenfurt wohl den berühmten »Teufel« tun, Yen nun wegen Verleumdung zu belangen.

Unberechtigtes Führen von Titeln?

Keine deutsche Facharztzulassung? Keine Weiterbildungsbefugnis in Deutschland? Irgendwie klingt das auch verdächtig nach dem unberechtigten Führen von Titeln. Besonders interessant ist in diesem Zusammenhang, dass in Heidelberg auch Zweifel hinsichtlich der *fachlichen* Qualifikation der Gerichtsmedizinerin auftauchten: »Ob die Ärztliche Direktorin überhaupt eine ausreichende Qualifikation hat, um das Institut zu leiten, das steht noch auf einem ganz anderen Blatt«, meinte CDU-Mann Klein. Ihm zufolge haben nämlich anerkannte Kollegen Yens Fachkompetenz bezweifelt: »Hierzu lägen schriftliche Äußerungen von renommierten und anerkannten Fachkollegen vor, nach deren Meinung ihr sowohl die fachliche als auch die persönliche Qualifikation fehlen«, erklärte Klein in einer Pressemitteilung (14.10.2013).

Hochstaplerin oder Schwindlerin?

Einem Bericht der *Rhein-Neckar-Zeitung* zufolge waren bereits drei Monate nach Yens Amtsantritt in Heidelberg Zweifel an ihren Fähigkeiten laut geworden. So sei die baden-württembergische Wissenschaftsministerin Theresia Bauer (Grüne) »aus dem Umkreis des Institutes um Überprüfung gebeten worden«, »ob insbesondere Approbation, Promotion, Facharztprüfung und Habilitation den rechtlichen Vorschriften entsprechen«. Was ganz so klingt, als ob hier jemand an der gesamten Ausbildung Yens zweifelte und man in Heidelberg den Verdacht hegte, einer Schwindlerin oder Hochstaplerin aufgesessen zu sein. Anlass dieser Bitte waren laut Klein »offensichtliche Fehldiagnosen«, die Yen vor wissenschaftlichen Mitarbeitern und in Ausbildung befindlichen

Assistenten ausgebreitet habe. »So soll die Institutschefin eine durch einen Schuss entstandene Herzverletzung nicht erkannt haben« (*morgenweb*,12.10.2013).

Natürlich habe ich auch Kathrin Yen nach ihrer Meinung zu diesen Beschuldigungen befragt. Eine persönliche Antwort erhielt ich jedoch nicht. Stattdessen bestritt die Pressesprecherin der Universitätsklinik Heidelberg sämtliche Vorwürfe. Doch die Ereignisse überschlugen sich. So erhielt der Heidelberger Korrespondent von *morgenweb.de,* Peter Reinhardt, im November 2013 plötzlich einen mysteriösen Anruf – »aus der Medizinerszene«, wie er sagt. Der Anrufer fragte, ob sich Reinhardt denn schon mal um die Dissertation oder die Habilitation von »Professor Dr. Yen« gekümmert habe. Ein goldrichtiger Tipp, wie sich zeigte. Denn anders als ein deutscher Dr. med. hat die Haider-Obduzentin Yen tatsächlich nie eine Doktorarbeit geschrieben: »Yen hat ihren Doktortitel an der Medizinischen Universität Graz 1997 sozusagen im Vorbeigehen erhalten«, schrieb Reinhardt daraufhin am 14. November 2013 auf *morgenweb.de.* Bis 2002 war dafür eine »eigenständige wissenschaftliche Arbeit« gar nicht nötig, so der Reporter. Allerdings sei bei einem solchen Doktortitel »ein unübersehbarer Zusatz vorgeschrieben«, nämlich »univ.« Womit sich der Verdacht erhärtet, dass Yen dazu neigt, unberechtigt akademische Titel zu führen. Denn auf der Website des Heidelberger Uniklinikums stellte sich Yen ganz einfach als »Prof. Dr. Kathrin Yen« vor.

Besonders brisant ist aber noch ein anderer Punkt: Laut dem CDU-Mann Klein war die Gerichtsmedizinerin, die bei Jörg Haider einen Blutalkoholgehalt von 1,8 Promille diagnostiziert hatte, nicht einmal »in der Lage, Blutalkoholkonzentrationen zu bestimmen«. Die Universität wies auch diesen Vorwurf zurück.

16. Oktober
Tebartz-van Elst: Der Kampf gegen die Kirche

Eine illustre Runde hat sich an diesem 16. Oktober in der Talkshow von Anne Will (ARD) versammelt. »Der Fall des Bischofs von Limburg«, lautet das Thema. »Will diese Kirche wirklich bescheidener werden?« – »Ist diese Kirche zu reich?«, fragt die Talkmasterin gleich zu Beginn, um sogleich den Finger in die Wunde zu legen: »Und warum finanzieren ausnahmslos alle Steuerzahler die Kirche mit, wenn die doch zumindest bei Bauvorhaben weder Mühen noch vor allem Kosten scheut?« Die Botschaft lautet: »Na, Steuerzahler, klingelt's bei dir? Willst du diesen Luxusladen wirklich weiter finanzieren?«

Mit rotem Kopf in die falsche Richtung

Nicht dass die Sache mit der luxuriösen Bischofsresidenz nicht diskussionswürdig wäre. Zur Erinnerung: Der Bischof von Limburg, Franz-Peter Tebartz-van Elst, hatte für 31 Millionen Euro die Bischofsresidenz vergolden bzw. ausbauen lassen, wobei auch Bilder von der exklusiven Bischofswohnung die Runde machten. Aber bei aller Empörung sollte man nicht gleich mit rotem Kopf in die von den Medien vorgegebene Richtung galoppieren, sondern auch nach den beteiligten Interessen fragen. Der Skandal um Tebartz-van Elst steht für die Medien nicht für sich, sondern ist Teil einer langfristigen Strategie, die katholische Kirche auf Linie zu bringen oder zu zerstören – wobei Kinderschänder oder mutmaßliche Verschwender wie der Limburger Oberhirte nur Mittel zum Zweck sind. Die Anlässe sind austauschbar – die Medien würden auch jeden anderen Grund nehmen. Die Sache mit Tebartz-van Elst ist daher nur eine weitere willkommene Gelegenheit, die Kirche einmal mehr in Frage zu stellen. Werfen wir also einen Blick auf die illustre Runde, die hier moralisch über den »Protz-Bischof« von Limburg richtet.

Zunächst wäre da die Gastgeberin Anne Will selbst zu nennen, die schon länger mit der katholischen Kirche über Kreuz liegt. Mit ihr sitzt gerade die Richtige über die Kirche zu Gericht. Weil sie als bekennende Lesbe der Kirche natürlich äußerst kritisch gegenübersteht: »Ich gehe unter anderem deshalb nicht mehr in die Kirche, weil die Kirche meine Lebensform, nämlich eine homosexuelle Lebensform, ablehnt. (…) So habe ich das gelernt. Ich lebe in schwerer Sünde, dann darf ich nicht mehr zur Kommunion gehen«, verkündete sie in ihrer Sendung vom 4. April 2012.

Der Konflikt besteht aber nicht nur zwischen Will und der Kirche, sondern speziell zwischen Will und Tebartz-van Elst. Denn der ist nun mal nicht irgendein Bischof, sondern zufällig Vorsitzender der Kommission Ehe und Familie der Deutschen Bischofskonferenz (DBK). Die Position des Bischofs ist für die Haltung der katholischen Kirche in Deutschland zum Thema Homosexualität, Homo-Ehe, Homo-Adoption (Adoption von Kindern durch homosexuelle Paare etc.) also zentral. Und in dieser Funktion hat sich Tebartz-van Elst ausdrücklich zur Ehe zwischen Mann und Frau bekannt und sich damit aus der Sicht von Menschen wie Anne Will bereits schwer versündigt. »Nach katholischem Verständnis ist die Ehe ein Bund zwischen Mann und Frau in gegenseitiger Verantwortung, der für die Weitergabe des Lebens offen ist«, schrieb der Bischof in einer Erklärung vom 13. August 2012. Dieser Ehe, dem Bund von Mann und Frau, »gilt der in Art. 6 des Deutschen Grundgesetzes rechtlich verbürgte besondere Schutz der staatlichen Gemeinschaft. (…) Es hat gute Gründe, dass die auf Ehe gegründete Familie auch heute faktisch die Form menschlichen Zusammenlebens darstellt, die den meisten Menschen einen stabilen Rahmen für ihr Zusammenleben in Partnerschaft, Elternschaft und Kindheit bietet. Dieser Lebensentwurf wird so auch von der großen Mehrzahl junger Menschen als Lebensperspektive gewünscht. Aufgrund dieser besonderen Bedeutung der

Ehe ist es sinnvoll und der staatlichen Gemeinschaft selbst förderlich, wenn der Staat Ehe und Familie besonders schützt und fördert. Dies stellt deshalb auch keine ungerechte Benachteiligung anderer Lebensentwürfe dar.«

Kriegserklärung an die »Homos«

Für Homosexuelle wie Anne Will, die hier vor einem Millionenpublikum über den Bischof zu Gericht sitzen will, sind solche Äußerungen eine Art Kriegserklärung. Aber nicht nur für sie, sondern auch für die Bundesregierung, die voll auf das Gender-Mainstreaming-Konzept setzt, wonach Geschlecht, Ehe und Familie gar nichts bedeuten, sondern frei verhandelbare (um nicht zu sagen: frei erfundene) Größen sind. Die aggressive Gender-Politik der zurückgetretenen ledigen und kinderlosen »Bildungsministern« und Merkel-Intima Annette Schavan spricht da eine deutliche Sprache.

Kurz, Bundesregierung und »Staatsfernsehen« ziehen wieder mal an einem Strang. Eine in höchstem Maße befangene Moderatorin darf nun einmal mehr eine Sendung über die katholische Kirche gestalten. Eine weitere Person in der Runde stellt Will als »überzeugte Atheistin und Kirchenkritikerin« vor: Ingrid Matthäus-Maier. Leider vergisst die Leiterin der Diskussionsrunde dabei zu erwähnen, dass der »Verschwender« Tebartz-van Elst gegen Matthäus-Maier nur ein kleiner Waisenknabe ist. Denn Matthäus-Maier war von 2006 bis 2008 Vorsitzende der KfW-Bankengruppe, die zusammen mit ihrer Tochter IKB im Jahr 2007 ganz am Anfang der Bankenkrise in Deutschland stand. Die KfW-Tochter IKB war es nämlich, die durch verantwortungslose Geschäfte mit sogenannten Subprime-Krediten Milliardenverluste einfuhr, für die zunächst die KfW, letztlich aber der Steuerzahler haften musste. Unter Matthäus-Maiers Führung hatte die staatliche KfW im Jahr 2007 satte 6,2 Milliarden Euro Verlust zu verzeichnen (nach internationalem Rechnungslegungsstandard), weshalb Matthäus-Maier am 7. April

2008 zurücktreten musste. Und diese Frau ereifert sich nun über einen Bischof, der angeblich 31 Millionen Euro verschwendet hat.

Eine bescheidene Kirchenkritikerin

Dabei ist Tebartz-van Elst nicht der Erste, gegen den Matthäus-Maier hetzt. Schon bei dem ebenfalls skandalisierten und geschassten Augsburger Bischof Walter Mixa beschwerte sich die pensionierte Bankerin: »Mixas Gehalt und Pension zahlt der Steuerzahler« (*taz*, 7.5.2010). Eigentlich müsste man die gesamte Sendung also sofort Matthäus-Maier widmen. Aber das tut natürlich niemand, denn laut Anne Will sie ist ja nur eine »Atheistin und Kirchenkritikerin«.

Der Nächste in der illustren Runde ist der *Spiegel*-Reporter Peter Wensierski. Der *Spiegel* hat seine Kirchenfeindlichkeit mehrfach unter Beweis gestellt und beteiligte sich 2010 an der Hetzjagd auf den Augsburger Bischof Walter Mixa. Auch Mixa war damals keine zufällige Wahl, sondern ebenfalls eine zentrale Figur der katholischen Familienpolitik. Wie meistens sekundierte dabei das ebenfalls in Hamburg beheimatete und dem *Spiegel* eng verbundene TV-Magazin *Panorama*. Der *Spiegel* liefert sich eine regelrechte Dauerfehde mit der katholischen Kirche, in der es im Kern darum geht, die Kirche zu schädigen – vor allem natürlich bestimmte einflussreiche Würdenträger, die nicht in die politisch korrekte Agenda passen. Schließlich geißelt die Kirche alles, was dem medialen Mainstream lieb und teuer ist: die Pille, die Abtreibung, die Homosexualität, den Verfall der Familie. Und während die Kirche immer neue Schäflein will, verfolgt die globale Agenda, der die meisten Medien gehorchen, das genau entgegengesetzte Ziel, nämlich sinkende Geburtenraten, und zwar durch den massenhaften Einsatz von Verhütungsmitteln, durch Abtreibung, Förderung der Homosexualität, Zerstörung der Geschlechter-, Mutter- und Vaterrollen sowie schließlich der Familie selbst.

Der Bischofskiller

Der Augsburger Bischof Walter Mixa betätigte sich dagegen immer wieder als lautstarker Vorkämpfer konservativer Werte und kritisierte heftig die Familienpolitik der Bundesregierung. *Spiegel*-Reporter Wensierski, 2013 auf Tebartz-van Elst angesetzt, schrieb früher fleißig gegen Mixa an:

- »Plötzliche Bauchschmerzen: Der katholische Bischof Walter Mixa wurde vom mazedonischen Zoll mit rund 400 000 Mark erwischt« (*Der Spiegel*, 28.1.2002).
- »Bischof Walter Mixa: Watschen im Namen des Herrn« (*Spiegel Online*,16.4.2010).
- »Gefallener Bischof Mixa: Vom Papstliebling zum Paria« (*Spiegel Online*, 8.5.2010). »Äußerst undezent und ohne irgendeinen Beweis wird angedeutet, der Bischof sei Alkoholiker«, hieß es auf *KOPP Online* über den Artikel. Schon damals nahm Wensierski auch den Lebensstil des Bischofs aufs Korn: »Blattgold, Wein und ein Solarium sei in seiner Bischofsresidenz zu finden.«

Eine seltsame Aufnahme

Ob Missbrauch, Watschen oder Zollprobleme – Hauptsache, es hilft im Kampf gegen die katholische Kirche, wobei die Beliebigkeit der Vorwürfe an andere Medienkampagnen erinnert, wie zum Beispiel an die gegen Bundespräsident Christian Wulff. Es wird einfach jeder Stein aufgehoben und geworfen, wobei manche davon aus reiner Pappe bestehen. Der Rest ist Geschichte. Am 21. April 2010 bot Mixa Papst Benedikt seinen Rücktritt an, am 8. Mai 2010 nahm Benedikt das Gesuch an. Im Nachhinein blieb von den erhobenen Vorwürfen in Sachen Kindesmissbrauch, Gewalt gegen Schutzbefohlene, Veruntreuung und angebliche Devisenvergehen wo gut wie nichts an Mixa hängen – jedenfalls nicht genug für einen Rücktritt. Wulff lässt grüßen.

Insofern ist der Fall Mixa aus dem Jahr 2010 hilfreich, den Fall Tebartz-van Elst aus dem Jahr 2013 zu verstehen. Und insofern ist auch klar, warum an vorderster Front »Bischofskiller« Wensierski gegen den Vorsitzenden der Kommission Ehe und Familie der Deutschen Bischofskonferenz kämpft: Der Mann soll abgeschossen werden. Und zu diesem Zweck steuert Wensierski auch ein dubioses Filmchen zu Wills Diskussionsrunde bei. Es zeigt ein Gespräch zwischen ihm und dem Bischof am 11. August 2012 vor dem Limburger Dom. Da hatte Wensierski Tebartz abgepasst und ihm die Kamera unter die Nase gehalten. Das heißt, wenn es nur so gewesen wäre. Denn in Wirklichkeit befindet sich die Kamera gar nicht unter der bischöflichen Nase, sondern irgendwo in Gürtelhöhe, von wo aus sie nach oben späht, um das bischöfliche Kinn und den bischöflichen Hals ins Bild zu setzen. Des Weiteren wackelt die Kamera unheimlich stark, oftmals sieht man nur die Hälfte des bischöflichen Gesichts. Dennoch behauptet Wensierski, dass Tebartz-van Elst die Kamera gesehen habe. Bei dem Gespräch geht es um die Frage, ob der Oberhirte bei einer Reise nach Indien nun erster Klasse geflogen sei oder nicht:

> **Wensierski** (in Bezug auf den Indien-Flug): *Aber erster Klasse sind Sie geflogen?*
> **Tebartz-van Elst:** *Businessclass sind wir geflogen.*

Lügner gegen Lügner?

Interessanterweise gab der Bischof nur wenige Wochen später (am 7.9.2012) trotz der Existenz dieses Ton- und Bilddokuments eine eidesstattliche Erklärung ab, in der er genau diese Äußerungen bestritt: Es habe keine »erneute Rückfrage des Redakteurs mit dem Vorhalt ›Aber Sie sind doch erster Klasse geflogen?‹ gegeben. Ich habe auch nicht auf einen solchen Vorhalt die Antwort gegeben ›Business-Klasse sind wir geflogen‹.« Seltsam. Wenn der Bischof, wie von Wensierski behauptet, die Kamera wahrgenommen hatte, wieso bestritt er dann seine Äußerungen an Eides statt? Oder wurden die Aufnahmen etwa doch heimlich gemacht? Denn ein Bischof, der lügt, ist natürlich schlimm. Aber was ist eigentlich mit einem Journalisten, der lügt? Denn in der Sendung »Anne Will« vom 16. Oktober 2013 behauptete *Spiegel*-Reporter Wensierski, wie gesagt, der Bischof habe gewusst, dass er gefilmt wurde. Immerhin wollte selbst Anne Will nämlich wissen:

> **Will:** *Versteht er, dass Sie mit ihm ein Interview führen? Sieht er die Kamera?*
> **Wensierski:** *Ja ... Er sieht die Kamera, die wird hochgehalten.*

Was offensichtlich falsch ist. Denn jeder Zuschauer kann sehen, dass die Kamera nicht hochgehalten wird, sondern dass Wensierski aus irgendeinem Grund eine äußerst bizarre Perspektive »aus der Hüfte« wählt und dabei in Kauf nimmt, dass der Bischof nicht immer voll abgebildet ist und das Bild dauernd wackelt. Dem Beobachter sagt das genug: Der *Spiegel*-Mann nahm den Bischof offenbar »aus dem Hinterhalt« ohne dessen Wissen in Bild und Ton auf, was bereits ein juristisches Problem sein könnte. Damit ist der Journalist in der Talkshow im Grunde genommen »sturmreif geschossen«. Anne Will könnte ihn nun mit Leichtigkeit als Lügner entlarven, indem sie ihn fragen würde, warum er den Bischof, wenn er die Kamera doch gesehen habe, dann offensichtlich verdeckt gefilmt hat. Doch diese Frage von Anne Will bleibt aus.

Fragen, aber keine Antworten

Aus diesem Grund habe ich Peter Wensierski am 17. Oktober 2013 zwei ganz kurze Fragen geschickt:

- *Hat Herr Tebartz-van Elst gewusst, dass er in Ton und Bild von Ihnen aufgenommen wird?*

- *Wenn ja: Wären Sie bereit, das in einer eidesstattlichen Erklärung zu bestätigen?*

Auf beides konnte man mit einem kurzen Ja oder Nein antworten. Stattdessen bekam ich schon eine Stunde später einen Anruf von Wensierski auf meinen Anrufbeantworter. Er würde meine Fragen gerne beantworten, sagte er da – allerdings ohne sie zu beantworten. Er könne nur sagen, dass diese Fragen alle klar und geklärt seien – allerdings ohne sie in seinem Anruf zu klären. Und das ist merkwürdig, denn in der ganzen Zeit hätte er locker einmal ja bzw. nein sagen können, falls er gerade wirklich keinen Computer für eine E-Mail zur Hand gehabt hätte. Da ich kein Telefonat, sondern eine zitierfeste, schriftliche Antwort haben wollte, schrieb ich genau das zurück: »Da mir an einer zitierfähigen Auskunft liegt, wäre ich für eine schriftliche Antwort auf meine beiden kurzen Fragen dankbar.« Schließlich wäre diese Antwort ja quasi im Twitter-Stil möglich. Und schließlich twitterte Herr Wensierski zwischen dem 17. und dem 21. Oktober ja auch wie wild. Alles in allem zählte ich zwischen dem 17. und dem 22. Oktober, mittags, nicht weniger als 21 Twitter-Nachrichten von Wensierski. Also schickte ich meine Anfrage am 22. Oktober noch einmal an die *Spiegel*-Redaktion. Antwort: keine. Daraufhin schickte ich Wensierski über die *Spiegel*-Redaktion am 24. Oktober noch eine Mail:

> *Betrifft: Ihre Filmaufnahmen von Bischof Tebartz-van Elst vom 11. August 2012*
>
> *Sehr geehrter Herr Wensierski,*
> *leider habe ich noch keine E-Mail auf meine kurzen Fragen von Ihnen bekommen. (...) Dafür habe ich seit dem 17. Oktober 2013, dem Zeitpunkt meiner ersten Anfrage in der Sache, 27 Twitter-Nachrichten von Ihnen gezählt. Weil ich Ihnen helfen möchte, meine Anfrage möglichst bequem zu beantworten,*

wäre ich auch mit einer Antwort auf Twitter zufrieden: Wären Sie bereit, meine Fragen und Ihre Antworten auf Ihrem Account zu twittern? Auf diese Weise hätten Sie eine interessante Twitter-Nachricht für Ihre Leser und ich gleichzeitig eine Antwort auf meine Fragen.

Für eine baldige Antwort wäre ich dankbar.

Mit freundlichen Grüßen
Gerhard Wisnewski

Daraufhin ging es plötzlich ganz schnell; allerdings kam die Antwort wieder nicht von Wensierski persönlich, sondern von einer *Spiegel*-Mitarbeiterin.. Obwohl er selbst ja, wie sein Twitter-Account zeigt, zum Schreiben eigentlich jede Menge Zeit hat. Die *Spiegel*-Mitarbeiterin schrieb nun, Peter Wensierski »ging davon aus«, dass Tebartz-van Elst gewusst habe, dass er in Ton und Bild von ihm aufgenommen werde. Komisch, denn bei Anne Will hatte Wensierski noch eindeutig bejaht, dass Tebartz von den Aufnahmen wusste. »Davon ausgehen« heißt dagegen lediglich »annehmen«, also nicht wissen. Wenn er nicht weiß, ob der Bischof die Aufnahmen mitbekam, kann er seine Kamera nicht offen getragen haben (was sich ja auch schon aus der Hüftperspektive ergibt). Denn eine offen getragene Kamera hätte der Bischof ja mitbekommen. Davon, dass Wensierski Tebartz-van Elst *gefragt* habe, ob er mit einem Interview vor der Kamera einverstanden sei, steht auch nichts in der Antwort. Wenn dem so gewesen wäre, hätte er es ja schon bei Anne Will gesagt. Da Wensierski also offenbar nicht definitiv sagen kann, dass der Bischof von den Aufnahmen wusste, hat sich natürlich auch die von mir angefragte eidesstattliche Versicherung erledigt. Dazu sehe Wensierski »keinen Anlass«. Eben – denn Eide sollen wahrscheinlich immer nur die anderen ablegen …

Thema des Monats *1./5.11.:*
Abhöraffäre und Rebellion gegen die USA

1.11. Nach einem Treffen in Moskau präsentiert der Grünen-Abgeordnete Hans-Christian Ströbele einen Brief des NSA-Enthüllers Edward Snowden **5.11.** Die Augsburger Staatsanwaltschaft veranstaltet eine Pressekonferenz zu dem spektakulären Kunstfund in München ***5.11. Neue Spionagevorwürfe: Auch die Briten sollen die Bundesregierung von ihrer Botschaft in Berlin aus bespitzelt haben***/Schweizer Wissenschaftler legen einen Bericht über Rückstände des hochgiftigen Poloniums im Grab und an der Leiche des 2004 verstorbenen Palästinenser-Präsidenten Jassir Arafat vor **7.–9.11.** Auf den Philippinen wütet der Taifun *Haiyan* **10.11.** Bei Volksentscheiden in Bayern stimmen die Bürger gegen eine Bewerbung für die Olympischen Winterspiele 2022

1./5. November
Wenn das Rudel Blut riecht: Rebellion gegen die USA

Steht denn plötzlich alles auf dem Kopf? Am 1. November berichtet der Grünen-Abgeordnete Hans-Christian Ströbele über sein Treffen mit dem Whistleblower Edward Snowden in Moskau. Snowden ist bekanntlich ein ehemaliger Agent der US-Spionagebehörde NSA, der die Welt seit Monaten mit Informationen aus dem US-Geheimdienstapparat in Atem hält. Im Klartext: Ein deutscher Bundestagsabgeordneter trifft einen erklärten Staatsfeind der USA! Und nicht nur das: Eines der amerikafreundlichsten Mainstream-Medien, die *Süddeutsche Zeitung*, fordert plötzlich, diesen US-Staatsfeind in Deutschland aufzunehmen!
Am 5. November kommt auf der Basis von Snowden-Informationen zudem noch heraus, dass auch die Briten die Bundesregierung ausspioniert haben! Nun ist das zwar – anders als unsere Medien glauben machen wollen – nichts Neues. Neu ist aber, dass plötzlich alle von einem wahnsinnigen Mut befallen werden – oder ist es nur der Mut des Wahnsinns? Die deutschen Medien überschlagen sich plötzlich mit kritischen Berichten über die Spitzeltätigkeit des Großen Bruders. Schon im Oktober hat Bundeskanzlerin Angela Merkel, nachdem Abhörmaßnahmen gegen ihr Handy bekanntgeworden waren, den amerikanischen Präsidenten angerufen, um ihn zusammenzustauchen. Jedenfalls wurde das so dargestellt. Was ist nur los?

Ganz einfach. *Homo homini lupus est,* wie der Lateiner sagt: »Der Mensch ist des Menschen Wolf.« Aber auch der Politiker ist des Politikers Wolf. Und wenn der Leitwolf auf der Lichtung eine böse Niederlage erleidet und nach Blut riecht, nimmt das Rudel die Witterung auf. Der Leitwolf wird nun selbst zur Beute.
Genau das ist es, was wir jetzt am Beispiel der USA beobachten

können. Die Lichtung, das sind in diesem Fall Syrien und das Mittelmeer vor der syrischen Küste, von wo aus die USA den Leitwolf des östlichen Rudels, nämlich Russland, mit ihrer Kriegsdrohung herausfordern wollten. Doch der östliche Leitwolf ließ den westlichen einfach ins Leere laufen, wodurch der ins Stolpern geriet und hinfiel wie ein Welpe. Sie erinnern sich vielleicht an die Pressekonferenz von US-Außenminister John Kerry im britischen (!) Außenministerium am 9. September 2013. Und wie er sich dabei vergaloppierte und (aus US-Sicht) fahrlässig die rein theoretische Möglichkeit erwog, Syrien könne ja – um einen amerikanischen Angriff abzuwenden – innerhalb einer Woche seine Chemiewaffen abgeben. Von sich aus hätte Kerry diesen »Vorschlag« nie gemacht, vielmehr war es die spontane Antwort auf die Frage einer Journalistin, was Syrien denn tun könne, um einen US-Militärschlag zu vermeiden.

Bereits dieser Vorgang zeigt, dass es sich bei Kerrys »Angebot« nicht um ein intern abgesprochenes und offizielles Konzept der Vereinigten Staaten handelte. Kerrys Sprecherin erklärte denn auch prompt, dies sei natürlich kein ernstgemeinter Vorschlag, sondern eine rein rhetorische Bemerkung gewesen – um anschließend weiter auf Kriegskurs zu bleiben, darf man hinzufügen. Und Kerry glaubte offenbar auch selbst nicht an seinen spontanen »Plan«, hatte er doch schon bei der Pressekonferenz mit Blick auf Assad hinzugefügt: »Aber er tut das nicht, und offensichtlich kann es also nicht gemacht werden.« Um eilig zu seinem eigentlichen Thema zurückzukehren, der Glaubwürdigkeit der Beweise gegen Syrien. Doch siehe da: Der syrische Präsident Assad und die russische Regierung sagten danke und boten ohne Umschweife eine Kontrolle der syrischen Chemiewaffen und deren Vernichtung an. Damit war der geplante amerikanische Angriff vom Tisch. Eine unbedachte Antwort des US-Außenministers hatte dem eigenen Kriegsplan komplett den Wind aus den Segeln genommen.

Und damit wurde der akute politische Schwächeanfall der USA offensichtlich. Statt eines spektakulären Feuerwerks in Syrien rückte die US-Haushaltskrise in den Mittelpunkt des Medieninteresses. Anfang Oktober stellte sich heraus, dass der US-Präsident nicht einmal mehr seine Flüge zu internationalen Konferenzen zahlen konnte – was im Falle eines Militärschlags gegen Syrien natürlich glatt untergegangen wäre. So aber saß Barack Obama plötzlich mit heruntergelassenen Hosen da – oder mit eingezogenem Schwanz, um im Bild zu bleiben.

Und wie unter Wölfen üblich, ging das an dem Rudel nicht spurlos vorüber. Prompt brach überall die Rebellion aus. Plötzlich fiel es den westlichen Rudelmitgliedern wie Schuppen von den Augen, dass sie von ihrem Leitwolf flächendeckend abgehört wurden. Dabei gibt es nur wenige Hüte, die älter sind als dieser. Abhöranlagen wie beispielsweise die der NSA im bayerischen Bad Aibling waren schließlich für jedermann weithin sichtbar. Nach dem Krieg entstanden in Deutschland »Dutzende von Horchposten« (James Bamford: *NSA. Die Anatomie des mächtigsten Geheimdienstes der Welt*, München 2001, S. 156).

Die Wahrheit ist: Deutschland bekam NSA-Abhörstationen wie ein Kind mit Masern Pickel. Offiziell natürlich nur zum Abhören des Ostblocks. Aber warum sollten die USA, wenn die Technik schon einmal vorhanden war, nur den Ostblock ausspionieren? Schließlich unterscheiden die USA nicht zwischen Freund und Feind, sondern nur zwischen unterworfenen Feinden und noch nicht unterworfenen Feinden. Ein Geheimnis war die Abhörpraxis der USA nicht. Im Jahr 2000 besuchte sogar das Parlamentarische Kontrollgremium (PKG) des Bundestags die NSA-Abhöranlage in Bad Aibling. Die deutsche Politik war also bestens informiert.

Auch zwischen Geheimdiensten und Telefonunternehmen kann man schon lange nicht mehr unterscheiden. Beide sind in Wirklichkeit ein und dasselbe. Dieses Thema wurde bisher überhaupt noch nicht aufgearbeitet. So schloss sich die NSA laut Bamford auch mit einer Reihe von Telekommunikationsunternehmen zusammen, zum Beispiel mit Verizon, und gründete ein »Konsortium namens Multiwavelength Optical Networking« (MONET). 1998 wurde dann »das erste große unterseeische Kabel für Mehrfach-Wellenlängen in Betrieb genommen. Es bildet eine Schleife, welche die Vereinigten Staaten mit Großbritannien, den Niederlanden und Deutschland verbindet« (S. 460).

Der Mann mit den elf Hunden

Schon in einem alten *Wikipedia*-Artikel über das weltweite angloamerikanische Abhörnetzwerk Echelon wird als dessen Zielsetzung genannt, die »private und kommerzielle – und nicht-militärische – Kommunikation abzuhören«: »Das System dient zum Abhören bzw. zur Überwachung von über Satellit geleiteten privaten und geschäftlichen Telefongesprächen, Faxverbindungen und Internet-Daten.« Nur traute sich bislang niemand, dagegen aufzumucken. Und das ist denn auch das eigentlich Neue an der Entwicklung, und nicht etwa irgendwelche »Enthüllungen« von einem dubiosen Informanten namens Edward Schneeberg (Snowden) und seinem medialen Mentor, dem Journalisten Glenn Greenwald, der Snowden durch seine Berichte im britischen *Guardian* erst berühmt machte. Greenwald kennt sich aus, denn er ist selbst Eigentümer eines Rudels, nämlich von 11 (elf) streunenden Hunden – und eines Lustknaben namens David Miranda (zu deutsch: »die Wundervolle«). Man sollte die Symbolik des homosexuellen »Enthüllerpaares« Greenwald und Miranda, das zu einem globalen Medienstar wurde, nicht unterschätzen, denn es repräsentiert auf auffällige Weise die moderne One-World-Ideologie:

- multinational
- homosexuell
- kinderlos

- »Adoptiveltern« einer Gruppe »multiethnischer« und »armer« Wesen (elf streunende Hunde)

Da es sich um ein okkultes Symbol handelt, will ich auf die Symbolik der Zahl 11 in diesem »nüchternen« Buch nicht näher eingehen. Nur so viel: Greenwald selbst scheint dieser Zahl größere Bedeutung beizumessen. Auf die Frage, was die Leute wohl am meisten an ihm überraschen würde, gab er zur Antwort, dass er elf Hunde besitze (*The Islamic Monthly*, online, 7.7.2013). Wobei das Überraschende kaum der Hundebesitz sein kann, schließlich ist der Hund ein Allerweltswesen und kein exotisches Tier. Wie auch immer, Schneeberg spielt jedenfalls nur den Enthüller für Tatsachen, die sowohl einer informierten Öffentlichkeit als auch den Sicherheitsbehörden der US-Vasallen längst bekannt sind. Das ist eben der Unterschied zwischen »bekannt sein« und »herauskommen«.

Selbst die Feuerwehr muss fragen ...

Nehmen wir beispielsweise die Tatsache, dass sowohl Amerikaner als auch Briten die Bundesregierung von ihren Botschaften aus abhören. In der internationalen Politik und Diplomatie ist das eine Selbstverständlichkeit, beherbergen Botschaften doch, da sie für das Gastland tabu sind, seit je die örtliche Geheimdienstzentrale ihres Heimatlandes. Denn die diplomatische Immunität gilt natürlich nicht nur für die Botschaften der USA oder Großbritanniens, sondern zum Beispiel auch für die Vertretungen Deutschlands. So wimmelt es in den deutschen Botschaften im Ausland nur so von BND-Agenten, die unter dem Schutz der diplomatischen Immunität spionieren, was das Zeug hält. Nicht einmal das Gepäck von Diplomaten darf an der Grenze kontrolliert werden. Und da auch das Botschaftsgebäude selbst Immunität genießt, kann man dort auf das Dach bauen, was man will. Angehörige oder Behörden des Gastlandes dürfen das Anwesen nicht ohne Einwilligung des Herkunftslandes betreten. Ja, sie müssen die Botschaft sogar aktiv vor unbefugtem Betreten durch eigene Bürger, eigenes Personal oder durch Dritte schützen! Daher auch das stattliche Polizeiaufgebot vor einigen besonders »beliebten« Botschaften.

Das heißt, die Spione in den jeweiligen Auslandsvertretungen operieren unter dem besonderen Schutz der jeweiligen Gastregierung. Sollte es in einer Botschaft einmal brennen, muss selbst die Feuerwehr erst fragen, ob sie das Gelände betreten darf – es sei denn, es geht bereits um Leben und Tod. Und das heißt auch, dass es bei der ganzen Abhöraffäre nicht um Enthüllung, sondern um groß angelegten, globalen Krawall geht. Niemand hat erst jetzt von der NSA-Schnüffelei »erfahren«, um sich spontan zu empören. Der in Russland untergeschlüpfte »Informant« Snowden leiht den Informationen lediglich ein Gesicht und eine Stimme, und sein Medien-Freund Greenwald bringt beides unter die Leute.

Die totale Kontrolle über die Vasallen war von Anfang an die Geschäftsgrundlage des westlichen »Bündnisses«. Nach dem Leninschen Motto »Vertrauen ist gut, Kontrolle ist besser« hatten die USA den westlichen Block schon immer fest im Griff. Auch das von den USA im November 2013 abgelehnte »No-Spy-Abkommen« (*Stern.de*, 10.11.2013) wird da nichts nützen, denn ein Abkommen, dessen Einhaltung man ganz offensichtlich nicht kontrollieren kann, ist per se sinnlos. So bleibt es vorerst dabei: Vermutlich kann Angela Merkel nicht einmal das stille Örtchen besuchen, ohne dass die NSA es mitbekommt. Neu ist, wie gesagt, nur die öffentlichkeitswirksame »Enthüllung« durch einen Whistleblower und vor allem die Aufmerksamkeit der Mainstream-Medien.

Ein Biss in die fütternde Hand

Und neu ist auch die offizielle Rebellion der Vasallen-Regierungen:

- Plötzlich wirft zum Beispiel auch Frankreichs Präsident François Hollande nichtsahnend einen Blick in seine Zeitung *(Le Monde)*, und was muss er da lesen: »Dank moderner Spionage-Software war die NSA demnach im Bilde, was Frankreichs Diplomaten in der Washingtoner Botschaft oder der New Yorker UN-Vertretung ausheckten. Vor allem aber schöpfte der US-Dienst Daten in Frankreich ab. Binnen eines Monats wurden dort rund 70 Millionen Telefonate registriert« (laut *fr-online.de*, 22.10.2013). Na so was! Davon hatte Hollande ja keine Ahnung! Prompt griff er zum Hörer, um dem klammen US-Präsidenten die Meinung zu sagen.
- Oder Angela Merkel: Erfährt sie doch glatt, dass die NSA ihr Handy abgehört hat! Aber die Frage ist ja: Was sollte die NSA denn sonst abhören, wenn nicht das Handy der Bundeskanzlerin? Etwa das der Putzfrau? Aber statt – wie sonst – brav zu nicken und »danke« zu sagen, beißt sie plötzlich die Hand, von der sie so lange gefüttert worden ist – und ruft den US-Präsidenten an, um ihn zur Rede zu stellen.
- In Brasilien sagte Präsidentin Dilma Rousseff wegen der Abhöraffäre einen für Oktober 2013 geplanten Staatsbesuch in den USA ab.
- Der pakistanische Premierminister Nawaz Sharif will plötzlich nicht mehr hinnehmen, dass die USA seine Staatsbürger mit Hilfe von Drohnen aus dem Hinterhalt ermorden, und äußert bei einem Staatsbesuch im Oktober 2013 gegenüber Obama deutlich seinen Unmut.
- Am 22. Oktober kritisierte auch die bislang US-freundliche Organisation Amnesty International die Drohnenangriffe der USA.

Bei Obama brennt die Hütte

Ein unerhörter Vorgang ist auch die Einbestellung von amerikanischen Botschaftern (also lokalen Geheimdienstbossen) durch die »Verbündeten«, insbesondere durch die Deutschen – so geschehen durch Guido Westerwelle am 24. Oktober 2013. Denn die Deutschen sind eigentlich die Laufburschen im westlichen Bündnis. Wenn sie rebellieren, dann müssen sie von irgendwoher grünes Licht bekommen haben. Wobei man dem deutschen Außenminister zugutehalten muss, dass er sich bereits früher aufzulehnen versuchte, beispielsweise in der Libyenkrise, dafür aber noch mit dem Untergang der FDP bezahlen musste (siehe *20. Januar* »Das Imperium schlägt zurück«). Aber auch in Mexiko sollte der lokale US-Botschafter im Außenministerium vorsprechen. In der Syrienkrise wurde dann für die ganze Welt offenbar, dass Obama ein Verlierer ist, jedenfalls in den Augen der politischen und diplomatischen Welt. Wenn man so will, war die Syrienkrise die russische Revanche für die Kubakrise im Oktober 1962, als die Sowjetunion vor aller Welt vordergründig den Schwanz ein– und anschließend ihre Schiffe abzog. Kein Zweifel: Bei Obama brennt die Hütte. Überall flammen die über Jahrzehnte ausgetretenen Brandherde wieder auf. Und eines ist sicher: Wenn sogar schon Underdogs wie Deutschland zu kläffen wagen, dann ist der Anfang vom Ende vielleicht nicht mehr fern …

Trends 2013

Der wichtigste Trend 2013 war wohl die vorläufige Ausbremsung der angloamerikanischen Kriegs- und Revolutionsmaschine in Syrien. Hier wurde ein sogenannter Megatrend zum Stillstand gebracht – vorerst jedenfalls. Dieser Megatrend dauert seit mehr als 100 Jahren an und besteht in der stetigen Ausweitung des angloamerikanischen Imperiums und seines Einflussbereichs. Dabei wurden in jedem einzelnen Fall hehre Ziele als Vorwand oder Begründung für die Ausweitung dieses Imperiums vorgebracht (z. B. Kampf für Freiheit und Demokratie), die der Megatrend selbst Lügen straft. Denn alle diese angeblich aus der Not geborenen Kämpfe gegen das »Böse« führten stets zu einem Machtzuwachs für die USA und ihre Verbündeten, wie Großbritannien, Frankreich und Israel.

Eine schleichende Krankheit

In Wahrheit befällt das angloamerikanische Imperium den Globus seit mehr als 100 Jahren wie eine Krankheit, die manchmal schleichend, manchmal in Schüben (Kriegen) verläuft. Dass der »Kampf gegen das Böse« dabei nur ein Vorwand ist, ergibt sich auch daraus, dass die USA ihre Schurken häufig selbst finanziert und aufgebaut haben, wie Hitler und Saddam Hussein. Die »First Family« der USA, die Bushs, halfen Hitler persönlich bei seinem Aufstieg (schrieb am 25.9.2004 zum Beispiel der britische *Guardian* in seiner Online-Ausgabe). Um die Welt vor einem Bösewicht zu retten, benötigt man zunächst einmal genau das: nämlich einen furchterregenden und vor allem öffentlichkeitswirksamen Schurken, der seinen Schatten über den ganzen Globus wirft. Zwar hat amerikanisches Einschreiten im einen oder anderen Fall zu Verbesserungen für die betroffenen Menschen geführt – allerdings nur für die, welche die »Befreiung« überlebten. Und auffällig ist, dass die Alliierten des Zweiten Weltkriegs keineswegs Geschichte sind, sondern die Welt unermüdlich weiter »retten«. Frankreich, Großbritannien und die USA zerbombten Libyen genauso, wie sie nun Syrien in einem blutigen Bürgerkrieg versinken lassen. Mit anderen Worten, es handelt sich nicht, wie uns die Geschichtsbücher glauben machen wollen, um aus der Not geborene Allianzen zur Bekämpfung irgendwelcher Halunken, sondern um ein langfristiges geostrategisches Projekt zur Erringung der Weltherrschaft. Die jeweiligen Schurken sind austauschbar und kommen quasi »von der Stange«: Zuerst werden sie von den Alliierten aufgebaut, um anschließend besiegt zu werden, so dass ihre Staaten dem Imperium einverleibt werden können. Jedenfalls galt das für Westeuropa. In der islamischen Welt besteht die Strategie darin, durch Chaos immer neue »Staatsleichen« (Irak, Libyen, Ägypten, Syrien etc.) zu produzieren. Wenn die jeweilige »Revolution« oder Rebellion erfolgreich war beziehungsweise die Kräfte der Alliierten abgezogen sind, wird das Chaos durch immer neue Bombenanschläge aufrechterhalten, die den jeweiligen gesellschaftlichen Gruppen des Landes in die Schuhe geschoben werden. So kann natürlich kein Land mehr »auf die Beine kommen«.

Doch immer mehr Menschen erkennen, dass das Theaterstück »Die Alliierten retten die Welt vor dem Bösen« in Wirklichkeit eine Schmierenkomödie ist, die ohne Rücksicht auf den Publikumsgeschmack ad nauseam auf der Weltbühne gespielt wird. Der tatsächliche dunkle Schatten, der sich über den Erdball schiebt, sind das angloamerikanische Imperium und seine Alliierten. Erst vor diesem Hintergrund wird die enorme Bedeutung der Niederlage klar, die diese Kräfte 2013 in oder vor Syrien erlitten haben, als ihr Angriffsplan vereitelt wurde. Ende August 2013 hielt zunächst der britische Premierminister David Cameron nach dem angeblichen syrischen Chemiewaffeneinsatz eine parlamentarische Abstimmung über eine Militäraktion ab – und verlor. Am

9. September 2013 verstolperte sich dann der amerikanische Außenminister John Kerry bei einer Pressekonferenz und bot einen »Plan« an, der eigentlich gar keiner sein sollte: die »chemische Entwaffnung« Syriens, die Russland und Syrien nur allzu gern und sofort akzeptierten (siehe *1./5. November* »Wenn das Rudel Blut riecht …«). Damit war nicht nur der Militärschlag gegen Syrien vom Tisch, sondern auch ein baldiger Sieg der »Rebellen« über den syrischen Präsidenten Baschar al-Assad. Das wiederum brachte die angloamerikanische Eroberungswalze vorerst zum Stehen – und peinlicherweise das finanzielle Desaster der USA zum Vorschein.

Keifen, Geifern, Drohen

Während die USA an Prestige einbüßten, gewannen Russland und sein Präsident Wladimir Putin enorm an Gewicht. Während die amerikanische Politik hauptsächlich aus Keifen, Geifern und Drohen bestanden hatte, hatten die Russen auf sachliche und deeskalierende Diplomatie gesetzt – und gewonnen. Steht die Welt hier etwa am Scheideweg einer amerikanisch oder russisch/asiatisch dominierten Welt? Oder zumindest einer bipolaren Welt? Denn dass Iran, China und andere asiatische Staaten dabei voll hinter Russland standen, ist offensichtlich. Russland scheint in der Auseinandersetzung mit den USA nun eine führende Rolle übernommen zu haben.

Auf der Abschussliste: der Mensch

Bei dem bisherigen Megatrend handelte es sich jedoch nicht nur um einen militärischen oder politischen Trend, sondern auch um ein geistiges, kulturelles und menschliches Desaster. Und damit sind nicht etwa nur die Millionen Toten gemeint, welche die Alliierten bei ihrer Expansion hinterlassen haben, sondern auch deren geistig-kulturelle Begleiterscheinungen. Hier eine politisch sicher nicht korrekte (und unvollständige) Liste:

- Abschaffung des sozialen Gefüges und Ersatz durch ein virtuelles, überwachbares Gefüge (»soziale Netzwerke« etc.),
- Vernichtung der politischen Organisation in Nationen und Ersatz durch Superschmelztiegel (EU etc.),
- Abschaffung der Meinungsvielfalt durch Political Correctness,
- Vernichtung einzelner Nationen und Völker durch Krieg, zusammenbrechende Geburtenraten u.a./Ersatz durch Einwanderer,
- *Gender Mainstreaming:* Vernichtung der biologischen Geschlechter,
- damit zusammenhängend: Vernichtung der menschlichen Gestalt durch *Body Modification* (Geschlechtsumwandlung, »Schönheitsoperationen«, Tätowierung, Piercing, »Schmucknarben«, Magersucht, Fettsucht etc.),
- Abschaffung von Ehe und Familie,
- Ersetzung gewachsener und tradierter Moral und Ethik durch eine globale »Moral« und »Ethik« (z.B. die sogenannte Solidarität mit angeblichen Krisenregionen und armen Ländern),
- Vernichtung des angeborenen menschlichen Bedürfnisses nach Ordnung, Harmonie und Schönheit durch »Chaotisierung« von Kunst und Kultur,
- Vernichtung der menschlichen Bildung (z.B. durch Studiengänge wie Master und Bachelor, »Inklusion«, Abschaffung von Dissertationen und Habilitationen, G8 u. a.)

Mit anderen Worten, dieses Imperium rollt die Welt nicht nur politisch oder militärisch auf. Auf der Abschussliste stehen nicht Saddam Hussein, Muammar al-Gaddafi, Baschar al-Assad, Mahmud Ahmadinedschad, Mohammed Mursi, oder wie die Schurken der jüngsten Vergangenheit und Gegenwart auch immer heißen mögen, sondern auf der Abschussliste steht der Mensch als

Ganzes. Wenn das Imperium mit dem Globus fertig ist, wird es hier nur noch eine Masse kulturloser, heimatloser, staatenloser, geschlechtsloser, instinktloser, identitätsloser und »bildungsferner« Wesen geben.

Trendumkehr 2013?

Haben wir 2013 tatsächlich eine Umkehr dieses verheerenden globalen Trends erlebt? Immerhin brachte Russland den imperialen Vormarsch nicht zufällig zum Stehen, sondern bekämpft in seinem Inneren auch einige der oben genannten Entwicklungen. Es ist, als seien Russland und China aufgewacht. Nachdem sie sich 2011 in der Libyenfrage mit der »Flugverbotszone« (die in Wirklichkeit eine westliche Bombardierungszone war) über den Tisch ziehen ließen, haben sie ihre rote Linie in Syrien bis jetzt erfolgreich verteidigt. Ist das angloamerikanische Imperium damit an eine Grenze gestoßen? Wird es gar zerfallen? Denn tatsächlich hat sich dieses Imperium bisher ja nur durch immer neue Kriege und immer höhere Verschuldung am Leben erhalten, wobei den Kriegen die Aufgabe zufiel, die Verschuldung zu rechtfertigen und gleichzeitig zu übertünchen. Das westliche Imperium ist also geradezu süchtig nach Schulden und Krieg. Und wie das mit einem Süchtigen so ist, droht bei einem Entzug der Zusammenbruch. Und das ist nicht nur eine Gefahr, sondern auch eine Hoffnung. Denn die Wahrheit lautet: Das westliche Imperium ist eine Huxleysche Tyrannei, also eine sanfte Form der Unterdrückung, die man gar nicht als solche wahrnimmt.

Orwell oder Huxley?

Apropos Huxley: Es gebe, so der amerikanische Journalist Chris Hedges, einen alten Streit, welche der beiden größten Dystopien der Menschheit am Ende Wirklichkeit werden würde: die »schöne neue Welt« von Aldous Huxley oder »1984« von George Orwell. »Orwell warnte vor einer Welt, in der Bücher verboten sind.

Huxley warnte vor einer Welt, in der niemand mehr Bücher lesen will«, so Hedges. Was einem bereits irgendwie bekannt vorkommt.

> »Huxley warnte vor der Zerstörung der Kultur durch seichte Vergnügungen. Orwell warnte vor einem Staat, der die Menschen durch einen endlosen Krieg ständig in Angst hält. Huxley warnte vor einem Staat, in dem sich die Bevölkerung nur noch mit Trivialitäten und Klatsch beschäftigt und nicht mehr an der Wahrheit und wirklich wichtigen Informationen interessiert ist. Orwell warnte vor einem Staat, in dem jedes Gespräch, ja sogar jeder Gedanke überwacht und jeder Dissident brutal bestraft wird« (truthdig.com, 27.12.2010, Übersetzung Wolfgang Jung).

Komplizen der eigenen Versklavung

Tja – gar nicht so einfach: Bekannt ist uns beides. Aber wer hat nun recht? Laut Hedges beide. Während Huxley eine Diktatur durch Zerstreuung vorhersah, prognostizierte Orwell eine Tyrannei durch Überwachung und Gewalt. In Wirklichkeit sind das keine Widersprüche, sondern Entwicklungsstufen. Stufe 1 ist die von Huxley:

> »Der Staat der Konzerne hat uns nach und nach entmachtet, indem er uns – wie Huxley es vorhersah – mit betörenden Sinneseindrücken, billigen Massenprodukten, unbegrenzten Krediten, politischem Theater und ununterbrochenem Entertainment manipulierte. Während wir uns ablenken ließen, wurden nach und nach alle Regularien, die einst die Raubgier der Konzerne gezügelt haben, einfach abgeschafft, die Gesetze, die uns einmal geschützt haben, wurden umgeschrieben, und ohne es zu merken, wurden wir immer ärmer gemacht« (a. a. O.).

Die Finanzkrise und steigende Lebenshaltungskosten lassen grüßen. »Im invertierten [umgekehrten] Totalitarismus«, zitiert Hedges den politischen Philosophen Sheldon Wolin,

> »werden die von den Konzernen entwickelten Technologien der Kontrolle, Einschüchterung und Massenmanipulation, die viel wirkungsvoller als die früher in totalitären Staaten angewendeten Methoden sind, durch den falschen Glanz, die lauten Töne und den Überfluss der Konsumgesellschaft (zu dem immer weniger Menschen Zugang haben) wirksam kaschiert« (a.a.O.).

Durch unser System der Massenbeeinflussung werde »alles blockiert oder eliminiert, was die Menschen qualifizieren oder auf andere Gedanken und ins Gespräch miteinander bringen könnte, und ebenso alles, was die totale Herrschaft der Konzerne schwächen oder beeinträchtigen könnte«. Das Ergebnis sei »ein sehr einseitiges Informationssystem«, in dem sich »bekannte Hofschranzen, die sich als Journalisten, Experten oder Sachverständige verkleiden«, unserer Probleme annähmen und uns geduldig erklärten, wie sie einzuordnen seien: »Alle, die abweichende Meinungen vertreten, werden als irrelevante Außenseiter, Extremisten oder Vertreter der radikalen Linken [oder Rechten] diffamiert.« »Weitsichtige Sozialkritiker – von Ralph Nader bis Noam Chomsky« würden dagegen »einfach totgeschwiegen«. »Huxley«, so Hedges, »beschrieb den Prozess, der uns zu Komplizen unserer eigenen Versklavung machte.« Das heutige weltweite Computernetzwerk ist das beste Beispiel für die Thesen von Hedges. Stichwort: soziale Netzwerke. Wir tippen dort unser ganzes Leben ein, und am anderen Ende sitzt der Große Bruder. Und das ist denn auch der eigentliche Sinn des Internets, das darüber hinaus jenem Spielzeugland gleicht, das der italienische Dichter Carlo Collodi in seiner Parabel *Pinocchio* beschrieben hat:

Wir gehen hinein, um uns zu amüsieren, und kommen heraus als wehrlose Esel. Es lohnt sich, *Pinocchio* einmal zu lesen, weil der Autor darin bereits um das Jahr 1900 das Schicksal unserer heutigen Kinder und Jugendlichen beschrieben hat.
Das ist jedoch, wie gesagt, nur Stufe 1. Denn die eigentliche Frage ist ja, warum man das Volk mit allerlei Konsumgütern, Demokratiespielchen und Vergnügungen füttern soll, wenn man es auch ganz offen unterdrücken kann? Die Antwort lautet, dass man die Menschen nur so lange einlullen muss, bis sie sich unrettbar im Netz der Überwachung, Unterdrückung und der eigenen Political-Correctness-Lügen verfangen haben und es für jede Gegenwehr zu spät ist. Und dieser Zustand wird jetzt allmählich erreicht. 2013 traten wir in die Orwellsche Stufe 2 ein. Im Rahmen des »NSA-Skandals« wurde der »Orwell-Staat« zum riesigen Medienereignis und damit regelrecht global ausgerufen. Wie bereits an anderer Stelle ausgeführt, handelte es sich dabei keineswegs um neue Informationen, weshalb es dabei auch nicht um eine Enthüllung ging, sondern lediglich um eine Verkündung. Und die lautet: Ihr werdet alle überwacht …

Statt eines Nachworts: Dank

Wie bei allen meinen Büchern bin ich wieder einer Reihe von Menschen zu Dank verpflichtet.
Als Erstes wären da meine Familie und hier insbesondere meine Frau zu nennen, die mich immer wieder mit wertvollen Ideen und Anregungen inspiriert haben. Des Weiteren danke ich allen Lesern, die mir geschrieben und mich mit Hinweisen und Ideen versorgt haben, auch wenn nur ein Bruchteil davon aufgenommen und umgesetzt werden konnte. Last, but not least gilt mein Dank allen Mitarbeitern des Verlags, die mit ihrem unermüdlichen Engagement zur Entstehung dieses Jahrbuchs beigetragen haben.

Gerhard Wisnewski
München, im November 2013

Bildnachweis

S. 15: Picture Alliance / CHROMORANGE / Christian Ohde
S. 34: Computerkartographie Carrle nach Libri Logicorum
S. 36: Computerkartographie Carrle nach Libri Logicorum
S. 45: laif / Polaris / Thierry Monasse
S. 65: action press / KYODO NEWS
S. 73: Ullstein Bild / Heritage Images / Oxford Science Archive
S. 75: Getty Images / Heinrich van den Berg
S. 95: Picture Alliance / AP Photo
S. 132 links: Les Antigones
S. 132 rechts: action press / Ivan Espinola / Eagle Press / Start
S. 137: Wikipedia
S. 139: BILD-Zeitung / Picture Alliance / Frank Doebert / Ostthüringer Zeitung
S. 175: Courageous Cunts
S. 178: Getty Images / Nikada
S. 187: Computerkartographie Carrle nach Wikipedia
S. 198: Corbis / Gallerystock / Joseph Puhy
S. 214: Wikipedia
S. 214: Wikipedia
S. 234: imago / UPI Photo
S. 265: »Deutscher Übersetzungsdienst der Vereinten Nationen«
S. 273: Youtube / SHAMSNN
S. 292: Computerkartographie Carrle nach wahl-radar.de
S. 313: Droemer Knaur / Markus Röleke
S. 315: Wikipedia / Ala z`POL_kaloryfer_0001
S. 342: Picture Alliance / dpa / dpaweb

Register